SALZBURG
SALZBURGER LAND

Vom Salzkammergut in die Hohen Tauern

Gunnar Strunz

TRESCHER VERLAG

1. Auflage 2021

Trescher Verlag
Reinhardtstr. 9
10117 Berlin
www.trescher-verlag.de

ISBN 978-3-89794-542-5

Herausgegeben von Bernd Schwenkros und
Detlev von Oppeln

Reihenentwurf und Gesamtgestaltung:
Bernd Chill
Umschlaggestaltung: Dorit Hahnewald
Lektorat: Hinnerk Dreppenstedt
Stadtpläne und Karten: Johann Maria Just,
Martin Kapp, Bernd Chill
sowie ©OpenStreetMap-Mitwirkende
www.openstreetmap.org
(siehe Kartenregister → S. 365)

Gedruckt auf chlorfrei gebleichtem Papier

Printed in Germany

Alle Angaben in diesem Reiseführer wurden sorgfältig recherchiert und überprüft. Dennoch können Entwicklungen vor Ort dazu führen, dass einzelne Informationen nicht mehr aktuell sind. Gerne nehmen wir dazu Ihre Hinweise und Anregungen entgegen. Bitte schreiben Sie an **post@trescher-verlag.de**.

Titelbild: Salzburg, am Residenzplatz
Vordere Umschlagklappe: Blick über
die Salzach auf die Festung Hohensalzburg
Hintere Umschlagklappe: Der Zeller See

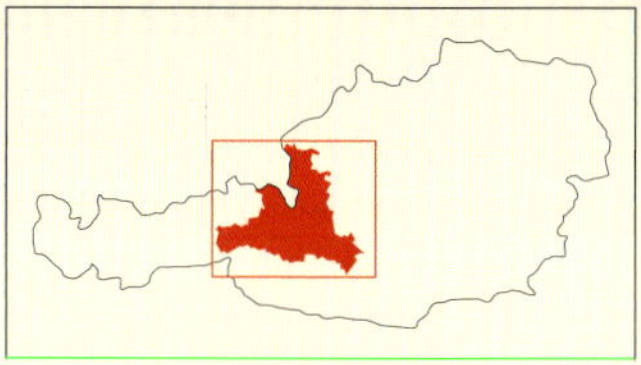

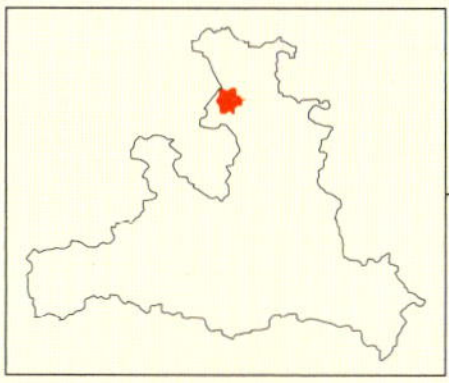

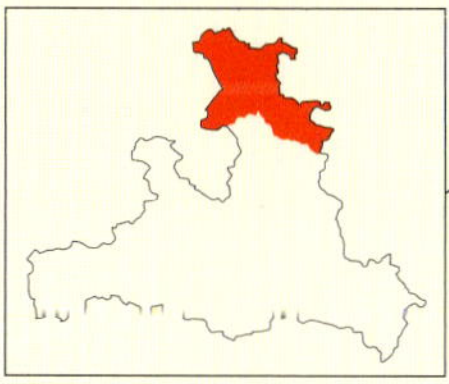

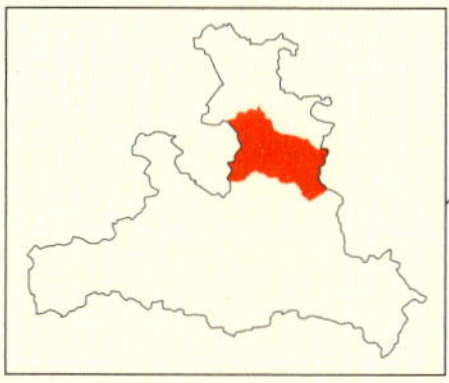

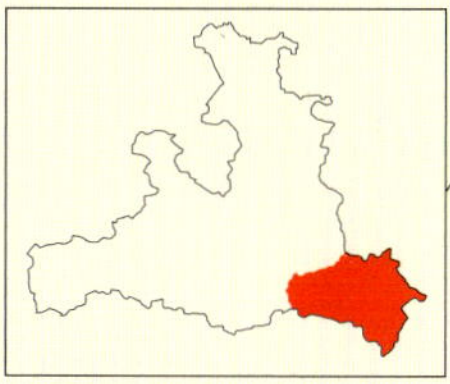

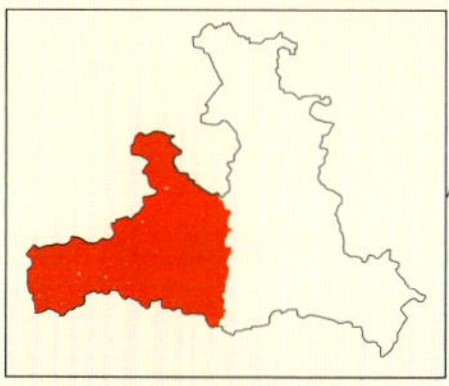

HL. THIEMO

Jersy-Rinder vor traumhafter Kulisse

Vorwort

Unter den österreichischen Bundesländern nimmt Salzburg eine Sonderstellung ein. Zum einen ist es das einzige Bundesland, dessen Territorium großteils deckungsgleich mit einem älteren Vorgängerstaat ist, dem lange schon von der Landkarte verschwundenen Erz- bzw. Fürsterzbistum Salzburg, das 1005 Jahre bestand, von 798 bis 1803. Zum anderen ist die gleichnamige Hauptstadt dieses Bundeslandes eine der größten Kulturmetropolen der Welt: international berühmt durch ihre Festspiele, Theater- und Konzertveranstaltungen und als Bischofssitz für den Ostalpenraum seit dem frühen Mittelalter zivilisations-, kultur- und identitätsstiftend. Auch hat Salzburg, das übrigens in den Ausmaßen seiner historischen Innenstadt eine eher kleine Stadt ist, durch den Kunstsinn seiner diesseitsfrommen geistlichen Herrscher zu einem architektonisch unvergleichlichen Gesamtkunstwerk werden können. In dieser staunenswerten Kombination von historischer Bedeutung und äußerlicher Gestalt sucht die Stadt Salzburg weltweit ihresgleichen.

Das Land Salzburg besitzt auf engem Raum eine große Vielfalt an Landschaften. Den Norden prägen im Flachgau die mild schwingenden, seendurchzogenen Hügellandschaften des Voralpenlands, die nach Osten in die nicht minder zauberhaften Seenlandschaften des Salzkammerguts übergehen. Um die organisch in die Landschaft eingebettete Hauptstadt ragen im Süden mit dem Untersberg und dem Dürrnberg bei Hallein zwei eigentümliche Berge hervor. Der eine ist von Mythen umwoben, der andere kündet vom Fleiß der Bergleute, die hier jahrhundertelang Salz abbauten, und dem daraus resultierendem Wohlstand des Landes. Weiter nach Süden erhebt sich der erratisch wirkende, weiß schillernde Kalkblock des Tennengebirges, jenseits dessen sich im Pongau das Salzachtal weit öffnet. Etwas verloren liegt jenseits der Radstädter Tauern, ringsum von Bergwällen umgeben, die Hochebene des Lungau, in der auch heute noch so viel an altem Brauchtum lebt. Der gewaltige Kamm der Hohen Tauern schließt im Süden das Land nach Osttirol und Kärnten hin ab. Eine Fülle von Tälern läuft hier nordwärts dem breiten Salzachtal zu. Die meisten dieser Täler sind auf der ganzen Welt bekannt: Gasteiner Tal, Rauriser Tal, Habachtal – um nur einige zu nennen. Zwischen den Tälern findet sich ein wahres Wunder, eines aus Menschenhand. Die Großglockner-Hochalpenstraße, seit 90 Jahren eine der großartigsten Panoramastraßen der Welt, verbindet Salzburg mit Kärnten. Ganz im Westen Salzburgs, dort wo der Pinzgau an Tirol stößt, an das Zillertal, lockt dann ein weiteres, naturgemachtes Wunder, die Wasserfälle von Krimml. Es sind die höchsten Wasserfälle Österreichs, alljährlich von Besuchern aus aller Welt bestaunt.

Das Salzburger Land darf sich rühmen, reich an Einzigartigkeiten und sonstigen Herrlichkeiten zu sein. Sie für Touristen zu erschließen, ist das Anliegen des Reiseführers.

Gunnar Strunz, im Mai 2021

Herausragende Sehenswürdigkeiten

Salzburg ▲

Die Stadt Salzburg ist nichts weniger als ein Gesamtkunstwerk, in dem der Dom, die Neue Residenz, die Festung Hohensalzburg, den Petersfriedhof, das Festspielhaus, das Neutor, die Kollegienkirche, Mozarts Geburtshaus und auf der anderen Seite der Salzach den Sebastiansfriedhof und den Mirabellgarten herausragen – ein Muss für alle Salzburg-Besucher. (→ S. 86)

Untersberg

Der sagenumwobene, mächtig in den Himmel vorstoßende Berg lässt sich auf mehreren Wanderrouten bezwingen und belohnt mit prächtigen Aussichten. (→ S. 137)

Salzburger Freilichtmuseum

Hundert Bauernhöfe, Mühlen, Handwerkerhäuser und eine historische Museumsbahn sind in in Großgmain versammelt – auch für Kinder bestens geeignet. (→ S. 142)

Fuschl- und Wolfgangsee ▸

Die beiden Seen des westlichen Salzkammerguts sind in traumhafte Landschaften eingebettet und seit alters Sommerfrischen von Künstlern und Mächtigen. (→ S. 163)

St. Wolfgang

Die St. Wolfgangskirche mit dem spätgotischen Flügelalter von Michael Pacher gilt als einer der großartigsten Altäre seiner Art in ganz Europa. (→ S. 174)

Eisriesenwelt ▼

Insgesamt über 40 Kilometer langes Höhlenlabyrinth, von dem etwa zwei Kilometer öffentlich zugänglich sind. Der Besuch erfordert aber etwas Kondition, auch wenn man mit der steilsten Seilbahn Österreichs sich dem Höhleneingang nähern kann. (→ S. 209)

Liechtensteinklamm

Das beliebteste touristische Ziel des Pongau ist eine der schönsten, längsten und tiefsten Kluften der Alpen. Sie ist 4000 Meter lang, davon sind 1000 Meter über einen Steig und die berühmte Helix-Treppe erschlossen. (→ S. 235)

Bad Gastein ▸

Der international-mondäne Kurort mag etwas in die Jahre gekommen sein, sehenswert ist er aber nach wie vor und seine Radonbehandlungen sind einzigartig und viel genutzte Behandlungsformen aller möglichen Leiden. (→ S. 251)

Raurisertal

Mit seinen Seitentälern ist das Raurisertal eines der schönsten Alpentäler überhaupt, doch nicht überlaufen. Wichtig für die Salzburger Fürsterzbischöfe war es jahrhundertelang durch den Goldbergbau. Es besteht die Möglichkeit, selbst Gold zu waschen. (→ S. 298)

Großglockner-Hochalpenstraße ◂

Die insgesamt 47,8 Kilometer lange Straße, davon 33 Kilometer auf Salzburger Gebiet, ist mit ihren insgesamt 36 Kehren ein einzigartiges technisches Denkmal, das für das UNESCO-Welterbe vorgeschlagen ist. (→ S. 306)

Schmittenhöhe

Der Hausberg von Zell am See bietet von seinem Hochplateau unvergleichliche Rundblicke und beglückende leichte wie schwere Wandermöglichkeiten. (→ S. 318)

Kitzsteinhorn

Eine atemberaubende Fahrt mit Seilbahnen geht bis auf über 3000 Meter empor. Das 360-Grad-Panorama ist überwältigend: Der Blick geht vom Tauernkamm bis zu den Kitzbühler Alpen und zum Tennengebirge sowie weiter zum Dachstein. (→ S. 319)

Hochgebirgsstauseen Kaprun

Die enorme Ingenieursleistung des Baus der beiden Stauseen auf 1672 und 2036 Meter Seehöhe und die imposante Einheit von Wasser, Fels und Strom ist staunenerregend. (→ S. 321)

Krimmler Wasserfälle ◂

Mitteleuropas höchste Wasserfälle stürzen über drei Stufen insgesamt 380 Meter herab. Ein vier Kilometer langer Wasserfallweg verläuft entlang der Fälle, die man ›hautnah‹ erleben kann. (→ S. 338)

Das Wichtigste in Kürze

Informationen vor Reisebeginn

SalzburgerLand Tourismus, Wiener Bundesstraße 23, 5300 Hallwang/Salzburg, Tel. +43/(0)662/66880 bzw. 668844, www.salzburgerland.com. Wichtigster offizieller Ansprechpartner für alle Fragen zu Urlaub und Aufenthalt im Land.

An- und Einreise

Das Schengen-Land Österreich und damit das Land Salzburg ist ausschließlich von Ländern umgeben, die ihrerseits das Schengener Abkommen unterzeichnet haben. Deshalb finden an den Staatsgrenzen keine Kontrollen mehr statt. Dennoch empfiehlt es sich, stets ein gültiges Personaldokument mitzuführen. Kinder benötigen seit 2012 in der EU einen eigenen Ausweis.

Mit dem Auto: Von Deutschland aus erreicht man Salzburg über die A8 München-Salzburg oder über die B 12 oder die B 20, auf österreichischem Gebiet inn- und salzachaufwärts über die B 148 und B 156. Alle österreichischen Autobahnen sind mautpflichtig. Bei Nichtbeachtung drohen recht hohe Geldstrafen.

Mit der Eisenbahn: Die Stadt Salzburg ist mit den Zügen der ÖBB mit Budapest, Bregenz, Linz, Innsbruck, München, Wien und Zürich schnell und direkt verbunden. Der ÖBB Railjet verbindet Salzburg stündlich in nur 2:22 Std. über Linz und St. Pölten mit Wien (www.railjet.oebb.at), ca. 30 Verbindungen mit München als nächstgelegenem deutschem Großbahnhof, Fahrtzeit knapp zwei Stunden.

Mit dem Flugzeug: Der einzige internationale Flughafen ist in der Stadt Salzburg, der nächstgelegene in Wien-Schwechat.

Individuell oder organisiert

Das Land Salzburg ist bis auf den Lungau durch den organisierten Tourismus bestens erschlossen. Alle besseren Reiseveranstalter bieten aus Deutschland (Bus-)Touren beispielsweise nach Salzburg, ins Saalachtal, ins Tennengebirge, in Pongau und Pinzgau an. Dabei handelt es sich sehr oft um All-Inclusive-Reisen mit der Zielgruppe 50+. Einige Regionen Salzburgs sind als Ziele auswärtiger Touristen eher ›Geheimtipps‹: der größte Teil des Flachgaus, das Inns- und Hausruckviertel, das Rauriser Tal, der Lungau. Wer diese Gebiete besuchen will, sollte das besser individuell machen. Bei einer Reise zwischen Juli und August empfiehlt sich die rechtzeitige Buchung der Unterkunft.

Klima und Reisezeit

Die beste Reisezeit für Salzburg und das Salzburger Land sind die Monate von Mai bis September. Im Land herrschen zu allen Jahreszeiten innerhalb eines Monates große Temperaturunterschiede, in den Ebenen des Flachgau und im Salzachtal um Salzburg ist es wärmer als in den bedeutend höher gelegenen Region der Tauern oder des Pongau und Lungau. Mit Regen ist hier, am Nordrand der Alpen, stets zu rechnen. Während der Festspielzeit ist im August zumindest die Stadt Salzburg sehr voll. Wer eine reine Städtetour macht, sollte dies von Mitte Mai bis Ende Juni oder wieder ab September unternehmen. Die Wandergebiete in den Alpen des Bundeslands laden

Blick vom Gaisberg über den Nockstein auf das Salzburger Vorland

meist von Juni bis Ende September ein, die Hütten sind im Allgemeinen innerhalb dieser Zeit in Betrieb.

Preisniveau

Die Preise im Hotel- und Gaststättengewerbe sind in Salzburg etwas höher als etwa in Ober- und Niederösterreich. Günstig sind der Lungau, das östliche Tennengebirge und einige stille Seitentäler der Salzach im Pongau. Im Winter sind die Übernachtungspreise in den Skigebieten der Tauern und des Pinzgaus bedeutend höher als im Sommer. Doch überall im Land wird man auf qualitativ hochwertige Beherbergungsbetriebe stoßen, wo man für 45–55 Euro p. P. im Doppelzimmer eine ausgezeichnete Übernachtung mit Frühstück bekommen und auch mit hervorragendem Preis-Leistungs-Verhältnis speisen kann.

Unterkünfte

Im Bundesland Salzburg gibt es eine Fülle von Übernachtungsmöglichkeiten auf allen Preisniveaus: Hotels, Gasthöfe, Pensionen und Privatquartiere. Wie in ganz Österreich meist üblich, wird in Unterkunftsverzeichnissen und Hotelprospekten der Zimmerpreis pro Person und nicht für das ganze Zimmer angegeben. Oft muss man insbesondere bei kleineren Gasthöfen und Privatunterkünften einen Zuschlag zahlen, wenn man weniger als drei Tage bleibt. Viele Unterkünfte in Wintersportorten sind in der Winterzeit nur mit Halbpension buchbar, viele Gasthöfe und Hotels haben in der Übergangszeit zwischen Wintersaison und Sommer (Mitte April bis Mitte Mai) geschlossen.

Campingplätze gibt es vor allem in der nördlichen Umgebung von Salzburg und im Flachgau (Salzkammergut) und am Zeller See (www.camping.info/österreich). Bei den in den Info-Kästen dieses Buches angegebenen Zimmerpreisen handelt es sich ausschließlich um Sommerpreise; Ortstaxe und ein möglicher Zuschlag bei einem Aufenthalt von nur einer Nacht kommen evtl. hinzu.

Unterwegs mit öffentlichen Verkehrsmitteln

Land und Stadt Salzburg sind sehr gut mit Bahnen und Bus erschlossen. Insbesondere zwischen Salzburg und dem Pongau und dem Pinzgau bestehen hervorragende Zugverbindungen, genau wie ins steirische Ennstal über Schladming nach Liezen; die Anbindungen nach Wien und München sind von Salzburg aus hervorragend. Alle ländlichen und alpinen Gebiete sind von einem flächendeckenden Netz von Bussen erfasst, die u.U. im Winter aber nicht eingesetzt werden; auch existiert ein Netz von gesonderten Postbussen.
Infos: www.postbus.at

Währung und Zahlungsmittel

Österreich ist seit 2002 Euroland, Abhebungen sind mit EC- oder Kreditkarte an allen Bankautomaten möglich, die meisten Tankstellen akzeptieren Kreditkarten, die ebenso in fast allen Geschäften angenommen werden – ausgenommen vielleicht kleine Kioske.

Wichtige Telefonnummern

Vorwahl Österreich: 0043
Internationaler Notruf (funktioniert ohne SIM-Karte bzw. Münzeinwurf): 112
Polizei: 133
Feuerwehr: 122
Krankenwagen (›Rettung‹): 144
Bergrettung (vormals Bergwacht): 140
Alpines Notsignal (im Fall, dass das Handy nicht funktioniert): sechs optische oder akustische Zeichen pro Minute, dann eine Minute Pause, dann wiederholen. Die Antwort, dass das Signal wahrgenommen **wurde, sind drei Zeichen pro Minute und einer Minute Pause usw.**
Auto-Pannenhilfe: 120 (ÖAMTC), 123 (ARBÖ)
Sperrung von (deutschen) EC- und Kreditkarten: +49/116116 bzw. +49/(0)30/40504050

Ausführliche Informationen bieten die Reisetipps von A bis Z ab **→ S. 352**.

Unterwegs mit Kindern

In Salzburg und im Salzburger Land gibt es eine Fülle an Attraktionen für Familien mit Kindern. In jeder Bezirksstadt gibt es Spaßbäder. Im Folgenden sei eine Auswahl weiterer besonderer und betont kindergeeigneter Attraktionen aufgelistet. Mehr unter: www.salzburgerland.com/de/action-fuer-kinder

Museen

Spielzeugmuseum Salzburg. Alles zum selber Ausprobieren unter den Themen ›Spielen‹, ›Erleben‹ und ›Staunen‹ und mit wechselnden Sonderausstellungen. (→ S. 129)

Salzwelten Hallein. Rutschen und Bootsfahrten unter Tage, dann gibt es ein keltisches Freilichtmuseum. Ältestes Schaubergwerk der Welt – seit 450 Jahren kommen Besucher hierher. (→ S. 193)

Erlebnisburg Hohenwerfen. Eine der schönsten mittelalterlichen Burgen mit grandiosem Fernblick vom Turm, ständig wechselnde neue Attraktionen für Familien. (→ S. 208)

Erlebnisburg Mauterndorf. Zeitreisen ins Mittelalter, Alpentiere, Mittelalterspektakel. (→ S. 272)

Nationalparkwelten Mittersill. Besucherzentrum und Museum des Nationalparks Hohe Tauern. Filme, Alpentiere, Eis, Gesteine,3D-Animationen u.v.m. (→ S. 330)

WasserWelten Krimml. Alles um das Thema Wasser, attraktiv aufbereitet und gleich daneben die Krimmler Wasserfälle. Mit Aquapark. Für Erwachsene und Kinder gleich interessant (→ S. 337)

Naturerlebnisse

Haus der Natur Salzburg. Mit Reptilienzoo und Aquarium (→ S. 129)

Gaisberg. Bequeme Rundwanderung mit phantastischer Aussicht (→ S. 130)

Liechtensteinklamm. Schönste Klamm des Landes, knapp ein Kilometer langer atemberaubender Weg. Gut mit Kindern (aber nur ohne Kinderwagen) begehbar (→ S. 235).

Goldwaschen im Raurisertal. Unter Anleitung eines alten Goldwäschers lassen sich immer einige kleine Goldflitter finden. (→ S. 298)

Erlebnisparks/Tiere

Zoo Salzburg: 1500 Tiere in 150 Arten, vom Alpaka bis zur Zwergziege. (→ S. 129)

Erlebnispark Fantasiana Straßwalchen. Schon für Kinder ab 4 Jahren. Fahrten mit dem Schwanenboot, dazu gibt es ein Vampirschloss, eine Achterbahn, Flüge auf dem Rücken eines Flugsauriers – das Angebot setzt der Phantasie keine Grenzen. (→ S. 160)

Gut Aiderbichl. Mehr als 1000 Tiere mit jeweils individueller Geschichte. Die Tiere stammen von überall auf der Welt und fanden hier ein neues Zuhause. (→ S. 161)

Waldrutschenpark Hochkönig in Mühlau. Mit Tunnel- und Wellenrutsche (→ S. 232).

Rucki Zauckis Gaudi-Alm Großarl. Abenteuerspielplatz mit Kleinkindbereich. Es gibt unter anderem einen Kleinkindbereich (Sandbaustelle mit Sandspielturm, Sandbagger und Kriechtunnel), dann drei nachgebaute kleine Almen, wo Ziegen, Hasen und Seidenhühner gefüttert und gestreichelt werden können. (→ S. 241)

Schlossalm Kinderspielplatz in Bad Hofgastein. Auf 2050 Meter Höhe, mit 15 Meter langer Rutsche, Netzschaukel, Hängematte, Kriechtunnel, Kletterturm, Kletternetzpyramide, Karussell, einer ›Guerilla-Rutsche‹ und einem 75 Quadratmeter großen Hüpfkissen. Für die Eltern gibt es daneben die Sonnenterrasse des Bergrestaurants. (→ S. 250)

Wildpark Ferleiten. 200 Wildtiere aus den Alpen und der ganzen Welt, darunter Wölfe und Bären. Mit Streichelzoo, an der Glocknerstraße. (→ S. 313)

Sonstiges

Sommerrodelbahnen unter anderem in Dürrnberg (der ›Keltenblitz‹) – die schönste des Salzburger Landes – sowie unter anderem in Strobl (Gschwendt) und Saalfelden.

Attraktive Freizeitangebote finden sich allerorten

Das Salzburger Land ist das Herz vom Herzen Europas. Es liegt halbwegs zwischen dem nördlichen Deutschland und dem lombardischen Italien; es liegt in der Mitte zwischen Süd und Nord, es liegt in der Mitte zwischen Berg und Ebene, zwischen dem Heroischen und dem Idyllischen. Salzburg liegt als Bauwerk zwischen dem Städtischen und Ländlichen, dem Uralten und dem Neuzeitlichen, dem barocken Fürstlichen und dem lieblich, ewig Bäuerlichen. Mozart ist der Ausdruck von alledem. Das mittlere Europa hat keinen schöneren Raum und gerade deshalb musste Mozart hier geboren werden.

Hugo von Hofmannsthal

LAND UND LEUTE

Der berühmte Panoramablick auf Salzburg

Das Bundesland Salzburg im Überblick

Das Salzburger Landeswappen

Regierungsform: Eines von neun Bundesländern der Republik Österreich.
Hauptstadt: Salzburg (155 021 Einwohner).
Weitere größte Städte: Hallein (21 314 Einwohner), Saalfelden am Steinernen Meer (16 705), St. Johann im Pongau (11 235), Seekirchen am Wallersee (10 951).
Ausdehnung: In Nord-Süd-Richtung 113, in West-Ost-Richtung 145 Kilometer.
Nachbarländer: Im Westen Tirol, im Nordwesten Bayern, im Norden und Nordosten Oberösterreich, im Osten die Steiermark, im Süden Kärnten, im Südwesten Osttirol und Italien (Südtirol).
Fläche: 7155 Quadratkilometer. Salzburg ist damit das sechstgrößte der österreichischen Bundesländer.
Einwohner: 558 410.
Bevölkerungsdichte: 78 Einwohner pro Quadratkilometer.
Verwaltungsstruktur: Fünf Politische Bezirke (Kreise) und die Statutarstadt (kreisfreie Stadt) Salzburg.
Regierungschef (Landeshauptmann): seit 2013 Wilfried Haslauer jun. (ÖVP).
Nächste Wahl: 2023, gemäß der jeweils fünf Jahre dauernden Legislaturperiode.
Religion: 61,2 % der Einwohner bekennen sich zum Katholizismus, 2,9 % sind evangelisch. Es gibt 5,6 % Muslime und 0,1 % Menschen jüdischen Glaubens, die anderen machten keine Angaben (Zahlen von 2018).
Amtssprache: Deutsch.
Wirtschaft: Salzburg gilt mit einem BIP von 52 400 Euro pro Kopf als reichstes Bundesland Österreichs vor Wien. Der Tourismus ist der wichtigste Wirtschaftszweig, im Großraum Salzburg-Hallein gibt es eine Fülle mittelständischer, unter anderem holz- und metallverarbeitender Betriebe.
Nationalpark: Im Süden des Landes befindet sich der Nationalpark Hohe Tauern, der zu kleineren Teilen auch auf Osttiroler und Kärntner Gebiet liegt.
Höchster Berg: Großvenediger (3657 m), auf der Grenze zu (Ost-) Tirol.
Tiefster Punkt: St. Georgen an der Salzach (403 m).
Flüsse: Längster Fluss ist die Salzach (226 km). Ab Salzburg bildet sie auf 22 Kilometern den Grenzfluss zu Bayern und danach auf 37 Kilometern die Grenze zwischen Bayern und Österreich, ausschließlich auf salzburgischem Gebiet liegen 167 Kilometer. Zweitlängster Fluss ist die Saalach mit 83 Kilometer, von ihr liegen um Bad Reichenhall etwa 15 Kilometer auf bayerischem Gebiet, von dem sie nach Salzburg zurückkehrt. Sie mündet nordwestlich von Salzburg in die Salzach.
Wappen: Das salzburgische Wappen besteht aus einem gekrönten zweigeteilten Schild: rechts in Gold ein aufrechter, nach rechts gewendeter schwarzer Löwe, links in Rot ein silberner Balken. Am oberen Schildrand liegt ein Fürstenhut mit fünflappigem Hermelinstulp samt purpurner Haube (Hinweis auf das Fürsterzbistum), darauf drei perlenbesetzte Spangen, über ihnen der goldene Reichsapfel. Die linke Hälfte ist nicht als der rot-weiß-rote Bindenschild der Babenberger und Habsburger anzusehen, seine Herkunft ist unklar.

(Alle Angaben vom 1.1. 2020)

Die Salzburgische Landeshymne

Text: Anton Pichler
Melodie: Ernst Sompek (1928)

Land unsrer Väter, lass' jubelnd dich grüßen,
Garten behütet von ew'gem Schnee,
dunkelnden Wäldern träumend zu Füßen
friedliche Dörfer am sonnigen See.
Ob an der Esse die Hämmer sich regen
oder am Pfluge die nervige Hand,
Land unsrer Vater, dir jauchzt es entgegen:
Salzburg, o Salzburg, du Heimatland!

Wie aus des Ringes goldenem Reifen
funkelt der Demant, der Wunderstein,
grüßt aus der Hügel grünendem Streifen
Salzburg, die Feste im Morgenschein.
Und wenn die Glocken den Reigen beginnen
rings von den Türmen vergangener Zeit,
schreitet durch einsamer Straßen-Sinnen
Mozart und seine Unsterblichkeit.

Sollten die Länder der Welt wir durchwallen,
keins kann, o Heimat, dir werden gleich.
Mutter und Wiege bist du nur uns allen, Salzburg,
du Kleinod von Österreich.
Scholle der Väter, hör' an, wir geloben,
treu dich zu hüten den Kindern als Pfand!
Du, der in ewigen Höhen da droben,
breite die Hände und schirme dies Land!

Natur und Mensch

Das Land Salzburg verbindet auf seinem Territorium ein stilles hügeliges Bauernland um die Seen im Norden mit wilder, zerklüfteter hochalpiner Berglandschaft im Süden. Seine Geschichte unterscheidet es von allen anderen österreichischen Regionen: über 1000 Jahre war es ein eigenständiges Erz- und Fürsterzbistum, dessen kulturelle Quellen bis heute in die Welt wirken. So verknüpft es höchststehende Kultur mit weiten Regionen teils touristisch sehr gut erschlossener, aber auch völlig unberührter Bergwelt.

Geographie

Das Bundesland Salzburg erstreckt sich vom Tauernhauptkamm im Süden bis in das Alpenvorland im Norden. Es umfasst daher sowohl inneralpine Landschaften als auch hügelige bis flache Gebirgsvorländer. Fast zwei Drittel des Landes befinden sich in Lagen oberhalb von 1200 Metern. Fünf nicht immer einfach voneinander getrennte regionale Einheiten sind vorhanden: Flachgau, Tennengau, Pongau, Lungau, Pinzgau.

Im Norden liegt der zum Alpenvorland gerechnete **Flachgau**. Sein Untergrund ist großteils der Abtragungsschutt der jungen Alpen (Molasse), seine Oberflächenformen sind mit seinen weich geschwungenen, hügeligen Ebenen und vielen kleinen und größeren Seen und Moorgebieten eiszeitlich und nacheiszeitlich entstanden. Die **Stadt Salzburg** selbst liegt im südlichen Ausläufer des Flachgaus, im Salzburger Becken, das eine Verbreiterung des hier in Süd-Nord-Richtung verlaufenden Salzachtals ist. Das Stadtgebiet wird durch mehrere Inselberge gekennzeichnet: nordöstlich der Salzach der Kapuzinerberg, südwestlich von ihr Rain-, Mönchs- und Festungsberg.

Der **Tennengau** liegt – von Salzburg aus kommend – salzachaufwärts links und rechts des Flusses. Zu ihm gehört auch das Lammertal, ein rechtes Seitental der Salzach, und im Osten das Becken von Abtenau.

Seen und Berge prägen das Salzburger Land

Die Salzvorkommen bei Hallein trugen durch die Zeiten zum Wohlstand des Landes bei. Das Tennengebirge und die an der Ostgrenze des Tennengaus aufragende und teils schon zu Oberösterreich gehörige Osterhorngruppe zählen zu den Nördlichen Kalkalpen.

Die Durchbruchsklamm der Salzach zwischen dem Tennengebirge und den Berchtesgadener Alpen am historisch wichtigen Pass Lueg ist die Grenze zwischen dem Tennengau und dem **Pongau**. Der Pongau gehört nicht mehr den Kalkalpen an, sondern großteils der sogenannten Grauwackenzone. Zum Pongau gehören das mittlere Salzachtal, das obere Ennstal und die Täler der Großarler und Gasteiner Ache. Im Süden wird der Pongau von den Hohen Tauern begrenzt. Die Salzach, die von Westen aus den Kitzbüheler Alpen herankommt, ändert im Pongau zwischen St. Johann und Bischofshofen ihre bisherige Fließrichtung West–Ost in einer langgezogenen Kurve in Süd–Nord.

Südöstlich an den Pongau, jenseits der Radstädter Tauern, schließt sich das auf 1000 Meter gelegene intramontane Becken des **Lungau** an, begrenzt von den Schladminger Tauern im Norden und den Gurktaler Alpen im Süden. In dem rundum durch Bergzüge vom Rest des Landes abgetrennten Becken ist altes Brauchtum aufs Schönste erhalten geblieben.

Westlich des Pongau und wie dieser mittig von der Salzach durchströmt, liegt die größte Region Salzburgs, der **Pinzgau**. In seinem Nordteil bestimmt der zweitlängste Fluss Salzburgs, die Saalach, die Topographie. Vom Tauernkamm her strömen in nördlicher Richtung der Salzach viele kleine und größere Gewässer zu, die bekanntesten sind das Krimmler Achental, das Obersulzbachtal, das Habachtal, das Felbertal, das der Kapruner Ache und das Raurisertal.

Allen rechten Seitentälern der Salzach ist im Pinz- und Pongau gemeinsam, dass sie Hängetäler sind, das heißt dass sie höher liegen als das Haupttal und von diesem durch eine deutliche Geländestufe getrennt sind; der jeweilige Bach überwindet diese durch eine meist scharf eingeschnittene Klamm. Denn die Salzach hat sich in den letzten 100 000 Jahren wegen der immer noch andauernden Alpenhebung immer mehr eingegraben.

Im Pinzgau befinden sich neben denen des Pongaus die großen Wintersportzentren des Salzburger Landes: um Hinterglemm, um Zell am See, um Saalfelden und Lofer. Pinzgau und Pongau werden im Süden von den Hohen Tauern begrenzt, im an der Grenze zu Osttirol liegenden Großvenediger (3657 m) hat Salzburg seine höchste Erhebung. Der etwa 120 Kilometer lange Kamm der Hohen Tauern ist die geographische Mitte der Ostalpen. Der Erzreichtum – vor allem Gold, Silber und Kupfer – der Hohen Tauern war neben den Salzvorkommen jahrhundertelang Quelle des Wohlstands der Salzburger Erzbischöfe wie auch der Habsburger auf Tiroler und Kärntner Gebiet.

Geologie

Die Landschaften des Bundeslands Salzburg gehören geologisch zu den Ostalpen und deren nördlichem Vorland. Der geologische Aufbau der Alpen wie auch ihre Bildung sind komplex und im Rahmen dieses Buches – selbst wenn man sich auf die Beschreibung der Verhältnisse in Salzburg beschränkt – nicht angemes-

Geologische Übersichtskarte von Österreich (Ausschnitt)

sen darstellbar. Dennoch soll der Versuch unternommen werden, auch Lesern, die keine umfassenden geologischen Vorkenntnisse besitzen, einen nachzuvollziehenden Überblick zu geben.

Es ist allgemein bekannt, dass die Alpen als Faltengebirge aus einer Kollision der Kontinente Afrika und Europa entstanden sind. Diese Annäherung begann schon vor etwa 150 Millionen Jahren, zu einer Zeit, als diese Kontinente noch ein ganz anderes Aussehen hatten. Teile des heutigen Italien wie der Südalpen gehörten beispielsweise zu Afrika. Zwischen beiden Kontinenten wie auch zwischen Afrika und der indischen Platte lag das Tethysmeer, in Teilen ein Vorläufer des heutigen Mittelmeers. Die beiden Kontinente bewegten sich mit etwa drei bis fünf Zentimetern pro Jahr aufeinander zu. Dabei wurde der Meeresboden der Tethys zusammengepresst und aufgefaltet, und die jeweiligen flachmarinen Zonen vor den Kontinenten, die Schelfe, wurden ebenfalls zusammengeschoben. So wie man ein Tischtuch durch Druck von der Seite auffalten kann, wurden die Gesteine des Tethysbodens, wie auch die des Südrand dieses Ur-Europas und die am Nordrand Ur-Afrikas, ineinander verknäult, verbogen, durch erhöhte entstandene Drucke und Temperaturen zum Teil im festen Zustand umgewandelt und umkristallisiert. Diese Kollision dauert bis heute an, das jetzige Mittelmeer ist aber nicht als Rest der Tethys anzusehen, da die Land-Meer-Verteilung jetzt eine ganz andere ist. Die Gesteine vom Boden der Tethys sind unter anderem in der Alpen- und Apenninfaltung aufgegangen.

Während der ganzen Faltungsprozesse drangen wiederholt auch schmelzflüssige Magmen empor. Sie blieben meist in dem Gesteinsknäuel der Kontinentkollision stecken, kühlten ab und bildeten Gesteine wie unter anderem Granit und Gabbro. Die Schmelzen hatten anfangs Temperaturen von 700 bis 1100 Grad, die das Nebengestein bis zu einer gegebenen Entfernung umkristallieren (metamorphosieren) ließen.

Der ganze Faltungsprozeß erreichte seinen Höhepunkt vor etwa 40 bis 25 Millionen Jahren, doch dauert die Bewegung von Afrika gegen Europa bis heute an. Charakteristisch für den Alpenaufbau sind verfaltete und überschobene Gesteinsdecken, die je nach Duktilität des Gesteins zerbrochen sind, wobei ihre Fragmente dann in anderen Deckenebenen eingelagert sein können. Es wird klar, dass solche Vorgänge das normale ›unten‹ für ältere Ablagerungen und ›oben‹ für auflagernde jüngere Bildungen völlig verzerren.

Im Folgenden sollen die wichtigsten geologischen Einheiten, die im Bundesland Salzburg vorhanden sind, hinsichtlich ihrer Art und Bildung kurz betrachtet werden.

Beginnen wir im Norden, im Flachgau. In der nördlichsten Ecke Salzburgs, in der Karte beige gefärbt und mit qd gekennzeichnet, finden wir im Untergrund die sogenannte **Molasse**. Es handelt sich um Abtragungsschutt aus den damals gerade aufgefalteten Alpen, abgelagert etwa vor 25 bis etwa vor 2 Millionen Jahren, also aus dem Süden in den Norden durch Flüsse und Winde transportiert. Diese Gesteine sind Lockersedimente, also nur wenig verfestigte überwiegende Süßwassersedimente. Über ihnen liegen an der Oberfläche die jüngsten Gesteinsbildungen, also Gletscherschutt, Tone und die eigentlichen Böden. Sie sind in der Karte nicht explizit eingezeichnet.

Die dann anschließende, in der Karte grün gefärbte, meist nur schmale Zone zieht sich den ganzen Nordsaum der Ostalpen entlang. Es ist als alpine Baueinheit das sogenannte **Helvetikum**, in der Karte mit 7 gekennzeichnet, und in Salzburg vor allem zwischen Oberndorf und Straßwalchen vorhanden. Es sind flachmarine Ablagerungen der Schelfzone, die dem Ur-Europa vorgelagert war. Als Gesteine treten hier Kalke, Sandsteine und Tone auf, abgelagert vor etwa 150 bis 60 Millionen Jahren. Die in etwas hellerem Grün gehaltene und mit ›9‹ gekennzeichnete Zone ist die sogenannte **Flyschzone** mit marin gebildeten Mergeln, Tonschiefern und Sandstein. ›Flysch‹ bedeutet grundsätzlich nur eine Wechselfolge aus tonigen und gröberen Gesteinen, dabei ist von Wichtigkeit, dass die Ablagerung nicht allmählich erfolgte, sondern plötzlich und schnell durch untermeerische Rutschungen von untermeerischen Hängen erfolgte, wodurch die Gesteine sich im Aussehen von anderen unterschieden, bei denen die Ablagerung langsam erfolgte. Die Flyschzone zählt im Allgemeinen zum Helvetikum. Der größte Teil des Flachgaus gehört zur Flyschzone, in die größere Molassebereich eingeschaltet sind oder durch ganz junge eiszeitliche Ablagerungen überdeckt ist.

Weiter nach Süden ist geographisch dann das Voralpenland verlassen – mit den in unterschiedlichen Blautönen gefärbten Bereichen ist man dann in den eigentlichen Alpen angekommen, genau genommen in der Baueinheit der **Nördlichen Kalkalpen**. Sie durchqueren ganz Österreich, von Vorarlberg bis westlich von Wien. Sie sind eine Schichtfolge aufgefalteter und verfestigter im in der Trias und vor allem im Jura vor etwa 180 bis 135 Millionen Jahren abgelagerter Meeresbodengesteine, vor allem von Riffkalken. Diese bilden beispielsweise im Tennengebirge und am Hochkönig verkarstete Hochplateaus. Neben Kalkgesteinen sind auch die weitaus härteren Dolomitgesteine anzutreffen. Im Land Salzburg sind weiterhin die Loferer und Leoganger Steinberge, das Steinerne Meer, das Hagengebirge und die Westausläufer des Dachsteinmassivs den Nördlichen

Kalkalpen zugehörig. Innerhalb der Nördlichen Kalkalpen liegen die Salzvorkommen von Hallein/Dürrnberg bzw. des Salzkammerguts. **Salz (Halit)** ist ein Mineral, das ähnlich wie Gips durch Eindampfung entsteht, das bedeutet dass der Salzgehalt des Meerwassers aus diesem auskristallisiert, wenn beispielsweise in flachen kleineren Buchten bei deren Abschnürung vom Rest-Ozean kein Wasseraustausch mehr erfolgt und sie nach und nach eintrocknen. Das Salzburger Salz entstand bei der Austrocknung von flachmarinen Becken des Zechsteinmeers vor etwa 250 Millionen Jahren, ist damit also älter als der größte Teil der Gesteine der Nördlichen Kalkalpen, gehörte zum Untergrund von Ur-Europa und wurde bei der Alpenbildung mit verfaltet.

Ein geologisches Lineament trennt die Nördlichen Kalkalpen von der südlich angrenzenden **Grauwackenzone**. Entlang dieser Störung konnten während der Auffaltung erzführende Lösungen aufdringen, die unter anderem die historisch wichtigen Kupfererzvorkommen unter anderem von Leogang und Mühlau entstehen ließ. Die Gesteine dieser Baueinheit sind Tonschiefer, Kalke, Sandsteine und eben auch Grauwacken (sehr unreine Sandsteine mit gröberen Gesteinsbruchstücken), die in ihrer Ablagerungszeit bedeutend älter sind und vor etwa 400 bis 300 Millionen Jahren abgelagert wurden. Die in der Karte grau-braun mit Rasterung gefärbten Bereiche (14tu) sind permische Ablagerungen (etwa um 220 Millionen Jahre), die braun gefärbten Zonen (14pu) sind die älteren, beide gehören jedoch zur Grauwackenzone. Eine weitere Störung begrenzt die Grauwackenzone auch in deren Süden. Im Landschaftsbild ist diese Störung durch das mittlere und obere Salzachtal manifestiert sowie in dessen Verlängerung nach Osten durch das obere Ennstal.

Südlich des Salzachtals werden die geologischen Verhältnisse richtig kompliziert. Hier befindet sich das **Tauernfenster**, in der Karte blaugrau, mit Schraffierungen und den Ziffern 10 und 12 gekennzeichnet. Von einem geologischen Fenster spricht man, wenn aufgrund vor allem erosiver und/oder tektonischer

Auch der Enzian ist im Salzburger Land heimisch

Vorgänge eine ansonsten tief liegende, somit meist ältere und nicht durch Aufschlüsse zugängliche geologische Einheit freigelegt ist. Das Tauernfenster erstreckt sich auf einer Länge von etwa 170 Kilometern. in etwa vom Brennergebiet bis nach Schladming im Westen der Steiermark. In Nord-Süd-Richtung hat es etwa 30 Kilometer Durchmesser. Die hier auftretenden Gesteine stammen vom Grund des **Penninischen Ozeans**, dem westlichen Ausläufer der Tethys und östlichem Teilmeer des Ur-Atlantiks. Dieses Meer existierte am Südrand der europäischen Platte in etwa ab dem mittleren Jura bis in die Oberkreide, danach war es durch die Kontinentbewegung geschlossen bzw. verschwunden. Die penninischen Gesteine wurden in der Oberkreide und dem Tertiär (80–25 Millionen Jahre) von denen unter anderem der Kalkalpen überschoben und in die Tiefe gedrückt, wo sie bei Drücken von um 2 Gpa und Temperaturen um 600 Grad umkristallisiert wurden, doch während weiterer Auffaltungsprozesse wieder nach oben gedrückt wurden, wobei aufgrund der instabil gewordenen Hochdruck-Mineralneubildungen eine erneute Umkristallisation erfolgte. Letztlich lagen die metamorphosierten Gesteine des Penninischen Ozeans vor etwa 30 Millionen Jahren wieder ohne jede Überdeckung wieder an der Oberfläche. Die Gesteine der ozeanischen Kruste unterhalb des Penninischen Meer waren überwiegend Basalte, die durch die Metamorphose der Faltung zu Grünschiefern und Amphiboliten umgewandelt wurden. Der Großglockner besteht aus metamorphosiertem Basalt, also Amphibolit. Die tonig-kalkigen Ablagerungen auf diesem Ozeanboden wurden zu Glimmerschiefern und Marmoren, die sandigen zu Quarziten. Die Gesteine der Schelfgebiete des Penninischen Ozeans, heute Subpenninikum genannt, sind durch die Alpenfaltung zu Gneisen, Glimmerschiefern und Amphiboliten geworden. Ihre Ausgangsgesteine sind in einer langen Abfolge vom oberen Präkambrium bis in die Trias entstanden. Die mächtige Massive der ›Zentralgneise‹ (in der Karte mit Signatur 10gr) im Tauernfenster, umrahmt von der sogenannten Schieferhülle, waren vor ihrer Überprägung Granite, die im Karbon vor etwa 320 Millionen Jahren intrudierten. Die Mineralisationen der Tauern (Gold in Rauris und Gastein, Wolfram bei Mittersill) sind vermutlich schon im Karbon erfolgt – die Erze wurden später bei der Verfaltung mit ›verknetet‹. So liegen im Tauernfenster in teils metamophosierter Form Gesteine des Ur-Europa vor, die lange vor der Alpenfaltung entstanden waren.

Pflanzen- und Tierwelt

Das Land Salzburg erstreckt sich auf einer Höhe zwischen 400 und 3750 Metern. Dieser große Unterschied auf verhältnismäßig kleinem Raum ließ eine große Pflanzenvielfalt entstehen, eine Besonderheit sind dabei 1800 Arten von Gefäßpflanzen wie Bärlapp, Farne und Moose. Im Alpen- und Voralpenraum sind die Bergwälder meist Mischwälder aus Tannen, Fichten und Lärchen, Eichen und Linden sind seltener anzutreffen. In den höheren Lagen treten auch Zirben und Latschen (Legföhren) auf, weiter oben Moose und Flechten. Typische Bergblumen sind Enzian, Frauenschuh, alpine Primeln und selten Eisenhut. Interessant ist, dass das Edelweiß östlich des Dachsteins und damit östlich von Salzburg in den Alpen nicht mehr auftritt.

Zwei Murmeletiere am Großglockner

Berühmt ist der Fischreichtum der Seen im Salzkammergut; Forelle, Saibling, Äsche und Lachs kommen am häufigsten vor. In der Tierwelt der Berge trifft man auf Mufflon und Alpenmurmeltier, Hirsche und Rehe sind sehr häufig, Gämsen sind zwar nicht selten, jedoch nur selten zu beobachten. In den 1950er Jahren hatte die Gamsräude den Bestand sehr dezimiert. Habicht, Bussard und in den höheren Lagen auch der Adler sind die wichtigsten Lufttiere. Salzburg weist viele Schutzgebiete auf. Der wichtigste ist der Nationalpark Hohe Tauern, dazu kommen 28 Naturschutzgebiete und 53 Landschaftsschutzgebiete.

Wirtschaft und Tourismus

Nach Wien weist Salzburg das zweithöchste regionale Bruttoinlandsprodukt Österreichs auf, rund 52 400 Euro pro Kopf. Ursächlich dafür sind die verkehrsgünstige Lage – hier kreuzen sich wichtige Ost-West- und Nord-Süd-Linien – und die naturräumlichen Bedingungen, die im Salzburger Land etwa den ganzjährigen Tourismus ermöglichen: Kultur, Wandern und Skifahren. Allein in die Stadt Salzburg kommen jährlich etwa sechs Millionen Besucher.

Nur knapp zwei Prozent aller Beschäftigten sind noch im Primärsektor tätig. Die Landwirtschaft ist durch Familienbetriebe gekennzeichnet. Etwa die Hälfte der insgesamt 9500 kleinen und größeren Höfe befindet sich in höheren, eher schwierig zu bewirtschaftenden Lagen; knapp die Hälfte davon werden im Haupterwerb bewirtschaftet. Inzwischen arbeitet gut die Hälfte aller Bauernhöfe nach Bio- bzw. ökologischen Standards, das Bundesland Salzburg kann man mit Fug und Recht als Ökobauern-Region bezeichnen, in der die regionalen Erzeugnisse – beispielsweise Fleischwaren, Käse, Obst und Gemüse – von außergewöhnlicher Güte sind. Auf 80 Prozent aller Höfe findet Viehwirtschaft statt, immer größere Bedeutung erlangen Heumilch-Produkte. Salzburg, vor allem Flachgau und Tennengau, ist die Wiege der österreichischen Heumilch, denn hier sind rund 50 Prozent der Landwirte Heumilch-Produzenten. Viele Bauernhöfe bieten Ferienwohnungen oder ›Urlaub auf dem Bauernhof‹ an und ermöglichen oftmals Kindern auch Tierbegegnungen.

Im sekundären Sektor – Industrie und Handwerk – sind knapp 28 Prozent aller Beschäftigten tätig. Die größeren Industriebetriebe des Landes finden sich um Salzburg und Hallein, bis auf die Kraftwerke in Kaprun und den Seitentälern der Salzach außerhalb der Berge und direkt an den großen Verkehrswegen. Zu ihren wichtigsten Sparten zählen Metall- und Holzverarbeitung, Papierproduktion, Druckereien und Verlage sowie die Nahrungs- und Genussmittelerzeugung.

Fast drei Viertel aller Beschäftigten, rund 71 Prozent, arbeiten im Dienstleistungssektor. Die Situation in der Stadt Salzburg ist dabei eine ganz andere als im restlichen Land. Salzburg ist wichtiger Finanzstandort und technologisches Innovationszentrum, innerhalb dessen Kommunikation und Medien immer bedeutender werden. Tourismus und Gastronomie dagegen sind überall im Bundesland Salzburg von größter Bedeutung. Man kann sagen, dass der Erfolg der Salzburger Wirtschaft in ihrer klugen Diversifizierung liegt. Inwieweit die Corona-Pandemie die Wirtschaft nachhaltig geschädigt hat, kann noch nicht abgesehen werden. Dass Einbußen zu verzeichnen sind, ist jedoch schon jetzt sichtbar. So lag die durchschnittliche Arbeitslosenquote im Land im Dezember 2020 bei 8,3 Prozent, im Sommer 2020 aber bei nur 5,3 Prozent – in beiden Fällen die drittniedrigste in Österreich.

Klima und Reisezeit

Das Land Salzburg lässt sich in zwei regionale Klimazonen aufteilen. In der ersten liegen der Flachgau mit dem Salzkammergut und die Stadt Salzburg selbst. Die zweite, größere Zone umfasst die höhergelegenen Alpenzonen: Pinzgau, Pongau, Lungau und Tennengau. Die Landesteile nördlich der Alpen in der erst-

Das Salzburger Land ist Sommer-…

genannten Zone sind durch besonders niederschlagsreiches atlantisch-maritimes Klima gekennzeichnet. Die in Mitteleuropa vorherrschenden West- und Nordwestwinde bringen feuchte Luftmassen heran, die am Gebirgsrand mit Wolkenbildung abkühlen und abregnen. Salzburgs sprichwörtlicher Schnürlregen ist in diesem Zusammenhang zu sehen. Salzburg hat eine jährliche Niederschlagsmenge von über 1300 Millimetern, das ist bedeutend mehr als in Wien. Die Winter sind durchgehend mild.

In Richtung Süden, zum Alpenhauptkamm hin, gehen die Niederschläge auf durchschnittliche mitteleuropäische Werte zurück, es kann aber auch hier zu erheblichen Regengüssen kommen. Die Sommer in den Bergen sind verhältnismäßig kühl und dauern meist nur von Juli bis Mitte September. In den niedrig gelegenen weiten Ebenen des Flachgaus können also völlig andere Bedingungen herrschen als hundert Kilometer weiter südlich am Nordrand der Tauern, die bis weit über 3000 Höhenmeter hinaufragen. Zu erwähnen sei noch der Föhn in Frühjahr und Herbst. Er entsteht, wenn ein Tief nördlich der Alpen Luft aus einem Hoch südlich des Gebirges ansaugt. Da die Feuchtigkeit an der Alpensüdseite meist bereits abgeregnet ist, kommt er als warmer, trockener Fallwind an der Alpennordseite herab. Er kann böig bis stürmisch sein. Je kräftiger der Föhn ist, desto tiefer stößt er in die Täler des Alpennordrandes vor und desto weiter dringt er nach Norden ins Alpenvorland vor. Bekanntlich hat er eine nicht zu unterschätzende Wirkung auf Physis und Psychis des Menschen. Wer wetterfühlig ist, klagt dann über Kopfschmerzen oder über Abgespanntsein. Der Föhn kann Lawinen auslösen. Im Lungau ist das Klima übrigens rauher als in anderen Bergregionen Salzburgs.

Wer nicht zum Zweck des Wintersports ins Land kommt, besucht es am besten ab Mitte Mai bis Mitte Oktober. In der Stadt Salzburg herrscht wegen der Festspiele im Juli und August Hochsaison, da kann es eng werden. Im Rest des Salzburger Lands herrscht in den Wandergebieten ab Juli immer Hochbetrieb.

...wie Winterreiseziel

Durchschnittstemperaturen			
	Salzburg Stadt (424 m)	Bad Gastein (1102 m)	Kitzsteinhorn (3203 m)
Januar	2	0	-10
Februar	4	0	-11
März	9	2	-10
April	14	5	-7
Mai	19	10	-2
Juni	22	13	2
Juli	24	15	4
August	23	15	4
September	20	12	1
Oktober	14	9	-2
November	8	5	-7
Dezember	3	2	-10

Bevölkerung, Religion und Sprache

Zum 1. Januar 2020 lebten im Land Salzburg offiziell 558 410 Personen, davon haben 17,7 Prozent (98 922 Personen) keinen österreichischen Pass. 52,6 Prozent der Ausländer aus der EU und der Schweiz, allein etwa 20 Prozent aller in Salzburg wohnenden Ausländer sind Deutsche. Von den Migranten aus Nicht-EU-Ländern sind die Bosnier die zahlenmäßig stärkste Gruppe (11,6 %, 11 450 Personen), gefolgt von den Serben (8 %, 7630) und Türken (7 %, 6500), dann folgen mit je 3,5 Prozent Syrer und Afghanen und mit je 1 Prozent Nordmazedoniener und Russen. Als Minderheiten anerkannte Volksgruppen gibt es im Land Salzburg nicht.

Anfang 2018 waren in Salzburg 338 418 Menschen oder 61,2 Prozent römisch-katholisch und 2,9 Prozent evangelisch. Seit 2001 dürfen die Statistiker nicht mehr das Religionsbekenntnis abfragen, deshalb gibt es für andere Religionsgemeinschaften nur Schätzungen. Größte Gruppe sind hier die Muslime mit rund 5,6 Prozent, rund zehn orthodoxe Glaubensrichtungen machen zusammen einen Anteil von 3,7 Prozent aus. Die serbisch-orthodoxe Kirche mit drei Geistlichen umfasst mittlerweile ebenso viele Gläubige wie die Gruppe der Evangelischen. Der Protestanten-Aderlass von 1732 ist heute noch zu deutlich zu spüren.

Amtssprache im Land ist Deutsch. Gesprochen wird es natürlich in seiner österreichischen Variante, wobei es regional stark wechselnde Dialekte gibt. Diese zählen wie alle österreichischen Dialekte außerhalb Vorarlbergs zu den ›bairischen Dialekten‹. ›Bairisch‹ darf nicht mit ›Bayrisch‹ verwechselt werden – dieses Adjektiv findet nur im Zusammenhang mit dem Freistaat Bayern Verwendung. Das Nordbairische wird in der Oberpfalz und angrenzenden Regionen Frankens gesprochen, das Südbaierische lebt in Tirol, Kärnten und Teilen der Steiermark. Das im gesamten Österreich jedoch meistgesprochene Bairisch ist

Bei einem traditionellen Erntedankfest

das ›Mittelbairische‹, charakterisiert durch die Vokalisierung besonders des ›l‹ am Wortende und vor Konsonanten: Hoiz statt Holz, wuid oder wüd statt wild. Dass es im Dialekt innerhalb der Gebirgsgaue Salzburgs nochmals kleine Unterschiede gibt, interessiert nur die Linguisten.

Geschichte

Salzburgs Stadt- und Landesgeschichte beginnt vor etwa 8000 Jahren, in der Jungsteinzeit. Durch die Benennung eines Stadtrichters in einer Urkunde aus der Zeit um 1120 bis 1130 kann Salzburg als älteste Stadt auf dem Gebiet des heutigen Österreich angesehen werden, wenngleich das oberösterreichische Enns (Stadtrechtsurkunde von 1212) und Wien (Babenbergerresidenz seit 1155) mit Salzburg um diesen Rang streiten. In dieser Diskussion bleibt die römerzeitliche, auf dem Gebiet des heutigen Salzburg befindliche Stadtanlage Iuvavum unberücksichtigt.

Vom 8. bis zum 19. Jahrhundert ist die Landesgeschichte untrennbar mit dem Tun und Lassen der Erz- und Fürsterzbischöfe verbunden, daher sei sie hier für ihren weitaus größten Teil entlang deren Amtszeiten dargestellt.

Von der Jungsteinzeit bis zum 5. Jahrhundert

Schon für die Jungsteinzeit (Neolithikum), etwa 9000 bis 7000 v. Chr., fand eine Besiedlung des Raums statt, in dem später die Stadt Salzburg entstand; auf dem Rainberg und den anderen Bergen – Festungsberg, Kapuzinerberg, Mönchsberg – um die spätere Stadt sind Reste von Siedlungen nachweisbar. Im ersten vorchristlichen Jahrtausend befand sich eine Siedlung des Keltenstamms der

Alaunen hier. Die Römer kamen um die Zeitenwende in den Salzburger Raum, um 15. v. Chr. eroberten sie die Keltenstadt und machten sie zu einem Verwaltungszentrum (Munizipalstadt) ihrer Provinz Noricum und gaben ihr den Namen Iuvavum. Die Provinz Noricum umfasste im Wesentlichen den ostalpinen Raum.

Dieses Iuvavum, oft auch Iuvarum genannt, erlangte durch seine Lage an der Kreuzung zweier Handelsstraßen Bedeutung. Die eine führte von Norden in den Kärntner Raum (Teurnia) und Richtung Aquileja, die andere verband in Ost-West-Richtung die spätere Ostschweiz und das Inntal mit dem Donauraum. Unter dem heutigen Residenzplatz wurden viele römische Mauerreste gefunden, in Loig im Südwesten Salzburgs wurde 1815 ein 220 Meter langer Villenkomplex mit einem 6x6 Meter großen Mosaik ausgegraben; es befindet sich heute im Kunsthistorischen Museum in Wien. Germanische Stämme zerstörten Iuvavum 171 n. Chr. vollständig, der Wiederaufbau unter Kaiser Marc Aurel erfolgte nur schleppend. Letztlich verlor Iuvavum nach und nach seine wirtschaftliche und administrative Bedeutung, vor allem da germanische Stämme zwischen etwa ab 230 bis zum Ende des 4. Jahrhunderts immer wieder nach Noricum eindrangen und die Provinz verwüsteten. Viele Dörfer des Voralpenlandes fielen wüst und wurden aufgegeben, gegen 420 war Iuvavum verödet und nur noch von wenigen Menschen besiedelt. Als das Römische Reich im Jahr 476 unterging, lebten nur noch wenige Menschen im Gebiet, sie siedelten nur noch auf den eingangs erwähnten Bergen an der Salzach. Es verwundert nicht, dass es nur wenige Kenntnisse über die Baustruktur Iuvavums gibt. Die Wirren der Völkerwanderung taten das Ihre, die Infrastruktur der Region zu zerstören. Doch bestand Siedlungskontinuität bis zur Landnahme durch die Bajuwaren, die das Alpenland in mehreren Schüben besiedelten.

Die Zeit des Bischofs Rupert

Zu Beginn des 6. Jahrhunderts erfolgte die friedliche Einnahme des verödeten Salzburger Lands durch die Bajuwaren. Gut hundert Jahre später beorderte der bayerische Herzog Theodo II. (um 660–um 720) **Rupert**, den Bischof von Worms, in seine damalige Hauptstadt Regensburg und wies ihn an, im Land um Inn und Salzach Kirchen zu bauen. Theodo II. verlieh dem Bischof das Land. Baiern wurde so zum Mutterland Salzburgs, was noch Jahrhunderte später zu Auseinandersetzungen Anlass gab. Rupert durchreiste das Voralpenland und begegnete wahrscheinlich im Jahr 696 in dem aufgegebenen Iuvavum den Resten der römischen Einwohner und

Der heilige Rupert in einer Darstellung aus dem 18. Jahrhundert

einer Mönchgesellschaft. Diese hatte sich in den Jahren des Kaisers Konstantin gebildet, als das Christentum römische Staatsreligion wurde, und bestand nach wie vor.

Rupert ließ an der Stelle des heutigen Salzburger Doms eine dem heiligen Petrus geweihte Kirche bauen, auch entstand in der Nähe ein erstes Kloster, St. Peter. Dieses Stift, das bald Benediktiner übernahmen, ist somit im deutschen Sprachraum das älteste durchgehend bestehende Mönchskloster. Rupert veranlasste in den kommenden Jahren eine umfangreiche Missionierungsarbeit, auch ließ er die Gebeine seines Wormser Vorgängers Amandus nach Salzburg überführen. Sie ruhen noch heute unter dem Altar der Stiftskirche St. Peter. 712 gründete Rupert auf dem Salzburger Nonnberg ein Frauenkloster. Dieses ist das bis heute älteste durchgehend bestehende christliche Frauenkloster. Erste Äbtissin war Ruperts Nichte Erentrudis. Rupert starb 718 in Worms, seine Gebeine wurden am 24. September 774 nach Salzburg überführt, der Dom geweiht. Ruperts Gebeine ruhen in einem römischen Sarkophag in St. Peter. Bis heute finden am 24. September im ganzen Land kirchliche Feste statt, in den meisten Orten der Rupertikirtag, wenngleich der offizielle Gedenktag laut Heiligenkalender der 27. März ist. Rupert ist Landespatron Salzburgs und des Salzburger Landes und wird immer mit einem Salzfass als Heiligenattribut dargestellt.

Rupert wurde übrigens niemals formell heiliggesprochen, erfährt aber durch eine besondere Bestimmung der katholischen Kirche dennoch seine Verehrung nach dem Heiligenkanon.

Vom 8. Jahrhundert bis zum Entstehen des Fürsterzbistums

Die Salzburger Erzbischöfe genossen von Anfang an große vom Vatikan erteilte Privilegien. Seit 870 waren sie auch Kanzler bzw. Erzkaplane, so die damalige Bezeichnung, des Ostfränkischen Reichs, das sich bald zum Heiligen Römischen Reich wandeln sollte. Seit 1026 trugen sie den Titel ›legatus natus‹ (päpstliche Legaten), seit 1650 den Titel eines ›Primas Germaniae‹, also ›erster Bischof der deutschen Lande‹.

Salzburg war seit 739 Bischofssitz. In Folge der Weihung des Doms durch den neuen Bischof **Virgil** (gest. 784) im Jahr 774 und der wachsenden Rupertiverehrung sowie auf Wunsch Kaiser Karls des Großen wurde Salzburg am 20. April 798 durch Papst Leo zum Sitz eines Erzbistum erhoben. Zu ihm als Kirchenprovinz gehörten damals fast ganz Altbaiern mit Niederbayern, Oberpfalz und Oberbayern sowie große Teile des alpinen Österreichs. Die Salzburger Geistlichkeit missionierte in Kärnten, der Steiermark und anderen Alpenregionen, dabei von Anfang an, seit Karl dem Großen, von den Reichsherrschern unterstützt. Erster Erzbischof des neuen Erzbistums war **Arno** (um 740–821). Ihm zu Ehren gibt es im Land den Arnoweg, einen 1200 Kilometer langen Rundwanderweg um und durch Salzburg (www.meinarno.at). Die Salzburger Erzbischöfe betrachteten sich in jener Zeit als Vorreiter des Christentums und sahen in der Missionierung von Völkern am mittleren Donauraum eine wichtige Aufgabe.

Erzbischof Thiemo (1040–1102) auf Glas in der Pfarrkirche Wien-Liesing

Arnos Nachfolger **Adalram** (reg. 821–836) widmete sich der Slawenmissionierung, unter ihm wurde in Neutra (Nitra) die erste christliche Kirche auf dem Gebiet der heutigen Slowakei erbaut. Sein Nachfolger **Liupram** (reg. 836–859) ließ im Gebiet des heutigen Westungarn missionieren, genau wie Adalwin (gest. 873). Der übernächste Erzbischof **Theotmar** – über dessen Amtsvorgänger **Adalbert I.** ist so gut wie nichts bekannt – wurde in die Weltgeschichte hineingezogen. Mit einem kleinen Heer unterstützte er den Baiernherzog Luitpold im Kampf gegen die in den Großraum des heutigen Niederösterreich und Pannonien eingefallenen Ungarn. In der Schlacht von Pressburg vom 4. Juli 907 wurde das baierisch-salzburgische Heer vernichtet, Theotmar fiel im Kampf. Damit war der salzburgische Wirkungskreis, den Adalram und seine Nachfolger bereitet hatten, verloren gegangen. **Pilgrim I.**, der Theotmar folgte, wurde, da er Anhänger des Baiernherzogs Arnulf war, in dessen Kämpfe zwischen dem Baiernherzog Arnulf und dem deutschen König Konrad I. hineingezogen, was letztlich seine Machtfülle einengte. Er starb 923.

Ihm folgte **Adalbert II.**, der in den zwölf Jahren seiner Regierungszeit zumindest die Wirtschaft des Erzbistums florieren ließ. Sehr wenig weiß man über die Zeit (bis 939) des ihm nachfolgenden **Egilolf**. Ihm folgte **Herold**, der bis 955 regierte, dem baierischen Adelgeschlecht der Luitpoldinger entstammte und deren Loyalität sich König Otto I. (ab 961 Kaiser Otto I., ›der Große‹) mit seiner Ernennung versichern wollte. Herold war auch zunächst loyal, doch dann gingen einige Mitglieder seiner Familie aus Gründen der Nichtberücksichtigung bei der Ämterbesetzung in Gegnerschaft zum König über. Herold, der lange zögerte, wechselte schließlich auch in deren Lager – Blut ist sehr offenbar oft doch dicker als Wasser – und geriet in direkte kriegerische Auseinandersetzungen mit Otto. Dieser konnte wegen der Ungarneinfälle ins Reich zu dieser Zeit keine zusätzlichen Gegner im Inneren gebrauchen. Otto ließ Herold absetzen, gefangen nehmen und blenden und schickte ihn nach Säben im heutigen Südtirol in die Verbannung, wo er 967 starb. Otto setzte aber zunächst keinen neuen Erzbischof ein, sondern wartete Herolds Verhalten ab. Da dieser aber aus dem Exil weiterhin als Erzbischof zu wirken versuchte und den mutmaßlichen Hochverrat am König nicht eingestehen wollte, setzte Otto 958, nach dreijähriger offizieller Vakanz, **Friedrich I.** als neuen Erzbischof ein. Dieser war dem König gegenüber sehr loyal eingestellt, zog 967 mit dem inzwischen zum Kaiser gekrönten Otto I., dem er seit seiner Krönung als Berater gedient hatte, nach Italien. Er hatte die Rolle des Reichsbischofs inne und war damit Stellvertreter des Kaisers. Von Bedeutung ist die Abtrennung des Klosters St. Peter vom Erzbistum anlässlich einer Kirchenreform im Jahr 987.

In der Zeit des Erzbischofs **Hartwig** (reg. 991–1023) verlieh Kaiser Otto III. 996 der Siedlung Salzburg das Markt-, Maut- und Münzrecht, bedeutend war auch die Schenkung des bis dahin baierischen Lungau an das Erzbistum durch Kaiser Heinrich II. Erst wenige Monate war Hartwigs Nachfolger **Gunter von Meißen** im Amt, als er unvermutet 1025 starb. Nichts für die Landesgeschichte Wesentliches kann aus der Zeit **Dietmars II.** (reg. 1025–1041) und **Baldwins** (reg. 1041–1060) erwähnt werden.

Ganz anders verhält es sich beim nächsten Erzbischof. Seit 1076 tobte in der römischen Kirche und in der weltlichen Politik des Reiches der sogenannte Investiturstreit. Es ging um die Amtseinsetzung von Geistlichen durch die weltliche

Macht, erst 1122 wurde der Streit mit dem Wormser Konkordat beendet. Dieser Vertrag zwischen Kaiser Heinrich V. und Papst Calixt II. war ein Kompromiss, bei dem die weltliche Seite den Anspruch der Kirche auf das Recht der Investitur akzeptierte, der Papst dagegen zustimmte, dass die Wahl der deutschen Bischöfe und Äbte zwar in Gegenwart kaiserlicher Abgeordneter erfolgen, der Gewählte aber mit den Regalien, die mit seinem geistlichen Amt verbunden waren, vom Kaiser belehnt werden sollte.

Während dieser Zeit standen der Salzburger Erzbischof wie auch das Land aufseiten des Papstes, der für sich deklarierte, nur durch Gott oder die Kardinäle bestimmt werden zu können. Doch die Erzbischöfe von Salzburg wurden bis dahin vom Kaiser oder König bestimmt, also der weltlichen Macht, und waren damit auch diesem verpflichtet. Erzbischof **Gebhard** (um 1010–1088, reg. ab 1060) stand zu Beginn des Investiturstreits 1076 allerdings aufseiten des Papstes Gregor VII., obwohl er unter König Heinrich IV. und dessen Vormunden von 1057 bis 1059 Reichskanzler gewesen war. 1077 unterstützte er in Gegnerschaft zu Heinrich die Wahl von dessen Gegenkönig – vor dem Canossagang war Heinrich noch päpstlich gebannt –, was Heinrich ihm später, wiedereingesetzt, nicht verzieh. Heinrich vertrieb Gebhard aus Salzburg, der erst 1086, nach der Wahl Heinrichs zum deutschen Kaiser, wieder dorthin zurückkehren konnte. Gebhard ließ zu seinem persönlichen Schutz und als Rückzugsort 1077 einen Vorgängerbau der heutigen Festung Hohensalzburg erbauen, genau wie er von 1075 bis 1078 die Burg Hohenwerfen errichten ließ. Das heutige Erscheinungsbild beider Burgen hat natürlich nichts mit dem des 11. Jahrhunderts gemein. Gebhard starb 1088 auf Burg Hohenwerfen und wurde im steirischen Stift Admont begraben, das er selbst einige Jahre zuvor als Benediktinerkloster hatte erbauen lassen.

Gebhards Nachfolger **Thiemo** (reg. 1090–1098) nahm 1101 an einem Kreuzzug teil und erlitt irgendwo im heutigen Iran dern Märtyrertod. Obwohl offiziell nie heiliggesprochen, erfährt er in der katholischen Kirche eine besondere Verehrung. Einige Jahre blieb das Amt des Erzbischofs vakant, erst 1106 wurde mit **Konrad I. von Abenberg** (reg. bis 1147) ein neuer Erzbischof eingesetzt. In über 40 Jahren Amtszeit wirkte er in Salzburg vor allem architektonisch. Er ließ an den Dom aus dem 8. Jahrhundert neue Türme anbauen. Der brannte 1127 aus und musste neu errichtet werden. 1140 ließ Konrad auch den unter Wolf Dietrich von Raitenau aufgelassenen Domfriedhof anlegen. Zur gleichen Zeit entstand

Der heilige Eberhard treibt Dämonen aus. Fresko in der Memminger Zangmeisterkapelle (1510)

auch der aus dem Almkanal abgeleitete Stiftskanal, der die Innenstadt und den Dombezirk mit Wasser versorgte. Des Weiteren ließ er in den Salzburger Besitzungen in der Weststeiermark viele Burgen im Rahmen der Ungarnabwehr bauen. Der nächste Erzbischof, **Eberhard I. von Biburg** (reg. 1147–1164), war schon zu Lebzeiten wegen seiner untadeligen Lebensführung als Heiliger verehrt. Er galt als begnadeter Redner, Wohltäter und ließ das 1152 abgebrannte Stift Admont schnell wieder aufbauen. Im Investiturstreit, der nach 90 Jahren wieder aufflammte, stellte er sich auf die Seite des Papstes. Er starb 77-jährig während einer Reise in die Steiermark.

Die Folgen des ungelösten Investiturstreits machten sich jetzt sehr störend bemerkbar. Kaiser Friedrich Barbarossa verhängte 1166 über den Erzbischof **Konrad II. von Babenberg** (reg. 1164–1168) die Reichsacht, da dieser die Herrschaft über Salzburg übernommen hatte, ohne sich dazu ausdrücklich vom Kaiser belehnen zu lassen. Konrad lehnte zudem den vom Kaiser unterstützten Gegenpapst Paschal III. ab. In Folge verwüsteten die kaisertreuen Herren von Plain 1168 Salzburg und brannten es teilweise nieder, der Dom und sämtliche Kirchen der Stadt wurden zerstört. Der Streit mit Kaiser Friedrich ging auch unter Konrads Nachfolger Adalbert III. von Böhmen weiter. Dieser wurde 1177 abgesetzt, lebte aber noch bis 1200.

Im Jahr 1181 begann man unter Erzbischof **Konrad III. von Wittelsbach** (reg. 1177–1183) mit dem Bau eines neuen, fünfschiffigen Doms, der übrigens größer als der heutige war. Konrad folgte in einer zweiten Amtszeit der 1177 abgesetzte Adalbert III. von Böhmen nach, diesmal gab es keine Komplikationen.

Mit dem Jahr 1200 begann unter Erzbischof **Eberhard II. von Regensberg** (um 1170–1246) eine eine 46 Jahre andauernde, ruhige Epoche, ihm gelang es, das teilweise sehr zerstückelte Herrschaftsgebiet unter anderem durch Gebietserwerbungen und Verwaltungsreformen zu einer äußerlichen Einheit zu formen. Er förderte den Fernhandel und sorgte für die Sicherheit der Kaufleute. Eberhard stand in späten Jahren auf der Seite Kaiser Friedrichs II., dem Erzgegner der damaligen Päpste Gregor IX. und Innozenz IV. Da er aber die Exkommunikation des Kaisers zusammen mit anderen Adeligen und geistlichen Herrschern brandmarkte, kam er zusammen mit diesen selbst in päpstliche Acht und wurde seinerseits exkommuniziert. Als er öffentlich die Urkunde durch einen päpstlichen Boten erhielt, zerriss er sie vor dessen Augen und gab dem Überbringer eine ›Maulschelle‹ (Ohrfeige). Eberhards Herr-

Konrad von Babenberg auf Glas im Stift Heiligenkreuz

schaft war für das Land friedvoll und kulturell-materiell bereichernd, wenngleich Salzburg während seiner Herrschaft zweimal vollständig abbrannte. In der älteren Literatur wird er zu Recht als ›pater patriae Salisburgiensis‹ bezeichnet. Eberhard gründete 1215 das Suffraganbistum Chiemsee, 1217 und 1220 die steirischen Bistümer Seckau und Lavant; wie kaum eine anderer Salzburger Landesherr gestaltete er als Vertrauter Kaiser Friedrichs die Politik seiner Epoche mit. Doch wegen des Kirchenbanns durfte er nach seinem Tod im kärntnischen Friesach 1246 nicht in Salzburg beerdigt werden und wurde 40 Jahre als vertrocknender Leichnam unter dem Dach der Kirche von Radstadt ›gelagert‹. Erst nach Aufhebung des Banns unter Papst Nikolaus IV. konnte 1288 die Beisetzung im Salzburger Dom erfolgen.

Eberhard von Regensberg, Ölgemälde aus dem 17. Jahrhundert

Eberhard folgte 1246 für einige Monate **Burkhard von Ziegenhain** als Erzbischof nach. Er ertrank auf einer Reise im August 1247 während der Überfahrt im Bodensee – vermutlich wurde nachgeholfen. **Philipp von Spanheim** (Sponheim), Herzog von Kärnten, wurde jetzt als neuer Erzbischof gewählt. In seiner Zeit erhielt Salzburg 1249 sein erstes Stadtsiegel. Philipp verzichtete jedoch auf die Bischofsweihe, um weiterhin seine weltlichen Interessen vertreten zu können. Da er sich kaum um das Bistum kümmerte, wurde er 1256 abgesetzt. Das scheint auch für seinen Nachfolger **Ulrich von Seckau** gegolten zu haben, man weiß kaum etwas über ihn. 1265 endete seine Amtszeit.

Für Salzburg und das Umland begann mit diesem 13. Jahrhundert eine Zeit großer wirtschaftlicher Blüte, die drei Jahrhunderte anhielt. Immer größere Einnahmen durch die reichen Erzminen der Hohen Tauern und aus dem Salzhandel von Berchtesgaden und Hallein ließen die Bischöfe und das Land reich werden. Der Salzbergbau war um 1180 wieder aufgenommen worden, nachdem er seit Ende der Keltenzeit stillgelegen hatte; die Römer hatten keinen Salzabbau betrieben. Tausche, Käufe, Schenkungen und Erbschaften vergrößerten und bereicherten das Bistum. Damit wuchs das Selbstbewusstsein der bischöflichen Landesherren und letztlich aufgrund des Reichtums auch der Wunsch nach mehr Autonomie und einer nach und nach zu erfolgenden Loslösung von Baiern, das als ›Mutterland‹ aus Sicht der Salzburger immer noch zu viel Mitsprachrecht in der Politik hatte.

Für fünf Jahre war nach Ulrich von Seckau dann **Wladislaw von Schlesien** der Erzbischof (1265–1270). Er galt als korrekter Administrator, der den Nutzen des Erzbistums mehrte. Unter Erzbischof **Friedrich II. von Walchen** (reg. 1275–

1284) wurde 1275 durch den Wittelsbacherherzog Heinrich XIII. die Grenze der Herrschaft Salzburg zum baierischen Chiemgau hin bestätigt – der sogenannte Rupertigau war jetzt das westlichste Gebiet des Erzbistums Salzburg. Dabei handelte es sich im Wesentlichen um den Nordteil des heutigen bayerischen Kreises Berchtesgaden und fast den ganzen Kreis Traunstein. Doch andere ungeklärte und territorial nicht exakt definierte Gebietsansprüche störten weiterhin das Verhältnis. 1285, in der Zeit des Erzbischofs **Rudolf von Hoheneck** (reg. 1284–1290), besetzten die Baiern das bis dahin salzburgische Mühldorf. In jener Zeit hatte der Erzbischof auch einen Streit mit den Habsburgern um einige steirische Gebiete auszutragen, Auseinandersetzungen, die auch seinen Nachfolger Konrad von Fohnsdorf (reg. 1291–1312) beschäftigten.

Ein unkonventioneller Erzbischof war **Weichart von Pohlheim** (reg. 1312–1315). Als Verfasser eines historischen Werkes über die Adelsgeschlechter Österreichs ist er der einzige Autor und den Salzburger Erzbischöfen des Mittelalters.

Die Amtszeit des nächsten Erzbischofs, **Friedrich III. von Leibnitz**, der 23 Jahre lang, bis 1338 regieren sollte, brachte eine bedeutende geschichtliche Wende. Denn die Schlacht von Mühldorf vom 28. September 1322 brachte die Weichenstellung für die endgültige Loslösung Salzburgs von Baiern. Seit 1314 stritt man im Reich um die Nachfolge des Königs Heinrich VII. Die Wahlkandidaten, der Habsburger Erzherzog Friedrich der Schöne und sein Kontrahent Herzog Ludwig IV. von Bayern, trugen den Kampf um das Königsamt in der Mühldorfer Schlacht militärisch aus, Friedrich unterlag. 1328 wurde Ludwig dann zum römisch-deutschen Kaiser gewählt, erkannte aber Friedrich als Mitkönig an, da viele europäische Fürsten anfangs mit ihm nicht einverstanden waren und er gezwungen war, einen Vergleich einzugehen, wenn nicht jahrelange interne Streitigkeiten erwachsen sollten. Denn die Zwiste des Interregnums von 1245 bis 1273, als das Reich ohne gewählten und anerkannten Herrscher gewesen war, lagen noch nicht lange zurück. Da die Salzburger Bischöfe während der Auseinandersetzungen aufgrund komplizierter älterer Pakte auf der Seite der Habsburger standen und durch die verlorene Schlacht plötzlich den Baiern tributpflichtig geworden waren, kam es jetzt zum endgültigen Bruch mit dem Mutterland Bayern. Erzbischof Friedrich III. von Leibnitz erließ 1328 mit Genehmigung des Papstes eine eigene Landesordnung und wurde somit der Begründer des künftigen Fürsterzbistums. Sein Nachfolger **Heinrich von Pirnbrunn**, der nur kurze Zeit regierte (1338–1343), hinterließ, was ebenfalls von großer Bedeutung war, 1342 eine Bergwerksordnung für Gastein und Rauris, in der erstmalig von einem ›Land Salzburg‹ die Rede war.

Der durch den erwähnten Zwangsvergleich nicht allzu mächtige König Ludwig (der Bayer), Kaiser ab 1328, musste zähneknirschend nach der Trennung vom ›Mutterland‹ Baiern den Erzbischöfen das Zugeständnis machen, eigenständige Fürsten innerhalb des Heiligen Römischen Reiches sein zu dürfen. So führten sie nun den Titel Fürsterzbischof (archiepiscopus et princeps). Das Bistum wurde innerhalb des Deutschen Reiches zu einem weitgehend selbstständigen Staat. Das Fürsterzbistum Salzburg deckte sich in seiner Fläche im Wesentlichen mit der des heutigen Bundeslandes Salzburg. Und dabei sollte die Terminologie beachtet werden: ist vom Fürsterzbischof die Rede, ist der weltliche Landes-

Inszenierung des Spätmittelalters für die Touristen auf Burg Mauterndorf

herr gemeint; spricht man vom Erzbischof, bezieht man sich nur auf den Herrn des geistlichen Sprengels. Erster Salzburger Erzbischof, der den Titel Fürsterzbischof trug, war Heinrich von Pirnbrunns Nachfolger, **Ortolf von Weißeneck** (gest. 1365); er regierte ab 1343.

Vom 14. Jahrhundert bis zu den Bauernkriegen

Ortolfs Nachfolger wurde **Pilgrim II. von Puchheim** (reg. 1365–1396). Ihm gelang eine eigenständige salzburgische Politik, losgelöst von aller bairischen und habsburgischen Einflussnahme. Während seiner über 30-jährigen Regierungszeit hatte das Fürsterzbistum seine flächenmäßig größte Ausdehnung. An seinem Hof lebte ein als ›Mönch von Salzburg‹ bekannt gewordener Minnesänger, der in frühneuhochdeutscher Sprache etwa 50 Liebeslieder geschaffen hat und von dem das Weihnachtslied ›Joseph, lieber Joseph mein‹ stammt. Einige Historiker sind der Meinung, dass Pilgrim selbst dieser Minnesänger gewesen sei, da er an seinem Hof Musik und Dichtkunst pflegte und einen ersten Domchor gründete.

Rasch hatten Städte und Bürger gespürt, dass die geistlichen Landesherren mit ihrer Erhöhung zu Fürsterzbischöfen einen Machtzuwachs sondergleichen bekommen hatten – einen Machtzuwachs, der zu einer immer stärkeren möglichen Unterdrückung der Untertanen missbraucht werden konnte. Daher schlossen sich 1403, kurz vor der Wahl des Erzbischofs **Eberhard von Neuhaus** (reg. 1403–1427), Ritter und niederer Adelige mit der Bürgerschaft der Städte Salzburg, Laufen, Hallein und Radstadt zum sogenannten Igelbund zusammen. Dieses Gremium sollte gemeinsam mit dem Erzbischof als Instanz gemeinsamer

Verantwortung die landespolitischen Erfordernisse mit Wünschen und Anregungen der Bürger verknüpfen und durchsetzen. Das sagte der Fürsterzbischof grundsätzlich zu, in der Realität wurden die Anträge des Igelbunds jedoch immer hinausgezögert, ausgesessen oder als angeblich unwichtig abgelehnt.

Seit 1393 war die Stiftspropstei Berchtesgaden wegen Schulden bei den Salzburgern Teil des Salzburger Erzbistums. 1404 wurde auf Druck des Papstes deren Selbstständigkeit wiederhergestellt, sehr zum Unwillen Eberhards, dem nun bestimmte Einnahmen fehlten. Daraufhin ließ er noch im gleichen Jahr die Juden aus Salzburg wegen mutmaßlichen Hostienfrevels vertreiben. Nur zum Christentum Konvertierende sowie Kinder und Schwangere durften bleiben. Ein Teil des jüdischen Besitzes wurde konfisziert. Eberhards Nachfolger **Eberhard von Starhemberg** regierte nur zwei Jahre, bis 1429; von seinem Nachfolger **Johann von Reisberg** (gest. 1441) gibt es im Goldenen Fenster der Tamsweger St.-Leonhard-Kirche eine Darstellung, die als ältestes Bildnis eines Salzburger Fürsterzbischofs gilt. In seiner Regierungszeit fegten die Hussitenkriege durch Mitteleuropa, glücklicherweise zogen sie Salzburg anders als die östlich davon liegenden Habsburgerlande nicht in Mitleidenschaft. Aus der Zeit seines Nachfolgers **Friedrich IV. von Emmersberg** (reg. 1441–1452) lässt sich nicht viel erzählen. Unter Fürsterzbischof **Sigismund von Volkersdorf** (reg. 1452–1461) wurden neue Bergbaugesetze erlassen. Die Nachwelt rühmte ihn als besonders mildtätig und würdigte seine bescheiden-gottgefällige, auf jeden unnötigen Prunk verzichtende Amtsführung. Die Einnahme Konstantinopels durch die Türken 1453 und die Pest, die 1454 das Land verheerte, sah er als Strafe Gottes an, die er durch noch mehr Gottesfurcht und Wohltätigkeit zu lindern glaubte.

Leonhard von Keutschach

Von Unruhen war die Zeit **Burkhards von Weißpriach** (reg. 1461–1466) gekennzeichnet. 1462 kam es zu ersten Bauernaufständen, die Türken waren nach Kärnten und in die Steiermark eingefallen, in Folge ließ er die Festung Hohensalzburg ausbauen und verstärken. Burkhard war der erste Salzburger Erzbischof, der zum Kardinal erhoben wurde. **Bernhard von Rohr** (reg. 1466–1482) war bereits das Beispiel eines italienischen Renaissancefürsten. Er hatte zahlreiche Mätressen, liebte gutes Essen und überhaupt Pracht und Prunk. Die weiterhin herrschende Türkengefahr ließ auch ihn die Errichtung von Verteidigungsmaßnahmen vorantreiben. Er ließ den Befestigungsgürtel Salzburgs erweitern und auch in einigen Orten

Kirchen zu Wehrkirchen umbauen, etwa die schon erwähnte Kirche St. Leonhard ob Tamsweg.

Kaiser Friedrich machte 1481 Salzburg zu einer freien Reichsstadt und verleiht ihr im ›Großen Ratsbrief‹ besondere Rechte, was aber immer wieder zu Kompetenzstreitigkeiten zwischen geistlicher und städtischer Herrschaft führte. Bernhard von Rohr folgte **Johann Beckenschlager** (reg. 1482–1489), der aber die größte Zeit seiner Amtsperiode als Diplomat Kaiser Friedrichs III. im Ausland lebte. Die Amtszeit **Friedrichs von Schaunberg** (1489–1494), der ebenfalls sehr der Damenwelt zugetan war und den Kaiser Friedrich III. als persönlichen Wunschkandidaten ins Amt brachte, erwies sich als Epoche des Niedergangs. Der Kaiser erwartete von Friedrich besonderes Engagement zum Schutz des Landes und zur Förderung der Wirtschaft. Doch Friedrich vernachlässigte sein Amt. Der Kaiser demütigte ihn öffentlich: »Dieser ist so sehr ein Bischof wie ein Schwein ein kaiserlicher Bote.« Unter einer der fürsterzbischöflichen Mätressen wurde der bischöfliche Hof »zu einem Zufluchtsort für Räuber, Diebe und anders Gesindel, die – ihr Geschenke reichend – frei und ungestraft ihr Unwesen treiben konnten«, wie es ein Historiker ausdrückte. 1494, ein Jahr nach dem Tod des Kaisers, starb auch Friedrich von Schaunberg. Sigmund von Hollenegg, ein gebildeter Mann, sollte nun den Augiasstall des verschuldeten Bischofshof ausmisten. Doch er verstarb nach kaum einem Jahr.

Matthäus Lang von Wellenburg, Kupferstich wohl um 1600

Mit **Leonhard von Keutschach** (1442–1519, reg. 1495–1519) trat jetzt die erste der großen, überzeitlich wirkenden Gestalten auf dem Salzburger Erzbischofsthron auf. Der zielbewusst ordnende, aber keineswegs autoritär herrschende Leonhard brachte den Goldbergbau in Gastein und Rauris sowie den Salzbergbau voran, erwirtschaftete in fast 25 Jahren friedlicher Herrschaft für das Land und seine Einwohner großen Wohlstand und ließ auch die Künste erblühen. Unter ihm wuchs die Festung Hohensalzburg zu ihrem heutigen, grandiosen Äußeren. Er baute sie zu einer prächtigen Residenz eines (Früh-) Renaissanceherrschers aus. An vielen Stellen in Stadt und Burg ist sein durch die Rübe charakterisiertes Wappen zu sehen – die Rübe galt heraldisch damals als Symbol des Wohlstands. Leonhard ließ in Salzburg unter anderem die Burgen Mauterndorf und Radstadt erbauen, so wie er überall in den salzburgischen Besitzungen Wehranlagen errichtete. 1504/05 erreichte er durch die Zahlung geringer Kriegskontributionen, dass Salzburg vom Landshuter Erbfolgekrieg der Baiern verschont blieb. Seinem heutigen Ansehen sehr abträglich ist, dass er 1498 alle noch in der Stadt lebenden Juden vertrieb und mehrere Synagogen zerstören ließ. Er hinterließ bei seinem Tod das Fürsterzbistum als eines der reichsten deutschen Fürstentümer. Fürsterzbischof **Matthäus Lang von Wellenburg**, seit 1511 auch Kardinal, konnte ein mehr als geordnetes Staatswesen übernehmen. Doch jetzt begann eine Zeit großer Unruhe. Schon seit einiger Zeit gärte es im Volk: Bauern, Bergleute und Bürger begannen, sich gegen die geistliche Obrigkeit aufzulehnen.

Der Salzburger Bauernaufstand

Dem großen deutschen Bauernaufstand des Jahres 1525 gingen bekanntlich im ganzen Süden des deutschsprachigen Raums, von der Steiermark bis ins Elsass, von der Schweiz bis nach Franken während des 15. und beginnenden 16. Jahrhunderts eine lange Reihe lokaler Erhebungen voraus. Es waren deutliche Zeichen der angespannten Stimmung, die im Bauernstand herrschte, Zeichen, die freilich die herrschenden Stände nur in den seltensten Fällen zu verstehen und zu deuten wussten. In Salzburg gab es 1458 und 1462 bereits kleinere Aufstände der Bauern. Erhöhte Steuerabgaben im Rahmen der Türkenabwehr und eine stärkere Beschneidung allgemeiner Rechte aufgrund veränderter Gesetzgebung führte zu immer stärker werdender Unzufriedenheit. Stärkster Beschleuniger war natürlich 50 Jahre später die Reformation. Insbesondere wurden zentrale Aussagen in Luthers Schrift ›Von der Freiheit eines Christenmenschen‹ (1520) so interpretiert, dass niemand eine Obrigkeit über sich zu dulden habe. Luther verwendete den Begriff Freiheit aber nur in theologischem Sinn und bezog ihn nicht auf das alltägliche Leben.

Es liegt auf der Hand, dass der weltliche Landesherr eines Gebiets, der gleichzeitig Erzbischof und Kardinal der römisch-katholischen Kirche war, diese Bewegungen, die sein Amt und seine Macht in Frage stellten, von vornherein im Keim ersticken musste – obgleich er Johann von Staupitz, den Beichtvater Luthers in dessen vorreformatorischen Jahren, zum Abt von St. Peter machte. Eingeleitet wurden die Salzburger Aufstände durch Bergbauunternehmer in den Tauern, die durch neue und restriktive Gesetze des Fürsterzbischofs ihre wirtschaftliche Position gefährdet sahen. Im Mai 1525 kam es in Folge dessen zu einem Knappenaufstand gegen den Fürsterzbischof. Es ging aber nicht nur um bessere Arbeits- und Verdienstmöglichkeiten, sondern auch um Religiöses. Man forderte, zutiefst geprägt von Luthers Lehren, die freie Predigt des Evangeliums, die freie Pfarrerwahl und die Abschaffung der Leibeigenschaft, aber auch den Respekt vor der von Gott eingesetzten Obrigkeit, die Beibehaltung der Zehentabgabe, jedoch keine Erhöhungen. Die Bauern forderten die Wiedereinführung der Allmende, einem Gemeinschaftsbesitz abseits der parzellierten landwirtschaftlichen Nutzfläche sowie und ein freies Jagd- und Fischrecht. In der Stadt Salzburg dagegen äußerte sich das Bürgertum weitaus radikaler. Man forderte das Ende der geistlichen Landesherrschaft, da man sich als selbstbewusste reiche Stadt von der über dem Magistrat stehenden Geistlichkeit zu sehr bevormundet fühlte. Zu absolutistisch, zu elitär gab sich die geistliche Kaste Salzburgs.

Dem Fürsterzbischof gelang es durch Zugeständnisse mal an die vermögendere Schicht der Rebellen, mal an die Bauern, die Masse der Aufständischen zu spalten und damit ihre Schlagkraft zu vermindern. Doch hatte er sich vorher der

Unterstützung durch ein baierisches Heer sowie die Truppen des Schwäbischen Bundes unter dem legendären Georg von Frundsberg versichert. Im Juli 1525 kamen heimlich Aufständische, angeführt von Michael Gruber, aus der Steiermark nach Salzburg und erhöhten die Zahl der gegen den Erzbischof Aufbegehrenden. Einige Wochen davor waren bereits die Burg Hohenwerfen wie auch die Stadt Hallein in die Hände der Bischofsgegner gefallen. Für den Fürsterzbischof völlig unerwartet, belagerten sie alsbald auch die Festung Hohensalzburg, in die sich Matthäus Lang kurz vorher geflüchtet hatte. Die Aufständischen wurden von Frundsbergs Söldnern vertrieben, blieben aber nicht untätig und versuchten, den Festungsberg zu unterminieren und zu sprengen, was jedoch nicht gelang. Seit 1524 lebte der Arzt Paracelsus in Salzburg. Er schlug sich auf die Seite der Aufständischen und hielt in den Wirtshäusern der Stadt flammende Reden gegen die Geistlichkeit, zog es aber vor, als die Sache der Revolutionäre aussichtslos zu werden begann, Salzburg schleunigst zu verlassen. Letztlich zogen sich die bischöflichen Verteidiger wie die Bauernkämpfer Ende August zurück und handelten eine Art Friedensvertrag aus. Der Fürsterzbischof hielt sich jedoch nicht daran und ging nun mit Repressalien gegen die Salzburger vor. Das jedoch ließ deren Widerstandsgeist wieder anwachsen. Bis zum Frühjahr 1526 kam es in allen Regionen des Landes zu Erhebungen gegen den Fürsterzbischof. Doch sie hatten, obwohl inzwischen protestantische Kämpfer aus Tirol unter Michael Gaismayr dazugestoßen waren, den besser ausgerüsteten Truppen des Erzbischofs und Frundsbergs wenig entgegenzusetzen. Bei Zell am See wurden sie vernichtend geschlagen. Noch einmal keimte Widerstand auf, als die Reste der salzburgischen und Tiroler Kämpfer im Juni und Juli 1526 fünf Wochen lang Radstadt belagerten. Des Fürsterzbischofs erster Statthalter der Stadt, der Pfleger Christoph Graf von Schernberg, der zunächst zur Seite der Aufständischen tendierte, nahm nach Versprechung einiger erzbischöflicher Privilegien den Kampf auf. Ihm gelang es, fast die ganze Bürgerschaft zum Gefecht gegen Gaismayrs Bauernheer zu mobilisieren, obwohl es unter den Bürgern sehr viele Protestanten gab.

Am 4. Juni begann der Beschuss Radstadts, doch hielten die starken Mauern stand. Nachdem gut drei Viertel des Munitionsvorrats verbraucht waren und an die Einnahme der Stadt durch Beschuss nicht zu denken war, entschlossen sich die Belagerer, die Stadt auszuhungern. Doch am 19. Juni rückten Frundsbergs inzwischen wieder aufgefrischte Verbände von Osten heran. Durch geschickte Taktik gelang es Gaismayr, das 1600 Mann starke Frundsbergsche Heer außerhalb von Radstadt einzukesseln. Aber er hatte nun selbst Nachschubprobleme und zog sich mit einem Teil seiner Truppen in den Pinzgau zurück, da ein anderer Kommandierender des Bauernheers, Peter Pässler, die Pinzgauer Bauern unterstützte, die durch Tiroler, durch habsburgische Soldaten, in Bedrängnis gekommen waren. Gaismayr suchte mit seinen Leuten Schutz bei dem anderen Bauernheerführer Pässler, wo man sich kurz von den Schlachtstrapazen erholte.

Bei Zell am See kam es zu einer erneuten Schlacht zwischen den Bauern einerseits und den habsburgischen und den frunsbergischen Truppen andererseits. Pässler verlor den Kampf. Wer noch konnte, floh. Die Reste von Gaismayrs Armee standen noch kurz vor Radstadt, 2000 Kämpfer waren von den ursprünglich 5000 Mann starkem Verband übriggeblieben. Doch wer von den

Paracelsus (1493–1541) in seinen letzten Lebensjahren

gegnerischen Truppen gefangen genommen wurde, erlitt eine grausame Hinrichtung, wurde enthauptet oder gehängt. Mit dem Ende des Kampfes um Radstadt am 3. Juli 1526 waren die Aufstände des Salzburger Bauernkriegs erloschen. Gaismayr übrigens wurde am 15. April 1532 in Padua von Straßenräubern erstochen, Die näheren Umstände sind ungeklärt, wahrscheinlich war es ein Auftragsmord der Venezianer, die er ebenfalls bekämpft hat.

Die Verwüstungen im Land zwangen Matthäus Lang zu straffen Sparmaßnahmen. Dieser prunkliebende Fürsterzbischof wollte so rasch wie möglich den Glanz seines Landes wiederherstellen. Auch sah er es als notwendig an, seinen Verwaltungsapparat zu reformieren und eine neue Landesverfassung zu erarbeiten. Matthäus Lang starb 1540. Nach seinem Tod übernahm Ernst von Bayern als Administrator (reg. 1540–1554) die Aufgaben eines Fürsterzbischofs. So unterstützte er den berühmten Arzt Paracelsus, der sich 1541 in der Stadt aufhielt, bei der Gründung einer medizinischen Akademie, was allerdings durch den Tod des Paracelsus im September 1541 nicht mehr realisiert wurde. Ernst war bisher nicht zum Priester geweiht worden. Aber weil sie die Fürsterzbischöfe im Bauernkrieg unterstützt hatten, hatten die Wittelsbacher gefordert, einen ihrer Kandidaten zum Landesherrn Salzburgs zu machen. Denn ohne die bairische Unterstützung, so ihre Argumentation, wäre die fürsterzbischöfliche Herrschaft gestürzt geworden.

1554 wurde mit **Michael von Kuenburg** durch das Domkapitel ein neuer Fürsterzbischof gewählt. Natürlich setzte dieser recht strenge, dabei beleibte Herrscher den Kampf gegen die ›Lutherpest‹ fort, doch starb er 1560 während einer Jagd. Der Protestantismus erhielt bis weit ins 17. Jahrhundert überall im Salzburger Land und im Habsburgerland viel Zulauf. Die Landesherrscher duldeten dies bei allem Repressalien gegenüber den Lutherischen zunächst zähneknirschend, doch wurden jetzt immer wieder protestantische Geistliche hingerichtet, wenn sie zu sehr wider den Stachel löckten.

Die goldene Epoche des Fürsterzbistums

Noch zu Zeiten des Matthäus Lang wurde der Goldabbau in den Tauern ausgeweitet, wurden neue Stollen erschlossen. Um ökonomischer arbeiten zu können, war 1534 eine erste Fahrstraße durch das Gasteiner Tal gebaut worden. Auch die Gasteiner Heilquellen sollten besser ›vermarktet‹ werden; der weithin berühmte Arzt **Paracelsus** hatte sie in den Jahren gleich nach dem Bauernkrieg dahingehend untersucht. Im 16. Jahrhundert waren die Erlöse aus dem Goldbergbau neben denen aus dem Salz die wichtigste Einnahmequelle der Fürsterzbischöfe. 1557 gilt als das Blütejahr des Goldabbaus: 830 Kilogramm Reingold wurden damals im Land Salzburg gewonnen. Allerdings nahmen die geförderten Goldmengen bis zum Beginn des 17. Jahrhundert schnell ab. 1571 waren es noch 371 Kilogramm und 1598 noch 127 Kilogramm, schon 1615 war der Ertrag an reinem Gold auf 25 Kilogramm gesunken.

Seit 1560 war **Johann Jakob von Khuen-Belasy** der Fürsterzbischof. Der ließ die Burg Hohenwerfen zu einer machtvollen Festung ausbauen – zu sehr war noch die Erinnerung an deren Besetzung durch ein Bauernheer lebendig. Der kunstfreudige Fürst pflegte an seinem Hof ein reiches Musikleben bis 1571. In diesem Jahr wütete die Pest in Salzburg, und Jakob verlegte den Hof für einige Monate nach Mühldorf am Inn. Johann Jakob übergab nach einem Schlaganfall, der ihn 1579 ereilt hatte, die Amtsgeschäfte – offiziell blieb er im Amt – an **Georg von Kuenburg**, der nach Johann Jakobs Tod 1586 auch offiziell sein Nachfolger wurde. Doch dieser regierte nicht einmal ein ganzes Jahr und starb bereits im Januar 1587.

Wolf Dietrich von Raitenau

Mit **Wolf Dietrich von Raitenau** tritt eine überzeitliche Gestalt auf die geschichtliche fürsterzbischöfliche Bühne. Überzeitlich durch das, was in seiner Ägide in Land und Stadt geschah, was er bauen ließ, doch auch durch – wenn man so sagen darf – seine für einen zölibatär leben sollenden Fürsterzbischof ›menschliche Schwäche‹ in der Liebe zur Salzburger Kaufmannstochter Salome Alt.

Beide gesellen sich in jene Reihe unsterblicher großen Liebespaare mit und ohne Standesunterschieden wie Petrarca und Laura, Karl V. und Barbara Blomberg, Erzherzog Johann und Anna Plochl, der britische Königs Eduard VIII und Wallis Simpson. Es ist eine Liebesgeschichte, die in ihrem tragischen Ende heute noch anrührt und viele Romanautoren angeregt hat, so unter anderem Arthur Achleitner und Erhard Buschbeck.

Wolf Dietrich von Raitenau im Jahr 1589

Wolf Dietrich zeigte sich gleich nach seinem Amtsantritt als den Protestanten gegenüber zunächst wenig tolerant und verwies 1589 alle Salzburger dieses Bekenntnisses der Stadt. In gegenreformatorischem Eifer siedelte er Kapuziner und Augustiner an, nahm dabei aber nach und nach eine tolerantere Haltung gegenüber den Lutheranern ein, was ihn bei den Hardlinern seiner Kurie aber als unsicheren Kantonisten er-

Wolf Dietrich liegt in der Gabrielskapelle auf dem Sebastiansfriedhof begraben

schienen ließ und einige Feindschaften mit sich brachte. Überhaupt war er in vielen seiner Handlungen spontan, unbedacht, doch auch jähzornig. Wolf Dietrich war in allem ein Renaissancefürst. Gebildet, doch schier maßlos im Wollen, wild entschlossen im Können, grenzenlos im Dürfen.

Um 1590 hatte er während einer Festlichkeit die neun Jahre jüngere Salome Alt kennengelernt. Die 1568 geborene Kaufmannstochter wurde als »groß gewachsen, mit rotbraunem Haar, klaren grauen Augen, breiter Stirn und als die Schönste der Stadt« beschrieben. In einem besonderen Zimmer lebte sie mehr oder weniger geheim im erzbischöflichen Palast. Doch bald zeigte sich Wolf Dietrich ganz öffentlich mit ihr; gegen 1600 war in klerikalen Kreisen von einer möglichen baldigen allgemeinen Abschaffung des Zölibats die Rede. Wolf Dietrich und Salome hatten 15 Kinder, wobei über die Hälfte früh verstarb und man von einigen nicht einmal den Namen kennt. 1600 erhob er seine Geliebte in den Adelsstand, sie nannte sich jetzt Salome von Altenau und nahm nun an allen repräsentativen Veranstaltungen an der Seite Wolf Dietrichs teil. 1606 ließ er für sie das Schloss Altenau bauen, aus dem durch Umbauten nach Wolf Dietrichs Tod das Schloss Mirabell wurde. Kaiser Rudolf II. erhob Salome 1609 in den erblichen Reichsadelsstand. Durch Schenkungen und Käufe ihres Geliebten war sie um 1610 zur vermögendsten Frau des Fürsterzbistums geworden. Beider Glück wurde jedoch jetzt durch Auseinandersetzungen mit Baiern getrübt.

Von folgenreicher Bedeutung war das ›Ewige Statut‹ von 1606. Mit diesem Hausgesetz wurden auf ewige Zeit Angehörige der Wittelsbacher wie der Habsburger vom salzburgischen Bischofsstuhl ferngehalten. Die Wittelsbacher, die ihm ohnehin nicht günstig gesonnen waren, nahmen das als hingeworfenen Fehdehandschuh auf. Denn seit Jahrhunderten bestanden kleine, immerzu schwelende Auseinandersetzungen um Ansprüche auf die an der Grenze zu Baiern befindlichen Salzbergwerke und deren Erträge. Es gab keine eindeutigen Vermessungen ihrer Lage. Dazu kam, dass die Berchtesgadener Saline seit dem 14. Jahrhundert ein erzbischöfliches Objekt der Begierde war. Im Oktober 1611 besetzte Wolf Dietrich Berchtesgaden, das schon einmal, von 1393 bis 1404, zu Salzburg gehört hatte. Danach drang Kurfürst Maximilian I. von Baiern seinerseits auf salzburgisches Territorium vor, besetzte die Alte Residenz, konnte aber die Festung nicht einnehmen. Wolf Dietrich ließ seine Familie in den Pongau nach Flachau in Sicherheit bringen und floh am 23. Oktober nach Kärnten, um sich in der dortigen salzburgischen Festung Friesach zu verbergen. Er glaubte, den viel stärkeren baierischen Truppen mit seinem Herr nicht widerstehen zu können. Auf Kärntner Gebiet, bei Gmünd, wurde er jedoch von den Baiern gefangen genommen – völkerrechtlich auch damals ein Affront, über den sich Maximilian hinwegsetzte. Wolf Dietrich wurde nach Hohenwerfen gebracht und am 23. November nach Hohensalzburg überstellt. Im Domkapitel war man nicht unerfreut. Wolf Dietrich hatte genug Gegner, die seine Gefangennahme begrüßten, vor allem sein ihm missgünstig gesonnener Neffe Markus Sittikus, der ihn zur Abdankung zwang. Dieser übernahm jetzt die Amtsgeschäfte. Wolf Dietrich blieb bis zu seinem Tod am 16. Januar 1617, der vermutlich durch einen Schlaganfall hervorgerufen wurde, in Hohensalzburg in Einzelhaft, ein Befreiungsversuch blieb erfolglos. Wolf Dietrich war offiziell Gefangener des Papstes – seine Gegner hatten in Rom verlauten lassen, er habe mit den Protestanten kollaboriert und die Zerschlagung des Fürsterzbistums geplant.

Bis zum Brand der Festung Hohenwerfen 1931 konnte man in der Kerkerstube Wolf Dietrichs einige von ihm an die Wand gekritzelte Worte lesen: »Gibt in der Welt vil Trug – Tue recht und fürcht die Lug. – Damit ward ich betrogen – Ich tat recht und ward (belogen) - Lieb ist Laydes Anfangkh - über kurz oder langkh.« Salome Alt hat er allerdings nie wiedergesehen. Sie war 1611 gleich nach der Verhaftung ihres Geliebten aus dem Pongau nach Wels in Oberösterreich zu einer Cousine geflohen. Sie kaufte später dort das Haus Stadtplatz 23, in dem sie, 65-jährig, am 27. Juni 1633 starb. Bis heute ist ihre Grabstätte unauffindbar.

Wolf Dietrich hatte noch zu Lebzeiten den Bau seines Grabmals auf dem Sebastiansfriedhof verfügt, das schon 1603 vollendet war. Markus Sittikus ließ ihn dort, in jener Gabrielskapelle, nur wenige Tage nach seinem Tod mit geheuchelten Ehrerbietungen und entgegen Wolf Dietrichs ursprünglichem Wunsch nach einem stillen, bescheidenen Begräbnis mit Prunk und Pomp bestatten.

Wolf Dietrichs baukünstlerisches Wollen ragt somit steingeworden bis in unsere Zeit. Er prägte Salzburgs bis heute bestehendes Aussehen mehr als wesentlich. 1588 ließ er die Neue Residenz erbauen, dann wurde die Alte Residenz ausgebaut. Als 1598 der Dom niederbrannte, verhinderte er die Löscharbeiten, um ganz nach seinem Geschmack einen neuen erbauen zu können. Die Ruinen des Doms ließ er zusammen mit 55 Bürgerhäusern und dem Domfriehof niederreißen. So entstand der Residenzplatz. Die Vollendung und Weihe des neuen Doms 1628 erlebt er aber nicht mehr. Dann entstand für Salome Alt Schloss Altenau, das später vollständig im Schloss Mirabell aufging. Wolf Dietrich ließ den Hofmarstall erbauen, das heutige Festspielhaus, unter ihm entstand der Sebastiansfriedhof und unter anderem wurden auch das Franziskanerkloster und das Augustinerkloster in Mülln durch Umbauten errichtet.

Wolf Dietrich von Raitenau – ein am Ende seines Lebens unglücklicher und politisch gescheiterter Fürsterzbischof – ist auch 400 Jahre nach seinem Tode eine faszinierende Erscheinung, der uns vor allem durch die anrührende Romanze zu Salome Alt menschlich näher steht als jeder andere der Salzburger Fürsterzbischöfe.

Markus Sittikus von Hohenems

Markus Sittikus, der Nachfolger Wolf Dietrichs, wird als die zweite große schöpferische Erscheinung der Fürsterzbischöfe angesehen. Wenngleich er das künstlerische Wirken seines Vorgängers fortsetzte, war ihm doch keine lange Zeit vergönnt. Nur sieben Jahre, bis 1619, hatte er das Amt inne, als er, gerade 45-jährig, plötzlich verstarb. Einige mutmaßten, dass es die Rache Wolf Dietrichs gewesen sei, der noch aus dem Grab seinen Widersacher vernichten konnte. Doch wahrscheinlich starb Markus an einem schon lange schwärenden Darmleiden. Der Neubau des Doms wurde nach den Vorstellungen Wolf Dietrichs weitergeführt, doch auch Markus Sittikus erlebte dessen Vollendung nicht mehr. Die Krönung seines Bauschaffens, das sich in besonderem Maß auch der Stadtbefestigung widmete, ist das einige Kilometer südlich der Innenstadt liegende Sommerschlösschen Hellbrunn, das 1613 vollendet war und durch seine Wasserspiele ein besonderes Kleinod ist. Markus Sittikus ließ unter anderem auch die Wallfahrtskirche Dürrnberg bei Hallein erbauen. In der kurzen Zeit seiner Regierung begann Markus Sittikus den Protestantismus stärker wieder einzudämmen, als es sein Vorgänger getan hatte. Er liegt wie fast alle seine Vorgänger im Dom begraben, sein prächtiges Renaissancegrabmal ist sehr sehenswert.

Paris von Lodron

Die dritte große Fürstengestalt des Erzbistums Salzburg ist **Paris Graf von Lodron** (1583–1653), der von 1619 bis 1653 die Geschicke des Landes lenkte und die Gräuel des Dreißigjährigen Krieges vom Land fernzuhalten verstand. Das war nicht unbedingt sein direktes Verdienst. Da schon Wolf von Raitenau nicht der Katholischen Liga beigetreten war und auch Markus Sittikus dazu keine sonderliche Lust verspürte, bestanden keine vertraglichen Verpflichtungen, andere katholische Fürsten beispielsweise gegen die protestantischen Schweden zu unterstützen. Und so blieb Salzburg der Kampfarena einfach fern, blieb es trotz der herrschenden katholischen Lehre politisch mehr oder weniger neutral. Möglicherweise wäre ein anderer als Paris Lodron der Liga nach 1620 noch beigetreten; er tat dies aber nicht. Um für mögliche Belagerungen gewappnet zu sein, ließ er durch den Dombaumeister Santino Solari den Befestigungsgürtel der Stadt verstärken und erweitern, insbesondere am Kapuzinerberg. 1622 begründete er die Universität Salzburg. Nach einer kurzen Pestzeit 1625 veranlasste er die

Paris von Lodron. Kupferstich von 1627

Trockenlegung einiger die Stadt umgebender Moore, von denen man annahm, dass in ihren Sümpfen der Pestbazillus gedeihen würde. Dann erfolgte 1628 die Weihe des Doms, die zu einem achttägigen prunkvollen Fest gedieh, während außerhalb Salzburgs Krieg herrschte. An vielen Portalen und Bauten Salzburgs ist das Lodronsche Wappen – gut zu erkennen durch den Löwen mit dem sogenannten Brezelschweif – angebracht. Als einziger Salzburger Fürst fand er in der Ruhmeshalle der Walhalla bei Regensburg Aufnahme.

Paris von Lodrons Nachfolger **Guidobald von Thun-Hohenstein** regierte 14 Jahre, bis 1668. Er setzte die Bautätigkeit seiner Vorgänger fort. Unter ihm wurden der Residenzplatz vollendet, es entstanden die Dombögen und der Residenzbrunnen. Er starb ganz plötzlich, 51-jährig, an einer Sepsis, die er sich durch eine an sich unbedeutende Hautabschürfung am Bein zugezogen hatte.

Gegenreformation und Protestantenverfolgung

Die Jahre etwa zwischen 1670 und 1740 waren in Stadt und Land Salzburg eine Epoche der Verfolgung Andersgläubiger und Andersdenkender. Wenngleich mit dem Ende des Dreißigjährigen Krieges die Glaubenskonflikte in Deutschland nicht vollständig gelöst waren und ein Frieden nicht zuletzt wegen Kampfesmüdigkeit und Erschöpfung der Kontrahenten zustande gekommen war, herrschte doch zumindest unter den zumeist protestantisch gewordenen und gebliebenen Landesfürsten in Norddeutschland Frieden. Anders sah es im süddeutschen, habsburgischen und salzburgischem Raum aus. Dort hatte der Protestantismus von Anfang an großen Zulauf gehabt, gegen Ende des 16. Jahrhunderts gab es in einigen habsburgischen Landstrichen mehr Protestanten als Katholiken. Es schien sogar, als ob sich der Protestantismus dauerhaft etablieren könnte. Doch fürchteten die Herrscher jener Gebiete um ihre Macht, man wollte sich wegen Untätigkeit gegen die Ketzer nicht dem Zorn des Papstes aussetzen. Daher begannen sie gleich nach dem Ende des Dreißigjährigen Krieges den direkten Kampf gegen die protestantischen Einwohner. Und der fiel jetzt vielleicht weniger blutig als zu den Zeiten des Matthäus Lang aus, doch keinesfalls weniger heftig oder weniger folgenreich. Man brachte Andersgläubige nicht mehr direkt zum Scheiterhaufen, sondern verwies sie, wenn sie nicht zum Glaubenswechsel bereit waren, ohne Ansehen des Berufs und des Standes des Landes – mit erheblichen Folgen für die Wirtschaft des Landes.

Max Gandolf von Kuenburg

Der kunstbeflissene und den Wissenschaften zugetane Fürsterzbischof **Max Gandolf von Kuenburg** erließ nach seinem Amtsantritt 1668 zunächst mehrere neue Verfügungen wie eine Feuerordnung und eine Sauberkeitsordnung. Nach der durften in Salzburg der Inhalt der häuslichen Abortanlagen wie auch sonstiger Unrat nicht mehr einfach in Straßen und Plätzen entleert, sondern war in Bäche und Flüsse zu werfen. Abwasserleitungen mussten direkt in die Erde führen und öffentliche Brunnen waren sauber zu halten. Max Gandolf bekämpfte das Bettelunwesen und hinterließ auch eine neue ›Peinliche Zivilprozeßordnung‹, also Folterordnung. Und die benötigte er insbesondere in seinem Kampf ge-

Max Gandolf von Kuenburg, Bild (Ausschnitt) eines unbekannten Malers

gen angebliche Zauberer und Hexen. Seit etwa 1680 hatte der Hexenwahn auch von Salzburg Besitz genommen, wenngleich dessen europäische Hochzeit schon vorüber war. In den sogenannten ›Zauberbubenprozessen‹ ließ Max Gandolf über 150 Menschen hinrichten. Es waren meist Jüngere, oft Bettler und andere Angehörige sozial außenstehender Gruppen wie unter anderem die Abdecker, denen alles mögliche Teufelswerk vorgeworfen wurde. Max Gandolf gedachte mit diesen brutalen Maßnahmen in erster Linie der Bettelei im Land Herr zu werden, für ihn waren Bettler und Zauberer eins. Im heute nicht mehr existierenden Hexenturm (→ S. 117) wurden die Unglücklichen gefangen gehalten und gefoltert. Die letzte Hexenhinrichtung fand in Salzburg aber erst 1750 statt. Genauso rabiat wütete Max Gandolf gegen die Protestanten, die er als große Bedrohung für den katholischen Glauben ansah. Von 1684 bis 1686 ließ er knapp 700 Lutheraner aus dem damals salzburgischen Defereggental (heute in Osttirol) vertreiben, und zur gleichen Zeit mussten mehrere hundert Bergknappen vom Dürrnberg ebenfalls das Land verlassen. Dass damit wichtige Fachkräfte fehlen würden und der Salzabbau getroffen sein würde, ignorierte er. Besonders abstoßend ist die Tatsache, dass die Kinder der jeweiligen Bergleute in Salzburg bleiben mussten. Den Versuch, sie heimlich aus dem Land zu schaffen, büßten die Väter, wenn sie erwischt wurden, mit der Galeerenstrafe in der venezianischen Flotte. Europaweit erregten diese Maßnahmen große Empörung, nach Intervention durch Brandenburgs Kurfürst Friedrich Wilhelm durften auch die Kinder ausreisen. In der Gesamtschau kann Max Gandolfs kunstfreudige Bautätigkeit – in seiner Zeit entstanden unter anderem die Wallfahrtskirche Maria Plain, die Kajetanerkirche und Augustinerkloster Hallein, auch begründete er die Salzburger Hofbibliothek – seine großen menschlichen Verfehlungen, sein Furor gegen Andersgläubige nicht ausgleichen.

Johann Ernst Graf von Thun-Hohenstein

Seit 1687 war Johann **Ernst Graf von Thun-Hohenstein Fürsterzbischof**. Er pflegte wie alle seine Amtsbrüder die Leidenschaft zu Baukunst, in seiner Epoche entstanden unter anderem einige der herausragendsten Salzburger Baudenkmale, darunter an erster Stelle die Kollegienkirche, die Ursulinerkirche, Schloss Kleßheim und die Felsenreitschule. Auch das berühmte Glockenspiel der Neuen Residenz entstand auf seine Anregung. Für seine Bauten protegierte er österreichische Baumeister, vor allem Johann Bernhard Fischer von Erlach – der ›welschen‹ Kunst stand er ästhetisch ablehnend gegenüber. Die Nachwelt schätzte an ihm seine Mildtätigkeit: er gründete verschiedene Stiftungen zum Wohle der Armen. Johann Ernst starb 1709.

Johann Ernst Graf von Thun-Hohenstein, Gemälde eines unbekannten Malers

Franz Anton von Harrach

Genauso wohltätig, ja noch beliebter und leutseliger als Johann Ernst war **Franz Anton von Harrach**, der 1709 auf den Erzbischofsstuhl gewählt wurde. Einige Jahre war er bereits Koadjutor seines Vorgängers gewesen. Er ließ Schloss Mirabell und dessen Garten vergrößern sowie die Alte Residenz erneuern. Neben Fischer von Erlach arbeitete auch Johann Lucas von Hildebrandt in Salzburg. Franz Anton war so volkstümlich, dass er in der Stadt gerne auf Bänken saß und sich mit den ›gemeinen‹ Leuten unterhielt. Als erster Fürsterzbischof trug er eine Perücke, was bis dahin der Geistlichkeit untersagt war. Er starb 1727 im Alter von 62 Jahren.

Leopold Anton von Firmian

Mit **Leopold Anton von Firmian** (1679–1744) wurde 1727 ein ausgesprochener Protestantenhasser zum Fürsterzbischof. Heute würde man ihn wohl am ehesten als katholischen Fundamentalisten und Fanatiker bezeichnen, und seine Regierungszeit kann als eines der düstersten Kapitel in der Salzburger Landesgeschichte angesehen werden. Den Protestantismus, immerhin schon 200 Jahre im Land verankert, wollte er jetzt mit Stumpf und Stiel ausrotten. Zunächst rief er Jesuiten ins Land, die die katholische Indoktrination der Bevölkerung verstärkten. Er verpflichtete Stadt- wie Landbevölkerung, an den überall jetzt abgehaltenen jesuitischen Schulungsversammlungen teilzunehmen; heute würde man wohl von Agitation und Propaganda sprechen. Zunächst glaubte er, durch solche Methoden den Protestantismus zurückdrängen zu können. Dann riet ihm sein diabolischer Hofkanzler Hieronymus Cristani von Rall zur radikalen Lösung: der völligen Vertreibung aller Protestanten aus dem Land, ganz gleich, ob Bürger, Bergmann, Bauer oder Adeliger. Auch Tagelöhner und andere Nichtseßhafte waren betroffen. Dieses Vorhaben verstieß gegen Bestimmungen des Westfälischen Friedens von 1648, gemäß dessen schon die Vertreibungen von 1686 unrechtmäßig gewesen waren. Am 31. Oktober 1731, bezeichnenderweise am Reformationstag, erließ der Fürsterzbischof seinen berüchtigten Emigrationserlass. Begründet wurde er durch angebliches ›landesveräterisches, aufrüherisches Verhalten‹, womit die Geheimversammlung der Protestanten in Schwarzach im Pongau am 5. August 1731 gemeint war (→ S. 245). Gemäß der Ausführungen des Erlasses war alles

Leopold Anton von Firmian um 1735

Protestantische »von der Wurzel auß zu vertilgen«. Wer einen Hof besaß, hatte drei Monate Frist, seine Angelegenheiten zu regeln. Dann mussten mitten im Winter etwa 20 000 bis 32 000 Protestanten – die Angaben in der Literatur schwanken – das Land verlassen, darunter sehr viele Bergknappen. Knapp 800 Bergleute von Dürrnberg gingen in die Niederlande, einige wenige nach Amerika, nicht wenige gingen nach Hannover. Der preußische König Friedrich Wilhelm I. hörte von den Vorgängen in Salzburg und erließ am 2. Februar 1732 ein ›Immigrationspatent‹, mit dem alle Salzburger, die es wünschten, in Preußen eine neue Heimat finden konnten und unter den Schutz des Staates gestellt wurden. Ende April 1732 kamen die ersten der vertriebenen Salzburger in Potsdam an, von dort ging es in den äußersten Nordosten Brandenburg-Preußens, in das spätere Ostpreußen. Die Neuankömmlinge wurden vor allem im Raum Gumbinnen (heute Gusev, Kaliningrader Gebiet) angesiedelt. Der preußische König war sehr dankbar dafür, dass ihm ›Menschen geschenkt wurden‹. Seine östlichste Provinz war durch die Pest von 1711 bis 1713 so stark entvölkert worden, dass er im Rahmen seines ›Repeuplements‹ mit Freude die als fleißig und tugendhaft bekannten Migranten aufnahm. Von Mai 1732 bis Juli 1733 kamen etwa 16 000 Salzburger dort an, teils auf dem Landweg, teils über die Ostsee. 290 Salzburger überlebten aber den harten Winter der Flucht aus Salzburg nicht.

Kaiser Karl VI. war mit dem Handeln des Erzbischofs keineswegs einverstanden, musste aber aus politischen Gründen auf den Fürsterzbischof Rücksicht nehmen. Daher zwang er ihn nicht, den Erlass rückgängig zu machen, sondern beschied sich darin, bei der Durchführung Milde walten zu lassen.

Im ehemaligen Gymnasium von Gumbinnen gibt es bis heute zwei große Wandfresken aus dem Jahr 1932, die die Ankunft der Salzburger in der Stadt darstellen. Bis heute existiert in der Stadt auch die 1752 erbaute Salzburger Kirche.

Ankunft der Salzburger in Preußen und Begrüßung durch König Friedrich Wilhelm I., zeitgenössische Darstellung

Für das ganze Land Salzburg bedeutete die Ausweisung der Protestanten einen Verlust von 12 bis 15 Prozent aller Bewohner, darunter die meisten der so wichtigen Bergleute. Im Pongau, von wo die größte Zahl alles Exilanten kam, standen fast 1600 Bauernhöfe leer. Das dieser Aderlass einen wirtschaftlichen Niedergang nach sich ziehen musste, nahm Leopold von Firmian nicht zur Kenntnis. Nach dem Auszug der Protestanten regierte er noch zwölf Jahre. Er ließ Schloss Kleßheim wie auch den Marstallbrunnen in Salzburg erbauen. Leopold starb im Oktober 1744 im Alter von 65 Jahren. Sein eher unbedeutender und kränklicher Nachfolger Jakob Ernst Graf Liechtenstein regierte nur drei Jahre, bis auch er 1747 starb.

Die letzten Jahrzehnte des Fürsterzbistums

Firmians Vertreibung systemrelevanter Berufs- und Bevölkerungsgruppen, wie man heute sagen würde, hatte für die bis dahin bestens funktionierende Landwirtschaft und die Erträge vor allem aus dem Salzabbau katastrophale Auswirkungen. Der neue Fürsterzbischof Andreas Graf Dietrichstein sah sich so eher als Konkursverwalter. Denn die finanzielle Situation des Landes war seit dem Auszug der Lutherischen mehr als desolat geworden. Da aber der fürstliche Hof weiterhin zu repräsentieren hatte, verschuldete man sich ungemein. Andreas von Dietrichstein schien die Sorge um sein Land so belastet zu haben, dass er nach nur sechsjähriger Amtszeit wahrscheinlich aus Gram 1753 verstarb.

Sigismund III. von Schrattenbach

Der vorletzte der Salzburger Fürsterzbischöfe wurde **Sigismund III. von Schrattenbach**. Er übernahm im Alter von 55 Jahren das mittlerweile eher undankbare Amt. Erst nach 50 Abstimmungen konnte diesmal ein Kandidat eindeutig aus der Wahl hervorgehen. Sigismund galt als romtreu, doch auch als eifrig arbeitender Pragmatiker und Diplomat, dessen wichtigstes Anliegen es leider nicht war, die Schulden der Firmianschen Zeit zu tilgen. Vielmehr war er war sehr freigiebig und förderte Kunst und Künstler. Aus Sigismunds Zeit stammt das 1767 vollendete Sigmundstor durch den Mönchsberg, dessen Bau, wenn man die technischen Möglichkeiten jener Zeit berücksichtigt, heute noch Bewunderung hervorruft. Seit 1743 war ein gewisser, aus Augsburg stammender Virtuose und Lehrer namens Leopold Mozart vierter Geiger in der fürsterzbischöflichen Hofkapelle, unter Sigismund stieg er bis zum Vizekapellmeister auf. Der Fürsterzbischof hatte auch Michael Haydn angestellt, den Bruder Josephs; Miachel war als Hofkomponist und Organist tätig. Bekannt geworden ist Sigismund als Förderer der Familie Mozart. 1770 bestellte er den jungen, gerade 14-jährigen Wolfgang Amadeus zum Dritten Hofkonzertmeister. Seit 1762, seit dessen ersten Auftritten als Wunderkind, war man am Hof auf dieses Genie mehr als stolz. Die Reisen des jungen Komponisten nach Wien, London und Paris unterstützte der Erzbischof finanziell, auch erteilte er ihm verschiedene Kompositionsaufträge. Mozarts in Wien abgelehnte Oper ›La finta semplice‹ (KV 51) wurde dann in Salzburg erstaufgeführt. Wie anders hätte es mit der Karriere Wolfgang Amadeus Mozarts als Protegé Sigismunds weitergehen können, wäre dieser nicht 1771, immerhin

Sigismund III. von Schrattenbach, Gemälde von Franz Xaver König (1755)

schon 73-jährig, verstorben. Denn mit Sigismunds Nachfolger gestaltete sich die Zusammenarbeit schwierig.

Hieronymus Graf Colloredo

Der letzte in der langen Reihe von 70 Erz- und Fürsterzbischöfen, die seit Rupert auf dem Salzburger Bischofsstuhl saßen, war **Hieronymus Graf Colloredo** (1732–1812), ein für die damaligen Verhältnisse progressiver Landesherr. Er hing den Gedanken der Aufklärung an, erließ sehr viele kirchliche Reformen und verringerte die Zahl der Klöster, vor allem die der ›unproduktiven‹ Bettelorden. Kirchliche Prozessionen mussten prunklos sein. Hieronymus griff aber auch in das Brauchtum der Bevölkerung ein und verbot beispielsweise die Samsonumzüge im Lungau. Er versuchte, ein gerechteres Steuersystem einzuführen und ließ den ›Hieronymus-Kataster‹ erstellen, das erste Grundbuch des Landes. Und er eröffnete Schulen für die Kinder des Bürgertums. Eines seiner wichtigsten Ziele war die Reduzierung der Schuldenlast, die seit Firmians Zeiten das Land drückte. Daher belebte er den Goldbergbau wieder. Trotzdem widmete er sich vielleicht noch stärker als sein Vorgänger den Künsten, holte bedeutende Musiker und Maler an seinen Hof; er selbst spielte Geige. Wolfgang Amadeus Mozart war nach dem Tod Sigismunds auch unter Hieronymus Colloredo Hofkonzertmeister und Hoforganist, von 1771 bis 1781. Mozart schrieb 1774 für den Namenstag des Landesherrn die ›Colloredo-Serenade‹ (KV 203). Zu oft gerieten beide in künstlerischen Fragen in Auseinandersetzungen, zu oft widersprach der Freigeist Mozart seinem Herrn, und zu oft kam er seinen Verpflichtungen wegen anderweitiger Konzertreisen nicht nach. Als Mozart im Mai 1781 seinen Herrn auf einer Dienstreise nach Wien begleitete, kam es dort zum Eklat. Mozart, der in einen Streit mit Colloredos Kämmerer Graf Arco geraten war, wurde von diesem mit einem Fußtritt aus dem Saal getrieben, am 8. Juni erfolgte der dadurch beschleunigte Bruch mit dem Erzbischof. 1782 siedelte Mozart endgültig nach Wien über, wo er den Rest seines Lebens freischaffend, ohne jede fürstliche Anstellung, tätig blieb.

Hieronymus Colloredo hätte das Erzbistum in ganz neue Zeiten und Formen führen können, doch die Napoleonischen Kriege beendete dessen inzwischen tausendjährige Geschichte. Als Spätfolge der französischen Revolution besetzte Napoleons Armee innerhalb der sogenannten Koalitionskriege im Jahr 1800 das Fürsterzbistum und übernahm nach der Schlacht am Walserfeld (→ S. 140) die Regierungsgewalt in Salzburg. Hieronymus floh nach Wien, blieb offiziell bis zu seinem Tod 1812 Erzbischof, musste aber auf Druck Napoleons die Herrschaft als Fürsterzbischof am 11. Februar 1803 abtreten. Dieser Tag war somit das

Ende des über tausendjährigen Erzbistums. Es wurde in ein Kurfürstentum umgewandelt, das durch den Großherzog Ferdinand III. von Toskana, einem Sohn des 1792 verstorbenen Kaisers Leopold II., als Kurfürst regiert wurde – ein Herrscher von Napoleons Gnaden. Dass diese Veränderung so reibungslos vonstatten gehen konnte, ist in der Tat auf die hohe Geschwindigkeit der historischen Ereignisse und deren damalige Nicht-Vorhersehbarkeit zurückzuführen. Letztlich war es eine Art Putsch, der den Habsburgern willkommen war – sie hatten, wenngleich durch Napoleons Gnaden, ein sehr bedeutendes Land hinzubekommen.

Hieronymus Graf Colloredo, Gemälde eines unbekannten Malers

Das 19. Jahrhundert

In kurzer Zeit wechselte zu Beginn des 19. Jahrhunderts mehrmals sowohl die Staatsform wie auch die Zugehörigkeit des Landes Salzburg. Bis zum Ende der napoleonischen Zeit war es ein unwürdiges Hin- und Herschieben in einer Epoche, die von staatlicher Auflösung und Kriegshandlungen geprägt war.

Turbulente Übergangszeit

Das Kurfürstentum von Napoleons Gnaden hatte nur zwei Jahre Bestand. Als der Korse, wie er in populären Geschichtsbüchern oft genannt wird, nur zwei Jahre später in seinem Welteroberungsdrang auch die Habsburgerlande besetzte, floh Kurfürst Ferdinand. Die habsburgische Niederlage gegen Napoleon bei Austerlitz im Dezember 1805 mündete in den Frieden von Preßburg, aus welchem das Land Salzburg jetzt als Herzogtum hervorging. Es wurde gemeinsam mit Berchtesgaden an Österreich angegliedert, das bereits 1804 als neu begründetes, eigenständiges Kaisertum proklamiert worden war. Dessen erster Kaiser war Franz I., der in Personalunion auch Herzog von Salzburg war. Als Franz II. war dieser seit 1792 Kaiser des Heiligen Römischen Reiches deutscher Nation, das aber als Staatsgebilde in Auflösung war und 1806 durch den Reichsdeputationshauptschluss liquidiert wurde. Es ist von heutiger Warte kaum nachvollziehbar, wie und in welcher Eile es Napoleon damals gelang, tausendjährige Staatsgebilde ohne viel Federlesens von der Landkarte zu tilgen. Das neue Kaisertum war aber keineswegs ein Reststaat, sondern mit damals 700 000 Quadratkilometern nach dem russischen Reich der zweitgrößte Flächenstaat Europas.

Nachdem Napoleon in der Schlacht von Wagram am 5. Juli 1809 die habsburgischen Truppen vernichtend geschlagen hatte, wurde das Herzogtum Salzburg wieder aus Österreich herausgelöst. Es kam zunächst direkt an Frankreich

Gespräch zwischen Napoleon I. und Kaiser Franz II. nach der Schlacht von Austerlitz, Gemälde von Antoine-Jean Gros (1812)

und 1810 an Bayern. Dort bildete es zusammen mit Kitzbühel, Traunstein und dem Innviertel den Salzachkreis. Die Universität wurde aufgehoben. Nach Napoleons Sturz erfolgte auf dem Wiener Kongress eine nochmalige Ordnung der europäischen Lande. Bayern musste das Land Salzburg im Vertrag von München mit einigen Gebietsabtretungen wieder den Habsburgern überlassen. Dabei blieben Berchtesgaden und der Rupertiwinkel bei Bayern, Laufen kam zu Bayern, das Zillertal sowie das Gebiet um Matrei wurden tirolisch. Der größte Teil des vormaligen Fürsterzbistums wurde Teil von Österreich ob der Enns, also des späteren Oberösterreich.

So war die Zeit von 1803 bis 1816 eine Zeit größter politischer Veränderungen und daraus resultierender Unsicherheit, in deren Folge besonders die Landbevölkerung Abstriche an ihrem oft ohnehin nur geringen Wohlstand zu machen hatte.

Unter den Habsburgern

Wenngleich das weltliche Fürsterzbistum nun nicht mehr existierte, gab es die Diözese Salzburg als geistlichen Sprengel weiterhin und daher auch noch einen Erzbischof – der nannte sich allerdings noch bis 1951 intern Fürsterzbischof. Doch die ruhm- und prunkreichen Zeiten der alten Fürsterzbischöfe waren vorbei, nüchterner war alles geworden. Dazu kam noch, dass die bisherige Residenzstadt ihr Hinterland und die Hofhaltung verloren hatte, der Sitz der Regierung Salzburgs befand sich jetzt in Linz. Die Einwohnerzahl war von 16000 auf 12000 gesunken, zahlreiche Gebäude standen leer, Gras wuchs auf den Plätzen der Stadt, wie Franz Schubert 1825 berichtete. Missernten häuften sich, was die

Bürger ins Elend drängte. Und jetzt traf eine weitere Katastrophe die Stadt: vom 30. April bis zum 4. Mai 1818 verheerte ein Brand Salzburg. Ein unbeobachtetes Herdfeuer weitete sich in einem Haus am damaligen Hannibalplatz (heute Makartplatz) aus, der Brand griff auf angrenzende Gebäude über. Dabei wurde Schloss Mirabell schwer beschädigt, die Sternwarte brannte nieder und wurde danach nicht mehr wieder aufgebaut, die Linzer Gasse und die Bergstraße brannten, die Sebastianskirche erlitt an der Innenausstattung schwere Verluste. Erst nach 30 Jahren waren im Weichbild dieser Stadtviertel alle Schäden beseitigt. Von 1827 bis 1829 schuf Johann Michael Sattler sein berühmtes, 26 Meter langes und knapp fünf Meter hohes Panorama-Rundbild von Salzburg, das er überall in Europa präsentierte und das sich heute im Panoramamuseum der Stadt befindet. Auf diesem sind die Schäden in der rechten Altstadt kaum zu erkennen, obwohl sie keine zehn Jahre nach dem Brand durchaus noch vorhanden waren.

Nach der Revolution 1848 erhielt Salzburg wieder eine eigene Landesregierung und war nicht mehr nur bloßer, wenn auch ziemlich großer Kreis in Oberösterreich, sondern Kronland des Kaisertums Österreich. Unter Kronländern verstand man Landesteile mit eigener Landesregierung, die aber keine Rechte bezüglich der (außen-) politischen Willensbildung des Gesamtstaats hatten. 1861 erließ Kaiser Franz Joseph eine neue Gesetzgebung, das sogenannte Februarpatent, in der seinen Kronländern mehr Souveränität zugestanden wurde und Salzburg einen eigenen Landtag bekam. Der Vorsitzende des Landtags war der Landeshauptmann, mit dem Landespräsidenten hatte er einen direkt weisungsbefugten Vorgesetzten in Wien.

Das beschauliche Salzburg war inzwischen, ähnlich wie Graz, Alterssitz von aristokratischen Witwen und kaiserlichen Beamten geworden. Die Witwe Kaiser Franz I., Carolina Augusta, lebte seit 1848 in Salzburg und überlebte ihren

Der große Stadtbrand von 1818 in einer zeitgenössischen Darstellung

1835 verstorbenen Gatten um 38 Jahre. Von wirtschaftlicher Bedeutung war der Bau der Kaiserin-Elisabeth-Westbahn von Wien nach Salzburg 1860, wodurch die Stadt auch an die schon bestehende Strecke nach München angebunden war. Ähnlich wichtig war der Bau der Salzachtalbahn bis ins tirolerische Wörgl 1875. Mit der Vollendung der Bahnlinie Wien–Salzburg erfuhr die Stadt einen Bauboom ohnegleichen. Große Hotels entstanden, die Salzach wurde reguliert, manch mittelalterlicher Bau abgerissen. 1877 fand das erste überregionale Mozartfest statt. Eine internationale Stiftung veranstaltete diese Feste, hatten große künstlerische Ambitionen, engagierte die europaweit besten Sänger und Orchester und fuhr daher Verluste ein. Die Veranstaltungen wurden daher nicht jedes Jahr durchgeführt. Man kann sie als Vorläufer der späteren Salzburger Festspiele betrachten. Das Mozartfest 1906 zum 150. Geburtstag des Komponisten wurde mit größtem Aufwand gestaltet. So kam etwa Gustav Mahler aus Wien, um ›Figaros Hochzeit‹ zu dirigieren, und Richard Strauss leitete Konzerte der Wiener Philharmoniker. Mit diesem Fest begann die bis heute andauernde Verkitschung und Vermarktung Mozarts. Manch banaler Alltagsgegenstand ließ sich mit dem Attribut ›Mozart‹ auch damals schon besser verkaufen, wie beispielsweise die ›Mozart-Schuhcreme‹ oder eine ›Mozart-Seife‹.

Salzburg war ab 1905 auch von Süden her gut mit der Eisenbahn zu erreichen. Die Tauernbahn band die Stadt bis 1909 an die Kärntner Städte Villach und Klagenfurt an, wo eine direkte Verbindung an den heute in Italien liegenden Kriegshafen Triest und nach Laibach (heute Ljubljana) bestand. Bis zum Ende des Ersten Weltkriegs blühten und gediehen Salzburg und das Salzburger Land wie die ganze österreichisch-ungarische Monarchie.

Von 1918 bis zur NS-Zeit

Im Ergebnis der Pariser Vorortverträge wurde die Habsburger Monarchie aufgelöst. Mit Ausnahme der deutsch besiedelten Randgebiete Böhmens und Mährens entstand aus den ausschließlich von Deutschen bewohnten Landesteilen zwischen Bodensee und Neusiedlersee die Republik Deutsch Österreich; zumindest trug sie anfangs diesen Namen. Was jetzt noch Österreich hieß, war ein zusammengeschrumpfter Reststaat, dessen Hauptstadt Wien nun an dessen Peripherie lag. Dem Kernland war das Hinterland verloren gegangen, was für Wirtschaft, Handel und Gewerbe große Nachteile mit sich brachte und zur Verarmung vieler Menschen führte.

Aus dem Kronland Salzburg war das Bundesland Salzburg geworden. Das Österreich der 1920er Jahre war ein Land voll Armut und Unsicherheit. Da scheint es fast wie ein Wunder, dass es einigen sehr engagierten Künstlern gelang, dem glücklicherweise immer weiter zunehmenden Tourismus, der für viele Landbewohner einzige Einnahmequelle war, mit der Gründung der Salzburger Festspiele einen besonderen Publikumsmagneten hinzuzufügen. Schon einige Jahrzehnte hatte bei den Stadtvätern und bei Künstlern der Gedanke existiert, auf dem Domplatz alljährlich bedeutende Theateraufführungen zu veranstalten, in Anlehnung an die erzbischöfliche Tradition von Mysterienspielen an diesem Ort. Der große Theatermann Max Reinhardt plante zusammen mit dem Dichter **Hugo von Hofmannsthal** ein süddeutsch-österreichisches Gegenstück zu den als ›norddeutsch-preußisch‹ empfundenen Wagner-Festspielen in Bayreuth. Richard Strauss, als bedeutendster lebender deutscher Komponist dieser Zeit, gehörte zum Gründungskomitee. Man wollte aber in den Salzburger Festspielen künstlerisch ein anderes Modell entwickeln. Nicht nur Oper wie in Bayreuth, sondern Oper, Konzert und Sprechbühne; nicht nur ein Komponist, sondern viele. Das ganze an mehreren Spielorten in der Stadt und vor allem offen für neue Entwicklungen unterschiedlichster Art – was zu diesem Zeitpunkt für Bayreuth keineswegs galt. Am 22. August 1920 wurden mit Hugo von Hofmannsthals mittelalterlich-mystisch-moralischem Stück ›Jedermann. Das Spiel vom Leben und Sterben des reichen Mannes‹ die ersten Salzburger Festspiele eröffnet. Zumindest seit 1946 wird der ›Jedermann‹ jährlich aufgeführt – die Hauptrolle spielen zu dürfen, ist für jeden Schauspieler ein Höhepunkt seiner künstlerischen Karriere. Neben dem ›Jedermann‹ kamen und kommen auch andere große Bühnenwerke zur Aufführung, es gibt auch Uraufführungen. Ab 1925 wurden die Felsenreitschule, das Stadttheater und das durch Umbau neu entstandene Festspielhaus in die Aufführungszyklen einbezogen.

Hugo von Hofmannsthal 1929

Die wirtschaftliche Situation Salzburgs verbesserte sich durch die kluge Politik des langjährigen Landeshauptmanns Franz Rehrl, der die Geschicke des Landes bis 1938 leitete. Er initiierte den Bau der Bahn auf die Schmittenhöhe, den Bau der Großglocknerstraße und regte auch den Bau der Kapruner Tauernwerke an. Die sogenannte Tausendmark-Sperre, nach der es den Deutschen aus dem Reich verboten war, mehr als diesen Betrag ins Ausland auszuführen, machte den Luxusurlaub in Österreich für Vermögendere unmöglich, trotzdem wuchs der Tourismus im Land.

Vom ›Anschluss‹ bis zum Kriegsende

Am 12. März 1938, gegen drei Uhr morgens, überschritten deutsche Truppen am Walserberg unter dem Jubel der Einheimischen die österreichische Grenze. Schon am 13. März musste der bisherige Landeshauptmann Dr. Franz Rehrl seinen Posten räumen, sein Amt übernahm jetzt als NS-Gauleiter Anton Wintersteiger. Am 21. März tat Adolf Hitler den ersten Spatenstich zum Weiterbau der Autobahn Richtung Wien. Hitler selbst hielt sich häufig im Schloss Kleßheim auf, das nun Gästehaus der deutschen Regierung wurde.

Die Volksabstimmung am 10. April brachte in Salzburg 158 000 Ja-Stimmen, nur 463 mutige Personen wagten es, gegen den ›Anschluss‹ an das Deutsche Reich zu stimmen. Am 30. April 1938 erfolgte die erste und einzige Bücherverbennung Österreichs nach dem Anschluss statt: am Residenzplatz in Salzburg. Am 22. Mai übernahm Friedrich Rainer (1903–1947) das Amt des Gauleiters. Wie auch in anderen Landesteilen Österreichs, wurden die neuen Landesherren in Salzburg begeistert begrüßt und gefeiert. Im ganzen Land herrschte durch den Autobahnbau, durch die hochgefahrene Rüstungsindustrie (Grill-Werke Hallein) und den Kraftwerksbau (Kaprun) bald Vollbeschäftigung. Doch seit dem März 1938 war wie überall im damaligen ›Großdeutschen Reich‹ die jüdische Bevölkerung verstärkten Diskriminierungen ausgesetzt, wobei man zugeben muss, dass es in Österreich einen nicht unerheblichen Antisemitismus schon vor 1938 gegeben hat. Schon im Märt wurden zahlreiche jüdische Männer verhaftet, zunächst noch unter dem Vorwurf möglicher politischer Gegnerschaft. Hausdurchsuchungen, Verhaftungen und verschiedenen Bestimmungen wie Berufsverbote, die die Bewegungs- und Erwerbsfreiheit der Juden einengten, wurden immer erdrückender. Für die Festspiele 1938 wurde der ›Jedermann‹ abgesetzt. Denn in der NS-Terminologie waren Max Reinhardt als ›Volljude‹ und Hugo von Hofmannsthal als ›Halbjude‹ diskriminiert. Nach der Zerstörung der Salzburger Synagoge am 9. November 1938 lebten nach Aussage des Gauleiters keine Juden mehr in der Stadt – sie waren entweder verhaftet worden oder bis dahin rechtzeitig geflohen, darunter etwa Max Reinhardt und Stefan Zweig, der in weiser Voraussicht schon 1934 seinen Wohnort verlassen hatte.

Dann gerieten auch die Behinderten ins Blickfeld der NS-Schergen. Am 23. Juni 1940 fand im Land Salzburg der erste Abtransport von ›unwertem Leben‹ statt, wie es die NS-Sprache in menschenverachtendster Weise nannte , und zwar aus der Caritasanstalt St. Anton in Bruck an der Großglocknerstraße, heute Caritas-Kinderdorf St. Anton. Insgesamt fielen der NS-Euthanasie in Salzburg Land und Stadt über 400 Behinderte zum Opfer.

Gauleiter Friedrich Rainer wechselte 1941 auf den Posten des Gauleiters von Kärnten. Ihm folgte 1941 der studierte Mediziner Gustav Adolf Scheel (1907–1979) nach. Er war ab 1944 auch Reichsstudenten- und Reichsdozentenführer. Scheel war überzeugter Nationalsozialist, doch weniger korrupt und brutal als andere Gauleiter. Auch konnte ihm nach 1945 die persönliche Mitwirkung an Kriegsverbrechen nicht nachgewiesen werden. Der Salzburger Erzbischof intervenierte 1947 zugunsten Scheels – er hatte Salzburg entgegen einer Anweisung Hitlers nicht zur Festung erklärt und damit die Zerstörung der Stadt verhindert, so dass dieser bereits 1948 wieder ein freier Mann war und von 1954 bis 1977 als niedergelassener Arzt in Hamburg arbeitete.

Salzburg war in den letzten beiden Kriegsjahren 15-mal Ziel alliierter Bomberverbände. Am verheerendsten war der erste dieser Angriffe vom 16. Oktober 1944. Das Kaiviertel, die unmittelbare Umgebung des Doms wie auch die andere Salzachseite um Makartplatz und Hauptbahnhof wurden schwer getroffen. Durch die Angriffe starben insgesamt knapp 600 Menschen, gut 40 Prozent der gesamten Bebauung waren zerstört oder zumindest beschädigt.

Der vormalige Salzburger Gauleiter Rainer wurde im Mai 1945 von den Engländern festgenommen und an Jugoslawien ausgeliefert. Denn ein Teil seines bisherigen Machtgebietes, der Gau Kärnten, war zwar 1920 an Slowenien gefallen, hatte aber während des Krieges wieder unter deutscher Verwaltung gestanden. Viele Greueltaten gegen jugogslawische Staatsangehörige, gleich ob Partisanen oder Angehörige regulärer Truppen, wurden in erster Linie dem Gauleiter zur Last gelegt. Daher wurde Rainer 1947 in Ljubljana hingerichtet, sein Grab in Klagenfurt ist erhalten.

Seit 1945

Im Herbst 1945 entstand unter dem Bundespräsidenten Karl Renner die Republik Österreich neu. Salzburg war nun nicht mehr Gau, sondern wieder Bundesland. Der Nachkriegstourismus wie auch die seit 1946 wieder stattfindenden Festspiele bescherten dem Land und der Stadt neuen Wohlstand. Österreich war bis 1955, bis zur Unterzeichnung des Staatsvertrags, ein von den vier Siegermächten besetztes Land. Das Land Salzburg gehörte der amerikanischen Besatzungszone an, die US-Truppen nahmen ihren Hauptsitz in Salzburg. Camp Riedenburg, die heute nicht mehr existierende Riedenburgkaserne, wurde ihr Hauptquartier. Nach kriegsbedingter Bauunterbrechung wurden 1952 die Kapruner Tauernkraftwerke vollendet. 1956, zum 200. Geburtstag Mozarts, wurde die alte Tradition der Mozartfestspiele wieder aufgenommen, die 1910 eingestellt wurden. 1962 wird die Salzburger Universität nach 150 Jahren erzwungener Schließung wiedereröffnet. Herbert von Karajan erweiterte 1967 die Salzburger (Sommer-) Festspiele durch die von ihm persönlich initiierten Osterfestspiele. 1995 wurde Österreich Mitglied der EU und 1997 wurde Salzburgs Altstadt in die Liste des UNESCO-Welterbes aufgenommen. Kann es einen schöneren, großartigeren Höhepunkt der 1200-jährigen Geschichte von Stadt und Land geben als diesen?

Die Bundesländer Österreichs

0 60 120 km

Politik und Verwaltung heute

Das Bundesland Salzburg ist in fünf politische Bezirke gegliedert, die der Einteilung in die historischen Gaue entsprechen. Dazu kommt die Statutarstadt (kreisfreie Stadt) Salzburg. Von den Bezirken ist der Bezirk Zell am See, also der Pinzgau, mit 2641 Quadratkilometern der größte, der Bezirk Hallein (Tennengau) mit nur 668 Quadratkilometern der kleinste. Die höchste Einwohnerzahl, abgesehen von der Stadt Salzburg, hat der Bezirk Salzburg-Land (Flachgau). Er ist, da in ihm auch der Speckgürtel Salzburgs liegt, mit 154 000 Menschen der Bezirk mit den meisten Landesbewohnern. Die wenigsten Einwohner (nur 20 200) hat der Bezirk Tamsweg, also der Lungau.

Das Parlament des Bundeslandes Salzburg ist der Landtag, der mit seinen Ausschüssen mehrmals monatlich im ehemaligen Chiemseehof in Salzburg zusammenkommt. 36 Parlamentarier sitzen in ihm. Seit der letzten Landtagswahl am 22. April 2018 gehören 15 Abgeordnete der ÖVP (Österreichische Volkspartei) an, acht der SPÖ (Sozialdemokratische Partei Österreichs), sieben der rechtskonservativen FPÖ (Freiheitliche Partei Österreichs), drei Abgeordnete sind Grüne und drei gehören der Partei NEOS (Das Neue Österreich und Liberales Forum) an, eine erst 2012 gegründete liberale Partei, die aber inzwischen in vielen Landesparlamenten vertreten ist. Der Landtag wird in Österreich alle fünf Jahre gewählt, nur in Oberösterreich alle sechs Jahre. Führende Partei ist

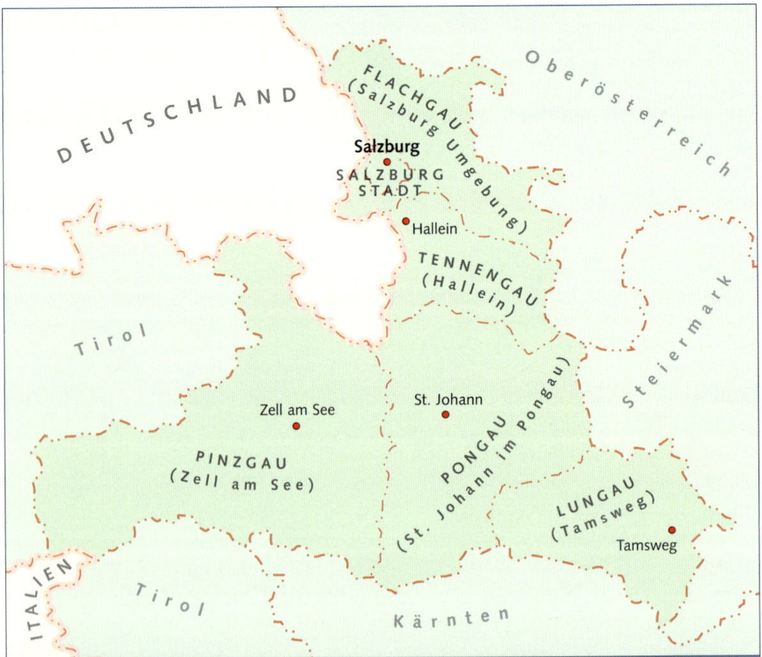

Salzburger Land, Verwaltungsgliederung

seit 1945 die ÖVP, die im Land Salzburg mit Ausnahme der Jahre 2004 bis 2013, als Gabi Burgstaller (SPÖ) Regierungschefin war, immer den Landeshauptmann stellte; in Deutschland würde man Ministerpräsident sagen. Bei der vorgezogenen Landtagswahl 2013 musste die SPÖ aufgrund eines Spekulationsskandals, verursacht durch dubiose Geschäfte einer leitenden Mitarbeiterin des Finanzministeriums, empfindliche Verluste hinnehmen. Der legendäre ÖVP-Politiker Josef Klaus war von 1949 bis 1961 Landeshauptmann und von 1964 bis 1970 österreichischer Bundeskanzler.

Die Landesregierung hat an der Spitze den schon erwähnten Landeshauptmann, zur Zeit heißt er Wilfried Haslauer jun. Er regiert seit 2013. Er hat zwei Stellvertreter (einer von den Grünen), zusätzlich stehen ihm vier Landesräte (einer von NEOS), in Deutschland den Ministern entsprechend, zur Seite. In den Nationalrat, die Abgeordnetenkammer Österreichs, der 183 Abgeordnete angehören, sind nach der letzten Wahl vom 29. September 2019 acht Abgeordnete aus Salzburg entsandt.

Kunst und Kultur

Salzburg ist untrennbar mit der einzigartigen Erscheinung Wolfgang Amadeus Mozart verbunden, darüber hinaus aber auch mit sehr bedeutenden Persönlichkeiten anderer Künste. Viele Dichter und Musiker und nicht zuletzt Architekten haben durch die Jahrhunderte am erzbischöflichen Hof ihr Auskommen gefunden.

Literatur

Als erster Dichter des Salzburger Landes gilt der anonyme Mönch von Salzburg, der in der zweiten Hälfte des 14. Jahrhunderts am Hof lebte. Einige vermuten in ihm den damaligen Fürsterzbischof Pilgrim II. von Pirnheim selbst. Von ihm sind hundert Handschriften überliefert. Damit gibt es keinen Poeten des Mittelalters, der uns mehr Werke hinterlassen hat. Bis ins 18. Jahrhundert hinein ist kein weiterer erwähnenswerter Dichter aus dem Salzburg Land bekannt. Sicher wird es am Hof einige Verfasser von Mysterienspielen gegeben haben, doch sind deren Autoren anonym oder literaturgeschichtlich unbedeutend. Biblische Spiele sind in der Barockzeit auch aus der Tradition der Salzachschiffer bekannt, ebenso wie es Saalfeldener Passionsspiele gab. Vor allem aus dem Lungau sind viele Komödien des Volkstheaters bekannt, aber kaum Autorennamen überliefert. Der einzig nennenswerte Barockdichter Salzburgs ist der studierte Jurist **Simon Rettenbacher** (1634–1706), der in deutscher und lateinischer Sprache Gedichte, Dramen und geschichtliche Werke verfasste. Die klassische Epoche – etwa von 1700 bis 1800 – brachte in Salzburg bis auf eher philosophische Betrachtungen einzelner aufklärerischer Autoren nichts von größerer Bedeutung hervor. Hieronymus Colloredo holte 1784 den aus Bayern stammenden **Lorenz Hübner** (1751–1807) an seinen Hof, wo dieser zahlreiche aufklärerische Publikationen verfasste. Ähnlich waren die Intentionen des Pädagogen **Franz Michael Vierthaler** (1758–1827), der seit 1790 Direktor des von Colloredo gegründeten ersten Lehrerseminars in Salzburg

Georg Trakl um 1912

war und ab 1800 das ›Salzburger Intelligenzblatt‹ leitete. In diesem Organ erschienen viele der theoretischen Werke der Frühromantik, beispielsweise von Schelling und Schlegel. Eigenständige dichterische Werke der Romantik von Salzburger Schriftstellern gibt es dagegen so gut wie nicht. Etwas greifbarer wird die Situation in der Zeit des Realismus. **August Radnitzky** (1810–1897), Stiftsverwalter in Mattsee, wurde mit zahlreichen mundartlichen Gedichten bekannt. Er nannte sich selbst den ›Fink vom Mattsee‹. Ähnlich steht es um den aus Henndorf im Flachgau stammenden Sylvester Wagner (1807–1865), den aber die Zeitgenossen wie auch die Nachwelt für seine Mundartgedichte unverdientermaßen wenig beachteten.

Der herausragendste aller Dichter aus Salzburg ist zweifelsohne **Georg Trakl** (1887–1914). Sein lyrisches Werk ist schmal, jedoch geprägt von einer einzigartigen exzessiven Sprache, in der der Weltschmerz allgemein und das Bewusstsein um die Verlorenheit des Menschen in einer Welt voller Grauen wichtige Themen darstellen. Viele seiner Gedichte gehören zum Ergreifendsten, die in deutscher Sprache geschrieben wurden. Nicht sehr viele nehmen direkten Bezug auf Salzburg, so ›Musik im Mirabell‹, ›Am Mönchsberg‹, ›St. Peters-Friedhof‹. Drogenabhängig und als Medikamentenakzisist (Feldapotheker) ab 1914 an der galizischen Ostfront eingesetzt, nahm er sich aus Verzweiflung über die Schrecken des Krieges durch eine Überdosis Kokain das Leben. Trakl wurde zunächst auf dem Garnisonsfriedhof in Krakau beigesetzt, später wurden seine Gebeine nach Mühlau bei Innsbruck überführt. Im Innenhof der Gebäude Kapitelgasse 6/Kaisgasse 12 befindet sich der 1957 entstandene Trakl-Brunnen. Trakl gilt neben dem ebenfalls früh verstorbenen Georg Heym als größter Lyriker des deutschen Expressionismus.

Bedeutendster Prosaschriftsteller des Landes ist der Erzähler **Karl Heinrich Waggerl** (1897–1973) aus Bad Gastein. Man kann ihn als Heimatdichter bezeichnen, als eine Art salzburgischen Peter Rosegger, der der Natur und den einfachen Menschen zugetan war. In Waggerls Idyllen ist aber unüberhörbar, dass dahinter das Verhängnis lauern kann. Waggerl verfasste überwiegend kürzere Prosa, Er war einer der meistgelesenen Autoren des 20. Jahrhunderts, durch seine Weihnachtserzählungen ist er auch heute noch populär. **Georg Rendl** (1903–1972) aus Zell am See ist ebenso naturverbunden wie Waggerl, doch vielleicht noch lebenszugewandter. Viele seiner Erzählungen spielen im proletarischen Milieu. Oft scheint es, als wolle der Autor Katholizismus und Sozialismus miteinander verbinden, etwa indem alles Elend der Arbeiter auch durch Lebensbejahung und Glauben überwunden werden kann.

Nicht vergessen seien die dichterischen Gäste Salzburgs und des Salzburger Landes: **Stefan Zweig** (1881–1942) wohnte von 1919 bis 1934 in seinem Haus auf dem Kapuzinerberg. In seinem umfangreichen Prosaschaffen findet man wenig, was sich auf Salzburg Stadt und Land bezieht, bestenfalls einige Passagen seiner Autobiographie ›Die Welt von Gestern‹ berühren Salzburg, doch widmete er der Stadt mit ›Salzburg. Die Stadt als Rahmen‹ (1935) einen seiner schönsten und wortmächtigsten Essays, aus dem in der Salzburg-Literatur oft zitiert wird.

Denkmal für Karl Heinrich Waggerl in St. Johann im Pongau

Der Rheinhesse **Carl Zuckmayer** (1896–1977) lebte von 1926 bis 1938 in Henndorf am Wallersee (Flachgau), in seinem Prosa- und Bühnenschaffen fand Salzburg aber keinerlei Niederschlag. Schließlich sei noch der sozialkritische Dramatiker und Romancier **Ödön von Horváth** (1901–1938) genannt, der zeitweilig ebenfalls in Henndorf lebte. Er ging 1938 ins Exil und starb er in Paris auf den Champs Élysées bei einem Gewitter durch einen herabstürzenden Ast.

Musik

In einem absolutistischen Staat wie dem Fürsterzbistum Salzburg waren Komposition und Instrumentalspiel an den Hof gebunden. Bis zum Beginn des 19. Jahrhunderts gab es nirgendwo in Europa freiberufliche Komponisten – der erste war tatsächlich Wolfgang Amadeus Mozart, der seine letzten zehn Lebensjahre in Wien verbrachte, dort ungebunden komponierte und spielte, nachdem er sich 1781 mit dem Fürsterzbischof Hieronymus Colloredo überworfen hatte.

Nicht von ungefähr wurde Salzburg eine der großen Musikstädte der Welt. Ältester bekannter Musiker Salzburgs ist der schon im Abschnitt Literatur erwähnte Mönch von Salzburg, der in der zweiten Hälfte des 14. Jahrhunderts am Hof tätig war, Minnegesänge und geistliche Lieder für die Festtage des gesamten Kirchenjahres verfasste, doch auch Musikwerke schuf. Es heißt, er habe als erster deutscher Komponist mehrstimmig komponiert. Die Kantorei der Fürsterzbischöfe leiteten im 15. und 16. Jahrhundert zwei herausragende Musiker: zunächst **Heinrich Finck** (1445–1527), der aus Franken stammte, unzählig geistliche Gesänge und einige deutsche Liedlein schuf. Er war die letzten vier Lebensjahre bei Fürsterzbischof Matthäus Lang angestellt, mehr weiß man dazu aber nicht. Weitaus wichtiger war das Wirken des aus Radstadt stammenden **Paul Hofhaimer** (1459–1537). Er galt als bedeutendster Komponist seiner Epoche in Mitteleuropa und war die meiste Zeit seines Lebens Hofkomponist von Kaiser Maximilian I. Nach dessen Tod kam er nach Salzburg und wurde Domorganist. Großen Ruf hatte er sich als Fachmann für Orgelbau erworben. Er schuf vor allem deutsche Gesänge und kleinere Orgelstücke. Nach Meinung einiger Autoren stammt das berühmte ›Innsbruck ich muß dich lassen‹ von Paul Hofhaimer. Das Haus Pfeifergasse 18 ist sein früheres Wohn- und Sterbehaus. Hofhaimer liegt auf dem Petersfriedhof begraben, allerdings weiß man nicht, an welcher Stelle: seine letzte Ruhestätte ist nicht erhalten, der heutige Grabstein ist ein Xenotaph.

Unter Wolf Dietrich von Raitenau (reg. 1587–1612) bestand erstmals eine eigene Hofkapelle, bis dahin hatte es nur einen Chor (Kantorei) gegeben. Die Hofkapelle war für die Musik zu geistlichen Anlässen wie auch für solche des Fürsterzbistums zuständig. Es gab eine eigene Trompeter- und Paukisten-Gruppe – diese Instrumentalisten hatten ein besonderes Ansehen. Unter Markus Sittikus (reg. 1612–1617) wurden Opernaufführungen am Hof üblich. Die Gattung Oper gab es als eigenständiges Bühenwerk für Sänger, Chor und Instrumente erst seit der Wende vom 16. zum 17. Jahrhundert. Erste Oper überhaupt ist übrigens ›Dafne‹ (1598) von Jacobo Peri. Die damals aufsehenerregenden Opern Claudio Monteverdis (1567–1643) wurden am Salzburger Hof in prunkvollen Inszenierungen sehr häufig gespielt. Am Salzburger Hof waren nur die besten und fähigsten Instrumentalisten und Komponisten ihrer Zeit angestellt, viele ihrer Namen kennen wir aber nicht.

Seit 1678 war **Georg Muffat** (1653–1704) Domorganist, 1688 ging er mit dem Tod von Fürsterzbischof Max Gandolf von Kuenberg an den bischöflichen Hof in Passau. Musikgeschichtlich bedeutend sind seine Concerti grossi, die zu den frühesten reinen Orchesterwerken überhaupt zählen. **Heinrich Ignaz Franz Biber** (1644–1709) aus Böhmen war seit 1670 bei Max Gandolf angestellt und wurde 1684 dessen Hofkapellmeister. Er war einer der bedeutendsten Geiger seiner Zeit und wurde aufgrund seiner Verdienste um die Musik am Hofe 1690 geadelt – zusätzlich war ihm eine freie Wohnung, Brot und Brennholz gewährt. Bibers trompeten- und paukenselige ›Missa Salisburgiensis‹ von 1682, komponiert für eine Jubiläumsfeierlichkeit im Salzburger Dom, wird heute noch viel gespielt. Auch Bibers Sohn Carl Heinrich (1681–1749) war salzburgischer Hofkapellmeister (ab 1714). Der aus Augsburg stammende Geiger und Komponist **Leopold Mozart** (1719–1787) war seit 1744 Mitglied der Hofkapelle, ab 1747 ›Hof- und Cammer-Componist‹. Bekannt ist er heute nicht nur als Vater Wolfgang Amadeus Mozarts, sondern auch als Autor einer ›Gründlichen Vio-

Ignaz Franz Biber um 1680

Die Mozarts beim Musizieren: Leopold mit seinen Kindern Wolfgang Amadeus und Maria-Anna, Gemälde (Ausschnitt) von Louis Carrogis Carmontelle

linschule‹, sodann unter anderem eines hübschen Trompetenkonzerts und einiger mehrsätziger serenadenhafter und recht volkstümlicher Werke wie ›Musikalische Schlittenfahrt‹ oder ›Die Bauernhochzeit‹. Lange Zeit galt er als Schöpfer der bis vor 50 Jahren vielgespielten und sehr gefälligen ›Kindersinfonie‹, die allerlei Kinderinstrumente sowie Klappern und Ratschen als Rhythmusgeber einsetzt.

Ganz bewusst verzichten wir hier darauf, **Wolfgang Amadeus Mozart** angemessen und damit umfangreich zu würdigen – wir wollen in diesem Reiseführer das Rad nicht noch einmal erfinden. Es sei nur darauf hingewiesen, dass man am fürsterzbischöflichen Hof sehr wohl um die musikalische Genialität des Knaben wusste. 1769 wurde er, 13-jährig, unbesoldeter dritter Konzertmeister der Hofkapelle und 1772, unter Hieronymus Colloredo, besoldeter erster Konzertmeister. In erzbischöflichen Diensten schuf Wolfgang Amadeus eine Fülle geistlicher Werke (Messen, Chöre), doch auch viel an Instrumentalmusik. Bis 1781 – mit Unterbrechung 1777/78 durch die Konzertreise nach Paris – stand Mozart in Diensten Colloredos, ab 1779 auch als Hoforganist. Danach entzweite man sich, da Mozart dem Fürsterzbischof wiederholt nicht gehorcht hatte, als es darum ging, wegen finanziell einträglicherer Konzerttätigkeit sich nicht ab und zu nach Wien oder München zu begeben. Mozart verließ Salzburg. An dieser Stelle sei der Hinweis gestattet, dass Mozart, angesichts der Herrschaftsverhältnisse in seinem Geburtsjahr, weder Österreicher noch Deutscher war, sondern als Staatsangehöriger des Fürsterzbistums Salzburg geboren wurde.

Nachfolger Mozarts als Domorganist wurde **Michael Haydn** (1737–1806), der Bruder des großen Joseph Haydn. Michael Haydn war jedoch bereits seit 1763 fürsterzbischöflich Salzburgischer Hofkomponist. Im Rahmen seines Dienstes schuf er 360 Kompositionen. Er liegt auf dem Petersfriedhof begraben, zusammen mit Mozarts Schwester Nannerl in einem Grab.

Ein großer, doch vom gleißenden Licht Mozarts und Beethovens überstrahlter Zeitgenosse war **Joseph Woelfl** (1773–1812). Der begnadete Pianist und Komponist war für kurze Zeit Schüler Mozarts in Wien. Berühmt ist sein pianistisches Duell mit Beethoven 1798, dessen Ausgang seltsamerweise nicht überliefert ist. Woelfls Sinfonien und Klavierkonzerte brauchen den Vergleich mit den Werken Mozarts und selbst Beethovens nicht scheuen; Hörtipp: seine Sinfonie Nr. 3 D-Dur, op. 45. Nur 39-jährig verstarb Woelfl 1812 in London an einem Lungenödem. An seinem Salzburger Geburtshaus neben der Talstation der Festungsbahn erinnert eine Tafel an ihn wie auch an Michael Haydn, der hier gewohnt hat.

Mit der Säkularisation des Fürsterzbistums war alle höfische Musikpflege dahin. Die napoleonischen Wirren und der Stadtbrand 1818 ließen das Musikleben, gemessen an der fürsterzbischöflichen Zeit, zunächst verdorren. Erst die ersten Mozartfestpiele belebten es nach 1877 wieder. Nur fanden die wegen des großen finanziellen Aufwands nicht alljährlich statt. Letztlich waren es erst die Gründungen der Salzburger Festspiele 1920 und der ›Internationalen Stiftung Mozarteum‹ 1925, die den Ruhm von Salzburg als Musikstadt nach gut 120-jähriger Pause auferstehen ließen.

In den Nachkriegsjahren war es der aus Salzburg stammende große Dirigent **Herbert von Karajan** (1908–1989), der als künstlerischer Leiter der Salzburger Festspiele den Bau des Großen Festspielhauses initiierte – das Festspielhaus bestand bis dahin aus der umgebauten Hofstallkaserne, zu ihm gehörte auch die Felsenreitschule – und mit dem ein weiterer Konzertsaal geschaffen wurde.

Joseph Woelfl im Jahr 1811

Die Festspiele 1960 wurden in diesem Haus unter Karajans Leitung mit dem ›Rosenkavalier‹ eröffnet. 1967 rief er die Salzburger Osterfestspiele ins Leben, die er bis zu seinem Tod leitete. Er erarbeitete dort alljährlich mit den Berliner Philharmonikern eine Opernneuproduktion. Auch begründete er die Salzburger Pfingstfestspiele. So ist Salzburgs Ruhm als Musikstadt, ein Ruhm, der durch die vielen Festivals und Veranstaltungen und deren hohem Niveau bis heute die Kunstfreunde aus aller Welt alljährlich herbeieilen lässt, nicht zuletzt auch Herbert von Karajan zu verdanken.

Herbert von Karajan

Kaum ein Dirigentenname ist auch bei denen, die sich nicht für E-Musik interessieren, so bekannt wie der Herbert von Karajans. Ein Bekanntheitsgrad, der die Ehre mit sich brachte, dass Karajan sogar einmal in einem Comic auftreten durfte – in einem Abenteuer eines Fix-und-Foxi-Hefts, in dem er einen Hornisten suchte und sich der Lebenskünstler Lupo auf die Stelle bewarb.

Diese Popularität gründete darin, dass Karajan auf dem Höhepunkt seines Schaffens als ein Dirigent ganz neuen Typs wahrgenommen wurde. Als ein Künstler, der aus dem Gehäuse des elitären, abgehobenen Musikschöpfens herausgetreten war. Karajan war sicherlich in nicht geringem Maße introvertiert, liebte aber gleichzeitig das große Publikum, ja hatte es geradezu nötig, um eine besondere charismatische Wirkung entfalten zu können. Dem Berliner Publikum war während der Ära Karajan zwischen 1954 und 1989 sehr bewusst, dass er einer der letzten großen Klangmagier und Dirigenten war. Karten für Karajan-Konzerte waren für Nicht-Abonnenten fast nicht zu bekommen. Und wenn es doch einmal einen Vorverkauf gab, stellte man sich am Tag davor, in der Hoffnung, vielleicht doch ein Billett zu erhaschen, mit Decke und kleinem Campingstuhl vor der Philharmonie an. Von dieser Sogkraft konnten seine philharmonischen Nachfolger nur träumten, egal, ob es die Konzerte des Melancholikers Claudio Abbado waren oder die des blutarmen, ausdrucksarmen Sir Simon Rattle, der in der Neuen Musik einen Schwerpunkt seines Repertoires sah und damit oft viele Sitzreihen leer gelassen hat.

Karajan war in seinen letzten Lebensjahren hinfällig, ein Rückenleiden quälte ihn fast bis zur Aufgabe. Doch wenn sich der sieche Mann mit Mühe zu seinem Dirigentenpult in der Philharmonie hinaufgeschleppt hatte, verwandelte er sich mit dem Heben des Taktstocks in einen ehrwürdigen Magier, der plötzlich durch einen Jungbrunnen gegangen zu sein schien und die quirligste Musik entstehen lassen konnte – oder zum Hohepriester wurde, wenn er während seines Dirigats die Augen schloss und sich in Trance versenkte. Man kann mit Recht behaupten, dass mit seinem Tod im Jahr 1989 eine Ära großer Interpreten und größten künstlerischen Niveaus zu Ende gegangen ist. Denn keiner war so Perfektionist wie er.

Heribert Ritter von Karajan kam am 5. Mai 1908 in Salzburg zur Welt. Er hatte griechische Wurzeln, die Vorfahren hießen Karagiannis. Er war ab 1916 Schüler des Salzburger Mozarteums und studierte ab 1926 zunächst Maschinenbau, dann ab 1929 in Wien Klavier und Dirigieren. Im gleichen Jahr trat er erstmals als Dirigent auf, mit dem Salzburger Mozarteum-Orchester. Dieses Debüt war so erfolgreich, dass er das Angebot eines Kapellmeisters am Stadttheater wie des Stadtorchesters in Ulm erhielt – und sogleich annahm.

Umstritten und viel diskutiert ist seine Rolle während des Nationalsozialismus. Der NSDAP trat der österreichische Staatsbürger bereits im April 1933 bei, doch ruhte diese Mitgliedschaft, als die Partei im Juni des gleichen Jahres in Österreich verboten wurde. 1934 wurde Karajan ans Stadttheater Aachen berufen, als nun jüngster Generalmusikdirektor Deutschlands. In Aachen trat er 1935 ein zweites Mal in die Partei ein, da er der Meinung war, seine Mitgliedschaft in der in Österreich verbotenen Partei sei inzwischen ungültig und gelöscht. Karajan war sicherlich kein Anhänger der nationalsozialistischen Ideologie, sah es aber wie viele der

EXTRA

Das Geburtshaus Karajans in Salzburg mit einer Statue des Maestros

später sogenannten ›Mitläufer‹ als opportun für seine Karriere an, der NSDAP anzugehören. Karajans künstlerischer Ruhm wuchs während der Aachener Jahre bereits staunenerregend, doch einen wahren Quantensprung erfuhr er am 30. September 1938. Karajans Gastdirigat von Beethovens ›Fidelio‹ in der Berliner Staatsoper begeisterte den Kritiker Edwin van der Nüll so sehr, dass er von einem ›Wunder Karajan‹ sprach und ihn zum künstlerischen Antipoden des damals bedeutendsten deutschen Dirigenten, Wilhelm Furtwängler, stilisierte. Der gerade 30-jährige Karajan unterschrieb, für die damalige Zeit unerhört, einen Exklusivvertrag für die Deutsche Grammophon, die Aufnahmen mit seinen Aufnahmen vertreiben wollte. Und Karajan übernahm die Leitung der Staatskapelle Berlin.

Hitlers Gunst konnte sich Karajan aber nicht erwerben. Hitler nahm es ihm übel, dass es am 2. Juni 1939 bei einer Aufführung von Wagners Oper ›Die Meistersinger von Nürnberg‹, die damals die nationale Festoper war, zu falschen Einsätzen kam. Karajan dirigierte wie fast immer auswendig, doch war der Sänger des Hans Sachs, Rudolf Bockelmann, angeblich leicht alkoholisiert und ließ unerwartet eine Zeile seiner Partie weg, worauf Karajan und das Orchester improvisieren mussten und mit Mühe und Not einen Schmiss vermieden. Hitler, der das Werk auswendig in jeder Zeile und jedem Takt kannte, bemerkte diesen Fehler selbstverständlich und war aufs Äußerste empört. Er verzieh es Karajan nie, dass er auswendig dirigiert hatte, was nach seiner Meinung nie hätte geschehen dürfen, da es eine Missachtung von Wagners Werk sei. Letztlich schadete der Groll Hitlers aber nicht Karajans. Er war im ›Dritten Reich› vielmehr einer der meistbeschäftigten Dirigenten und trat auch im besetzten Ausland auf.

Im Jahr 1942 heirate Karajan Anita Gütermann aus der berühmten Nähseidendynastie. Er behauptete später, deswegen aus der Partei ausgeschlossen worden zu sein, da seine Frau Halbjüdin gewesen sei. Doch das wurde nach dem Krieg widerlegt, ein Parteiausschluss hat nie stattgefunden. Karajan kam im August 1944 auf die sogenannte ›Gottbegnadeten-Liste‹, was ihn vom Wehrdienst freistellte. Er dirigierte letztmalig am 18. Februar 1945 in Berlin und setzte sich dann nach Italien ab. Die Nachkriegszeit unterbrach seine Karriere nur kurz. Karajan hatte als ehemaliges Parteimitglied in Deutschland zunächst Berufsverbot, konnte aber in Österreich schon 1946 wieder auftreten, in Deutschland ab 1947.

Als die Wiener Gesellschaft der Musikfreunde Karajan zu ihrem Ehrenmitglied machte und er begann, an der Mailänder Scala zu dirigieren, begann seine Weltkarriere. 1951/52 war er erst- und letztmalig bei den Bayreuther Festspielen tätig. Mit dem plötzlichen Tod Wilhelm Furtwänglers im November 1954, der seit 1922 mit Unterbrechungen Chef der Berliner Philharmoniker gewesen war, wurde dieser in Deutschland erste und angesehenste Posten eines Orchesterleiters vakant und Karajan auf diese Stelle gewählt – zum Leidwesen seines missgünstigen Konkurrenten Sergiu Celibidache, der gleich nach Furtwänglers Tod kommissarischer Chefdirigent geworden war und wohl damit gerechnet hatte, die Stelle zu bekommen. Celibidache dirigierte daher seit 1955 die Berliner Philharmoniker nie mehr.

Seit der Mitte der 1950er Jahre war der unermüdliche Karajan weltweit aktiv. Er war in manchen Jahren gleichzeitig Chef der Berliner Philharmoniker (1955–1989), der Wiener Staatsoper (1957–1964) und nicht nur Organisationschef der Salzburger Festspiele (1956–1960), sondern gleichzeitig deren Dirigent und außerdem mit leitender Funktion im Direktorium (1964–1988). Er war zudem einer der Hauptdirigenten der Mailänder Scala und auch Leiter des Londoner Philharmonia Orchestra. In den 1960er Jahren waren die Salzburger Festspiele ein Synonym für Karajan. Trotzdem war es ihm nie genug, Chef nur eines Opernhauses oder nur eines großen Orchesters zu sein. Der große Wilhelm Furtwängler hatte mit Berlin und Wien einen vergleichsweise nur sehr beschränkten Wirkungskreis gehabt. Karajan gründete zudem die Firma Telemondial, die seine Aufnahmen von Konzerten und Opernaufführungen vermarktete – unvorstellbar in der Generation seiner Vorgänger, sei es Wilhelm Furtwängler, Bruno Walter, Arturo Toscanini oder anderen großen Pultvirtuosen der 1930er und 1940er Jahre.

Der Meister 1972 in Aktion

Im Jahr 1958 heiratete der Fünfzigjährige die gerade 20-jährige Eliette Mouret, ein Fotomodell. Damit geriet er in die Regenbogenpresse, die jetzt begann, größtes Interesse an dem Paar zu haben. Karajan wurde in der Öffentlichkeit, anders als sein Vorgänger, präsenter und präsenter. Er besaß den Flugschein, jettete nach Monte Carlo und St. Tropez, steuerte seine eigene Jacht, brauste mit einem Porsche über die Straßen und hatte vor allem diese junge, elegante und bildschöne Frau an seiner Seite. Sie begleitete ihn auf allen Reisen, doch war es Karajans Bestreben, sie, so gut es ging, von den Paparazzi abzuschirmen.

Seit den 1970er Jahren litt er an Krankheiten vor allem des Bewegungsapparats, was ihn trotz aller wachsenden Hinfälligkeit nicht abhielt, um die Welt zu touren und von Peking bis Los Angeles jeweils mit größtem Erfolg aufzutreten. In jenen Jahren entwickelte er auch ein besonderes technisches Interesse an Aufnahmetechniken wie auch neuen Aufnahmemedien. Die Erfindung und Weiterentwicklung der CD wäre ohne sein Engagement und seine Freundschaft mit dem damaligen SONY-Chef Akio Morita sowie mit dessen Nachfolger Norio Ōga wohl nicht möglich gewesen. Oga hielt eine Aufnahme von Beethovens Neunter unter Furtwängler mit einer Spieldauer von knapp 74 Minuten für eine der größten interpretatorischen Schöpfungen überhaupt und wollte für diese eine Möglichkeit entwickeln, sie ohne lästiges Wechseln von Plattenseiten unter Anwendung neuester klangtreuer Aufnahmetechniken wiedergeben zu können. Daher hatten die ersten CDs, vor allem die, die man selbst brennen konnte, eine maximale Spieldauer von eben diesen 74 Minuten.

Karajan war Chefdirigent der Berliner Philharmoniker auf Lebenszeit. In den 1980er Jahren trübte sich das langjährige gute Verhältnis. 1983 wollte Karajan die junge, wegen ihrer großen instrumentalen Fertigkeiten protégierte Musikerin Sabine Meyer über ein Probejahr zur Soloklarinettistin des Orchesters machen. Der Vorstand der Philharmoniker lehnte dieses Ansinnen ab, da er sich in seinem verbrieften Mitspracherecht übergangen fühlte und auch das Orchester zumindest bis dahin keine weiblichen Mitglieder wünschte und es auch keine öffentliche Ausschreibung gegeben hatte. Karajan setzte sich zwar unter Androhung seines Rücktritts schließlich durch, doch gab die entnervte Sabine Meyer bald den Posten wieder auf. Nach 27 Jahren nicht immer einfacher Zusammenarbeit war zwischen Orchester und Dirigent jedoch ein anscheinend unkittbarer Bruch entstanden.

Und nun wollte es das gedemütigte Orchester endlich dem Pultdiktator und Machtmenschen Karajan heimzahlen. Die Philharmoniker, juristisch eine Stiftung, weigerten sich nun mehrmals, unter Karajan in Salzburg und Luzern aufzutreten und kündigten die Medienverträge. Dieses Verhalten war mit Karajans durchaus absolutistischem Selbstverständnis nicht vereinbar. Und er fasste diese Entscheidungen des Orchesters als Undank auf, als Versuch, ihn, den Alten, körperlich Geschwächten loszuwerden. Er zeigte sich davon sehr betroffen, glaubte aber bis zuletzt, dass sich alles zu seinen Gunsten wieder würde regeln lassen. Nach erneuten Querelen reichte er im April 1989, von ihm als bloßes Ultimatum gedacht, seinen Rücktritt als Chefdirigent ein. Doch die damalige Berliner Kultursenatorin Anke Martiny nahm seine Demission widerspruchslos an, und niemand trat ihm zur Seite. Diese Niederlage verkraftete er offenbar nicht mehr. Denn knapp drei Monate später erlag er, trotz aller körperlicher Schwächen unerwartet, in seinem Haus in Anif einem Herzinfarkt. Karajan wurde in einer Nacht-und-Nebel-Aktion gleich am nächsten Tag auf dem Friedhof von Anif beerdigt, ohne jede Todesanzeige an die Welt, ohne jedweden Pomp, in aller Einsamkeit und Verlassenheit – fast wie Mozart. Er soll seiner heute (2021) noch in Anif lebenden Witwe damals ein Vermögen von umgerechnet 250 Millionen Euro hinterlassen haben.

Keiner hat als Dirigent mehr Aufnahmen eingespielt als Herbert von Karajan.

Seine Diskographie ist zwar völlig unübersichtlich und unvollständig, da nicht alles dokumentiert wurde, zeigt aber doch, dass einige Aufnahmen als musikhistorisch besonders bedeutsam bezeichnet werden können: zu den frühesten Aufnahmen zählt eine Aufnahme der Ouvertüre zur ›Zauberflöte‹ mit der Staatskapelle Berlin vom Dezember 1938, die Rundfunkaufnahme von Bruckners Achter von 1944 gilt als erste deutsche Rundfunk-Stereoaufnahme. Sein gewaltiges interpretatorisches Oeuvre beendete er im April 1989 mit einer Einspielung von Bruckners Siebenter.

Der Karajansche Orchesterklang war charakteristisch: ›romantisch‹ mit all erdenklicher Klangfülle und -breite, geradezu dickflüssig strömend – natürlich in völligem Gegensatz zur als ausschließlich werkgerecht propagierten asketisch-dürren Wiedergabe durch meist nur dürftig zirpende Instrumente aus der Entstehungszeit der jeweiligen Komposition. Karajans Interpretationen nannte der einflussreiche britische Musikjournalist Norman Lebrecht ironisch, doch achtungsvoll den »Mercedes der deutschen Musik: komfortabel und wartungsfrei«. Seine vorrangig vom Ideal des Klangs geprägten Werkdeutungen werden gemäß dieses Bonmots tatsächlich so lange Gültigkeit behalten, wie Freude am farbigen Orchesterklang und Klanggefühl die Herzen von Musikfreunden bewegen. In jeder Hinsicht war Herbert von Karajan ein ›merk-würdiger‹ Mann, wie ihn der langjährige Intendant der Berliner Philharmoniker, Wolfgang Stresemann, nannte.

Gedenkstelen für Karajan und den Sony-Chef Ohga vor dem Friedhof in Anif

Malerei

Salzburgs großartige Natur- und Architekturkulissen inspirierten durch die Zeiten Maler, wobei hier aus Raumgründen nur die Erwähnung finden sollen, die hier geboren wurden oder überwiegend hier wirkten.

Einer der frühesten hier zu nennenden Maler ist **Johann Michael Sattler** (1786–1847), der durch ein einziges grandioses Werk berühmt geworden ist, durch das übergroße Panoramabild der Stadt Salzburg, das er 1829 nach mehrjähriger Arbeit vollendete; es befindet sich heute im Panoramamuseum.

Michael Hofer (1834–1916) aus Kitzbühel war Bergbaudirektor in Leogang (Pinzgau) und malte eigentlich nur nebenher. Er verband Architektur und Natur, Dörfer oder Kirchen in Berglandschaften und versuchte, sie zu organischen Einheiten zu verbinden. Ein detailtreuer Realismus kennzeichnet seine Bilder, die oft sich intensiv bloßer Nichtigkeiten wie Geröll oder Wurzeln annehmen. Einer mitunter ungestüm zu nennenden Malweise ist es zu danken, dass seine Bilder nie empathielos wirken.

Der große, aus Böhmen stammende expressionistische Zeichner und Graphiker **Alfred Kubin** (1877–1959) lebte ab 1883 einige Jahre in Zell am See. In vielen seiner teils schaurigen und schreckerfüllten Zeichnungen erscheinen Motive aus dem Pinzgau seiner Kinderjahre. Eine Dauerausstellung im Lohninghof im Zeller Ortsteil Thumersbach (Seeuferstr. 6, 5700 Zell, www.lohninghof.at) präsentiert viele dieser Bilder.

Der gebürtige Wiener **Josef Stoitzner** (1884–1951) lebte seit 1909 im pinzgauischen Bramberg. Stilistisch verbindet der Künstler Realismus, Secession (Jugendstil) und Impressionismus. Berührungen mit der Moderne vermied er. Aufallend ist der architektonische Bau seiner Bilder mit betonten Perspektiven und eigenwilligen Beleuchtungswirkungen. Stoitzner liebte es, Einzelbäume und Baumgruppen oder auch nur das Geäst in wechselnden Ansichten und Jahreszeiten darzustellen. Das Museum Bramberg zeigt einige seiner Bilder, viele befinden sich im Oberen Belvedere und der Albertina in Wien.

Das berühmte Salzburg-Panorama (Ausschnitt) von Johann Michael Sattler

Josef Stoitzner, ›Spiegelung im Wasser‹ (um 1920)

Anton Faistauer (1887–1930) ist einer der wichtigsten Maler seiner Epoche in Österreich. Der Pinzgauer schuf ruhige, kontemplative Gemälde, denen sein Credo von der künstlerischen Einheit ›Gott-Kosmos-Natur‹ zugrunde liegt. Geprägt sowohl von der Gotik als auch von den französischen Impressionisten, schuf er einen eigentümliche Stil, der impressionistisch und expressionistisch zugleich ist. Man mag in ihm eine Art Caspar David Friedrich der Moderne sehen. Faistauer äußerte sich ähnlich wie Friedrich: »Bilder haben die Aufgabe, der Menschheit das Geheimnis der Natur aufzuschließen. Sie sollen imstande sein, den Reichtum, den Raum, die Tiefe und Schwere des Kosmos dem Menschen anzueignen, das Chaos zu schlichten und Wege in den Geist der Schöpfung zu öffnen.«

Zu seinen Hauptwerken zählen die Fresken im Salzburger Festspielhaus mit ihren über 200 Figuren, die er 1926 schuf, die Fresken in der Kirche des Salzburger Ortsteils Morzg sowie der Votivaltar in der Maishofener Pfarrkirche (Pinzgau). Das Leopold Museum in Wien bewahrt viele seiner Gemälde. Faistauer ist zu Unrecht in Deutschland kaum bekannt.

Abstrakte Farbstudien nehmen im Werk von **Georg Jung** (1899–1957) eine besondere Bedeutung ein. Er kam vom Expressionismus her und ihm kam es auf besondere Farbwirkungen und -kombinationen an. Deswegen stand er mit bedeutenden Physikern wie dem wegen seiner Farbenlehre mit dem Nobelpreis ausgezeichneten Wilhelm Ostwald in Kontakt. Jung entwickelte mit dem ›Colormobile‹ einen Apparat mit ständig sich änderndem farblichen Aussehen.

Er blieb lebenslang ein Außenseiter der Kunstszene. Das Sonnenuhrfresko an der Alten Universität in Salzburg stammt von Jung, ist aber ein uncharakteristisches Werk.

Gottfried Salzmann (geb. 1943) aus Saalfelden ist ein international gefeierter Aquarellist, der sein Vorbild in William Turner sucht. Oft arbeitet er mit Mischtechniken und kombiniert Aquarelle mit Fotografien und Druckgraphiken. Neben den Aquarellen schuf er auch viele Kohlezeichnungen. Salzmann widmet sich vor allem der Wiedergabe großstädtischer Szenerien. Er lebt mit seiner französischen Ehefrau, die auch Malerin ist, in Paris. Das Museum Schloss Ritzen in Saalfelden zeigt in seiner ›Salzmann Galerie‹ ausgewählte Werke des Künstlerpaars.

Architektur

Land und Stadt Salzburg weisen Bauwerke aus allen Epochen der Kulturgeschichte auf. Aus der Römerzeit sind keine Bauwerke erhalten oder direkt zugänglich. Bei Ausschachtungen oder beim Hausbau in der und um die Altstadt werden immer wieder Fundamente römischer Bauten wie auch Mosaikböden freigelegt, doch nach Bestandsaufnahme durch die archäologischen Behörden meist wieder zugeschüttet. Bedeutend war 1815 der Fund des sogenannten Theseus-Mosaiks aus dem 3. Jahrhundert n. Chr. im Ortsteil Loig, das sich heute im Kunsthistorischen Museum Wien befindet. Einige römische Meilensteine an der Tauernstraße zwischen Obertauern und Mauterndorf sind original erhalten.

Nichts ist aus dem Frühmittelalter erhalten, dem Jahrhundert der Bistumsgründung.

Traditionelles Bauernhaus im Freilichtmuseum Großgmain

Romanik

Auch aus der Romanik ist vergleichsweise wenig zu finden. Die Pfarrkirche St. Hippolyt in Zell am See ist trotz späterer Umbauten innen wie außen noch überwiegend romanisch, ähnlich wie das Langhaus der Salzburger Franziskanerkirche im Innern. Die 1227 geweihte Katharinenkapelle (Mariazellerkapelle) auf dem Petersfriedhof ist ein annähernd unveränderter romanischer Bau, ebenso wie der Ostturm der Burg in Kaprun. Der als Veranstaltungsort genutzte Keller (12. Jahrhundert) im Haus Waagplatz 4 in Salzburg ist ebenfalls in Gänze noch romanisch.

Romanische Fresken gibt es in der Stiftskirche des Klosters Nonnberg. Obwohl die Festung Hohensalzburg wie auch Burg Hohenwerfen auf das 11. Jahrhundert zurückgehen, sind so gut wie keine Bauelemente aus ihrer Frühzeit vorhanden. Von den Plastiken seien das Taufbecken im Salzburger Dom und der Löwe an der Kanzel der Franziskanerkirche genannt. Berühmt war in der Romanik die Kunst der Buchmalerei, wie sie auch in den Salzburger Klöstern gepflegt wurde und die in vielen Handschriften überliefert ist.

Gotik

Salzburg weist viel an herausragender gotischer Architektur auf: die Margarethenkapelle auf dem Petersfriedhof, der Hochchor der Franziskanerkirche, die Georgskapelle auf der Festung Hohensalzburg, in Teilen die Pfarrkirche in Bischofshofen, das Langhaus der Kirche in Rauris und als vielleicht prächtigste der Kirchen im Lande die Kirche St. Leonhard ob Tamsweg (Lungau). Diese Gotteshäuser haben sämtlich größere und kleinere Umbauten erfahren, auch Ihr Inneres wurde meist barockisiert. Doch zumindest bei den erwähnten Bauten ist der gotische Charakter noch überwiegend vorhanden. Ein bedeutendes spätgotisches Bildwerk ist das Denkmal des Fürsterzbischofs Leonhard von Keutschach von 1515 vor der Georgskapelle auf der Festung Hohensalzburg. Es zeigt allerdings schon deutlichen Renaissancecharakter.

Renaissance

Die Zeit zwischen etwa 1530 und 1620 war künstlerisch im Salzburger Land und der Stadt eine Blütezeit. Unter den Fürsterzbischöfen wurde viel gebaut, vor allem ab 1590 unter Wolf Dietrich von Raitenau, Markus Sittikus und Paris Lodron. Doch die Bauwerke jener Epoche zeigen im Allgemeinen nicht jene Renaissance-Stilelemente, die man von anderen Landstrichen kennt, da sie in späteren Zeiten meist stark umgebaut wurden, so die Neue Residenz – erbaut 1605, umgebaut gegen 1780 –, sowie Dompropstei, Dechanthaus und Kapitelhaus, die aus der gleichen Zeit stammen und heute merkwürdig klassizistisch-asketisch-sparsam wirken. Bestenfalls Schloss Hellbrunn, nach Plänen von Santino Solari errichtet, hat sein originales Aussehen beibehalten. Es ist allerdings schon am Übergang von Renaissance zu Barock anzusiedeln. Vom Renaissancegesicht des Schlosses Mirabell, das es nach dem Umbau unter Markus Sittikus trug, ist nach dem barocken Umbau und dem Brand 1818 auch wenig übriggeblieben. Beste Renaissance zeigt jedoch der Brunnen (Matthäus-Lang-Zisterne) im Innenhof des Festung Hohensalzburg.

Am Residenzplatz in Salzburg, links der Dom, in der Mitte die Alte Residenz

Barock

Salzburgs Antlitz ist das einer Barockstadt. Ihre Silhouette, abgesehen von der Festung, ist durch barocke Formen gekennzeichnet. Am charakteristischsten sind der frühbarocke Dom von 1628, der nach Plänen von Santino Solari entstand. Er gilt als älteste Barockkirche des deutschen Sprachraums. Dazu kommen der Residenzbrunnen von Tommaso Allio, die AltMaria Plaine Residenz, die Kollegienkirche Johann Bernhard Fischer von Erlachs (1656–1723), der auch für die Ursulinenkirche, die Dreifaltigkeitskirche und Schloss Kleßheim die Pläne lieferte, genau wie den Platz vor dem Hofmarstall mit der Pferdeschwemme. Zusammen mit Johann Lucas von Hildebrandt (1668–1745), seinem Nachfolger als fürsterzbischöflicher Baumeister, gilt er als der bedeutendste deutsche Barockarchitekt. Dieser war für den Umbau von Schloss Mirabell und der Alten Residenz zuständig. Der Mirabellgarten mit Brunnenanlagen und Zwerglpark sind von beiden Meistern gestaltet. Von herausragenden barocken Baudenkmälern auf dem Lande sei unter anderem die Wallfahrtskirche Maria Kirchental bei Lofer erwähnt, ebenfalls ein Bau Fischer von Erlachs, sowie die Wallfahrtskirche Maria Plain von Giovanni Antonio Daria. Bedeutendster Barockmaler in Salzburg war Johann Michael Rottmayr (1654–1730). Er schuf die Deckenfresken der Alten Residenz, das Kuppelfresko der Dreifaltigkeitskirche und unter anderem die Altarblätter in der Kollegienkirche. Seine Arbeiten in Schloss Mirabell, die zu seinen besten gezählt haben sollen, wurden 1818 bei einem Brand zerstört.

Das Rokoko ist im Allgemeinen die Spätphase des Barock, etwa ab 1730/40 bis spätestens 1780. Eine besondere Verspieltheit zeichnet diesen Baustil aus. Eindeutig dem Rokoko zuzuordnen sind in Salzburg nicht sehr viele Bauwerke, zu ihnen zählen als bedeutendste der Marmorsaal von Schloss Leopoldskron, die Kapitelschwemme auf dem Kapitelplatz und die Rathausfassade.

Vom 19. Jahrhundert bis heute

Architektonisch bemerkenswerte Bauten aus der Zeit zwischen 1790 und etwa 1830 finden sich in Salzburg nur wenige. Vieles mit klassizistischem Aussehen wie die Alte und die Neue Residenz oder vor allem das Schloss Mirabell entstammt älteren Epochen und wurde nur Ende des 18. Jahrhunderts umgebaut oder entstand nach dem Stadtbrand in vereinfachten Formen. Weitere herausragende Gebäude des 19. und des 20. Jahrhunderts gibt es nur wenige, abgesehen von den Bauten Clemens Holzmeisters, der in den 1920er Jahren das Festspielhaus und 30 Jahre später das Große Festspielhaus schuf. 1957 entstand mit dem Hotel ›Europa‹ von Josef Becvar das erste Hochhaus der Stadt. Lange Zeit galt der Bau in seiner schlichten Monumentalität als gelungenes Beispiel zeitgenössischer Baukunst, bis sich in den 1990er Jahren die Sichtweise änderte und sein Abriss gefordert wurde. Nach einigem Hin und Her entschied man sich für eine Generalsanierung mit geänderter Fensteranordnung und transparentem Liftschacht.

Das Hotel Europa, frisch renoviert

Jährlich wiederkehrende Feste und Festivals (Auswahl)

Hinweise zu weiteren Veranstaltungen unter:
www.salzburg.info
www.salzburg-altstadt.at
Wenn kein Ort angegeben ist, findet die Veranstaltung in Salzburg statt.

Januar/Februar

Mozartwoche www.mozarteum.at

März/April

Aspekte Musikfestival. Zeitgenössische Musik (https://aspekte-salzburg.com)
3-Tage-Jazz Saalfelden
www.jazzsaalfelden.com
Salzburger Osterfestspiele. Opernaufführungen. www.osterfestspiele-salzburg.at

Mai/Juni

Salzburger Pfingstfestspiele. Opernaufführungen (www.salzburgerfestspiele.at)
Sommerszene. Theater, Tanz, Installation und Performance. www.szene-salzburg.net

Juli/August

Salzburger Feststpiele. Oper, Theater und Konzert. www.salzburgerfestspiele.at
Jazz and the City. 70 Konzerte an 30 Standorten der Stadt. www.salzburg-altstadt.at
Internationale Jazztage Saalfelden.
www.jazzsaalfelden.com

September

Rupertikirtag (Mi–So in der 3. Woche). Kirchweihfest um den Dom.
www.salzburg-altstadt.at

Oktober

Salzburger Kulturtage. Crossover: HipHop-Klassik-Jazz-Musical-Theater-Kabarett.
www.salzburg.info

Dezember/Januar

Salzburger Adventsingen. Nicht nur Traditionelles. www.salzburgeradventsingen.at
Winterfest. Festival für moderne Zirkuskunst. www.winterfest.at

Die Eingangsszene des ›Jedermann‹ in der Spielzeit 2014

Essen und Trinken

Die Frittatensuppe ist ein Klassiker der österreichischen Küche

Eine eigenständige Salzburgische Küche bildete sich bis zur Habsburgisierung des Landes im ersten Viertel des 19. Jahrhunderts nicht heraus. So wie die Einwohner des Land entweder höfisch-bürgerlich oder ländlich-bäuerlich waren, existierten Gerichte zwischen den Polen ›edel-raffiniert‹ und ›rustikal-deftig‹, nach Rezepten, die es allerdings auch anderswo im alpin-süddeutschen Raum so oder so ähnlich gab. Noch in den 1980er Jahren fand die, wenn man so sagen darf, bis dahin ›gesichtslose‹ Kulinarik Salzburgs bei internationalen Restaurantkritikern keine Würdigung. Davon aufgeschreckt, besann man sich seitens der Kulinariker auf heimische Rezepturen und entwickelte daneben eine besondere Pflege historischer Gasthäuser und deren Ambiente. In einer ›Aktion Salzburger Hausmannskost‹ wurden 1988 landesweit alte Rezepte und Zubereitungen gesammelt und mit ihnen die Speisekarten vieler Gasthöfe rustikaler, deftiger gemacht, was von den Gästen aus aller Welt gut angenommen wurde. Bis heute lässt sich daher in den Haubenlokalen im ganzen Land auch gutbürgerliche Hausmannskost ordern, natürlich jeweils individuell durch die Phantasie des Kochs erweitert, verfeinert oder variiert.

Salzburger Nockerln

Die berühmteste Spezialität des Salzburger Landes ist die einzige, die das Attribut ›Salzburg‹ auch im Namen trägt. »Süß wie die Liebe und zart wie ein Kuss« – so wurde sie in Fred Raymonds Operette ›Saison in Salzburg‹ besungen. Anders als viele Auswärtige glauben, handelt es sich bei den Salzburger Nockerln keineswegs um eine Beilage à la Grießklößchen, sondern um ein warmes, sehr schaumiges und luftiges Dessert. Es wird behauptet, dass Wolf Dietrich von Raitenaus Geliebte Salome Alt die Rezeptur kreiert habe und sie dabei an eine Darstellung der drei Salzburger Hausberge gedacht haben soll, wenn sie des Winters schneebedeckt sind. Jedes Restaurant mag seine eigene Zubereitungsart verwenden, doch müssen Zucker, Ei und Mehl als Basis immer vorhanden sein. In vielen Lokalen werden die Nockerln mit warmer Himbeersauce gereicht, was aber nicht Teil der Ur-Rezeptur ist.

Mozartkugeln

Im Jahr 1890 erfand der Konditor Paul Fürst (1856–1941) die Mozartkugel, die Produktionsstätte an der Ecke Brodgasse/Residenzplatz besteht als Café Fürst bis heute. Ursprünglich hießen diese Kugeln aus grünem Pistazienmarzipan, die von

Die berühmten Salzburger Nockerln

Nougat umgeben sind, Mozart-Bonbons. Erst seit 1905 tragen sie ihren heutigen Namen. Von den weltberühmten Kugeln, umwickelt von silbernem Stanniol mit blauem Aufdruck, werden jedes Jahr hier in der Brodgasse rund 3,5 Millionen Stück hergestellt. Und nur diese dürfen sich ›Original Salzburger Mozartkugel‹ nennen. Es gibt genug andere Produzenten, die beispielsweise mit ähnlicher Rezeptur ›Echte Salzburger Mozartkugeln‹ herstellen. Das aber sind nicht die originalen, deren Bezeichnung gesetzlich geschützt ist.

Biere und Brauereien

Salzburg ist seit über 600 Jahren ein Ort der Braukunst und gilt als heimliche Bierhauptstadt Österreichs. Elf größere und kleine Brauereien in und in der näheren Umgebung der Stadt schaffen eine einzigartige Biervielfalt. Die Stiegl Brauerei, die seit 1491 besteht, ist Österreichs größte Privatbrauerei, und das nicht weniger geschätzte Augustinerbräu aus Mülln wird seit 1621 gebraut.

Um 1860 gab es in Stadt und Land Salzburg noch 75 Brauereien, die großteils zum Ende des Ersten Weltkriegs verschwunden waren. Der Salzburger Markt wurde zunächst von zwei großen Brauereien beherrscht: Stiegl und Kaltenhausen. Diese älteste Brauerei Salzburgs (seit 1475) produziert heute hochpreisige sogenannte Kreativbiere. Ein äußerst wohlschmeckendes Bier ist das Trumer Bräu aus Obertrum am Mattsee, nicht weniger sind es die Biere vom Brauhaus Gußwerk aus Hof, ebenfalls im Flachgau gelegen. Bierlokale findet man allenthalben im Land, Weinstuben weitaus weniger: Wein ist im Salzburgerland schlichtweg kein traditionelles Getränk. Zum einen wächst hier kein Wein, zum anderen war man durch die Jahrhunderte aus der Landesgeschichte erkennbaren Gründen mehr zum Bierland Bayern orientiert als zu den weinseligen Habsburgerlanden weiter östlich.

Rezepte

(jeweils für vier Personen)

Specknockerlsuppe

Zutaten: 60 g Speck, 120 g Mehl, 2 EL Petersilie, 1 Prise Salz, 1/8 l Wasser, 1 Ei, 1 l Rindersuppe.

Zubereitung: Zuerst den Speck klein würfeln. Dann mit Mehl, Petersilie, Salz, Wasser und Ei einen Teig rühren. Mit zwei Löffeln Nocken (kleine Klößchen) aus dem Teig stechen und diese in kochendem Salzwasser etwa fünf Minuten lang kochen lassen. Nocken abtropfen lassen, in einer vorgewärmten Suppenschale anrichten und mit kochend heißer Rindsuppe übergießen.

Pinzgauer Käsesuppe

Zutaten: je 5 EL Mehl und Butter, 0,75 l Suppe, 0,25 l Weißwein, 250 g geriebenen würzigen Käse, 1 Becher Sauerrahm, 1/2 Bund Schnittlauch, je 1 Prise Salz und Pfeffer.

Zubereitung: Zunächst in einem Topf das Mehl in der Butter anschwitzen, dann mit der Suppe aufgießen, den Weißwein hinzufügen und etwa 30 min kochen lassen. Währenddessen den Schnittlauch waschen und in feine Röllchen schneiden. Am Ende der Kochzeit den Käse und den Rahm in die Suppe einrühren, mit Salz und Pfeffer abschmecken und mit Schnittlauch bestreuen.

Karpfen in Sauerkraut

Zutaten: 1 kg Karpfen geputzt, entgrätet, in Stücke geschnitten, Fett, 1 feingehackte Zwiebel, 2 zerdrückte Knoblauchzehen, 500 g Sauerkraut, Kümmel, Salz, Pfeffer, 1/8 l Sauerrahm, Schnittlauch, Mehl, Eier, Semmelbrösel und Backfett.

Zubereitung: Zuerst die Zwiebeln in heißem Fett rösten und würzen, dann Sauerkraut, etwas Wasser, Rahm und Kümmel dazugeben und weich dünsten. Dann den Karpfen in Zitronensaft marinieren und abtropfen lassen. Sodann panieren und in Fett schwimmend ausbacken. Den Fisch ablaufen lassen und auf das angerichtete Kraut legen.

Bierfleisch

Zutaten: 800 g Schweineschulter, 1 EL Paprika edelsüß, 3 feingehackte Zwiebeln, 50 g Butterschmalz, je 75 g feingewürfelte Karotte und Sellerie, 1 TL gemahlener Kümmel, 2 feingehackte Knoblauchzehen, ½ l helles Bier, 3 EL geriebenes Schwarzbrot, Salz, Pfeffer.

Zubereitung: Zunächst Fleisch würfeln und in Paprika wälzen. Dann die Zwiebeln in Butterschmalz erhitzen, das Fleisch dazugeben und kurz anrösten. Mit Bier ablöschen und den Kümmel hinzufügen. Etwa 40 Minuten zugedeckt dünsten lassen. Das Schwarzbrot mit dem Bier zum Fleisch geben und weitere 20 Minuten dünsten lassen. Am Schluss kräftig mit Salz und Pfeffer abschmecken. Als Beilage empfehlen sich Serviettenknödel.

Immer drängt sich meiner Phantasie, wenn ich die schöne Lage einer Stadt preisen höre, das Bild von Salzburg auf. Die schönste Gegend und die Gegend um Salzburg sind mir... mehr als Synonyme geworden... Die Gegend um Salzburg ist die Vereinigung aller Naturschönheiten, die die üppigste Phantasie sich auf dem Continente denken kann

Johann August Schultes (1773–1831), österreichischer Mediziner und Reiseschriftsteller

Blick über die Salzach auf die Festung

DIE STADT SALZBURG UND IHRE UMGEBUNG

Salzburg

Gut 1000 Jahre war Salzburg die Residenz der Salzburger Erz- und Fürsterzbischöfe, und nicht zuletzt war es deren Kunstsinn, der aus Salzburg jene internationale Musik- und Festspielstadt erwachsen ließ, zu der alljährlich die Kunstsinnigen aus aller Welt eilen. Mag darin Wien ihr gleichrangig sein, mag Wien durch seine Größe und durch seine Geschichte als Habsburgerresidenz mehr an hinreißenden und teils auch gewaltigeren Baudenkmälern haben – von Salzburg geht seit 1000 Jahren ein besonderer befruchtender Strom aus: beginnend im 8. Jahrhundert mit Besiedlung und Missionierung des östlichen Alpenraums – eine Zeit, in der Wien nicht existierte –, sich fortsetzend über die Bauten der kunstsinnigen Erzbischöfe in der Neuzeit und seinen Höhepunkt findend als Musikstadt bis in unsere Tage. Und nicht zuletzt ist Wolfgang Amadeus Mozart als größter Sohn Salzburgs für immer mit dieser Stadt verbunden.

Elogen

Nur sehr wenige Städte Europas werden so gerühmt wie Salzburg. Ihre Lage und ihre Bauwerke verzücken seit Jahrhunderten die Besucher, regen seit dem 17. Jahrhundert bedeutende Zeitgenossen und Schriftsteller zu emphatischen Hymnen an. Bettina von Arnim, August Graf von Platen, Gerhart Hauptmann, Hugo von Hofmannsthal, Erich Kästner und insbesondere der Wahlsalzburger Stefan Zweig wurden nicht müde, Hohelieder auf Salzburg zu singen – um nur einige bekannte Namen zu nennen.

All diese Schriftsteller spürten das besondere Flair Salzburgs. Diese Stadt ist organisch aus ihrem Umland erwachsen, sie bildet mit ihrer Umgebung eine untrennbare Einheit. Nie weiß man, wo die Stadt schon Land ist oder die Umgebung schon in die Stadt übergegangen ist. Keiner hat dieses Phänomen in eine so klangvolle Sprache gebracht wie Stefan Zweig: »Die Landschaft geht unmerklich

Der Blick von der Festung offenbart, dass Salzburg recht kleinräumig ist

▲ Karte: hintere Umschlagklappe

in die Stadt ein. ... Alleen heben mitten an in Wiesen um ein uraltes Schloss und plötzlich werden sie Straße und ihre Bäumen erstarren in Stein. Und andererseits blühen mitten im Weichbild weite Gärten auf... Wälle teilen nicht mehr die Straßen vom Gefilde, sondern sind Schmuck und Zier... die Landschaft dringt mild in die Stadt und die Stadt blättert sich fächerhaft an den Horizont der Wiesen und Berge. Diese Kunst ist das Wunderbare und das eminent Musikalische an Salzburg. Denn die schärfsten Gegensätze stehen Stirn wider Stirn in dieser Stadt ... Bergland und Flachland stoßen hier gegeneinander: von Süden werfen sich die Alpen in drohendem Sturz heran und gerade über dem Tal hält wie mit einem ungeheuren Ruck die gebäumte Felswelle plötzlich inne... aber sie stürzt nicht drohend in die Tiefe, sondern klingt aus mit ein paar kleinen milden Hügeln in das Flachland, das sich von hier tief nach Deutschland hineindehnt, bis an das Meer. Immer steht diese Stadt in der Mitte: sie kann ganz Nordstadt sein mit umschneiten Bergen, kalt-klarer eiskühler Luft... Und über Nacht wirft sich der Wind, ein föhniger Himmel blaut feucht und lau: und sogleich wird sie Südstadt mit italienischen Farben, funkelnd mit ihren weißen Häuserflächen... Alle Gegensätze hat sie so beieinander: am Bahnhof meint man in unserem Jahrhundert zu sein. Und 50 Schritte weit liegt ein stiller Kirchenplatz, unberührt seit fünfhundert Jahren, alte Höfe, schlafendes Mittelalter. Immer aber lösen sich diese Gegensätze harmonisch auf, vielleicht hat keine von allen deutschen Städten diese Kunst in gleich hohem Maße...«

Kann es eine schönere Liebeserklärung an eine Stadt geben als diese von 1937? Und Zweigs Worte haben noch heute ihre Gültigkeit. Erich Kästner war ein Jahr später nicht weniger begeistert: »Als ich auf die Stadt der streitbaren und kunstsinnigen Erzbischöfe hinabschaute, war ich überwältigt. Auch Anmut kann erschüttern. Der Blick auf das halbe Dutzende durch Portale, Kolonnaden und Portikusse miteinander verbundener Paläste und auf die vielgestaltigen Türme und Dächer, die den Grundriss des komplizierten Platzgefüges klar und doch lebendig wiederholen – dieser Anblick ist nördlich der Alpen einzig. Kein Wunder, denn jene geistlichen Fürsten, die Salzburg erschufen, wollten und bauten eine italienische Residenz. Der Zusammenklang der verschiedenen Farben und Farbtöne, die alle ins Heitere zielen, vollendet, was eigentlich keiner Vollendung bedarf. Die Dächer schimmern grün, schiefergrau und mennigrot. Über allem ragen die marmorweißen Türme des Doms, das dunkelgrau, weinrot und weiß gesprenkelte Dach der Franziskanerkirche, die altrosa Türme der Kollegienkirche mit ihren weißen Heiligenfiguren, der graugrüne Turm des Glockenspiels und andere rostrote und oxydgrüne Kuppeln und Turmhelme. Man sieht eine Symphonie.«

Noch einmal und abschließend sei Stefan Zweig zitiert: »Von Anbeginn, von ihren ersten Fürsten schon, ward Salzburg zum Instrument gebaut, das festlichen und heiteren Stunden Resonanz zu geben vermochte: nicht zu Wehr und Krieg wurde sie wie die meisten deutschen Städte zusammengedrückt in einen Gürtel von Mauern – immer war ihrer Stimme Raum frei ins Weite –... von allem Anfang an war ihr von prunkfreudigen, kunstwilligen Herren das Festhafte, das Spielfrohe wissen eingetan, das dann von diesem einen ihrer Menschen, von Mozart aus Stein und Linie in Musik erhoben ward. In ihm hat sich die Form dieser Stadt gleichsam bildhaft gestaltet bis ins Ewige hinein.«

Anton Reiffenstuhl, Blick vom Kapuzinerberg auf Salzburg und die Festung (um 1830)

Zahlen und Fakten

Einwohner: 155021.
Höhe: 424 m, höchster Punkt innerhalb des Stadtgebiets ist der Gaisberg.
Fläche: 65,65 km².
Bevölkerungsdichte in der Stadt: 2256 Personen pro km².
Bürgermeister: Harald Preuner (ÖVP).

Bedeutende Persönlichkeiten

Im Folgenden eine Aufreihung der wichtigsten Persönlichkeiten, die in Salzburg zur Welt kamen.
Rueland Frueauf d. Ä. (um 1445–1507), Maler.
Rueland Frueauf d. J. (um 1470–1547), Maler.
Wolfgang Amadeus Mozart (1756–1791), Komponist.
Joseph Mohr (1792–1848), Geistlicher und Dichter des Liedes ›Stille Nacht‹.
Christian Doppler (1803–1853), Physiker, beschrieb den ›Doppler-Effekt‹.
Otto von Wittelsbach (1815–1867), als Otto I. erster König von Griechenland.
Hans Makart (1840–1884), Maler, Schöpfer des gleichnamigen Stils.
Georg Trakl (1887–1914), expressionistischer Lyriker.
Herbert von Karajan (1908–1989), bedeutendster Dirigent der Ära nach Furtwängler.
Franz Muxeneder (1920–1988), Schauspieler und Komödiant.
Rollo Gebhard (1921–2013), Einhandsegler.
Karl Walter Diess (1928–2014), Schauspieler, bekannt vor allem aus der ›Schwarzwaldklinik‹.
Gaby Dohm (1943), Schauspielerin, unter anderem bekannt ebenfalls überwiegend durch die ›Schwarzwaldklinik‹.
Muriel Baumeister (1972), Schauspielerin.
Julia Cencig (1972), Schauspielerin, Kommissarin Nina Pokorny in ›SOKO Kitzbühel‹.

(Stand 1.1.2020)

▲ Karte: hintere Umschlagklappe

Stadtgeschichte

Da Stadt und Land Salzburg, wie oben skizziert, nicht nur naturräumlich, sondern auch historisch voneinander kaum getrennt betrachtet werden können, wird deren Geschichte zusammenhängend im Kapitel Land und Leute dargestellt (→ S. 30). Daher sei an dieser Stelle nur ein tabellarischer Überblick über die wichtigsten Ereignisse der Stadtgeschichte im engeren Sinn gegeben.

Etwa 8000 v. Chr. Jungsteinzeitliche, älteste nachgewiesene Siedlungen auf dem Rainberg.

Erstes vorchristliches Jahrtausend Keltensiedlung an der Stelle des späteren Salzburg

Um 15. v. Chr. Die Römer erobern die Keltensiedlung und errichten auf ihr die Stadt Iuvavum.

Gegen Ende des 5. Jahrhunderts Vollständiger Rückzug der Römer, Teilaufgabe von Iuvavum als Siedlung.

6. Jahrhundert Beginn der Landnahme durch die Bajuwaren.

696 Bischof Rupert gründet das Kloster St. Peter.

711 Bischof Rupert gründet das Frauenkloster auf dem Nonnberg.

739 Salzburg wird Bischofssitz.

774 Zusammen mit dem Bau des ersten Doms entsteht auch eine Kaufmannssiedlung.

798 Salzburg wird Sitz eines Erzbistums.

996 Salzburg erhält die Markt-, Maut- und Münzrechte.

1077 Eine erste Festung Hohensalzburg wird unter Erzbischof Gebhard errichtet.

1168 Anhänger des Kaisers Friedrich Barbarossa brennen Salzburg nieder, in Folge entsteht ab 1181 ein neuer Dom.

1287 Mit dem sogenannten Sühnebrief des Erzbischofs Rudolf von Hohenegg vom 20. April 1287 erhält Salzburg die Stadtrechte.

1328 Salzburg wird Sitz des neu begründeten Fürsterzbistums, die Erzbischöfe sind von nun als Fürsterzbischöfe auch die weltlichen Herrscher in ihrem Bistum.

1348 Zwei Jahre lang tobt die Pest in der Stadt – wie in ganz Mitteleuropa – und dezimiert die Bevölkerung.

1481 Die Bürgerschaft erhält das Recht der freien Wahl des Stadtrats und des Bürgermeisters.

1519 Der Ausbau der Feste Hohensalzburg zu einer ebenso wehrhaften wie repräsentativen Burg wird unter Fürsterzbischof Leonhard von Keutschach nach 20 Jahren beendet.

1524 Der Arzt und Alchimist Paracelsus hält sich in Salzburg auf.

1525 Während des deutschen Bauernkrieges kommt es in Salzburg zu Aufständen von Bergknappen und Bauern. Erzbischof Mat-

Salzburg um 1460. Kolorierter Holzschnitt von Johann Wolgemuth

Salzburg 1710. Stich von Johann Friedrich Probst

thäus Lang von Wellenburg flieht auf die Festung Hohensalzburg, die drei Monate belagert wird, bis die Aufständischen abziehen.

Ab 1590 Fürsterzbischof Wolf Dietrich von Raitenau gibt Salzburg bis 1611 durch die von ihm initiierten Repräsentativbauten ihr noch heute bestimmendes, frühbarockes Aussehen.

1612–1617 Regierungszeit des Markus Sittikus. Er führt die Bautätigkeit Wolf Dietrichs fort und lässt Schloss Hellbrunn errichten.

1622 Fürsterzbischof Paris Graf Lodron gründet die Salzburger Universität mit einer theologischen und einer philosophischen Fakultät. Auch er fördert die Errichtung repräsentativer Neubauten.

1628 Einweihung des neuen Doms, nachdem der alte 1598 niedergebrannt und 1606 abgerissen worden war.

1669 Ein Felssturz vom Mönchberg zerstört große Teile des Viertels um die Gstättengasse.

1675–1690 Epoche unzähliger Zauberer- und Hexenprozesse.

1731–1733 Unter Fürsterzbischof Leopold Anton von Firmian müssen über 20 000 salzburgische Protestanten Stadt und Land verlassen; meist finden sie Zuflucht in Preußen.

1769–1781 Wolfgang Amadeus Mozart ist unter den Fürsterzbischöfen Sigismund Graf Schrattenbach und Hieronymus Graf Colloredo Hofkonzertmeister und -organist.

1803 Mit dem ›Reichsdeputationshauptschluss‹ erfolgt die Auflösung von Erzbistum und Fürsterzbistum.

1816 Stadt und Land werden habsburgisch.

1850 Salzburg wird Hauptstadt des neu entstandenen Kronlands Salzburg.

1860 Eröffnung der Eisenbahnlinie Wien–Salzburg–München, Abriss der Stadtbefestigungen.

1875 Eröffnung der Salzachbahn, die bis nach Wörgl in Tirol führt.

1920 Durch die Gründung der Salzburger Festspiele erfährt die Stadt einen neuen künstlerischen Aufschwung.

1935–1939 Eingemeindungen von unter anderem Leopoldskron, Morzg und Aigen.

1944 Im Oktober zerstört ein Bombenangriff vor allem das Kaiviertel und die Gegend östlich des Schlosses Mirabell. Aber auch andere Stadtteile werden bei insgesamt 16 Luftangriffen 1944/45 schwer getroffen. Fast die Hälfte der Bausubstanz ist bei Kriegsende zerstört oder beschädigt, insgesamt 550 Tote sind zu beklagen.

1945 Am 4. Mai marschieren die Amerikaner ein.

1967 Herbert von Karajan ruft die Salzburger Osterfestspiele ins Leben.

1962 Wiedereröffnung der Salzburger Universität nach ihrer Auflösung 1810. Sie wird nach ihrem ersten Gründer, Fürsterzbischof Paris Lodron, ›Alma mater Paridiana‹ benannt.

1975 Gipfeltreffen der Präsidenten Gerald Ford (USA) und Anwar el Sadat (Vereinigte Arabische Republik Ägypten) auf Schloss Kleßheim.

2001 Einweihung des neues Kongresshauses.

Linksseitige Altstadt

Die Altstadt am linken Salzachufer ähnelt aus der Luft einem schmalen Halbmond, der sich an den Mönchs- und Festungsberg schmiegt. Wegen ihrer architektonischen Geschlossenheit ist sie auf die UNESCO-Welterbeliste aufgenommen worden. Der Mozartplatz, wo sich auch die Touristeninformation befindet, bietet sich als Ausgangspunkt für einen Stadtrundgang an. Man betritt ihn vom Fluss her, gegenüber dem Mozartsteg, am Ort des 1867 abgerissenen Michaeltors. Hier befindet sich auch noch ein Rest der Stadtmauer aus der Zeit des Paris Lodron. Vom Michaeltor ist nur das Wachhäuschen erhalten.

Mozartplatz

Die Südflanke des Mozartplatzes, der bis 1849 St.-Michaels-Platz hieß, bildet die machtvolle **Neue Residenz,** auch Neugebäude genannt. Den Bau ließ Fürsterzbischof Wolf Dietrich von Raitenau zwischen 1588 und 1610 – es gab Unterbrechungen bei den Bauarbeiten – als Wohnsitz und Gästehaus der Landesherren errichtet. Die Residenz wurde im 17. und 18. Jahrhundert erweitert und diente als Zeughaus, im 19. Jahrhundert als Sitz des Landtags und von Regierungsdienststellen, seit 2007 beherbergt sie das Salzburg Museum (vorher Museum Carolino-Augusteum). Im Westtrakt gibt es noch aus der Zeit Wolf Dietrichs fünf Prunkräume mit herausragenden allegorischen Deckenmalereien, einer mit eindrucksvoller Kassettendecke, ein weiterer mit keramischen Deckenmosiken. Der ursprüngliche Turm wurde 1702 erhöht und ein Aufbau für ein Glockenspiel angebracht. Dieses berühmte **Salzburger Glockenspiel** erklingt dreimal täglich (7, 11 und 18 Uhr, jeweils vier Minuten nach der vollen Stunde), wobei von Spielwalzen etwa 100 Lieder zur Auswahl stehen. An der Turmspitze befindet sich ein vergoldetes astronomisches Modell, eine sogenannte Armillarsphäre, das die Planetenbewegungen darstellt.

Der Neuen Residenz gegenüber steht das langgestreckte, nur zweigeschossi-

Der Mozartplatz mit der Michaelskirche

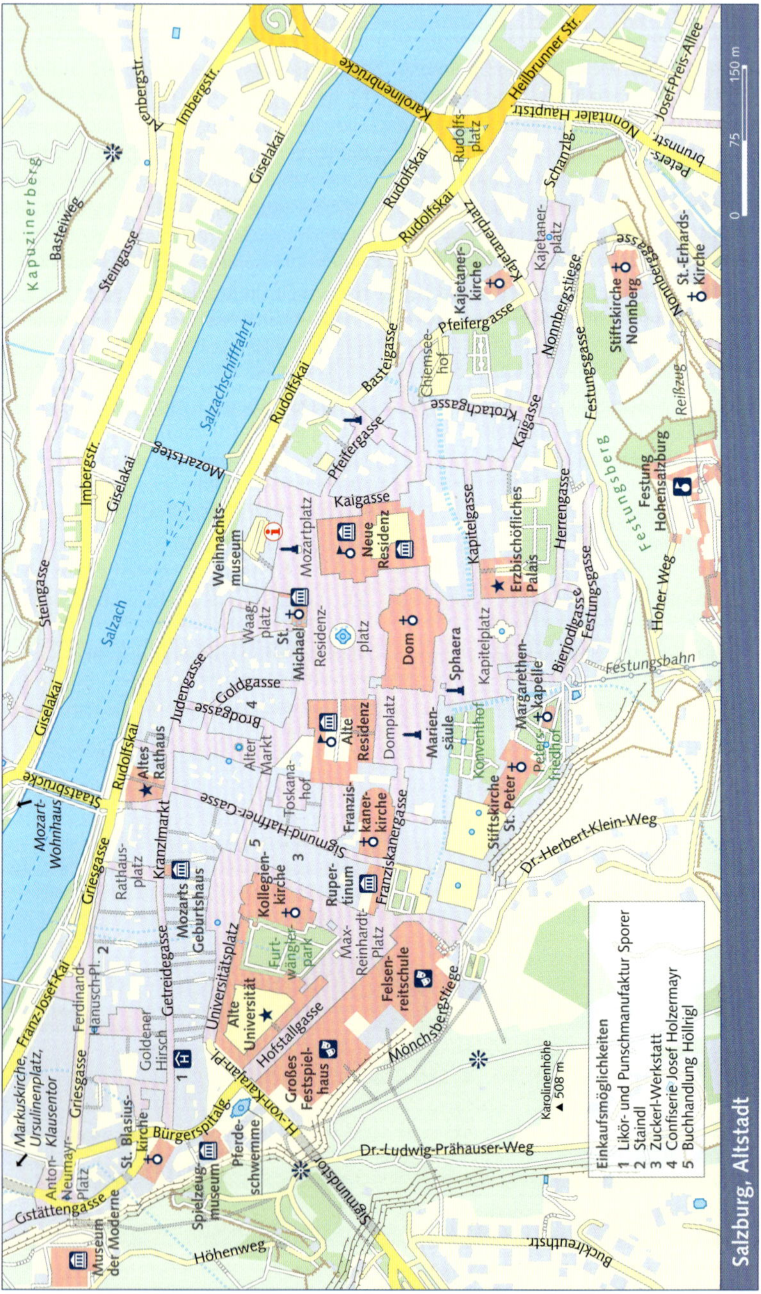
Salzburg, Altstadt
Einkaufsmöglichkeiten
1 Likör- und Punschmanufaktur Sporer
2 Staindl
3 Zuckerl-Werkstatt
4 Confiserie Josef Holzermayr
5 Buchhandlung Höllrigl
0
75
150 m
Salzach
Salzachschifffahrt
Kapuzinerberg
Festungsberg
Festung Hohensalzburg
Festungsbahn
Reißzug
Dom
Residenzplatz
Mozartplatz
Domplatz
Kapitelplatz
Alter Markt
Waagplatz
Universitätsplatz
Rathausplatz
Kranzlmarkt
Neue Residenz
Alte Residenz
Altes Rathaus
Mozarts Geburtshaus
Mozart-Wohnhaus
Kollegienkirche
Franziskanerkirche
Stiftskirche St. Peter
Petersfriedhof
Margarethenkapelle
St. Michael
Kajetanerkirche
Kajetanerplatz
Stiftskirche Nonnberg
St.-Erhards-Kirche
Erzbischöfliches Palais
Sphaera
Mariensäule
Konventhof
Toskanahof
Rupertinum
Max-Reinhardt-Platz
Furtwängler park
Alte Universität
Felsenreitschule
Großes Festspielhaus
Pferdeschwemme
Spielzeugmuseum
St. Blasiuskirche
Bürgerspitalg.
Museum der Moderne
Anton-Neumayr-Platz
Gstättengasse
Griesgasse
Getreidegasse
Goldener Hirsch
Hanusch-Pl.
Ferdinand-
Hofstallgasse
H.-von-Karajan-Pl.
Sigmundstor
Mönchsbergstiege
Karolinenhöhe 508 m
Dr.-Ludwig-Prähauser-Weg
Dr.-Herbert-Klein-Weg
Höhenweg
Bucklreuthstr.
Markuskirche, Ursulinenplatz, Klausentor
Franz-Josef-Kai
Staatsbrücke
Mozartsteg
Karolinenbrücke
Rudolfskai
Rudolfsplatz
Giselakai
Imbergstr.
Steingasse
Basteiweg
Arenbergstr.
Heilbrunner Str.
Nonntaler Hauptstr.
Josef-Preis-Allee
Petersbrunnstr.
Schanzlg.
Nonnbergstiege
Nonnberggasse
Festungsgasse
Hoher Weg
Bierjodlgasse
Herrengasse
Kaigasse
Krotachgasse
Pfeifergasse
Basteigasse
Chiemseehof
Kapitelgasse
Judengasse
Goldgasse
Brodgasse
Sigmund-Haffner-Gasse
Franziskanergasse
Weihnachtsmuseum

ge **Imhofstöckl**, einst die erzbischöfliche Wagenremise. Heute ist hier unter anderem die Tourismusinformation untergebracht. Erwähnt sei noch Haus Nr. 4, links vom Imhofstöckl, das **Antretterhaus** oder Palais Rehlingen. Es wurde im 17. Jahrhundert errichtet und später umgebaut, heute ist hier das Musikwissenschaftliches Institut der Universität beheimatet. Die Familie Antretter, die das Haus gegen 1760 erwarb, gehörte zum näheren Freundeskreis Mozarts. Im Innenhof befindet sich eine sehr sehenswerte Hauskapelle, man kann sie leider nur von außen besichtigen.

In der Mitte des Platzes befindet sich das **Mozartdenkmal** von Ludwig Schwanthaler, das am 5. September 1842, im Beisein von Mozarts zwei Söhnen, eingeweiht wurde. Mozarts Witwe Constanze, die im Haus Mozartplatz 8 gelebt hatte, war kurz zuvor verstorben. Bei Ausheben des Fundaments für das Denkmal fand man ein römisches Mosaik mit der Inschrift ›hic habitat felicitas, nihil intret mali‹ (›Hier wohnt das Glück, nichts Böses möge eintreten‹) – ein Wahlspruch für ganz Salzburg und seine Geschichte?

Der Hauskomplex (Nr. 7–9) an der Ostseite des Platzes sind die alten **Kanonikalhöfe**, die Wohnungen der Domherrn.

Waagplatz und Judengasse

An seiner nordwestlichen Ecke geht der Mozartplatz in den kleinen Waagplatz über, im ausgehenden Mittelalter Brotmarkt genannt. Von ihm geht die Judengasse ab, die ihren Namen im weiteren Verlauf, in Höhe des Alten Markte, in Getreidegasse ändert.

Im Haus Waagplatz 1 a wurde am 3. Februar 1887 der große expressionistische Lyriker Georg Trakl (→ S. 64) geboren, das Haus beherbergt heute eine **Forschungs- und Gedenkstätte** zu seinem Leben und Werk. Im Haus Nr. 3, dem

Im Innenhof des Chiemseehofs

Quergebäude vor der Michaelerkirche, ist Trakl aufgewachsen: sein Vater betrieb hier eine Eisenwarenhandlung. Im Haus Nr. 4 gibt es einen ›romanischen Saal‹, einer der letzten Reste der Stauferpfalz Friedrich Barbarossas.

In der Judengasse, die heute voll edler Einzelhandelsgeschäfte ist, lebten bis 1404 die meisten der Salzburger Juden. Die Kellergewölbe von Haus Nr. 15 sind Fundamente der Stauferpfalz. Ab etwa 1450 befand sich hier der Gasthof ›Höllbräu‹, seit den 1990er Jahren ist es ein Hotel der besseren Kategorie. In Haus Nr. 8 war Franz Schubert 1825 bei einem Kaufmann Bauernfeind zu Gast, und in Haus Nr. 13 wohnte von 1672 bis 1684 der Komponist Heinrich Ignaz Franz Biber, der seit 1670 in salzburgischen Diensten stand. Sein bedeutendstes Werk ist die Missa salisburgiensis, die er 1682 komponierte, zur 1100-Jahr-Feier des Erzstifts.

Kaiviertel

Zwischen Mozartplatz und Kajetanskirche erstreckt sich das Kaiviertel, das im Wesentlichen Kaigasse, Pfeifergasse, Chiemgasse und Krotachgasse bilden.

Das Viertel mit seinen engen Gassen entstand ab dem 12. Jahrhundert, viele seiner Häuser sind mit berühmten Namen verbunden, Beim Bombenangriff auf Salzburg am 16. Oktober September 1944 wurde diese Ecke der Stadt besonders in Mitleidenschaft gezogen, was man an den zahlreichen Nachkriegsbauten erkennt.

An der Kaigasse (Nr. 4) liegt die die 1805 umgebaute **Salvatorkirche** aus dem 17. Jahrhundert. Kaigasse 8 ist der ehemalige **Gasthof zum Weißen Ross**, in dem Paracelsus kurz vor seinem Tod sein Testament machte und wahrscheinlich auch starb. In Haus Nr. 9, heute Hotel ›Weiße Taube‹, kam am 11. Dezember 1792 Joseph Mohr zur Welt, Dichter des unsterbliches Liedes ›Stille Nacht, heilige Nacht‹. Er wuchs aber nicht hier auf, im damaligen Armenhaus, sondern zusammen mit seiner Mutter im Haus Steingasse 31 auf der anderen Seite der Salzach, direkt zwischen Fluss und Kapuzinerberg. Haus Nr. 12, an der Ecke zur Kapitelgasse, ist die **Alte Domdechantei** von 1612. In einem ihrer Höfe gibt es eine Gartengrotte. Der ganze Komplex durch die Kapitelgasse bis zum Kapitelplatz bildet heute das **Erzbischöfliche Palais**. Im Haus Nr. 11 in der Pfeifergasse lebte Paracelsus bei seinem Aufenthalt 1525 einige Zeit in der Stadt.

Markant: die Stiftskirche Nonnberg

▶ Karte S. 92

Der **Papagenoplatz** mit dem Papagenobrunnen entstand nach dem Bombenangriff, als einige Häuser nicht mehr aufgebaut wurden. Hier steht mit dem ›Zirkelwirt‹ ein fast 400 Jahre altes Traditionsgasthaus.

Die Pfeifergasse mündet auf den kleinen **Wilfried-Haslauer-Platz**, benannt nach dem langjährigen früheren Landeshauptmann. Pfeifergasse 18 an der Ecke ist das Wohn- und Sterbehaus Paul Hofhaimers (1459–1537), der als einer der bedeutendsten Komponisten seiner Epoche gilt. Er war bis 1519 Hofkapellmeister Kaiser Maximilians und danach in salzburgischen Diensten. Pfeifergasse 10 ist der **Chiemseehof**, einst von 1694 bis 1812 Sitz der Bischöfe von Chiemsee, heute Sitz der salzburgischen Landesregierung.

Die Pfeifergasse mündet auf den Kajetanerplatz, wo sich die **Kajetanerkirche** erhebt. Diese erinnert wegen ihrer symmetrisch angeordneten Flügelbauten mehr an ein Schloss als an eine Kirche. Die Flügelbauten gehören zum ehemaligen Theatinerkloster, dessen Klosterkirche die Kajetanerkirche ist. Sie war unter Max Gandolf von Kuenburg 1697 vollendet. Sehr sehenswert ist das Kuppelfresko des berühmten Paul Troger. Das angeschlossene Spital der Barmherzigen Brüder ist das eigentliche ehemalige Theatinerkloster, das von 1685 bis 1808 bestand.

Nonnberg

Am Kajetanerplatz hinter der gleichnamigen Kirche läuft der Nonnberg aus, ein Ausläufer des Festungsbergs zur Salzach hin. Zu ihm steigt man über 140 Stufen über die Nonnbergstiege von der Kaigasse auf.

Auf dem Berg befindet sich das **Benediktinerinnenkloster Nonnberg**, das der hei-

Der Residenzplatz mit Michaeliskirche und Neuer Residenz

lige Rupert wahrscheinlich 712 gründete. Es ist das älteste bestehende Nonnenkloster des deutschsprachigen Raums. Erste Äbtissin war Erentrudis, Ruperts Nichte. Die erste Stiftskirche brannte um 1000 ab, eine zweite, 1009 vollendet, wurde 1423 zerstört, ebenfalls durch Brand. Ein dritter Kirchenbau war 1509 vollendet. Im 17. und 18. Jahrhundert erfolgten An- und Umbauten, um die Mitte des 19. Jahrhunderts eine Regotisierung, durch die die spätgotische Architektur der Kirche erhalten blieb. Der spätgotische Hochaltar stammt aus der Ulrichskirche in Scheffau im Tennengebirge. Das Kircheninnere ist in ein ständiges Dämmerlicht getaucht, was eine eigenartige Stimmung hervorruft. Überhaupt wirkt die ganze Anlage zusammen mit dem Klosterfriedhof wie aus der Zeit geworfen. Der romanische Turm stammt noch vom zweiten Bau, bekam nur eine barocke Erhöhung und Haube. In der Krypta unter dem Chor befindet sich das leere Felsengrab der Erentrudis – ihre Gebeine werden gesondert aufbewahrt – und die Grabstätte ihrer Nachfolgerin, der seligen Regintrudis. Da das Kloster noch von Zisterzienserinnen bewohnt wird, sind nicht alle Teile und nicht zu jeder Zeit zugänglich.

An der Nonnberggasse, unterhalb der Festung, befindet sich der **Nonnberghund**, ein verwitterter steinerner Löwe, der die frühere Grenze zwischen der Stadt Salzburg und dem Nonnbergkloster markiert.

Auf der Südseite des Nonnbergs, an der Nonntaler Hauptstraße, steht die **St.-Erhards-Kirche** von 1689 mit ihrer bemerkenswerten Kuppel. Sie ist im Inneren reich an schweren Stukkaturen. Das Wasser des **Erhardibrunnens** vor der Kirche soll heilkräftig sein.

Residenzplatz

Wendet man sich vom Mozartplatz nach Westen, kommt man, an der Michaeliskirche vorbei, auf den Residenzplatz. Er ist sicherlich der prächtigste Stadtplatz Salzburgs. Am 30. April 1938 übrigens fand auf dem Residenzplatz die einzige Bücherverbrennung Österreichs in der NS-Zeit statt.

Die **Michaeliskirche** entstand um 1770, sehenswert sind ihre Marmoraltäre. An hohen kirchlichen Festtagen wird eine Krippe aus dem 20. Jahrhundert mit mehreren biblischen Szenen gezeigt. Das ihr vorstehende Quergebäude, heute das Weihnachtsmuseum, ist eigentlich das Haus Waagplatz 1, in dem Georg Trakl zur Welt kam.

Der großartige Residenzplatz ist durch den Bauwillen Wolf Dietrichs von Raitenau entstanden, der Salzburg ein ganz neues urbanes und repräsentatives Gesicht gegeben hat. Der Architekt Vincenzo Scamozzi (1548–1616) erarbeitete einen neuen Bebauungsplan, mit dem ab 1587 die Umgestaltung der Stadt erfolgte, wobei 1603 der alte Domfriedhof beseitigt sowie 55 Bürgerhäuser abgerissen wurden. Heute bedauert man die Auflassung des Friedhofes aus künstlerischer Sicht sehr, da dabei die großen kunstvollen Grabanlagen der Salzburger Geschlechter wie auch von Erzbischöfen, die großteils aus Untersberger Marmor errichtet waren, zerstampft und zu Kalk gebrannt wurden.

In der Mitte des Platzes steht der großartige **Residenzbrunnen**, den vermutlich Tommaso Allio um 1660 schuf. Er ist Mitteleuropas größter barocker Brunnen. Das untere Brunnbecken ist vierseitig, die einzelnen Seiten gebogen und geknickt. Der Felsen in der Mitte ist von vier wasserspeienden Rössern flankiert. Auf dem Felsen stehen vier Atlanten, die eine Wasserschale in die Höhe halten. In dieser halten drei Delphine mit ihren Schwanzflossen eine weitere Schale. In ihm steht der Meeresgott Triton, der durch eine Muschel Wasser in die Luft bläst. Der Brunnen ist im Konzept deutlich an die römischen Brunnen des Gian Lorenzo Bernini in Rom – Vierströmebrunnen, Tritonbrunnen – angelegt. Von 1679 bis 1962 erhielt der Brunnen sein Wasser durch Zuleitung aus einer Hellbrunner Quelle, inzwischen ist er an die städtische Wasserleitung angebunden, die ihrerseits das Wasser aus der Fürstenbrunner Quelle am Untersberg bezieht.

Das **Haus Nr. 5** an der Ecke zu Goldgasse besitzt in der Goldgasse ein hübsches Trichterportal, darüber ein Haussegensbild, das die Flucht nach Ägypten zeigt.

Alte Residenz

Den westlichen Abschluss des Platzes bildet die Alte Residenz. Ein erzbischöfli-

Karte S. 92

Der Weiße Saal macht seinem Namen alle Ehre

Der Thronsaal

cher Palast stand hier schon im 12. Jahrhundert. In Salzburgs goldener Epoche, der Zeit von Wolf Dietrich von Raitenau, Markus Sittikus und Paris Lodron, wurde der Palast neu errichtet, dann erweitert und geändert, dann wurden Teile wieder abgerissen, unter Hieronymus Colloredo wurde neu gebaut; 1793 schließlich endeten alle Bautätigkeiten. 1605 war die sogenannte Dietrichsruh als Gartenanlage mit vielen Grotten an der Franziskanerkirche entstanden, beim letzten Umbau um 1790 entstand auf ihr der sogenannte Toskanatrakt, oft auch Toskanertrakt genannt, eine der Gartengrotten blieb erhalten. Die Alte Residenz reichte am Ende des 18. Jahrhunderts, zu dieser Zeit ein ziemlich verschachtelter Komplex, vom Residenzplatz bis zur Sigmund-Haffner-Gasse, von der Franziskanergasse bis zur Churfürststraße. Nach Ende des Fürsterzbistums war es lokale Habsburgerresidenz. Wir können hier nicht auf die Fülle kunsthistorischer Details in den Sälen und Trakten der Alten Residenz eingehen, sondern nur die wichtigsten benennen.

Die äußerlich fast unauffällige Alte Residenz zählt neben 180 Zimmern 15 Prunkräume, darunter den **Carabinierisaal**. Dieser größte Saal des Bauwerks entstand noch zu Wolf Dietrichs Zeiten. Das Deckengemälde von 1689 zeigt eine Szene aus der Aeneis, in der Neptun die Meereswogen stillt. Im kleineren Rittersaal finden oft Kammermusikabende statt, erwähnt sei noch der **Audienzsaal** mit seinen golden gerahmten Deckenbildern von Johann Michael Rottmar. Eine Besonderheit ist, dass sich die Gemälde in allen 15 Prunksälen primär auf das Leben Alexanders des Großen beziehen, sein Leben also eine zyklische Darstellung erfährt. Nicht zu vergessen sei die fürsterzbischöfliche **Gemäldegalerie** mit europäischen Bildern vom 16. bis zum 19. Jahrhundert. Im **Bildersaal** steht eine Nachbildung des ›Jünglings vom Magdalenenberg, eine 1502 in Kärnten gefundene Bronzestatue eines jungen Mannes aus dem ersten vorchristlichen Jahrhundert. Sehenswert im Toskanatrakt ist vor allem der Lesesaal des juristischen Fakultät der Universität, die sogenannte **Landkartengalerie**. Wolf Dietrich von Raitenau ließ ihn mit großformatigen Karten ausstatten (Mo–Fr öffentlich zugänglich).

Die Alte Residenz zählt zum ›DomQuartier‹, einem Museumskomplex, zu dem auch das **Panorama-Museum** am Residenzplatz 9 gehört. Es zeigt unter anderem das grandiose 26 Meter lange und 5 Meter hohe, als Rundgemälde entworfene Stadtpanoramabild von Salzburg im Jahr 1825, das Johann Michael Sattler schuf.

Domplatz

Durch die 1660 gemeinsam mit dem Residenzbrunnen erbauten Dombögen kommt man auf den Domplatz. Weltberühmt sind die Aufführungen des Mysterienspiels ›Jedermann‹ von Hugo von Hofmannsthal, die hier innerhalb der Salzburger Festspiele alljährlich stattfinden. In der Platzmitte erhebt sich die **Mariensäule** von 1771. Steht man am Westende des Domplatzes, genau dem Eingang zum Dom gegenüber, sieht es so aus, als ob die Mariengestalt auf der Säule von den beiden Engeln gekrönt wird, die sich oberhalb der zweiten Etage des Doms über dessen Mitteleingang befinden. Maria ist von einem Engel, einem Teufel und allegorischen Figuren von Wahrheit und Kirche umgeben.

Dom

Der Dom ist den heiligen Rupert und Virgil geweiht und wurde zwischen 1614 und 1628 nach Plänen von Santino Solari (1576–1646) erbaut, der unter anderem auch Schloss Hellbrunn entwarf. Der erste seiner beiden Vorgängerbauten wurde 774 geweiht und brannte 1167 ab. Der folgende zweite Dom, nach seinem Erbauer Erzbischof Konrad von Wittelsbach oft ›Konradinischer Dom‹ genannt, war in seinen Ausmaßen bedeutend größer als der heutige: fünfschiffig und mit 122 Meter Länge und einem 57 Meter breiten Querschiff die größte Basilika nördlich der Alpen. Doch auch er brannte 1598 ab, wobei man erst 1606 mit den Ab-

Der ›Jedermann‹ vor großartiger Kulisse

▲ Karte S. 92

räumarbeiten begann. Wolf Dietrich von Raitenau nutzte die Lücke, um seine Vorstellungen einer ganz neuen repräsentativen Bischofsstadt durchzusetzen. Der Dom, der nach seinen Ideen entstand, ist 101 Meter lang, das Querschiff 68 Meter breit, er hat insgesamt 11 Altäre, offiziell 900 Sitzplätze und Stehplätze für etwa 6000 Personen. Beim Luftangriff auf Salzburg am 16. Oktober 1944 stürzte die Vierungskuppel ein.

Die prachtvolle **Westfassade** des Doms mit ihren zwei je 81 Meter hohen Türmen, die erst 1655 vollendet waren, ist nur vom Domplatz aus sichtbar, zur Stadt hin wirkt das Langhaus zwischen den Gebäuden des Residenzplatzes merkwürdig unauffällig. Die drei bronzenen Eingangsportale symbolisieren je Glaube (links), Liebe (Mitte) und Hoffnung (rechts) und stammen aus den 1950er Jahren.

Über der Vorhalle stehen die Zahlen der Weihejahre der drei Dome an dieser Stelle. Links der drei Portale steht – mit Salzfass – der heilige Rupert, der Begründer des Erzbistums, Rechts davon ist der heilige Virgil zu sehen, der Erbauer des ersten Doms. Die Figuren an der Balustrade zwei Etagen höher stellen die vier Evangelisten dar, von links nach rechts Lukas, Matthäus, Markus und Johannes. Über dem Mittelfenster dazwischen schweben zwei Engel mit einer Krone. Darüber befinden sich zwei erzbischöfliche Wappen: eines mit Steinbock (Markus Sittikus) und eines mit Löwe (Paris Lodron). Links von ihnen ist Moses mit Gesetzestafel dargestellt, rechts Elias und in der Mitte darüber Christus als Erlöser. Diese drei Figuren stammen von Tommaso Allio, dem Erbauer des Residenzbrunnens.

Die **Deckengemälde** im 32 Meter hohen Langhaus schuf Ignazio Solari, der Sohn des Baumeisters. Sie stellen Passionsszenen dar. Beidseits des Langhauses

Die grandiose Westfront des Doms

gibt es je vier Kapellen. An der Nordseite der ersten Kapelle (links) steht das **Taufbecken**, das noch aus dem zweiten, romanischen Dom stammt. Das bronzene Becken wurde 1321 gegossen, die es tragenden Löwen entstanden schon um 1170. Der Deckel allerdings ist jung, Toni Schneider-Manzell schuf ihn 1955. Die **Kanzel**, überraschend bei einer so großen Kirche ohne Schalldeckel, stammt ebenfalls von Toni Schneider-Manzell. Die Säule des Kanzelfußes ist aus Untersberger Marmor gefertigt und läuft am oberen Ende in eine allegorische Darstellung der vier Evangelisten aus. Der Kanzelkorb wird durch sieben bronzene Reliefplatten mit Szenen aus dem Leben Christi gebildet. Die 71 Meter hohe **Kuppel** befindet sich über der Vierung, dem Kreuzungsbereich von Haupt- und Querschiff. Die Kuppelfresken von Donato Mascagni zeigen Szenen aus dem Alten Testament. Der **Hochaltar** von 1628 ist vermutlich ebenfalls ein Werk des Santino Solari. Das Altarbild zeigt Christi Auferstehung, Links neben dem Hauptaltar liegt im Chor das Grab des Markus Sittikus, rechts das des Paris Lodron.

Blick in die Kuppel

In der Domvorhalle befindet sich der Eingang zum **Dommuseum**, Teil des DomQuartiers. In einer Dauerausstellung präsentiert es Kunst aus der Zeit vom 8. bis zum 18. Jahrhundert, die in der Erzdiözese entstand.

Kapitelplatz

Südlich des Doms, mit breiter Öffnung zum Festungsberg, liegt der weite Kapitelplatz. Die große Kugel auf dem Platz ist die **Skulptur Sphaera** von Stephan Balkenhol (geb. 1957). Diese vergoldete Kugel aus Glasfaser und Kunststoff ist zwei Tonnen schwer, auf ihr steht in neun Metern Höhe eine 300 Kilogramm schwere bronzene männliche Person. Der Künstler schuf mit der ›Frau im Fels‹ im Toscaninihof ein Gegenstück zur ›Sphaera‹, nach seiner Intention gehören beide jedoch zusammen.

Die Brunnenanlage im Süden des Platzes ist die sogenannte **Kapitelschwemme**, ursprünglich eine Pferdetränke aus dem 17. Jahrhundert. 1732 entstand aus ihr ein repräsentativer Brunnen mit Nischenarchitektur. In der Nische steht Neptun mit Dreizack auf einem Meerespferd mit Fischschwanz, darüber ist das Wappen des Erbauers angebracht, Fürsterzbischofs Leopold von Firmian.

Kapitelplatz 2 an der Ostseite des Platzes ist das **Erzbischöfliche Palais**, das 1690 durch Zusammenfügung zweier Kanonikerhäuser entstand. Haus-Nr. 1, links von der Kapitelgasse, ist die **Dompropstei** (um 1600).

Von der Südwestecke des Kapitelplatzes geht man entweder durch die Festungsgasse hinauf zur Festung (→ S. 110) oder nach rechts direkt in den Petersfriedhof hinein.

Petersfriedhof

Der Petersfriedhof, auf dem große Salzburger aus vielen Jahrhunderten ruhen, gehört zu der schönsten, ja anmutigsten Friedhöfen der Welt. Im Sommer zeigt er sich grün und voll blühender Pflanzen, die zusammen mit den kunstvol-

▲ Karte S. 92

len, schmiedeeisernen Grabkreuzen und deren Totenkammern eine einzigartige Symbiose bilden, begrenzt von der steil aufragenden Wand des Festungsbergs. Kein Wunder, dass die Dichter und Maler der Romantik, unter anderem Nikolaus Lenau, so oft diesen Friedhof als künstlerisches Thema wählten. Der Petersfriedhof gilt als die älteste christliche Begräbnisstätte der Stadt, da er nachweislich so alt wie das Stift St. Peter ist. In keiner anderen Großstadt gibt es mitten im Stadtzentrum einen so von Frieden erfüllten stillen Gottesacker, er ist eine Welt ganz für sich. Keiner hat die einzigartige Stimmung dieses Ortes so vollendet in Worte gefasst wie Salzburgs größter, doch auch unglücklichster Poet Georg Trakl:

St.-Peters-Friedhof
Ringsum ist Felseneinsamkeit.
Des Todes bleiche Blumen schauern
Auf Gräbern, die im Dunkel trauern -
Doch diese Trauer hat kein Leid.

Der Himmel lächelt still herab
In diesen traumverschlossenen Garten,
Wo stille Pilger seiner warten.
Es wacht das Kreuz auf jedem Grab.

Die Kirche ragt wie ein Gebet
Vor einem Bilde ewiger Gnaden,
Manch Licht brennt unter den Arkaden,
Das stumm für arme Seelen fleht -

Indes die Bäume blüh'n zur Nacht,
dass sich des Todes Antlitz hülle
In ihrer Schönheit schimmernde Fülle,
Die Tote tiefer träumen macht.

Ab dem 4. nachchristlichen Jahrhundert hatten in den Felshöhlen der Felswand christliche Einsiedler ihr Refugium – schon vor der Ankunft Ruperts, wie eine Theorie mutmaßt. Nach einer anderen Sichtweise wurden diese Höhlen erst im 8. Jahrhundert durch spanische Mönche besiedelt, die vor den Mauren geflohen waren. Obwohl diese Höhlen hier Katakomben genannt werden, haben sie mit anderen Katakomben, unterirdischen Begräbnisplätzen, nichts gemein. Im Peterskirchhof lassen sich diese **Höhlen** besichtigen. Über 48 Stufen steigt man zur ersten Höhle hinauf, der Gertraudenkapelle. Sie wurde 1178 geweiht. Oberhalb von ihr gibt es eine kleine **Aussichtsplattform**. Weiter hinauf geht es zur **Maximuskapelle**, deren Treppenzugang erst 1659 aus dem Felsen gemeißelt wurde. Eine Tafel von 1530 berichtet vom Märtyrertum des heiligen Maxim in Iuvavum.

Unterhalb der Felshöhlen stehen die **Gruft-Arkaden**, die zwischen 1625 und 1630 angelegt wurden. Von den bedeutenden hier liegenden Toten seien unter anderem erwähnt: Josef Thorak (Bildhauer, gest. 1952; Nr. 25); Santino Solari (Erbauer des Salzburger Doms, gest. 1646; Nr. 31); Michael Haydn (Kapellmeister und Komponist, Bruder Joseph Haydns, gest. 1806; Nr. 54) zusammen mit Maria Anna Mozart, der Schwester des Komponisten, das berühmte ›Nan-

Blick über den Petersfriedhof zum Dom, rechts die Margarethenkapelle

nerl‹ (gest. 1829). In den Gräbern außerhalb der Gruftarkaden liegen unter anderem der bedeutende Architekt Clemens Holzmeister (gest. 1983), der Dirigent und Musikwissenschaftler Bernhard Paumgartner (gest. 1971) sowie der Komponist Heinrich Ignaz Franz Biber (gest. 1704). Auch der Komponist Paul Hofhaimer (gest. 1537) ist hier beigesetzt. Sein Grab ist aber nicht erhalten, es gibt eine Gedenktafel an der Kreuzkapelle.

Mitten in den Gräbern steht die **Margarethenkapelle** von 1491. Die **Ägidiuskapelle** rechts vom Katakombenzugang, oberhalb der Kreuzkapelle, wurde 1172 über der wahrscheinlichen Gebetshöhle des heiligen Rupert errichtet.

Stift St. Peter

Verlässt man den Petersfriedhof nach Westen, zur Peterskirche hin, kommt man in den Bezirk St. Peter. Das Benediktinerstift St. Peter ist das älteste durchgehend bestehende Kloster im deutschen Sprachraum überhaupt; der heilige Rupert gründete es bereits 696. Es ist das Mutterkloster des Stifts Admont in der Steiermark. Zur Zeit gehören ihm 22 Mönche an. Das Stift beherbergt die älteste Bibliothek Österreichs, mit 100 000 Bänden auch eine der größten. Zu deren größten Kostbarkeiten gehört das ›Verbrüderungsbuch‹, eine Handschrift aus der Zeit des Bistumsgründers Virgil. Übrigens pflegt das Stift seit Jahrhunderten eine eigene Musikkultur, bis heute sind die Stiftskirche und weitere Stiftssäle Veranstaltungsorte kammermusikalischer und anderer Veranstaltungen. Das **Museum St. Peter** mit seinen Kunstschätzen aus Stiftsbesitz gehört zum Museumskomplex ›DomQuartier‹. Dazu gehören die Gebäude der Residenz, der Dom selbst sowie das Benediktinerkloster St. Peter.

Die Stiftskirche St. Peter

▸ Karte S. 92

Die **Stiftskirche** ist im Kern romanisch und stammt aus dem 12. Jahrhundert, der um 1400 erhöhte Kirchturm entstammt dem 9. Jahrhundert, der Turmhelm ist aus dem Jahr 1756. Diese Kirche wurde zunächst gotisch erweitert, zu Beginn des 17. Jahrhunderts nochmals umgebaut und dann im 18. Jahrhundert zumindest im Inneren barockisiert. Aus der Romanik stammt noch das Trichterportal mit einem Tympanon, dessen Relief Christus als Weltretter zeigt. Von der sehr reichen Innenausstattung sei der Hochaltar von 1778 erwähnt. Das Altarbild mit der Muttergottes stammt von dem berühmten Kremser Schmidt, Österreichs bedeutendstem Maler des Spätbarock. Im nördlichen Seitenschiff steht der Rupertusaltar mit der Grablege des Stiftsgründers. Er liegt in einem römischen Sarkophag, der Grabstein stammt aus dem 15. Jahrhundert.

Die Franziskanerkirche beeindruckt mit ihrer reichen Ausstattung

Toscaninihof und Franziskanerkloster

Verlässt man das Stift über seine zwei Höfe, kommt man zum **Toscaninihof** und damit zum ›Haus für Mozart‹ und der Felsenreitschule. Der Toscaninihof wird links von der **Peterswachtbastei** überragt, einem Teil der Stadtbefestigung aus dem Jahr 1652. Über die Clemens-Holzmeister-Stiege kann man von hier auf den Mönchsberg steigen, vor der Peterswachtbastei steht der andere Teil des Gesamtkunstwerks ›Sphaera‹ (→ S. 100).

Die in rückwärtiger Richtung befindliche **Franziskanerkirche** ist die alte Salzburger Stadtpfarrkirche, die 1592 den Franziskanern übereignet wurde. Sie entstand schon um 1220, wurde aber später gotisiert und barockisiert, unter anderem die Westfassade. Ihre reiche Innenausstattung, vor allem die der Seitenkapellen, überwältigt. Sehr anrührend ist die Wirkung zwischen dem noch aus der Romanik stammenden etwas düsteren Langhaus und dem lichten gotischen Hochchor mit seinem prächtigen Sternrippengewölbe. An einer Säule des Hochchores sind der Erbauer Hans von Burghausen und sein Geselle Stephan Krumenauer verewigt, an der Treppe zur spätgotischen Kanzel aus rotem Marmor wacht ein eindrucksvoller romanischer Löwe.

Für die Kirche schuf der große Südtiroler Meister Michael Pacher um 1495 einen grandiosen Flügelaltar, der bedauerlicherweise bei der Barockisierung der Kirche entfernt wurde und dann verloren ging. Man hat bei Johann Bernhard Fischer von Erlach um 1705 einen neuen Altar in Auftrag gegeben. Immerhin ist von dem alten Altar noch die Madonnenfigur vorhanden – sie wurde 1709 in den barocken integriert. An Pacher erinnert ein Gedenkstein in der linken Seitenkapelle.

Lohnend ist ein nähere Blick auf das Westportal, das sich nicht ganz harmo-

Eine Aufführung in der Felsenreitschule

nisch in die Barockfassade einfügt: die Schwurhand, rechts unten im Portal, hat zu vielen Deutungen und Legenden geführt. Wahrscheinlich ist sie ein mittelalterliches Zeichen für das Kirchenasyl oder ein Abwehrzeichen gegen alles Böse. Das zugehörige Franziskanerstift ist wie das Erzstift St. Peter noch aktiv, zehn Mönche leben hier.

Vor der Kirche befindet sich das **Rupertinum**, als Collegium Rupertinum ursprünglich ab etwa 1630 eine Schule für talentierte, aber mittellose Schüler und Studenten. Im Gebäude, dessen Fassade in Teilen von Friedensreich Hundertwasser gestaltet wurde, befindet sich heute ein Teil des ›**Museums der Moderne Salzburg**‹. Der andere Teil ist im Museum auf dem Mönchsberg untergebracht.

Um das Festspielhaus

Der große Platz zwischen dem Gebäudekomplex des Festspielhauses, zwischen Kollegienkirche und Furtwänglerpark ist nach dem großen Regisseur Max Reinhardt benannt. Er geht nordwestlich in die Hofstallgasse über. Der südlichste Teil des Festspielkomplexes direkt am Toscaninihof ist das **Haus für Mozart**, ein Veranstaltungszentrum. Das Gebäude entstand 1657 als Winterreitschule und war darin Teil des damaligen fürsterzbischöflichen Hofmarstalls, der schon 1610 fertiggestellt wurde. Dieser Marstall ist in Gänze heute nicht mehr vorhanden, einige Teile existieren noch in umgebauter Form. Bis zum Bau des Großen Festspielhauses 1960 war die Winterreitschule die hauptsächliche Spielstätte der Festspiele.

An das ›Haus für Mozart‹ schließt die heutige **Felsenreitschule** (einst Sommerreitschule) an. Aus einem alten Steinbruch noch aus Wolf Dietrichs Zeiten entstand 1694 unter Fürsterzbischof Johann Ernst Graf Thun eine Art Freilufttheater mit Galerien als Reitschule, für Reiterspiele etc. Seit den 1920er Jahren durch Umbau einer der Veranstaltungsorte der Salzburger Festspiele,

▸ Karte S. 92

wurde die Anlage 1968 überdacht. Sie wird auch vom Salzburger Landestheater bespielt. Gegenüber, an der Ostseite der Hofstallgasse stehen die Gebäude (unter anderem die Bibliotheksaula) der **Alten Universität**, die sich bis hinüber zum Universitätsplatz erstrecken.

Rechts neben der Felsenreitschule schließt sich das **Große Festspielhaus** an. Es entstand aus einem weiteren Teil des Hofmarstalls, der nach 1803 Kavalleriekaserne war, nach Plänen von Clemens Holzmeister zwischen 1956 und 1960 durch Ausbau teils in den Mönchsberg hinein. Mit Richard Strauss´ ›Rosenkavalier‹ wurde es zu den Festspielen 1960 eröffnet. Im Haus gibt es 2179 Sitzplätze, aber keine Stehplätze. Das Große Festspielhaus wie auch die Felsenreitschule können besichtigt werden. An der Nordseite, zum Karajanplatz hin, weist das Haus ein Marmorportal von Johann Bernhard Fischer von Erlach auf; es wurde aus dem Marstall übernommen und nach 1683 über die Kriegsbeutegelder aus den Türkenkriegen finanziert. Durch dieses Tor zogen die Pferde aus dem Marstall zur gegenüberliegenden **Pferdeschwemme** (Marstallschwemme), daher hat das Tor eine Lichtöffnung nach oben. Diese Pferdetränke wurde als prächtige Brunnenanlage 1696 durch Fürsterzbischof Johann Ernst Graf Thun ebenfalls nach Plänen Fischer von Erlachs angelegt. Zentrale Skulptur ist der ›Rossebändiger‹, am Ross befindet sich das fürsterzbischöfliche Wappen. Die Balustrade wurde erst 1732 hinzugefügt, genauso wie die Schauwand mit den Pferdegemälden von Franz Anton Ebner.

Zwischen Marmorportal und Pferdeschwemme führt die Straße über das überwältigende **Sigmundstor**, in der Bevölkerung meist Neutor genannt, durch den Mönchsberg hindurch; es ist gleichsam der älteste Straßentunnel Österreichs. Auf 131 Meter Länge ist der Berg durchstochen. Das Bauvorhaben wurde bereits 1676, unter Fürsterzbischof Max Gandolf von Kuenberg, aufgenommen, aber bald wegen technischer und finanzieller Probleme aufgegeben. Zweck war eine bessere militärische Verteidigung des jenseitigen Stadtteils Riedenburg, von dem aus der Feind leicht um den Mönchsberg herum Salzburg hätte belagern und beschießen können. Eine Aussichtsterrasse zwischen Festspielhaus und Sigmundstor zeigt, wie weit man damals mit dem Abtragen des Felsens gekommen war. Erst 1764, unter Fürsterzbischof Sigismund Graf Schrattenbach, wurde der Bau fortgeführt. Der Stollenvortrieb erfolgte von beiden Seiten des Mönchsbergs, im September 1765 wurde die letzte Wand zwischen beiden Trupps durchbrochen. Am stadtseitigen **Portal** ist ein Relief des Bauherrn angebracht, an der Riedenburger Seite in einer Nische befindet sich über dem Wappen des Grafen Schrattenbach eine **Statue des heiligen Sigismund**. Die Bildhauerarbeiten am Tor stammen von Johann Baptist Hagenauer.

Im Westen der Altstadt

Geht man von der Pferdeschwemme weiter nordwärts, am Mönchsberg entlang, kommt man über die Bürgerspitalsgasse zur Bürgerspitalskirche **St. Blasius**. Sie ist ein recht kleines Gotteshaus, gilt aber als eines der schönsten der Stadt und wurde um 1330 erbaut. Sehenswert ist das Altarbild von Paul Troger, der Sakramentsschrein sowie das barocke Gitter. Ein bedeutendes Kunstwerk der Gegenwart sind die Glasmalereien aus dem Jahr 1947 von Albert Birkle (1900–1986) mit den Themen ›Barmherzigkeit‹ und ›Wurzel Jesse‹.

Hinter der Blasiuskirche führt die Gstättengasse und das Gstättentor auf den

Anton-Neumayr-Platz (Museumsplatz). Hier geht es links in einen Durchgang hinein und hinauf zum Haupthaus des **Museums der Moderne** (Museum auf dem Mönchsberg), einem 2004 eröffneten Bau im Stil des Brutalismus, und zum **Mönchsberglift**. Er besteht seit 1890 und bewältigt heute 60 Höhenmeter in 30 Sekunden. Neben dem Museum steht ein 1890 in mittelalterlicher Art erbauter **Wasserturm**.

Geht man die Gstättengasse weiter geradeaus, passiert man alte Kavernen vom Ende des 16. Jahrhunderts, dann die ehemalige Ursulinenkirche - heute gehört sie als **Markuskirche** zu byzantinische-orthodoxen Gemeinde - und erreicht den **Ursulinenplatz**. Hier steht seit 2005 die umstrittene Figur **Mozart–eine Hommage** von Markus Lüpertz, bei der der Kopf Mozart ähnlich sieht, der Körper aber deutlich feminin gestaltet ist. Diese Ecke der Stadt war am 16. Juli 1669 bei einem Felssturz schwer getroffen worden, es gab 230 Tote; eine Gedenktafel an der Ursulinenkirche erinnert an das schlimme Unglück. Daher gibt es in Salzburg schon lange die Berufsgruppe der ›Bergputzer‹. Sie hängen an Seilen am Mönchsberg hoch über der Stadt und säubern die Wand von lockerem Gestein sowie Wurzelwerk und bringen bei Bedarf Steinfangnetze an.

Etwas weiter stadtauswärts stößt man auf das **Klausentor**, ein gleichsam an den Felsen geklebtes Stadttor, das unter Fürsterzbischof Markus Sittikus 1612 erbaut wurde. Darüber befindet sich der als Geschützplattform angelegte sogenannte **Klausenkavalier**, heute eine Aussichtsterrasse.

Den nördlichen Abschluss der Altstadt bildet der Ortsteil **Mülln**, der seinen Namen von den einst hier existierenden Mühlen hat. Sehr schön liegt seine **Pfarrkirche**, die ehemalige Klosterkirche der von Wolf Dietrich von Raitenau hier angesiedelten Augustinerchorherren, deren Kloster 1833 zum Benediktinerkloster umgewandelt wurde. Unter der Kirche befindet sich eine zugängliche **Mönchsgruft**, die im Rahmen von Führungen besichtigt werden kann.

Der Kirchenanhöhe gegenüber, an der Müllner Hauptstraße, liegt das sogenannte **Leprosenhaus**, das etwa ab der Zeit des Paris Lodron das Aussätzigenhaus für das ganze Salzburger Land war, aber

Das Museum der Moderne

▲ Karte: hintere Umschlagklappe

schon im 14. Jahrhundert als Spitalsgebäude existierte. Schräg gegenüber geht es durch die Augustinergasse – mit Verbindungsbogen zur Klosterkirche – zu den ehemaligen Klostergebäuden. Heute existieren hier hübsche Einkehrmöglichkeiten im Augustinerbräu. Seit 1621 gab es die Klosterbrauerei.

Entlang der Salzach kann man über die Müllner Hauptstraße und den Franz-Josefs-Kai wieder stadteinwärts bis zum Ferdinand-Hanusch-Platz laufen. Über den Durchgang des Hauses Nr. 19 der dort einmündenden Griesgasse gelangt man hinüber zur Getreidegasse. Diese Durchgänge, ›Durchhäuser‹ genannt, sind für Salzburgs Altstadt ein ganz typisches Baueelement.

Das Ziel vieler Touristen

Getreidegasse

Die **Getreidegasse** hat nicht nur als noble Einkaufsstraße einen europaweiten Ruf als Straße von Niveau und Eleganz, sie ist auch durch die Anmut ihrer Bürgerhäuser sehr sehenswert. Man muss allerdings zugeben, dass in den letzten 20 Jahren, durch das Eindringen von Läden wie McDonalds´s und anderer Ketten, das besondere Flair dieser Gasse ein wenig verloren gegangen ist.

Haus Nr. 37 ist das berühmte Fünf-Sterne-Hotel **Goldener Hirsch**. Hier und im zugehörigen Restaurant ›Herz´l‹ trifft sich ganzjährig die kulturelle und wirtschaftlich-politische Hautevolee Europas. Haus Nr. 26 zeigt den vielbestaunten McDonald´s-Löwen. In dem alten, seit dem 17. Jahrhundert bestehenden schmiedeeisernen Straßensymbol des alten Gasthofs Zum Löwen ist ganz verschmitzt das berühmte gelbe M jener weltweit bekannten, amerikanischen Burgerkette integriert.

Haus Nr. 27 ist das Café ›Getreidegasse‹ mit dem berühmten Mohren, in Nr. 3 (Durchhaus) befindet sich das Café ›Schatz‹ und in der Nr. 22 das Café ›Mozart‹ – alles weltberühmte Tradi-tionscaféhäuser.

Dass die Getreidegasse ganzjährig Menschenmengen aus aller Welt voller Ehrfurcht durchschreiten, hat viel mit der Aura zu tun, die Haus Nr. 9 umweht, das sogenannte **Hagenauerhaus**. Denn hier kam in einer von der Familie Mozart gemieteten Wohnung im dritten Stock am 27. Januar 1756 Joannes Chrysostomus Wolfgangus Teofilus Mozart zur Welt. Das Haus geht im Kern auf das 14. Jahrhundert zurück, wurde umgebaut, wechselte oft die Besitzer und gehört seit 1917 der Stiftung Mozarteum. Das Relief im Giebel wird von den Salzburgern ›Schleierweiberl‹ genannt. Über den Durchgang rechts neben dem Geburtshaus gelangt man zum Universitätsplatz.

Universitätsplatz

Den Universitätsplatz dominiert der einzigartige Bau der **Kollegienkirche**. Sie entstand nach 1696 als Kirche der bereits

Symmetrie in Vollendung: die Kollegienkirche

1620 gegründeten Benediktineruniversität und gilt neben dem Dom als bedeutendster Kirchenbau der Stadt. Ihre Längsachse weist nordostwärts zur Linzer Gasse. Wer also aus Linz und Wien durch diese Gasse kam und den Kapuzinerberg umrundet hatte, erblickte als erstes diese Kirche. Architekt war Johann Bernhard Fischer von Erlach. Er realisierte das Konzept einer Kreuzkirche. Es bedeutet, dass sowohl die Seiten- wie die Längsachse wie auch die Kuppelweite die gleichen Maße aufweisen, hier jeweils 29 Meter. 29 Meter beträgt auch die Kuppelhöhe. Jede der vier Seiten ist als Kapelle gestaltet, zu denen man wie durch einen Triumphbogen geht. Die Kirche ist im Inneren verhältnismäßig asketisch gestaltet, durchgehend in leuchtendem Weiß gehalten, es gibt ungewöhnlicherweise keine Gemälde. Zwei gewaltige Säulen trennen den schmalen Altarraum vom Schiff, durch die hohen Südfenster des engen Chors kann das Licht mit aller Macht in das Innere dringen, wie überhaupt das ganze Innere durch die Fassadenfenster von Glanz des Tageslichts erhellt ist. Der Hochaltar von Josef Anton Pfaffinger läuft nach oben in grazile Stuckfiguren aus. Äußerlich ist die Kirche dreigestaltig: die grandiose Nordfassade mit ihren weichgeschwungenen Fensterdachungen und einem eleganten Giebel, flankiert von zwei schlanken Türmen, sodann das eigentliche Haupthaus und schließlich die seitlichen Anbauten. Rechts an die Kirche schließt der Nordtrakt der äußerlich schlicht gehaltenen **Alten Universität** an. Sie wurde 1617 als ›collegium academicum‹ erbaut, in dem sich sowohl Unterrichtsräume als auch Wohnungen der Professoren befanden. Der Komplex der Alten Universität zieht sich bis zum Karajanplatz und zur Hofstallgasse, wo sich die Bibliothek befindet. An seinem westliche Ende steht das ›Sacellum‹, die ehemalige Universitätskapelle (1618). Der in Nord-Süd-Richtung verlaufende Quertrakt ist das Zentralgebäude der Alten Universität, hier befindet sich auch die ›Aula academica‹ von 1631. Der Gebäudekomplex birgt heute im Wesentlichen die Einrichtungen der theologischen Fakultät der Salzburger Universität.

▲ Karte: hintere Umschlagklappe

Zwischen dem Quertrakt der Universiät und der Kollegienkirche liegt der **Furtwänglerpark**. Diese kleine Grünanlage entstand auf dem Gemüsegarten der Petersfrauen, wie im Mittelalter die Nonnen des 1583 aufgelassenen Benediktinerinnenklosters von St. Peter genannt wurde. Ab 1632 befand sich hier bis 1820 der Kollegiumsgarten der Universität. Von 1835 bis 1943 war es Botanischer Garten der ›Medizinisch-chirurgischen Lehranstalt‹, seit der Nachkriegszeit ist es ein öffentlicher Park, in dem sich viele zeitgenössische Skulpturen finden.

Von Montag bis Samstag findet jeweils vormittags auf dem Universitätsplatz der Grünmarkt statt, wie der Salzburger Wochenmarkt allgemein genannt wird.

Durch die Sigmund-Haffner-Gasse zum Rathaus

Von der Kollegienkirche führt die Wiener-Philharmoniker-Gasse mit ihren vielen Gasthäusern und Läden zur Franziskanergasse, von der noch vor der Franziskanerkirche nach links die **Sigmund-Haffner-Gasse** abgeht. Sie trägt ihren Namen nach Sigmund Haffner (1699–1772), der in seinen letzten vier Lebensjahre das Bürgermeisteramt bekleidete. Die Haffner waren in Salzburg eine angesehene Familie und gut mit der Familie Mozart bekannt. Wolfgang Amadeus schrieb seine Haffner-Serenade (KV 250) 1776 anlässlich der Hochzeit von Sigmunds Tochter, 1782 komponierte er die Haffner-Sinfonie (KV 385) für eine öffentliche Ehrung von Sigmund Haffner d. J. Haus Nr. 6 ist das eigentliche **Haffnerhaus**, hier kam übrigens 1568 auch Salome Alt zur Welt, die unsterbliche Geliebte des Wolf Dietrich von Raitenau (→ S. 45). Das Restaurant des Hotels ›Elefant‹ (Nr. 4) bietet die wahrscheinlich besten Salzburger Nockerl der Stadt überhaupt an.

Die Sigmund-Haffner-Gasse läuft direkt auf das **Rathaus** zu. Trotz seines Turms ist es ein eher unauffälliges Gebäude, das schon wegen der umgebenden engen Gassen kaum zu äußerlicher Wirkung kommt. Indirekt ist damit gezeigt, wer in Salzburg in früheren Jahrhunderten das Sagen hatte – Bürgermeister und Magistrat wahrscheinlich eher nicht. Das Gebäude ging aus einem Wohnturm des 14. Jahrhunderts hervor, der unter Markus Sittikus zwischen 1615 und 1620 umgebaut und erweitert wurde, wodurch das heutige Erscheinungsbild entstand. Eine Prunktreppe führt in das erste Obergeschoss zu einem Säulensaal, die heutige Galerie Säulenhalle, im zweiten Stock befinden sich Sitzungszimmer und -saal; der Bürgermeister residiert aber seit 1947 im Schloss Mirabell. Im zweiten Stock befindet sich auch das sehr sehenswerte Kolossalgemälde ›Die Stadt Salzburg im Jahre 1916‹ von Franz Kulstrunk; es ist öffentlich zugänglich.

Links vom Rathaus geht die historische Verkehrsachse Salzburg–Linz–Wien über die Salzach und dort über die Linzer Gasse weiter.

Nicht übermäßig überwältigend: das Rathaus

Alter Markt

Vom Rathaus geht es über den kleinen Kranzlmarkt zum Alten Markt, dem historischen Handels- und Marktplatz der Stadt. 1857 wurde das Marktgeschehen jedoch auf den Universitästsplatz verlegt. In seiner Mitte steht der **Marktbrunnen** von 1488. Der Alte Markt ist weniger ein Platz als eine breite Straße. Von den im Kern meist auf das Mittelalter zurückgehenden **Bürgerhäusern** sind einige recht sehenswert: Nr. 3, heute die etwas unpassend in der Fassade modernisierte Sparkasse; Nr. 5 als typisches Salzburger Kaufmanns- und Bürgerhaus; Nr. 6, die alte Hofapotheke; Nr. 7, das Haus der Konditorei Fürst, die 1890 die Mozartkugel ›erfand‹; Nr. 9 ist das Café Tomaselli, wahrscheinlich das bekannteste Café der Stadt und so bedeutend für Salzburg wie das ›Sacher‹ in Wien, das ›Zauner‹ in Ischl und einst das ›Kranzler‹ in Berlin; Nr. 10a, das mit 1,42 Meter Breite als kleinstes Haus der Stadt angesehen ist. Das Café Tomaselli wurde 1700 als Cafégewölb Fontaine an der Goldgasse 5 eröffnet, 1764 zog es unter Carl Staiger an seinen heutigen Platz. Carl Tomaselli, ein Verwandter der Familie Staiger, übernahm es 1852. Wer nach Salzburg kommt, muss wenigstens einmal von der Balkonterrasse des Cafés das bunte Treiben in den Gassen und am Residenzplatz beobachtet haben. An der Seite des Hauses zur Churfürststraße erinnert eine **Gedenktafel** daran, dass hier Constanze Mozart mit ihren Söhnen und ihr zweiter Mann Georg Nikolaus Nissen von 1820 bis 1826 gelebt haben. Das ist sachlich nicht ganz richtig: erstens lebte sie ohne Söhne hier und zweitens erst ab 1824. Und drittens war Herr Nissen nicht adelig.

Vom Alten Markt sind es nur wenige Fußminuten zu Residenzplatz und Mozartplatz.

Festung Hohensalzburg

Die Festung Hohensalzburg gehört im eigentlichen Sinn nicht zur linken Altstadt. Sie liegt weithin sichtbar auf 540 Meter Höhe, neben den Kirchen ist sie das die Stadtsilhouette wie eine steinerne Krone dominierende Moment und

Harmonische Fassaden, schmucker Brunnen: der Marktplatz

▲ Karte: hintere Umschlagklappe

Das Innere Schloss mit der Georgskirche

bei genauerem Hinsehen ein gewaltiger, verschachtelter Komplex um kleine und große Höfe.

Vom Kapitelplatz hinter dem Dom geht man zur Festung vorbei am Stieglkeller entweder über die **Festungsstiege** hinauf (Kasse an der Nordseite, der eigentliche Eingang dann von Osten, nahe des ›Reißzugs‹) oder fährt mit der **Festungsbahn**, deren Talstation sich in der Festungsgasse befindet über einhundert Meter Höhenunterschied hinauf.

Eine weitere Möglichkeit, zur Festung zu gelangen, ist die Standseilbahn vom Nonnbergkloster aus (Nonnberggasse 8), die als ›Reißzug‹ schon 1460 existierte und somit die weltweit älteste Bahn ihrer Art ist. Sie überwindet 115 Meter Höhenunterschied.

Die Festung wurde bewusst an strategisch bedeutsamer Position errichtet, sie sollte die Erzbischöfe und deren Hofstaat wie das Land vor möglichen Angriffen schützen. Tatsächlich ist sie niemals eingenommen worden. In ihren ältesten Trakten geht die Festung auf das Jahr 1077 zurück. Erzbischof Gebhard ließ sich, um seinen Status zu betonen, über der Stadt auf Resten einer römischen Anlage eine Hochburg bauen. Zunächst handelte es sich nur um eine kleine Wehranlage. Erst nach Gebhards Tod erfolgte ein Weiterbau. Zug um Zug entstand eine eigene kleine Welt, weitab vom irdischen Gewimmel der Altstadt. Um 1250 existierten ein romanischer Palas, ein Wohnturm, eine Kapelle und eine Ringmauer. Natürlich wurde immer weiter gebaut und vergrößert, doch erhielt die Festung ihre heutige, wesensbestimmende Form und Erweiterung erst unter Fürsterzbischof Leonhard von Keutschach (1442–1519), dessen Wappen und Symbole den Besuchern auf der Festung allenthalben begegnen. Jetzt entstand an der höchsten Stelle des Festungsbergs das **Innere Schloss**, eine Art Burg in der Burg, und in dessen zentralem Bau, dem Hohen Stock, die prächtigen Fürstenzimmer.

Das prächtige Fürstenzimmer

In diesem Zusammenhang entstanden auch als historische Liftanlage der ›Reißzug‹ und die **Schlossbastei**. Die Festung avancierte zum Hauptsitz der geistlichen Herrschaft, noch vor der Alten Residenz. Die Epoche Leonhards war für Stadt und Land eine Zeit größter künstlerischer Blüte. Eine trübe Epoche dagegen war die Belagerung der Burg durch die Salzburger Bergknappen und Bauern im Jahr 1525 während des Bauernkriegs.

Die Festung Hohensalzburg war durch die Zeiten immer von etwa 300 Soldaten sowie Bediensteten bewohnt und durch Bäckerei, Schmiede und anderer Einrichtungen autark. Es gab aber keine Quelle, und einen Brunnen bis zum Niveau der Salzach zu bohren, also rund 120 Meter tief, war zu dieser Zeit nicht möglich. So musste Wasser als Regenwasser in Zisternen gespeichert werden. Wolf Dietrich von Raitenaus Zeit (reg. 1587–1612) war zwar für die Stadt architektonisch bestimmend, an der Festung aber ließ er nur ganz wenig bauen. Wolf Dietrich war bekanntermaßen von seinem Nachfolger Markus Sittikus von 1612 bis 1617 bis zu seinem Tod in der Festung eingekerkert. Der Dreißigjährige Krieg brachte unter Fürsterzbischof Paris Lodron einen weiteren Ausbau, diesmal weniger repräsentativ als vielmehr zu einer modernen, wehrhaften Festungsanlage, die nun mehr den Charakter einer Kaserne als den einer Bischofsresidenz trug. Seit dieser Zeit sprach man nicht mehr von der Burg, sondern von der Festung Hohensalzburg. Überhaupt haben alle großen Salzburger Fürsterzbischöfe an der Festung gebaut, sie verändert, erweitert, abgerissen, erneuert. Man erkennt dies an manchen Gebäudeteilen durch die Symbole der Bauherrn: eine Rübe steht für Leonhard von Keutschach, eine Kugel für Wolf Dietrich von Raitenau, ein Löwe für Paris Lodron und mehrere Kugeln für Max Gandolf von Kuenburg.

Wer mit der Festungsbahn hinauffährt, steigt an der Bergstation, an der Westseite der Burg, beim Reckturm aus. Hier kann man zur Nordseite hinüber gehen, wo sich von Aussichtsplattformen grandiose Blicke auf Stadt und Fluss genießen lassen. In Gänze und bei der Begehung der Innenhöfe wirkt die Festung ihrer Aufgabe gemäß schmucklos, doch lohnt ein Rundgang auch dann, wenn man die Innenräume im Hohen Stock nicht besucht.

Das Wappen des Leonhard von Keutschach

▲ Karte: hintere Umschlagklappe

Das Denkmal für Fürsterzbischof Leonhard von Keutschach an der Georgskirche

Auf der Festung gibt es mehrere Museen: im Inneren Schloss, in der Leonhardskapelle im Hohen Stock, das **Festungsmuseum**, das das fürsterzbischöfliche Hofleben thematisiert, dann ein **Marionettenmuseum** und das **Museum des Regiments Rainer**.

Besonders sehenswert sind die **Fürstenzimmer** mit Goldener Stube und Goldenem Saal. Ihre originalen Holzvertäfelungen und ein kunstvoller Kachelofen sind dabei hervorzuheben. Besonders beeindruckend ist in den Fürstenzimmern die Nachahmung des Nachthimmels, bestehend aus goldenen Sternen auf abgestuftem leuchtend blauem Deckenhintergrund.

Im östlichen Teil der Burganlage steht die **Georgskirche** von 1501, vor ihr das eindrucksvolle **Denkmal des Fürsterzbischof Leonhard von Keutschach** von 1515, das Hans Valkenauer schuf. Die Kirche hat ein reiches, sehr sehenswertes Inneres. Zu nennen sind etwa die 13 gewaltigen Reliefplatten aus Adneter Marmor an den Seitenwänden, die Christus und die zwölf Apostel zeigen.

Rechts neben der Kirche befindet sich das **Reißzuggebäude** von 1644, die zweite historische Bergstation des Lifts. Tore, Türme, Wappen, Gänge, Höfe – es gibt schier unendlich viel auf der Festung zu bestaunen. Und Einkehrmöglichkeiten gibt es mehrere.

Wer zu Fuß auf die Festung geht, kann kurz vor dem Anstieg zur Kasse über den Hohen Weg geradeaus über den Oskar-Kokoschka-Weg durch die Mönchsbergscharte hinüber zum **Mönchsberg** gehen, dem anderen wichtigen innerstädtischen Berg an der linken Salzachseite. Über den Ludwig-Prähauser Weg, vorbei an einer buddhistischen Stupa, kommt man gegenüber dem Wassermuseum ›Wasserhöhe‹ zum Aussichtspunkt **Richterhöhe** (505 m). Sie trägt ihren Namen nach dem Glaziologen Eduard Richter (1847–1905), der in seinen Arbeiten die Zusammenhänge zwischen Gletscherwachstum und Niederschlag erforschte und für den hier ein Denkmal errichtet ist. Wer auf dem Ludwig-Prähauser-Weg über den Mönchsberg von der Richterhöhe weiter nach unten geht, erreicht die Altstadt an der Außenseite des Sigmundstors. Überhaupt bietet sich die Begehung dieses lohnenden Wegs als Abschluss der Festungsbesichtigung und Rückkehr in die Altstadt an.

Rechtsseitige Altstadt

Über die vielbefahrene Staatsbrücke erreicht man von der linksseitigen Altstadt am schnellsten die rechtsseitige Altstadt. Man kommt so am Westfuß des Kapuzinerbergs an, wo sich oberhalb des Platzl die kleine Kirche **St. Johannes am Imberg** befindet. Sie ist romanisch und wurde 1681 barockisiert.

Kapuzinerberg

Der Kapuzinerberg ist das Gegenstück zu Festungs- und Mönchsberg und überragt mit 637 Meter Höhe den Festungsberg. Er dient vor allem als Wander- und Spaziergebiet: die wenigen Wege, die auf ihn führen, sind für den öffentlichen Verkehr gesperrt. Bis auf das 1596 gegründete Kapuzinerkloster gibt es auf ihm neben einigen, teils schlossähnlichen Villen an der Arenbergstraße im Süden keine größeren Bauten.

Von der Linzer Gasse kommt man über die Straße Kapuzinerberg – auf den Karten bisweilen auch Stefan-Zweig-Weg genannt – zum **Kapuzinerkloster**. Kirche und Klosterbauten sind architektonisch eher schlicht gehalten, die Inneneinrichtung stammt aus dem 17. und 18. Jahrhundert – unter Fürsterzbischof Max Gandolf von Kuenberg wurde die Anlage barockisiert. Die Türflügel der Kirche zeigen die Jahreszahl 1470. Angeblich stammen sie vom Vorgängerbau des heutigen Doms, den Wolf Dietrich von Raitenau nach dem Brand von 1598 hat abreißen lassen. 2020 lebten noch drei Kapuzinermönche im Kloster.

Das ansehnliche Haus Kapuzinerberg 5 ist das sogenannte **Paschingerschlössl**. Der große Schriftsteller Stefan Zweig erwarb es 1917 als Wohnhaus und lebte hier bis 1934 mit seiner ersten Frau Friderike. Er emigrierte noch vor dem Anschluss Österreichs nach England, da er bereits vorher antisemitischen Attacken der Austrofaschisten ausgesetzt war. Zweigs vormaliges Wohnhaus ist nicht zugänglich und von der Straße her kaum auszumachen. Es gibt in ganz Österreich

Der klassische Panoramablick vom Kapuzinerberg auf die Festung

▲ Karte: hintere Umschlagklappe

betrüblicherweise kein Stefan-Zweig-Museum, aber immerhin das Stefan-Zweig-Zentrum (www.stefan-zweig-zentrum.at), das sich als Ort der Zweig-Forschung und mit Lesungen unter anderem der Zweig-Pflege verschrieben hat. Es befindet sich im Haus der Edmundsburg oberhalb des Toscaninihofs (→ S. 103).

Unweit des höchsten Punktes des Berges steht mit dem **Franziski-Schlössl** ein bollwerkartiges Wachhaus der alten fürsterzbischöflichen Wehranlage aus dem Dreißigjährigen Krieg, heute ist ein Gasthaus darin untergebracht. Das auffällige Gebäude ist beliebtes Fotomotiv. Von dieser Stelle hat man einen guten Blick in den Flachgau.

Der ganze Kapuzinerberg wurde 1629 mit Bastionen, Wehrmauern und Gräben versehen, von denen viele Relikte noch vorhanden sind. So zieht sich an der Südseite des Kapuzinerbergs, oberhalb von Steingasse und Arenbergstraße, ein Befestigungsgürtel mit allerlei kleinen Basteien und Türmchen entlang, der über den Basteiweg erwandert werden kann.

Linzer Gasse

Durch die Linzer Gasse verläuft die historische Verbindung von Salzburg nach Linz und Wien. Sie ist voller hübscher Geschäfte und interessanter Bürgerhäuser. Nr. 1 steht an der Stelle der alten St. Andrä-Kirche, die 1861 abgerissen wurde. In Nr. 7 befindet sich seit 1809 eine Apotheke, in der Georg Trakl 1907 für kurze Zeit Lehrling war. In Nr. 9 kam 1877 der Sänger Richard Mayr (gest. 1935) zur Welt, berühmt wurde er durch seine Darstellung des Ochs in Richard Strauss´ ›Rosenkavalier‹. Bei Haus Nr. 37 geht es nach links in den **Bruderhof**. Hier befand sich einst das zweite der Bürgerspitäler der Stadt, das Bruderhaus zu St. Sebastian, gegründet 1496 und geschlossen 1898. Das Spitalgebäude existiert noch und ist heute Studentenwohnheim. Durch den Bruderhof kommt man zum Loretokloster und zur Paris-Lodron-Straße.

Ungewöhnliches Dekor im Innern der Gabrielskapelle

Sebastiansfriedhof und Sebastianskirche

Der Sebastiansfriedhof ist das Gegenstück zum Petersfriedhof: nicht weniger berühmt und schön als jener, und hier liegen auch ähnlich bedeutende Persönlichkeiten. Begründet wurde das damals weit von der Stadt entfernt liegende Areal 1510 als Pestfriedhof, doch erhielt er seinen Ausbau und damit sein heutiges Gesicht erst von 1595 bis 1600 unter Fürsterzbischof Wolf Dietrich von Raitenau. Der Sebastiansfriedhof wurde jetzt nach italienischer Manier als ›Camposanto‹ gestaltet, als Gräberfeld mit umgebenden Arkadengewölben, die ebenfalls Gräber aufnahmen. Der Architekt Andrea Bertoleto, 1596 verstorben, wurde als erster hier beigesetzt, nachdem der Umbau vollendet war. Im Zuge der Neugestaltung des Stadtzentrums rund um den Dom nach dem großen Brand von 1598 ließ Wolf Dietrich den alten, seit 1150 bestehenden Domfriedhof 1603

Das Familiengrab der Mozarts auf dem Sebastiansfriedhof

auflassen. Jetzt wurde der Sebastiansfriedhof die neue Begräbnisstätte der Salzburger. Denn der Petersfriedhof war lange schon nicht mehr ausreichend. Über dem Friedhofsportal, gegenüber vom Haus Linzer Gasse 60, gibt es eine Gedenktafel: ›Erzbischoff Wolff Dietrich zu Salzburg, des Geschlechts der edlen Herrn aus Raittenau, hat disen Freithof gestift und erbaut. M. D. C.‹ Seit 1888 wird auch auf dem Sebastiansfriedhof nicht mehr beigesetzt.

Links vom Hauptgang, etwa 50 Meter hinter dem Tor, befindet sich das Grab – es ist allerdings ein Xenotaph, hier liegen nicht die wahren Gebeine – von Leopold Mozart, Constanze Mozart und deren zweitem Ehemann Georg Nikolaus Nissen sowie von Genovefa von Weber, der Mutter Carl Maria von Webers. Webers Vater Franz Anton und Constanzes Vater Fridolin waren Brüder. In der zweiten Hälfte des 19. Jahrhunderts wurde dieses Schaugrab geschaffen, doch wessen Knochen eigentlich hier liegen, ist unklar. Denn DNA-Untersuchen der Gebeine dieses Grabes erbrachten die nicht erwünschte Tatsache, dass wer hier liegt, nicht mit den Webers oder Mozarts verwandt ist und die Knochen auch nicht zusammengehören. Zumindest der wahre Begräbnisort von Leopold Mozart ist gesichert: seine Gebeine liegen in der ›Kommune-Gruft‹ des Sebastiansfriedhofs.

In der Mitte des Friedhofs steht die äußerlich schlichte **Gabrielskapelle**. Wolf Dietrich von Raitenau ließ sie zu seinen Lebzeiten, von 1597 bis 1603, als eigene Grablege erbauen, und hier wurde er nach seinem Tod in der Festungshaft im Januar 1617 auch beigesetzt. Ungewöhnlich ist das Innere der Kapelle: Wände und Decke sind leuchtend bunt mit kleinen Fliesen und anderen keramischen Elementen verkleidet, was im deutschen Raum einzigartig ist und auf maurische Vorbilder hindeutet. Wolf Dietrich selbst soll diese Art der Innengestaltung entworfen haben. In den Nischen der Wände befinden sich Statuen der vier Evangelisten. Die Altarnische wird von einem hohen Bogen überspannt, der in leuchtenden Farben das Wappen Wolf Dietrichs zeigt. Wolf Dietrichs Sarkophag befindet sich unter einem Gitter in der Kapellenmitte. Die Kapelle ist im Allgemeinen nur im Rahmen von Stadtführungen zugänglich.

Geht man vom Friedhof her in die Sebastianskirche, befindet sich in der Vorhalle rechts der **Epitaph des Paracelsus**. Der große Arzt starb 1541 unter bis heute ungeklärten Umständen in Salzburg und wurde zunächst auf dem Domfriedhof beigesetzt, seine Gebeine nach dessen Auflassung aber auf den Sebastiansfriedhof überführt. Um 1740 ließen einige Paracelsianer seine Knochen exhumieren

▲ Karte: hintere Umschlagklappe

und betteten sie in ein Wandgrab um, wofür auch das obeliskenähnliche Grabdenkmal entstand. Paracelsus hatte sich zu seiner Zeit wegen seiner unkonventionellen und unakademischen – und vielleicht zu erfolgreichen - Heilmethoden durchaus Feinde geschaffen. Sein Tod am 24. September 1541 in Salzburg könnte durch eine Quecksilbervergiftung verursacht sein, zumindest erbrachte eine Untersuchung seiner Überreste in den 1990er Jahren unnatürlich hohe Quecksilbergehalte.

Die **Sebastianskirche** selbst wurde unter Leopold von Keutschach zwischen 1505 und 1512 erbaut, als Kirche mit dem Patronat des Pestheiligen nach der großen Seuche 1715 umgestaltet und barock ausgestattet, doch erst 1754 neu geweiht. Mit dem erwähnten Bruderhaus bildete sie als Pestspitalskomplex einst ein zusammenhängendes architektonisches Ensemble.

Hinter diesem Obelisk ruhen die Gebeine des Paracelsus

Vom Sebastiansfriedhof zum Schloss Mirabell

Hinter dem Sebastiansfriedhof, an der Ecke zur Wolf-Dietrich-Straße, befand sich das nördliche Ausfalltor Salzburgs, das (Innere) **Linzer Tor**; es gab auch ein Äußeres Tor, etwa hundert Meter weiter am heutigen Ende der Linzer Gasse, wo die Schallmooser Hauptstraße beginnt. Die Wolf-Dietrich-Straße führt nordwestwärts zur Paris-Lodron-Straße. An dieser Straßenecke stand bis zu seiner Zerstörung während des Bombenangriffs vom Oktober 1944 der **Hexenturm**, ein Turm der Paris-Lodronschen Stadtbefestigung. Hier wurden während des Hochzeit des salzburgischen Hexenwahns um 1690 insgesamt etwa 150 Männer und Frauen als angebliche Hexen und Zauberer gefangen gehalten und gefoltert.

In der Paris-Lodron-Straße kommt man stadteinwärts dann am 1648 vollendeten **Loretokloster der Kapuzinerinnen** vorbei. Durch die Klosterpforte (Nr. 6) kann man zu bestimmten Festtagen das ›Loretokindl‹ in der Klosterkirche besuchen, eine um 1620 entstandene wundertätige Elfenbeinfigur mit edelsteinbesetztem Gewand. Das Kloster, wie überhaupt diese ganze Ecke der Stadt, wurde 1944 durch das erwähnte Bombardement schwer getroffen.

Schräg gegenüber dem Kloster kommt man über die Faberstraße zur äußerlich gewaltigen **St.-Andrä-Kirche**. Die eindrucksvolle Architektur wurde 1898 eingeweiht, im Krieg zerstört und nach Plänen von Clemens Holzmeister zwischen 1969 und 1972 neugotisch umgebaut. Dabei ging das ursprüngliche Aussehen der Kirche verloren; so erhielten die 61 Meter hohen Türme nur stumpfe Pyramiden anstelle der ursprünglichen neugotischen Spitzen. Das Viertel um die St.-Andrä-Kirche wird oft als ›Neustadt‹

Im zauberhaften Mirabellgarten

bezeichnet, da seine bürgerlichen Bauten vor allem in der zweiten Hälfte des 19. Jahrhunderts entstanden.
Westlich der St.-Andrä-Kirche befindet sich der **Mirabellplatz**. Das kantige hellgraue, langgestreckte Gebäude an seinem Südende (Nr. 1) ist das Hauptgebäude der Universität Mozarteum, das **Neue Mozarteum**. In dieses ist der alte **Primogeniturpalast** des Paris Lodron von 1631 integriert. Außer der Fassade ist von diesem Gebäude jedoch so gut wie nichts erhalten, es wurde 1972 abgetragen.

Schloss Mirabell

Schloss Mirabell ist äußerlich ein eher bescheidener Bau, asketisch in den klassizistischen Formen. Zusammen mit dem Garten ist es aber eine der berühmtesten Sehenswürdigkeiten Salzburgs. Füsterzbischof Wolf Dietrich von Raitenau ließ 1606, damals ziemlich von der Stadt entfernt, für seine Geliebte Salome Alt ein Lustschloss erbauen. Die großzügige Liebesgabe, zunächst Schloss Altenau genannt und weitaus kleiner als das heutige Schloss Mirabell, stand in etwa an der Südostecke des heutigen Schlosses. Leider ist so gut wie kein Mauerwerk und keine Ansicht dieses kleinen ländlichen Lustschlosses auf uns gekommen, nur einige Kellergewölbe sind unter dem Südteil des heutigen Gartentrakts noch vorhanden. Wolf Dietrichs Nachfolger Markus Sittikus ließ den Bau erweitern und in Schloss Mirabell umbenennen. Salome Alt war nach dem Tod ihres Geliebten zur Unperson erklärt worden. Ein zweiter Umbau, der dem Schloss seine heutige Form brachte, erfolgte dann von 1721 bis 1727 unter Fürsterzbischof Franz Anton Fürst Harrach, der dazu den berühmten Architekten Johann Lucas von Hildebrandt beauftragte. Das Schloss erlitt beim großen Stadtbrand 1818 Schäden und wurde danach in nüchtern-klassizistischen Formen wieder aufgebaut. Seit 1947 ist es Amtssitz des Bürgermeisters.
Drei große Sehenswürdigkeiten gibt es im Schloss zu bewundern: den **Marmorsaal**, der –so wird gesagt – berühmteste Trauungssaal der Welt; die **Schlosskapelle St. Nepomuk**, errichtet von Hildebrandt, mit Deckengemälden von Bartolomeo Altomonte; die **Stiege** aus künstlichem Marmor, erbaut gegen 1727 nach Plänen von Georg Raphael Donner. Bedeutend ist ihre mit Ornamenten gezierte geschwungene Balustrade und deren Putten.

Mirabellgarten

Berühmter als das Schloss selbst ist sein Garten, genau genommen die Blicke entlang dessen Längsachsen auf die andere Seite der Salzach, hin zu Dom, Festung und Kollegienkirche. Das kleine Schloss Altenau besaß nur einen eher unbedeutenden Park. Er wurde erst gegen 1690 unter Fürsterzbischof Johann Ernst Graf von Thun-Hohenstein durch Johann Bernhard Fischer von Erlach zu einem prächtigen barocken Park erweitert und 1712 durch Johann Lucas von Hildebrandt abermals vergrößert. Seitdem stellt er ein einzigartiges Gesamtkunstwerk dar. Der Park wurde gegen 1817, nach dem Ende des Fürsterzbistums, der Öffentlichkeit zugänglich gemacht.
Die Gartenanlage besteht aus mehreren Teilbereichen. Der südlich an das Schloss angrenzende Teil ist das **Große Gartenparterre** mit dem Vier-Elemente-Brunnen. Dann gibt es unter anderem eine kleine Freiluftbühne, Heckentheater genannt. Nordwestlich des Schlosses steht auf einem Rest der alten Festungsmauer die Wasserbastei mit dem **Kleinen Bastionsgarten**, unweit davon befindet sich der ganz eigentümliche und einzigartige

Zwerglgarten von 1691 mit seinen grotesken Zwerg- und Gnomgestalten. Es gibt zwei Türkenzwerge, zwölf allegorische Monatszwerge und unter anderem zwölf Theaterzwerge nach Figuren aus der Commedia dell´Arte. Ein Teil des Zwerglgartens wurde zum ›Zauberflötenspielplatz‹. Im Norden, noch innerhalb des großen Bastionsgarten, erhebt sich der **Rosenhügel**. Zwischen Schloss und Kleinem Bastionsgarten befindet sich der **Pegasusbrunnen** mit seinem in Kupfer ausgeführten Flügelross von 1661.

Der Garten ist voller Statuen mythologischer und antiker Gestalten, auf die hier wegen der großen Fülle einzeln nicht eingegangen werden kann. Salzburgs großer Kulturhistoriker und Musiker Bernhard Paumgartner urteilte über die Statuen: »Hier, im salzburgischen Barock, kreuzten sich die olympischen Götter und Heroen aufs anmutigste mit einheimischen Bauerndirnen von der schweren Pinzgauer Rasse. Und das gibt bei aller Erotik... eine wunderbare Bodenständigkeit.« Übrigens: eine Legende besagt, dass für die freibrüstige Frauengestalt auf dem Susannabrunnen – an der Südwestmauer des Gartens, unweit des Vier-Elemente-Brunnes – Salome Alt selbst Modell gestanden haben soll.

Makartplatz

▶ Karte: hintere Umschlagklappe

Wer den Mirabellgarten durch dessen Südportal verlässt, passiert rechts die rückwärtigen Seiten der historisierenden Häuser der **Stiftung Mozarteum** aus dem Jahr 1914. Die Einrichtung ist nicht zu verwechseln mit dem Neuen Mozarteum (→ S. 119). Im Garten des Mozarteums steht seit 1950 ein schon 1877 aus Wien nach Salzburg gebrachtes Holzhäuschen, in dem Mozart im Spätsommer 1791 Teile seiner ›Zauberflöte‹ komponiert haben soll. Es ist nur im Rahmen von Veranstaltungen im Großen Saal des Mozarteums zugänglich.

Jenseits des Parktors des Mirabellgartens steht rechts das **Salzburger Landestheater**, bis 1940 Stadttheater. Es entstand 1892 in neobarocker Art nach Plänen des damals sehr bekannten Wiener Architektenbüros Fellner & Hellmer. Seit 1775 hatte an gleicher Stelle das Fürsterzbischöfliche Hoftheater existiert, das 1882 wegen Baufälligkeit abgerissen worden war.

Vom Landestheater geht man über die J.-F.-Hummel-Straße zur Salzach, die man auf dem **Makartsteg** an dieser Stelle überqueren kann. An der Ecke Hummelstraße/Elisabethkai steht Haus Nr. 8, das Geburtshaus Herbert von Karajans. Eine lebensgroße **Statue** des großen Dirigenten vor dem Haus zeigt, dass er bezüglich seiner Körpergröße ein eher kleiner Mensch gewesen ist.

Dem Landestheater gegenüber befindet sich das Geburtshaus des Physikers Christian Doppler, der hier am 29. November 1803 zur Welt kam und der über seine Arbeiten zur Ausbreitung von Licht- und Schallwellen und vor allem durch den von ihm beschriebenen ›Doppler-Effekt‹ bekannt wurde.

Das Gebäude auf der anderen Seite der Theatergasse ist heute das **Museum Wohnhaus Mozarts**. Da die Wohnung in der Getreidegasse zu eng geworden war, zog die ganze Familie 1773 hierher, in das damalige Haus Hannibalplatz 8, das ›Tanzmeisterhaus‹. Die Mutter war starb 1777 in Paris, Wolfgang siedelte 1781 nach Wien um, 1784 zog Schwester Nannerl um, nur Vater Leopold wohnte bis zu seinem Tod 1787 in diesem Haus. Es ist nicht das Originalgebäude, sondern eine getreue Kopie. Das Original wurde 1944 zerstört, der provisorische Wiederaufbau 1994 abgerissen. Im Museum befindet sich neben allgemeinen Exponaten unter anderem die ›Mozart Ton- und Filmsammlung‹ mit dem weltweit größten Bestand an Ton- und Filmdokumenten zu Leben und Werk Mozarts.

Im Osten des Makartplatzes erhebt sich die eindrucksvolle **Dreifaltigkeitskirche**, die von 1694 bis 1702 nach Plänen von Johann Bernhard Fischer von Erlach entstand. Ungewöhnlich ist die Fassade. Sie besitzt eine Wölbung nach innen, das heißt, dass das Eingangsportal gegenüber den Außenteilen der Vorderfront zurückgesetzt ist, aber eben ohne Ecke, gleitend; die Fassade ist konkav.

Sehr sehenswert ist das grandiose Kuppelfresko, das Johann Michael Rottmayr um 1700 schuf und die Krönung Mariens darstellt. In der Gruft des Ruperti-Ordens im linken Querschiff ist Fürsterzbischof Johann Ernst von Thun-Hohenstein (1643–1709) beigesetzt, der Bauherr der Kirche.

Die Ecke um Dreifaltigkeitsgasse/Linzer Gasse/Königsgässchen und Schwarzstraße ist voller Geschäfte und hübscher Einkehrmöglichkeiten.

Außerhalb der Innenstadt

Vor allem im Süden der Innenstadt gibt es noch einiges sehr Sehenswerte. In erster Linie ist natürlich Schloss Hellbrunn mit seinem Schlosspark zu nennen, der durch seine Wasserspiele Weltberühmtheit hat. Doch ist auch der ungewöhnliche Stiftsarmstollen lohnt einen Besuch.

Stiftsarmstollen

Salzburgs Wasserversorgung erfolgte jahrhundertelang durch den Almkanal, über den Wasser aus dem Untersberggebiet herangeführt wurde und der bei Mülln, im Norden der Innenstadt, nach knapp zwölf Kilometer Lauf in die Salzach mündet. Er gilt als ältestes Wasserleitungssystem Mitteleuropas und besitzt unter der Stadt schier unendlich viele Teilstränge und Verzweigungen. Nahe des Leopoldskroner Weihers gabelt sich der Kanal. Ein Arm, der Stiftsarm genannt, führt durch den sogenannten Stiftsarmstollen an der Scharte zwischen Mönchsberg und Festungsberg hindurch bis in den St.-Peter-Bezirk. Dieser 400 Meter lange Stollen wurde, eine techni-

Magnolien vor der Dreifaltigkeitskirche

Schloss Leopoldskron ist leider nicht allgemein zugänglich

sche Großleistung für jene Zeit, in den Jahren von 1137 bis 1140 erbaut. Der bis zu 1,60 Meter hohe Stollen kann besichtigt werden und ist mit seinen gotischen Bögen und seinem unwirklichen Dämmerlicht eine ganz besondere Attraktion. Heute werden die Wasser des Kanals in der Altstadt zur lokalen Energiegewinnung in kleinen Hauskraftwerken benutzt. Bei der alljährlichen ›Almabkehr‹ im September fällt er für einige wenige Tage wasserlos und wird gereinigt; nur in dieser Zeit sind Führungen möglich. Der Zugang zum Stiftsarmstollen erfolgt von der Ecke Brunnhausgasse/Hans-Sedlmayr-Weg am Schleusenhäuschen, Öffnungszeiten und weitere Infos unter www.almkanal.at und https://stiftsarm.jindofree.com

▸ Karte: vordere Umschlagklappe

■ Schloss Leopoldskron

Etwa 1,5 Kilometer südlich des Mönchsbergs liegt Schloss Leopoldskron. Fürsterzbischof Leopold Anton von Firmian ließ es zwischen 1736 und 1740 an einem größeren Teich erbauen. Es hatte zunächst nur drei Geschosse und ein Mansarddach. Nach dem Tod des Erbauers 1744 ließ es dessen Neffe Franz, der es geerbt hatte, gegen 1760 umbauen. Nach dem Tod des letzten Fürsten von Firmian 1830 wechselte das Schloss sehr oft den Besitzer. Alexander Julius Schindler erwarb es 1869 und machte es zu einem Treffpunkt von Künstlern und Literaten, Max Reinhardt (1873–1943), der große Theatermann und einer der Begründer der Salzburger Festspiele, kaufte es 1918. Reinhardt entschied sich wegen der zu stark gewordenen antisemitischen Angriffe bereits 1937, Österreich zu verlassen; das Schloss aber blieb in seinem Besitz. Die Nationalsozialisten enteigneten ihn 1938; das Schloss wurde Gästehaus der Stadt, zwischendurch wurde es von dem Dirigenten Clemens Krauss bewohnt. 1947 erhielt es die Witwe Reinhardts, die Schauspielerin Helene Thimig, zurück. Sie verkaufte das Schloss 1955 an die Stadt Salzburg, von der es 1959 die amerikanische Stiftung ›Global Salzburg Seminar‹ erwarb und in deren Besitz es sich heute noch befindet. 1964 war es Drehort eines der meistgezeigten Filme weltweit: in ›The Sound of Music‹ war es die Villa des Baron Trapp – auf dem originalen Familiensitz in Aigen durfte nicht gedreht werden (→ S. 127). Der Film schildert die bewegte Geschichte der Familie Trapp, eine der bedeutendsten salzburgischen Familien des 20. Jahrhunderts. Zahlreiche Familienmitglieder emigrierten 1938 in die USA und wurden dort unter anderem als Familienchor, natürlich in wechselnden Besetzungen, berühmt. 1950 kamen sie zu einem Gastspiel nach Salzburg zurück. Schloss Leopoldskron ist heute zusammen mit dem Meierhof Hotel, Schloss wie Park sind nur Hotelgästen zugänglich (www.schloss-leopoldskron.com).

Etwa 1,5 Kilometer westlich des Schlosses liegt die **Moosstraße**. Sie trägt ihren Namen nach dem heute nicht mehr existierenden Leopoldskroner Moos, das sie als Knüppeldamm durchquerte. Sie führt absolut gerade, in sechs Kilometer Länge, direkt auf Schloss Glanegg zu. Die Moosstraße ist vermutlich eine schon im Spätmittelalter angelegte ehemalige Allee zwischen dem Mönchsberg und der damals als Pfleggericht fungierenden und als fürsterzbischöfliche Wehrburg angelegten Burg Glanegg. Entlang des Weges befanden sich damals zahlreiche Wehrtürme. Vom Untersberg aus gesehen ist ihre schier unendlich lange Trasse sehr eindrucksvoll.

Schloss Hellbrunn

Vom Ortsteil Nonntal führt der Freisaalweg und in seiner Verlängerung die 3,5 Kilometer lange Hellbrunner Allee zum Schloss Hellbrunn. Das am Freisaalweg liegende hübsche Wasserschlösschen Freisaal geht auf das 14. Jahrhundert zurück, wurde aber bei einem Umbau 1907 stark verändert. Hier mussten die Jahrhunderte hindurch alle Salzburger Fürsterzbischöfe ihre weltlichen Treueide leisten, sie erhielten ihre weltlichen Insignien und zogen von hier nach Salzburg ein. Das Schlösschen ist in Privatbesitz und kann nicht besichtigt werden.

Die Hellbrunner Allee läuft nicht, wie ansonsten üblich, auf das Portal des Schlosses oder dessen Prunkseite zu, sondern nähert sich ihm, fast bescheiden, von der Seite, um erst unmittelbar davor in scharfem Knick auf das Schloss zuzulaufen. Bis zum Ende des Fürsterzbistum war ihre Benutzung nur dem Fürsterzbischof und dessen Hofstaat gestattet.

Das Schloss Hellbrunn ist ein nicht übermäßig großes, eher bescheidenes Gebäude. Es ist eher ein eleganter Sommersitz, eine Villa mit zwei turmähnlichen Seitenpavillons und hübschen niedrigeren Seitenanbauten.

Durch eine lange, von Wirtschaftsgebäuden und Stallungen gesäumte Zufahrt geht man auf den kleinen Platz unmittelbar vor dem Schloss. Zum Portal geht

Markus Sittikus. Porträt aus dem Schloss Hellbrunn von Arsenio Donato Mascagni

Die Spiegelgrotte unter dem Schloss

eine doppelte Freitreppe hinauf, unter ihr befindet sich eine Grotte mit Darstellung des Bacchus und zwei Steinböcken, letztere die Symbole des Bauherrn Fürsterzbischof Markus Sittikus. Der ließ von 1613 bis 1615, also noch zu Lebzeiten des unglücklichen Wolf Dietrich von Raitenau, Hellbrunn als Festschloss für sommerliche Bälle, Maskeraden und Jagden erbauen. Architekt war Santino Solari, der bewährte Salzburger Dombaumeister. Das Schloss sollte ein Lustort gegen alle Melancholie werden – heute würde man von Depressionen sprechen –, damals als ›Herrscherkrankheit‹ weit verbreitet. Gegen eine solche ›Melancholie‹ war Wasser in bewegter Form ein gebräuchliches Heilmittel, nicht von ungefähr wurde ein großer Schlosspark mit einzigartigen Wasserspielen angelegt. Hellbrunn ist ein typischer Bau des Manierismus, einer zwischen Renaissance und Barock angesiedelten Stilrichtung, die durch verspielte, teils groteske Elemente und rätselvollen Allegorien gekennzeichnet ist. Schloss Hellbrunn hat viele italienische Vorbilder, vor allem in den toskanischen Landhäusern jener Zeit, die im Auftrag von kirchlichen Würdenträgern oder vermögenden Kaufleuten entstanden sind.

Die originale Inneneinrichtung des Schlosses, das durch seine sehr geringe Tiefe überrascht, ist kaum erhalten. Dennoch sind die Prunkräume des Schlosses sehr sehenswert, zum Teil wegen der hier befindlichen **Gemälde**. Eines der bedeutendsten ist eine überlebensgroße Darstellung des Markus Sittikus vor einer Landschaft mit dem Weichbild Salzburgs. Fra Arsenio Mascagni (1579–1636) schuf das Gemälde 1618, es zeigt den Bauherrn in Amtskleidung. Das Bild scheint perspektivisch jedoch nicht ganz gelungen. In den Zimmern und Sälen der oberen Etage ist die Welt und die Zeit des Markus Sittikus in Ausstellungen und Gemälden dokumentiert. Der **Festsaal** ist das Herz des Schlosses. Über dem Eingang sind Wappen und Motto des Sittikus angebracht. Der Saal wurde ebenfalls von Fra Arsenio Mascagni ausgemalt. Der Raum

▲ Karte: vordere Umschlagklappe

ist über eine bühnenartige Illusionsrachitektur gegliedert. Oberhalb der Balustraden sind die zwölf Kardinalstugenden dargestellt. Im anschließenden Oktogon, ein Raum, der Markus Sittikus und die Musik zum Thema hat, herrscht abermals Illusionsarchitektur vor. Das überdimensionierte Schriftband in der Raummitte bezieht sich auf die Oper ›L´Orfeo‹ von Claudio Monteverdi, deren Aufführung in Salzburg 1614 als die älteste Operndarbietung nördlich der Alpen gilt.

Die Wasserspiele

Weitaus bedeutender als das Schlossinnere sind die **Wasserspiele** des Schlossgartens, die durch unzählige natürliche und künstliche Quellen gespeist werden. Markus Sittikus ließ das Wasser sich optisch und akustisch effektvoll in Szene setzen. Ganz unvermutet quillt, schießt, plätschert, rauscht, sprüht oder tröpfelt von irgendwo und nirgendwo Wasser heraus, teils wird der Betrachter unerwartet nass, teils steht er überwältigt vor der Wasserkunst.

Geht man rechts am Schloss vorbei, rechts vorbei an der Bacchusfigur, kommt man zum **Fürstentisch** und dem **Römischen Theater**. Vorsicht – aus den Sitzen an der langen Tafel kann Wasser herausspritzen. An der Nordseite dieses Areals befindet sich die **Orpheusgrotte**, links von ihr, hangaufwärts oberhalb des kleinen Teichs, die **Narrengrotte**. Dann geht es hinab, Richtung Schloss-Rückseite, vorbei an einem Weinkeller. In der Verlängerung des Schlossportals liegt der **Sternweiher**, an seinem Nordende eine Grotte, über der Perseus das Medusenhaupt sieghaft in die Lüfte streckt. Er steht auf einem Sockel mit einer lateinischen Inschrift, die Markus Sittikus verherrlicht. Das **Gartenportal** des Schlosses ist von steinernen Säulen flankiert, die eingemauerten, gestreckten Körpern ähneln – oben Köpfe und unten sehen die Füße heraus. Durch das Portal kommt man in die fünf Schlossgrotten, unter denen die größte die **Regengrotte des Neptun** ist. Unterhalb von Neptun sieht man einen Kopf mit grotesken Ge-

Eine Szene des Großen Mechanischen Theaters im Schlossgarten

sichtszügen, der die Augen verdreht und die Zunge herausstreckt, das sogenannte ›Germaul‹. Von der Neptungrotte rechts geht es in die **Spiegelgrotte** und weiter in die **Vogelsanggrotte**, in der ein wasserbetriebener Mechanismus über verschiedene Pfeifen Vogelstimmen imitiert. Links von der Neptungrotte befinden sich die Muschelgrotte und die Ruinengrotte, die Verfall und Zerstörung nachahmt.

Dann geht man wieder hinaus in den Garten, nach links. Am Hang befindet sich die **Venusgrotte**. In ihren Abflussbecken sitzen zwei Schildkröten, die sich gegenseitig Wasser in den Mund spritzen. Der Venusgrotte gegenüber liegt das Kleine Mechanische Theater, diesem schräg gegenüber eine Dianastatue. Links von ihr stößt man auf ein Wildschwein, das eher einem Ungeheuer gleicht, ihm schließen sich der **Steinbockbrunnen** und die **Dianagrotte** an. Ihr gegenüber, gleichsam ein Höhepunkt der wassergetriebenen Mechanik, befindet sich das **Große Mechanische Theater**. Es wurde gegen 1750 erbaut, lange nach Sittikus´ Zeit. Man sieht eine barocke Kleinstadt mit Häusern, Handwerkern, Spaziergängern, Arbeitern, Soldaten und einen Tanzbär, insgesamt 163 Figuren, die gerne vor dem Publikum in Bewegung geraten.

Danach passiert man eine Minervastatue und ihr gegenüber die **Kronengrotte**. Von einem kleinen Felsen mit allerlei Wassergetier schießt ein Strahl nach oben, der dabei eine Krone auf seiner Spitze tänzeln lässt. Daneben gibt es eine spalierartige Wasserwand. Beim Weitergehen trifft man auf den **Merkurbrunnen**, der den in einen Hirsch verwandelten Aktäon zeigt. Neben ihm sind erst der **Eurydikebrunnen** zu sehen und dann der **Forstteufel**. Dabei handelt es sich um ein Wesen, das um 1540 bei einer Jagd gefangen wurde und bei dem es sich vermutlich um einen kleinwüchsigen, behaarten und behinderten jungen Menschen gehandelt hat. Mit dem anschließenden **Neptunbrunnen** ist die letzte Station der Hellbrunner Wasserspiele erreicht.

Die gesamte Garten- und Parkanlage umfasst etwa 60 Hektar und zieht sich über den Hellbrunner Berg, wo das **Volkskundemuseum Monatsschlössl** steht, bis zum Zoo Hellbrunn. Das Monatsschlössl wurde zeitgleich zum Schloss erbaut und diente als Jagdhaus für Jagden in den umliegenden, damals dichten Wäldern. Auf den Hellbrunner Berg und zum Monatsschlössl kann man vom Park aus aufsteigen. Am Südende des Berges liegt der Aussichtspunkt ›Watzmannblick‹, vom Monatsschlössl aus hat man eine schöne Aussicht auf Hellbrunn und seinen Garten.

Morzg und Gneis

Die **Pfarrkirche St. Vitus** im Ortsteil Morzg, Gneiser Str. 62 b, nördlich von Hellbrunn lohnt vor allem wegen ihrer Freseken einen Besuch. Der Pinzgauer Künstler Anton Faistenauer schuf 1922 einen Freskenzyklus zum Leben Marias, der Renaissanceelemente mit denen der Moderne verbindet und leuchtende Farbtöne verwendet. Bei der Landschaft im Hintergrund griff Faistenauer auf salzburgische Motive zurück. Sehr sehenswert ist in der Kirche auch der spätgotische Flügelaltar (www.pfarre-morzg.at).

Im nordwestlich von Morzg gelegenen Stadtteil Gneis befindet sich der 1879 eröffnete **Kommunalfriedhof**, Salzburgs Haupt-Begräbnisstätte (Gneiser Str. 8). Hier liegen unter anderem begraben: der naturalistische Schriftsteller Hermann Bahr (1863–1934), der Schauspieler Karlheinz Böhm (1928–2014); der Komponist Nico Dostal (1895–1981); der Erstbesteiger des Kilimandscharo Lud-

▲ Karte: vordere Umschlagklappe

wig Purtscheller (1849–1900); Robert Ritter von Greim (1892–1945), nach dem 26. April 1945 der letzte Oberbefehlshaber der deutschen Luftwaffe im Zweiten Weltkrieg war; die Fliegerin Hanna Reitsch (1912–1979), mit der Greim an jenem Tag mit einem Fieseler Storch nach Berlin einflog.

Aigen

Im Ortsteil Aigen im Südosten Salzburgs gibt es mit dem **Aigner Park** östlich des Aigner Schlosses ein wichtiges Beispiel der Gartenbaukunst im 19. Jahrhundert. Der Domherr Ernst Friedrich von Schwarzenberg ließ ihn 1804 ausbauen. Grotten, Schluchten, Eremitagen, Labyrinthe bieten, wie es Stefan Spath sinngemäß ausgedrückt hat, dem Müßiggänger von heute Entspannung. Im 18. Jahrhundert soll der Park geheimer Treffpunkt des Illuminatenordens gewesen sein. Der Park an der Schwarzenbergpromenade 37 ist ganzjährig frei zugänglich, im Schloss ist ein Restaurant beheimatet.

In Aigen steht auch die **Villa Trapp**, einst Wohnsitz der Familie Trapp, die als ›singende Familie‹ zwar schon vor 1938 einen gewissen Ruf hatte, doch erst nach ihrer Emigration in die USA zu großem Ruhm kam. Sie lebte hier von 1923 bis 1938. Die Villa an der Traunstraße 34 war von 1938 bis 1945 im Besitz Heinrich Himmlers, der hier Staatsgäste empfing. Nach dem Krieg kam sie in Besitz der ›Missionare vom kostbaren Blut‹, denen sie heute noch gehört. Derzeit ist sie als Hotel verpachtet (www.villa-trapp.com).

Aigen ist übrigens Salzburgs Nobelviertel und sein wahrscheinlich teuerster Bezirk, Immobilien kosten mittlerweile über 10 000 Euro/Quadratmeter. Viele Prominente lebten und leben hier, so hat etwa Franz Beckenbauer in Aigen ein Haus. Auf dem Aigener Friedhof ruhen unter anderem der Kabarettist Georg Kreisler (1922–2011) und der Schauspieler Martin Benrath (1926–2000).

Parsch

Im Osten Salzburgs, östlich des Kapuzinerbergs, liegt der Ortsteil Parsch. Die **Pfarrkirche Zum kostbaren Blut** (Geißmayerstr. 6) ist ein äußerst sehenswerter Bau der Moderne. Sie entstand von 1954 bis 1956 durch ein junges Architektenkollektiv, aus dem später viele österreichische Stararchitekten hervorgingen, unter Umbau und Einbeziehung eines Bauerngutes. Das Kirchenportal wurde nach einem Entwurf von Oskar Kokoschka gestaltet, die Relieftafel oberhalb stammt von Fritz Wotruba. Es scheint, als schwebe innen das Kreuz über dem Hauptaltar in der Luft.

Salzburg

Postleitzahlen: 5020 (Außenbezirke 5023, 5026, 5061, 5071, 5081, 5082).

Vorwahl: 0043/(0)662.

Tourismusinformation, Mozartplatz 5, 5020, Tel. 88987330. www.salzburg.info

SalzburgCard: 24/48/72 Stunden, für Erwachsene 29/38/44 Euro (Mai-Oktober), außerhalb der Saison gibt es sie zu vermindertem Preis. Sie bietet für die Dauer ihrer Gültigkeit einmaligen freien Eintritt in alle Museen der Stadt, freie Fahrt mit den Öffentlichen Verkehrsmitteln und viele Ermäßigungen bei Veranstaltungen. Kauf und Infos bei der Tourismusinformation.

Im Folgenden eine Auswahl von Hotels der mittleren Kategorie. Über die Saison schwanken die Preise stark, besonders hoch sind sie zu Fetspielzeiten.

Hotel Elefant, Sigmund-Haffner-Gasse 4, 5020, Tel. 0662/843397; Preise auf Anfrage. Sehr schön modernisiertes Traditionshaus mitten in der Altstadt, ein Teil des Hauses ist als Family Business Hotel

ausgewiesen. Empfehlung des Autors. www.hotel-elefant.at
Boutique-Hotel am Dom, Goldgasse 17, Tel. 0662/842765; p. P. im DZ ab 60 Euro. Designhotel mit historischem Ambiente. www.hotelamdom.at
Altstadt-Hotel Hofwirt, Schallmooser Hauptstr. 1, Tel. 0662/8721720 oder 0662/88148499; p. P. im DZ 40–85 Euro. www.hofwirt.net
Hotel Goldenes Theater, Schallmooser Hauptstr. 13, Tel. 0662/881681; p. P. im DZ 40–90 Euro. www.gt-hotel-salzburg.com
Hotel Stadtkrug, Linzer Gasse 20, Tel. 0662/873545; Preise auf Anfrage. Altehrwürdiges Haus am Fuß des Kapuzinerbergs. www.stadtkrug.at
Hotel Auersperg, Auerspergstr. 61, Tel. 0662/889440; p. P. im DZ 80–135 Euro. Zentral und doch sehr ruhig gelegen. www.auersperg.at
Achat-Hotel zum Hirschen, Saint-Julien-Str. 21–23, Tel. 0662/889030; Preise auf Anfrage. Direkt am Schloss Mirabell. https://achat-hotels.com
Hotel Mozart, Franz-Joseph-Str. 27, Tel. 0662/872274; Preise auf Anfrage. Charmantes Boutique-Hotel, Empfehlung des Autors. www.themozarthotel.com
Altstadthotel Wolf Dietrich, Wolf-Dietrich-Str. 7, Tel. 0662/871275; Preise auf Anfrage. In der rechtsseitigen Altstadt, nahe des Sebastianfriedhofs. http://www.salzburg-hotel.at

Zwei Campingplätze liegen im Norden der Stadt nahe beieinander:
Panorama-Camping Stadtblick, Rauchenbichlerstr. 21, Tel. 0662/450652. www.panorama-camping.at
Camping Nord Sam, Samstr. 22 a, Tel. 0662/660494. www.camping-nord-sam.com
Campingplatz Schloss Aigen, Weberbartlweg 20, Tel. 0662/622079. Am südöstlichen Stadtrand. www.campingaigen.com

Zirkelwirt, Pfeifergasse 14, 5020, Tel. 0662/842798. Traditionshaus seit 1647. http://www.zumzirkelwirt.at
St. Peter Stiftskulinarium (Peterskeller), St. Peter Bezirk 1/4, Tel. 0662/8412680. Edles Restaurant, 803 erstmalig erwähnt und somit ältestes durchgehend bestehendes Lokal Europas. www.stpeter.at
Café Wernbacher, Franz-Joseph-Str. 5, Tel. 0662/881099. Im Stil der 1950er Jahre, Mo–Sa 9–24, So 9–18 Uhr. www.cafewernbacher.at
Balkan Grill, im Durchgang zwischen Getreidegasse 33 und Universitätsplatz 2; Mo–Fr 11–19, Sa 11–18, So 14–19 Uhr. Hier gibt es mit der ›Bosna‹ eine besondere Spezialität, eine in der Rezeptur aus Bulgarien stammende salzburgische Variante der Currywurst.
Gasthaus Blaue Gans, Getreidegasse 41–43, Tel. 0662/84131754. Gasthaus seit 1350. www.blauegans.at
Restaurant s´Nockerl (im Hotel Elephant), Sigmund-Haffner-Gasse 4, Tel. 0662/843397. Hier gibt es unter anderem die wohl besten Salzburger Nockerln. www.snockerl.at
Zipfer Bierhaus und Restaurant, Universitätsplatz 19, Tel. 0662/840745. Zeitlose niveauvolle Wirtshauskultur. www.zipfer-bierhaus.at
Restaurant Café m32, Mönchberg 32, Tel. 0662/841000. Irgendwie nicht ganz unoriginell, mit herrlichem Panoramablick auf Stadt und Festung. https://m32.at
Stiegl-Keller, Festungsgasse 10, Tel. 0662/842681. Bodenständige österreichische Hausmannskost, dazu Stiegl-Bier. Kann es etwas Schöneres geben? www.stieglkeller.at
‣ *Event-Gastronomie*
Stiegl-Brauwelt, Bräuhausstr. 9, Tel. 050/14921492; tägl. 10–17, Juli/Aug. 10–19 Uhr. 270°-Braukino, Bierdegustation, Brauerlebnisse und Brau-Ereignisse. www.brauwelt.at
Augustinerbräu Mülln, Lindhofstr. 7, Tel. 0662/431246. Brauereiführungen und

▸ Karte S. 92/hintere Umschlagklappe

-erlebnisse, Bräustübl. Hier wird Bier ausschließlich in Steinkrügen direkt aus dem Holzfass ausgeschenkt.
www.augustinerbier.at

Café Konditorei Fürst, Alter Markt/Ecke Brodgasse, Tel. 0662/8437590; Mo-Sa 8-21, So 9-21 Uhr. Hier und nur hier gibt es die originalen und hier 1890 erstmals kreierten Mozartkugeln.
www.original-mozartkugel.com

Café Tomaselli, Alter Markt 9, Tel. 0662/8444880. Berühmtes Traditionshaus. https://tomaselli.at

DomQuartier, Residenzplatz 1/Domplatz 1 a, Tel. 0662/80422109; tägl. außer Di 10–17 Uhr, Juli/Aug. tägl. 10–18 Uhr; letzter Einlass jeweils 1 Stunde vorher. Prunkräume der Residenz, Residenzgalerie, Dommuseum, Museum St. Peter. www.domquartier.at

Festspielhäuser, Hofstallgasse 1; Führungen Jan–Juni tägl. 14 Uhr, Juli/Aug. tägl. 9.30, 11 und 15.30 Uhr, Sept. Dez. 14 Uhr.
www.salzburgfestspiele.at/fuehrungen

Festung Hohensalzburg, Mönchsberg 34, Tel. 0662/842430-11, Jan.–April tägl. 9.30–17 Uhr, Mai–Sept. 8.30–20 Uhr, Okt.–Dez. 9.30–17 Uhr.
www.salzburg-burgen.at

Georg-Trakl-Forschungs- und Gedenkstätte, Waagplatz 1 a, Tel. 0662/845346; Führungen Mo–Fr 14 Uhr. www.georg-trakl.at

Panorama-Museum, Residenzplatz 9, Tel. 0662/620808730; tägl. 9–17 Uhr. Grandiose Panoramagemälde und -darstellungen von Salzburg.
www.salzburgmuseum.at

Salzburg Museum, Mozartplatz 1 (Neue Residenz), Tel. 0662/620808700; Di–So 9–17 Uhr.
www.salzburgmuseum.at

Salzburger Weihnachtsmuseum, Mozartplatz 2, Tel. 0662/843523; Mi–So 10–18 Uhr, im Dezember tägl. 10–18 Uhr, Feb.–Mitte März geschlossen. www.salzburger-weihnachtsmuseum.at

Haus der Natur-Museum für Natur und Technik, Museumsplatz 5, Tel. 0662/8426530; tägl. 9–17 Uhr.
www.hausdernatur.at

Spielzeugmuseum, Bürgerspitalgasse 2, Tel. 0662/620808300; Di–So 9–17 Uhr.
www.spielzeugmuseum.at

Katakomben Petersfriedhof, Tel. 0662/8445760; Mai–Sept. tägl. 10–12.30 u. 13–18 Uhr, Okt.-April tägl. 10–12.30 und 13–17 Uhr. www.erzabtei.at

Mozarts Geburtshaus, Getreidegasse 9, Tel. 0662/844313; tägl. 9–17.30 Uhr, Juli/Aug. tägl. 8.30–19 Uhr.
www.mozarteum.at

Mozart-Wohnhaus, Makartplatz 8, 5020, Tel. 0662/87422740; tägl. 9–17.30 Uhr, Juli/Aug. tägl. 8.30–19 Uhr.
www.mozarteum.at

Museum der Moderne, Tel. 0662/842220; Di–So 10–18, Mi 10–20 Uhr, während der Festspielzeit auch Mo 10–18 Uhr. Das Museum verteilt sich auf zwei Gebäude: Mönchberg 32, Wiener-Philharmoniker-Gasse 8 (Rupertinum).
www.museumdermoderne.at

WasserSpiegel, Mönchsberg 16b (Dr.-Ludwig-Prähauser-Weg), Tel. 0662/88843203; Mai–Okt. Fr–So 10–16 Uhr. Geschichte und Gegenwart der Wasserversorgung.
www.salzburg-ag.at/wasse

Bibelwelt Erlebnismuseum, Plainstr. 42 a, Tel. 0676/87467080; Mo u. Do-Sa 10–18, So 11–18 Uhr, an hohen kirchlichen Feiertagen geschlossen. www.bibelwelt.at

Zoo Salzburg, Hellbrunner Str. 60, Tel. 0662/820176; tägl. 9–17 Uhr. 1200 Tiere, 140 Arten. www.salzburg-zoo.at

Botanischer Garten, Hellbrunner Str. 34, Tel. 0662/80445531 (für Führungen); Mai–Sept. Di–So 10–18 Uhr.
www.uni-salzburg.at

Schloss Hellbrunn mit Wasserspielen, Fürstenweg 37, Tel. 0662/8203720; April und Okt. tägl. 9–16.30 Uhr; Mai, Juni und Sept. tägl. 9–17.30 Uhr, Juli und Aug.

9–18 Uhr, in der Saison je nach Witterung zusätzliche Führungen.
www.hellbrunn.at

Volkskundemuseum im Monatsschlössl Hellbrunn, Tel. 0662/620808500; April–Okt. tägl. 10–17.30 Uhr.
www.salzburgmuseum.at

Hangar 7, Wilhelm-Spazier-Str. 7a, Tel. 0662/21970; tägl. 9–22 Uhr. Flugzeugmuseum am Flughafen mit Restaurant ›Ikarus‹ und anderen szenigen Lokalen. Eventlocation. www.hangar-7.com

Salzburger Stadt-Schiff-Fahrt, Hanuschplatz, Tel. 0662/82576912. Salzachfahrten. www.salzburgschiffahrt.at

Likör- und Punschmanufaktur Sporer, Getreidegasse 39, Tel. 0662/845431. Weltberühmt ist der Orangenpunsch. www.sporer.at

Staindl. Handgemachte Delikatessen, Getreidegasse 24 (Innenhof), Tel. 0662/5421211. Marmeladen, Geleés, Chutneys. www.staindl.at

Zuckerl-Werkstatt, Wiener Philharmoniker-Gasse 3, Tel. 0662/840505. Fertigung und Verkauf historischer Zuckersorten. www.zuckerlwerkstatt.at

Confiserie Josef Holzermayr (vormals Fürst), Alter Markt 7, 5020, Tel. 0662/842365. Herstellung der originalen Mozartkugel. www.holzermayr.at

Buchhandlung Höllrigl, Sigmund-Haffner-Gasse 10, Tel. 0662/8411460. Älteste noch bestehende Buchhandlung Österreichs, gegründet in diesem Haus 1598 als Hofbuchdruckerei.
www.hoellrigl.co.at

Vom Gaisberg zum Walserfeld

Salzburgs unmittelbare Umgebung gehört wie die Stadt selbst geographisch zwar zum Flachgau, wird aus reisepraktischen Erwägungen aber im Anschluss an Salzburg-Stadt behandelt. Dabei gehen wir in einem großen Bogen entgegen dem Uhrzeigersinn vom wahrscheinlich eindrucksvollsten aller Salzburger Hausberge im Süden um die Stadt herum, über den sagenumwobenen Untersberg unmittelbar an der Grenze zu Bayern zum nicht weniger sagenhaften Walserfeld.

Wundervolles Panorama vom Gaisberg

▲ Karte: vordere Umschlagklappe

Gaisberg

Der Gaisberg ist von bayerischer Seite und auch vom Fuschlsee von weither zu erkennen, eindrucksvoll überragt er das Land. Von seinem breiten Gipfelplateau auf 1287 Meter Höhe genießt man unvergleichliche Fernblicke: über das Salzburger Becken hinüber zum Untersberg, nach Norden zu Waller- und Mattsee, nach Osten weit in das Salzkammergut hinein bis zum Schafberg.

Im Jahr 1887 wurde der Berg mit einer Zahnradbahn erschlossen, die aber bereits 1928 wieder ihren Dienst einstellte, da im gleichen Jahr eine befestigte Straße auf den Berg fertiggestellt wurde. Vom Mirabellplatz in Salzburg kann man mit der Buslinie 151 direkt auf den Gaisberg fahren, Autofahrer wählen die Zufahrt von der B 158 bei Guggenthal oder von Süden her, von der Straße Glasenbach–Faistenau, wo nahe der Schwaitlalm eine weitere Zufahrtstraße auf den Gaisberg abzweigt. Diese ist allerdings recht schmal und mündet unterhalb der Zistelalm (986 m, schöne Einkehrmöglichkeit) auf die erste der erwähnten Zufahrtsstraßen ein.

Auf dem Gipfel gibt es mehrere Einkehrmöglichkeiten, um das Plateau führt ein schöner, einfacher Rundwanderweg. Eindrucksvoll ist die dem Berg im Norden um etwa 1,5 Kilometer vorgelagerte Nase des 1042 Meter hohen **Nocksteins**. Dessen Besteigung ist durchaus lohnend, am einfachsten geht es vom Gasthof ›Riedlwirt‹ in Unterkoppl nahe der B 158, 1,5 Stunden braucht man für die 300 Meter Höhenunterschied. Eindrucksvoll sind auch hier die Blicke auf Gaisberg, Salzburg und das Umland. Der Metallturm auf dem Gaisberg ist nicht nur Sendestation, sondern auch Messstation. Da hier jährlich 50 bis 60 Blitze einschlagen, dient der Turm physikalisch-meteorologischen Untersuchungen in besonderer Weise. Der Gaisberg ist auch vielbesuchtes Ziel von Mountainbikern und Paraglidern.

Von Elsbethen nach Grödig

Im südlichen Speckgürtel Salzburgs gehen drei Orte mit interessanten Sehenswürdigkeiten fast nahtlos ineinander über: Elsbeth, Anif, Grödig. Und Anif bietet eine Begegnung mit einem der bedeutendsten Musiker des 20. Jahrhunderts.

Elsbethen

Elsbethen, im Südwesten Salzburgs gelegen, lohnt den Besuch vor allem wegen der **Glasenbachklamm** im Ortsteil Glasenbach. Die Klamm ist wegen der hier Ende des 19. Jahrhunderts gemachten Fossilfunde (Fischsaurier) ein geschütztes Naturdenkmal. Sie lässt sich in einer Stunde bei etwa 120 Höhenmeter Anstieg gut und unschwer durchwandern. Wer nicht die gleiche Strecke zurück nehmen will, geht vom oberen Klammausgang (740 m) über Oberhöhenwald zum Gasthof Fageralm (880 m) und weiter zur Erentrudisalm (906 m) und von dort zurück zum Parkplatz am unteren Klammeingang. Knapp vier Stunden braucht man für die gesamte, vielbegangene lohnende Runde.

In Elsbethen selbst lohnt der Blick auf **Schloss Goldenstein**, seit 1877 eine Privatschule. Das Schloss ist spätmittelalterlich, wurde aber mehrmals umgebaut. Erwähnenswert ist, dass Romy Schneider das Internat von 1949 bis 1953 besuchte. Lohnend ist auch der Besuch des **Heimatmuseums**, das sich besonders der Elsbethener historischen Schießpulverproduktion widmet. Sie wurde 1918 eingestellt.

Anif

Auf dem linken Salzachufer liegt Anif, Nobelort und eine der ersten Adressen in Salzburgs näherer Umgebung. **Schloss Anif**, der historische Sommersitz der Bischöfe von Chiemsee, geht auf das 16. Jahrhundert zurück und wurde Mitte des 19. Jahrhunderts, damals in Besitz der Grafen von Arco-Stepperg, in unhistorisch-eklektizistischer Manier zu einem pseudogotischen Mittelalterschlösschen umgestaltet. Dadurch avancierte es im 20. Jahrhundert zu einer vielgenutzten Filmkulisse, so wurden unter anderem Szenen der Filme ›Das große Rennen um die Welt‹ (1965) und ›Die Akte Odessa‹ (1974) hier gedreht. Das Schloss befindet sich in Privatbesitz und ist der Öffentlichkeit nicht zugänglich. Der **Schlosspark** mit seinem zauberhaften Landschaftsgarten (um 1800) dagegen kann zweimal im Jahr besichtigt werden, zu Fronleichnam und am 8. Dezember (Info beim Tourismusverband Grödig).

Die **Villa Swoboda** (Keltenallee 3) ist das Privathaus des Chefs des Hauses Habsburg und letzten Sohns des legendären Otto von Habsburg, Karl Habsburg-Lothringen (geb. 1961).

Auf dem **Friedhof** von Anif, links neben der Apsis der Kirche, liegt in einem sehr unscheinbaren, etwas verwilderten Grab der weltberühmte Dirigent Herbert von Karajan (1908–1989, → Extra S. 69) begraben. Merkwürdigerweise hat er kein Ehrengrab erhalten. Sein Anifer Privathaus, in dem seine Witwe Eliette (geb. 1938) noch lebt, befindet sich an der Herbert-von-Karajan-Str. 16. In Anif lebten weitere bekannte Persönlichkeiten: die Malerin Helene von Taussig (1879–1940), die Schauspielerinnen Louise Martini (1931–2013, ebenfalls in Anif beigesetzt) und Susi Nicoletti (1918–2005). Österreichweit berühmt ist das edle Restaurant ›Schlosswirt‹.

Erstaunlich bescheiden: das Grab für den großen Dirigenten

Grödig

In Grödig ist neben der Pfarrkirche, rechts neben dem Eingang zum Friedhof, das Säulenrelikt eines **römischen Jupiter-Altars** aufgestellt. Es wird auf das 2. Jahrhundert datiert und manchmal auch Weihestein genannt.

Westlich des Ortes, nahe der Allee nach Leopoldskron, befindet sich **Schloss Glanegg**. Das Schloss war salzburgische Grenzfeste und zunächst Sitz eines Pfleggerichts. Es erhielt im 16. Jahrhundert, unter den Fürstbischofen Leonhard von Keutschach und Markus Sittikus, sein heutiges Aussehen und diente als Jagdschloss. Seit 1896 gehört es der Familie Mayr-Melnhof, einer alten österreichischen Unternehmerfamilie. Es kann mit Ausnahme des Meierhofs nicht besichtigt werden. Schloss Glanegg ist mit Schloss Leopoldskron durch eine eindrucksvolle, schnurgerade Alleestraße verbunden, die Moosstraße, die leider ziemlich verbaut ist.

Westlich von Schloss Glanegg, im Grödiger Ortsteil Fürstenbrunn, befindet sich das **Untersbergmuseum**, das sich dem sagenumwobenen Berg und seinen Marmorbrüchen widmet. Besonders interessant ist die integrierte Kugelmühle, in der einst Marmorkugeln produziert wurden. Sie fanden Verwendung als Ballast für Schiffe, als Munition für Schiffskanonen und als Ziergegenstände oder Kinderspielzeug.

Sehenswert ist in Grödig auch das **Radiomuseum** mit seinen zahlreichen historischen Apparaten.

In Grödig bestand während des Ersten Weltkriegs eines der größten Kriegsgefangenenlager der Monarchie, der ›Russenfriedhof‹ erinnert noch daran. Bekanntester Sohn der Stadt ist der Schauspieler Harald Krassnitzer (geb. 1960), in Deutschland vor allem als Ermittler im Wiener ›Tatort‹ bekannt.

▲ Karte: vordere Umschlagklappe

Die Mythen des Untersberges

Es gibt im deutschen Sprachraum, ja vielleicht in ganz Mitteleuropa keinen Ort, der so sagen- und geheimnisumwoben ist wie der Untersberg. Selbst der wahrlich mystische Kyffhäuser wie auch der ›Hexenberg‹ Brocken können, was die Zahl ihrer Legenden und Mythen betrifft, dem Untersberg kaum zur Seite gestellt werden. Weltweit ist er als Kraftplatz bekannt, der Esoteriker aus allen Ländern anzieht. Ungewiss ist die Herkunft seines Namens. ›Untarn‹ oder ›Untern‹ ist im bairischen Dialekt ein Ausdruck für die Mittagszeit. Von Salzburg und den Feldern um die Salzach aus gesehen, steht der Untersberg ziemlich genau im Süden, so dass die Sonne, wenn sie über ihm stand, der Bevölkerung die Mittagsstunde anzeigte. Möglich ist aber auch die Deutung als ›Berg der Unteren‹, also als Berg der Unterirdischen oder auch Berg der Entrückten.

Seit über 400 Jahren existieren Berichte über das, was Menschen auf, am und im Untersberg widerfahren sein soll. Der früheste ist die sogenannte Lazarusgeschichte, die als Handschrift im Salzburg Museum aufbewahrt wird . Ein unbekannter Geistlicher des Stifts St. Zeno bei Reichenhall verfasste sie 1558. Sie schildert die Erlebnisse des Reichenhaller Stadtschreibers Lazarus Gitschner – auch Günzner genannt –, der in den Berg ›entrückt‹ wurde. Diese ›Entrückung‹, also ein plötzliches Verschwinden oder Versetzen in den Berg hinein, ist ein zentrales Motiv der Sagenwelt des Untersbergs. In diesem Bericht besteigt Lazarus Gitschner mit dem Reichenhaller Pfarrer den Untersberg. Sie erreichen die sogenannte Mittagsscharte am Salzburger Hochthron (1853 m, die zweitgrößte Erhebung im Untersberg-Massiv) und finden dort eine kryptische Folge von Buchstaben und Zahlen im Fels, können sie aber nicht genau entziffern, da es schon dunkel geworden ist. Anderntags steigt Lazarus ein zweites Mal auf den Berg und schreibt die unverständliche Folge ab. Erneut wird es dunkel, und er entschließt sich, an dieser Stelle zu übernachten, um anderntags den schwierigen Abstieg bei Helle machen zu können. Am Morgen steht ein Mönch mit einem Schlüsselbund vor ihm, der Lazarus nach seinem Tun befragt. Er gibt Auskunft und wird daraufhin von dem Mönch eingeladen, mit ihm zu kommen, auch werde er bald Auskunft über den Sinn der Buchstaben bekommen. Beide gehen zum Hochthron (1972 m, der höchste Punkt des Untersbergs), wo der Mönch eine eiserne Tür öffnet, durch die ein Gang in den Berg führt. Lazarus muss seinen Hut ablegen, um – wie der Mönch sagt – später wieder hinaustreten zu dürfen. Der Mönch ermahnt ihn, während des Gangs im Berg zu schweigen, was er auch im Berge sehen und hören sollte, auch wenn er angesprochen werden solle. Als sie eintreten, zeigt eine Uhr hinter der Tür an, dass es 7 Uhr ist. Im Inneren des Bergs trifft Lazarus auf eine große grüne Wiese mit einer prächtigen gewaltigen Kirche, zu der viel Volk kommt und wo mehrere Messen gelesen werden. In der Kirche befinden sich 300 Altäre und 30 Orgeln. Um 12 Uhr essen beide in einem Kloster zu Mittag, danach begegnen sie einer großen Volksmasse – Adelige, geistliche Herren, Bürger –, von denen der Mönch sagt, dass es alles ehemalige Kämpfer für den Glauben seien, die nach ihrem Tode in den Berg entrückt wurden. So trifft Lazarus dann auch Kaiser Karl den Großen. Auf des Lazarus Frage, wo denn diese vielen Menschen alle hier wohnen, gibt der Mönch keine Antwort. Sie gehen weiter und erreichen sieben Türen, durch die man direkt zu den großen Kirchen der Orte des Umlands gelangen kann, und besuchen über geheimnisvolle Gänge jene Kirchen, wobei ihm auffällt, dass er fast ohne Zeitverlust zu den doch teils recht weit entfernten Städtchen kam. Lazarus bleibt sechs Tage im Berg, sieht dem Mönch und seinen Brüdern bei ihrem Tagwerk zu und erfährt schließlich die Bedeutung der Schrift: surget satum, ›es geht auf, was gesät ist‹. Dann führt ihn der Mönch wieder zu jenem Portal, durch das er in den Berg eingetreten ist. Dort zeigt die Uhr immer noch die siebente Stunde an. Es scheint seit dem Eintreten keine Zeit vergangen zu sein. Der Mönch fordert ihn nun auf, alles niederzuschreiben, was er im Berg erfahren und gesehen hat, doch erst nach 35 Jahren darüber zu berichten, und gibt ihm zwei Brote als Wegzehrung mit.

Lazarus hielt sich daran, lebte gesund und glücklich und erzählte erst als 65-Jähriger von seinen Erlebnissen. Bald darauf starb er. Eine Deutung der merkwürdigen Zeichen im Fels hat er allerdings nicht niedergeschrieben. Dieser Untersberg-Code, wie er oft genannt wird, erinnert an an einen Computer-Code, wirkt für heutige wie ein Programmierungsbefehl und konnte bis heute nicht geknackt werden.

Viele weitere solcher Sagen existieren. Immer wieder begegnen den Wanderern Riesen, Zwergen, Moosweiblein, wilden Frauen, oder sie geraten versehentlich ins Innere des Berges. Manch Entrückter findet Schätze, mancher findet nicht wieder hinaus. Und nicht immer erfolgt das Treffen so harmonisch wie bei Lazarus Gitschner. Geldgierige Schatzsucher oder Bauern, die glauben, diese Wesen überlisten zu können, überleben oft das Zusammentreffen mit den Un(ter)irdischen nicht.

Alles das hat einen realen Hintergrund. Denn das Kalkmassiv des Untersberges ist voller Höhlen, die nur zu einem geringen Teil erschlossen worden sind. Er gilt als höhlenreichster Alpenberg. Und wer vor 500 Jahren durch Zufall in eine solche

Friedrich Barbarossa im Untersberg. Stich von Karl Girardet (um 1870)

Höhle oft von gewaltigen Abmessungen geraten ist, konnte diese nur als Werk unterirdischer Bewohner deuten – Bewohner, die natürlich auch an der Oberfläche ihr Wesen treiben. Und in dieser fast jenseitig zu nennenden Höhlenwelt warten die großen Herrscher des Abendlands auf ihrer Wiedergeburt. Natürlich sitzt Karl der Große hier – schließlich war er hochselbst in Salzburg zugegen, als das Erzbistum gegründet wurde. Alle hundert Jahre begegnet – den meisten Sagen nach – ein Sterblicher dem großen Kaiser, der in todesähnlichem Schlaf sitzt. Es heißt dann, wenn sein Bart dreimal um den vor ihm stehenden Marmortisch gewachsen sei, stünde das Weltende bevor. Und wenn 24 Raben dreimal den Berg umkreist haben, wird er erwachen.

Doch auch Friedrich Barbarossa, der ja zumeist im Kyffhäuser verortet wird, und sein Enkel, der große Stauferkaiser Friedrich II., harren im Untersberg ihrer Wiederkehr. Denn bereits zu Lebzeiten war deren Ruhm so groß, dass das Volk ihren Tod nicht einfach so hinnehmen wollte. Sie wurden in den Berg entrückt, um dort zu warten, bis sie gerufen werden, bis in des Volkes größter Not ihre Hilfe und ihr Beistand erforderlich sein wird oder der Antichrist bekämpft werden muss. Und wenn einer der Kaiser erwacht und den Berg verlässt, findet auf dem Walserfeld die letzte Schlacht der Menschheit statt, die Endzeitschlacht. Hier ist also der Mythos des in einem Berg lebenden unsterblichen Herrschers mit dem Mythos von der Wiederkehr des Weltherrschers (also Christus) am Tag des Jüngsten Gerichts verbunden.

Gefürchtet ist die ›Wilde Jagd‹ vom Unterberg, die besonders in den Rauhnächten durch das Salzburger Land fährt. Oft ist es Wotan, der eine Schar gespenstischer Jäger anführt, die mit großem Getöse durch die Lüfte brausen. Man hört dabei die Pferde wiehern, die Hunde bellen, Jagdrufe und Peitschengeknall sowie Raubvogelgekrächz. Wer als nachtlicher Wanderer die Wilde Jagd vernimmt, muß sich sofort mit dem Gesicht nach unten auf den Boden werfen, sonst ist er verloren. Ein eindrucksvolles Fresko mit der Darstellung dieser ›Wilden Jagd‹ aus dem Jahr 1940 befindet sich an einem der Gebäude (das mit dem Dachreiter) der heutigen Rainer-Kaserne in Glasenbach.

Ein eigentümliches und immer wiederkehrendes Sagenmotiv des Untersberges ist die Zeitverschiebung. Viele der Sagen-Protagonisten berichten, dass sie zwar nach ihrem Ermessen nur wenige Minuten im Untersberg verbracht hätten, bei ihrer Rückkehr aber feststellten, dass Stunden, ja Tage und in einigen wenigen Fällen sogar Jahrhunderte verstrichen waren. Bei ihrer Rückkehr kannte sie niemand mehr, in den Kirchenbüchern aber stand die lapidare Mitteilung, dass gerade an diesem Tag vor 300 Jahren der Bürger so und so verschwunden war und nie wieder gefunden wurde. Diese Erfahrung ist dann für die Betroffenen ein solcher Schock, dass sie tot dahinsinken und meist sogleich zu Staub zerfallen, den der Wind verweht. Manchmal ging die Zeitverschiebung auch andersherum: aus dem Jahr 1581 stammt ein Bericht eines Stadtschreibers namens Martin Pegius, dessen Ehefrau am Untersberg einer engelsgleichen edlen Frau begegnet war und mit ihr in den Berg hineinging. Sie blieb drei Jahre im Berg, doch als sie wieder herauskam, waren nur drei Stunden vergangen.

Doch es existieren tatsächlich auch zeitgenössische Berichte über Zeit-Anomalien. So heißt es, dass am Berg Zeitlöcher existierten, in denen die Zeit schneller oder langsamer als anderswo vergehe. Mehrfach konnte unter Verwendung von Atomuhren dies zumindest im Ansatz bewiesen werden. Von zwei Personen, die mit genau justierten und gehenden Atom-Chronometern ausgestattet waren, ging eine in den Berg in eine Höhle und kam nach etwa einer Stunde wieder heraus, wobei festgestellt werden musste, dass die Uhren nicht mehr synchron waren – wenngleich nur im Zehntelsekunden- bis Sekundenbereich. Für den, der außen gewartet hat, war ein geringfügig längerer Zeitabschnitt vergangen. Dass solche Vorgänge sich durchaus mit den Gesetzen der Physik in Übereinstimmung bringen lassen, zeigte schon Albert Einstein in seiner Allgemeinen Relativitätstheorie – für einen mit angenäherter Lichtgeschwindigkeit Reisenden wird die Zeit immer langsamer - und in seiner Einheitlichen Feldtheorie. Der diese Feldtheorie weiterführende Physiker Burkhard Heim (1925–2001) entwickelte einen ›Hyperraum‹ aus zwölf Dimensionen, über den sich Projektionen aus der Zukunft wie der Vergangenheit, also Zeitreisen, erklären lassen.

Unter dem Pseudonym Stan Wolf hat der Autor Wolfgang Stadler (geb. 1950) die ›Steine der Macht‹ publiziert, einen vielbändigen Romanzyklus, der die Sagenwelt des Untersberges wie auch das Problem der Zeitdilatation im Berg in bester Dan-Brown-Manier in packenden Gegenwartsromanen verarbeitet. Wolfs mitreißende Bücher sind ein besonderer Lesetipp (www.stan-wolf.at). Der Autor Wolf erforscht seit über 25 Jahren den Untersberg und besonders dessen merkwürdige Zeitphänomene, die er aus eigener Erfahrung kennt und bestätigt. So traf er in der Nähe des Brunnentals in 1000 Meter Höhe auf eine Höhle mit einer Bleitür. Als er diese öffnete und hinein trat, begegnete er einem Mann, der ihm mit norddeutschem Akzent mitteilte, dass er sich schnell wieder entfernen solle, sonst verliere er zu viel Zeit. Als Stadler wieder hinausging, war es bereits dämmrig. Er hatte jedoch die Höhle am Vormittag betreten und hielt sich nach seiner Uhr gerade fünf Minuten in ihr auf. Fast unglaublich ist ein weiteres Erlebnis Wolfs: auf einer Wanderung rannte ihm ein nackter Mann mit einer Art Faustkeil entgegen. Der seltsame Mann erschrak, als er Stadler erblickte, ließ den Keil fallen und lief fort. Er besitzt noch heute diesen Keilstein, den Forscher als steinzeitliches Werkzeug identifizierten. War Wolf Zeuge eines Zeitphänomens geworden, bei dem sich eine Tür zwischen unserer Gegenwart und einer prähistorischen Epoche öffnete und ein Mensch der Vorzeit hindurchgekommen war? Burkhart Heim wird es gerne hören. Bestätigt sind Stadlers Erfahrungen auch durch den kleinen Ingomar von Lex, der 1956 während einer Wanderung mit seinem Vater verschwand und erst nach mehreren Stunden wieder gefunden wurde. Er erzählte, dass er von einem seltsam durchsichtigen und freundlichen Wesen in den Berg geführt wurde, zu essen erhielt und dann wieder nach draußen gebracht wurde. Für das Kind waren nur etwa 20 Minuten vergangen, doch war es für den Vater fast sechs Stunden verschwunden.

So steht der Untersberg auch heute voller Rätsel und Geheimnisse vor uns. Nicht von ungefähr nannte ihn der Dalai Lama im Jahr 1992 nach einem Besuch das ›Herzchakra Europas‹.

Eine schöne Zusammenstellung wesentlicher Sagen-Topoi des Untersberges und deren kulturhistorischen Hintergründe gibt das Buch des Geologen und Volkskundlers Christian F. Uhlir ›Im Schattenreich des Untersbergs‹ (→ Literaturverzeichnis).

Um den Untersberg

Der machtvolle Block des Untersbergs, der im Westen und Südwesten das Salzburger Becken begrenzt, liegt auf der Grenze zu Bayern und stellt den Nordausläufer der Berchtesgadener Alpen dar. Jäh stürzen seine Flanken im Osten mit fast 1350 Meter Gefälle annähernd senkrecht zum Salzachtal und nach Gröding ab. Wie Kyffhäuser und Brocken ist er einer der großen mythischen Berge der deutschen Sagenwelt. Das mag davon herrühren, dass diese Ecke am Rand der Alpen, am Übergang in das Tiefland, durch die Jahrtausende nacheinander von verschiedenen Völkern besiedelt war, es eine uralte Kulturlandschaft ist, die die Sage mit allerlei seltsamen Wesen bevölkert, in der etwa große Herrscher auf ihre Wiedererweckung warten. Zur mythischen Aura mag auch die teilweise Unzugänglichkeit des Massivs für die Menschen früherer Jahrhunderte beigetragen haben, das Bewusstsein um endlose Höhlen, die sich zu unbekannten und unerreichbaren Orten tief im Bergesinneren hinziehen und als Heimat von Feen und Geistern, Riesen und Dämonen angesehen wurden (→ Extra S. 133).

Wanderungen zum und auf den Untersberg

Von St. Leonhard fährt man mit der Kabinenbahn in etwa 20 Minuten von der Talstation der Untersbergbahn (www.untersbergbahn.at) zur Bergstation auf 1776 Meter Höhe; sie liegt nahe des Geierecks (1805 m). Die Seilbahn wurde von 1957 bis 1961 gebaut.
Wer zu Fuß auf den Untersberg und sein Plateau gehen möchte, kann das auf zwei traditionellen Routen machen, Ausgangspunkt ist der Parkplatz Rosittenstraße (461 m) etwa 500 Meter südlich der Straße Grödig–Großgmain nahe der Burg Glanegg. An der Brücke über den Rosittenbach verzweigt sich der Weg. Die linke (östliche) Trasse ist der sogenannte **Dopplersteig**. Über ein Teilstück mit vielen hundert Holzstufen geht es zum Taxhamer Kreuz (1560 m) und weiter an der Kolowratshöhle (1550 m) vorbei zum Zeppezauerhaus (1664 m). Mit mittlerer Kondition ist diese Tour in 4,5 Stunden zu schaffen. Die andere Mög-

Das 1805 Meter hohe Geiereck ist eine der höchsten Erhebungen des Untersbergmassivs

lichkeit, wenn man an der Verzweigung bei der Rossittenbrücke den linken Weg (**Reitweg** genannt) nimmt, ist vielleicht etwas weniger schwierig, benötigt aber in etwa die gleiche Zeit. Am Zeppezauerhaus kommen Doppler- und Reitweg wieder zusammen. Vom Zeppezauerhaus kann man weiter aufsteigen: in 20 Minuten zum Geiereck und zur Bergstation der Untersbergbahn und in weiteren 20 Minuten zum **Salzburger Hochthron** (1853 m), der höchsten Erhebung des Untersbergs auf salzburgischem Gebiet. Von dort bzw. der Bergstation lässt es sich gut weiter zur **Schellenberger Eishöhle** (https://eishoehle.net) wandern. Sie liegt auf 1453 Meter Höhe, schon auf bayerischem Gebiet, und gilt als die größte Eishöhle Deutschlands. 2,5 Stunden braucht man von der Bergstation der Untersbergbahn bis zur Höhle. Die Höhle ist auch von Marktschellenberg her erreichbar, doch müssen von hier gut 1200 Höhenmeter bewältigt werden. Wer die Eishöhle besuchen will, sollte dies ausschließlich via Untersbergbahn machen.

Untersberger Marmor

Der Untersberger Marmor, der bei Fürstenbrunn am Nordhang des Massivs gebrochen wird, ist kulturgeschichtlich bedeutend. Ein weiterer wichtiger Steinbruch ist der von Adnet bei Hallein im Tennengau. Geologisch gesehen, ist es in beiden Fällen kein Marmor im engeren Sinn, sondern ein kompakter Kalkstein, der nur wegen seiner verbreiteten Nutzung als wichtiges Werk- und Dekormaterial diesen etwas edleren Namen bekommen hat. Dabei besteht keineswegs der Untersberg in Gänze aus diesem Gestein, nur eine 35 bis 40 Meter dicke Schicht streicht bei Fürstenbrunn und Glanegg an der Nordseite des Berges aus, wie Geologen sagen.

▲ Karte: vordere Umschlagklappe

Die Gesteine des Untersbergs entstanden vor etwa 100 Millionen Jahren aus Meeresboden des sogenannten Tethys-Meers, dem Ur-Mittelmeer, gelegen zwischen den Kontinentalplatten Afrikas und Europas. Die Ablagerungen am Meeresboden waren überwiegend kalkige Substanzen: Kalksedimente, entstanden durch Schalenreste von Lebewesen, Korallen, dazu kam noch Ton. Vereinfacht dargestellt: Afrika schob sich mit maximal 5 cm/Jahr nach Norden, verengte den Meeresraum, wodurch der Boden nach und nach verfaltet wurde und presste ihn teilweise unter die europäische Platte. Die Ablagerungen gerieten unter bestimmten, aber nicht zu hohen Druck und wurden verfestigt, kompaktiert. Diese Auf- und Unterschiebungen und Verfaltungen (man denke an ein Tischtuch, das von einer Seite her wellig aufgeschoben wird) ließen also einzelne Meeresbereich verschwinden, an anderer Stelle Becken aufbrechen, in die wieder Meereswasser fließen konnte. So war dann vor etwa 85 Millionen Jahren viel des vormaligen Meeresbodens zu Kalk- und Tongesteinen verfestigt (die Nördlichen Kalkalpen waren entstanden) und ragte vielerorts als Inseln aus dem an der Nordseite neu gebildeten ›Gosau-Meer‹. Die Brandung dieses Meers nagte am Klotz des Untersbergs und ließ seine Gesteine erodieren, sie gelangten in wechselnder Brockengröße wieder ins Meer und wurden dort ufernah wieder abgelagert und verfestigt. Das neu entstandene Material war also inhomogen und voller mehr oder weniger gerundeter Bruchstücke, es war ein sogenanntes Brandungskonglomerat, wie der geologische Terminus lautet. Oberhalb und unterhalb von diesem konnten sich auch sandige und tonige Schichten bilden. Der Untersberger Marmor ist ein feinkörnig-kompaktes, fossilfreies ehemaliges Brandungskonglomerat.

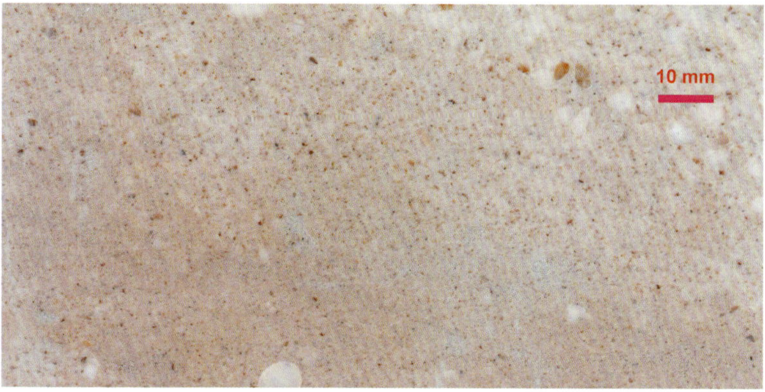

Ein Stück Untersberger Marmor

Nicht alle Kalkgesteine eines älteren Meeresbodens erlitten diese Historie. Je nach lokaler Auffaltungssituation konnten sie auch in tiefere Krustenbereiche geraten und dort erhöhten Drucken und Temperaturen (ab 2 kbar, ab 300 Grad) in größeren Erdtiefen ausgesetzt sein. Dann erfolgt in Tiefen ab etwa 3 Kilometern ein ›Umbacken‹, ein Umkristallisieren in festem Zustand, womit aus Kalkstein der feinkristalline und feste, somit gut bearbeitbare Marmor entsteht. Dieser Vorgang, der alle Gesteine je nach plattentektonischer Situation betreffen kann, wird Metamorphose genannt. Sie umfasst Druckbereich von 2–12 kbar und Temperaturen von 200–800 Grad, darüber hinaus erfolgt im Allgemeinen eine Aufschmelzung. Das ursprünglich abgelagerte lockere Ausgangsmaterial am Meeresboden kann neben dem Hauptbestandteil Calciumcarbonat auch Ton, Eisenoxid, organische Substanzen enthalten, die bei der Verfestigung zum Kalkstein bzw. der Umkristallisation zum Marmor erhalten bleiben (diese damit färben) oder auch umgewandelt werden. So kann während der Metamorphose aus Ton das Mineral der Granatgruppe entstehen, aus organischen (kohligen) Substanzen Graphit, aus Eisenoxiden ebenfalls Granat, immer davon abhängig, was alles an Elementen und wie viel neben dem Calcium aus den Kalken noch vorhanden ist. Das alles bestimmt letztlich Färbung und detaillierten Mineralbestand eines Marmors.

Zusammengefasst: Die Untersberger Kalksteine sind-obwohl sie Konglomerate sind- verhältnismäßig fest, feinkörnig und dicht, womit sie Marmorqualitäten aufweisen, wenngleich sie petrographisch nur gewöhnliche Kalke sind, abgelagert in einem Flachmeer vor etwa 100–80 Millionen Jahren. Dieser Meeresboden wurde bei der Alpenfaltung zusammengequetscht und emporgehoben, die veränderten Drucke verfestigten den Kalk, waren aber nicht hoch genug, um einen wirklichen Marmor per definitionem entstehen zu lassen. Da Kalke in bestimmter Menge wasserlöslich sind, konnte sich seit den Zeiten der Heraushebung vor etwa 35–15 Millionen Jahren durch Regen- und sonstige migrierende Oberflächenwässer ein weitverzweigtes Höhlensystem herausbilden.

Das Untersberger Gestein wird seit der Römerzeit abgebaut – mit Unterbrechung durch die Jahre etwa zwischen

400 und 750, als es noch kein Salzburg und kein Iuvavum mehr gab. Er diente als Material nicht nur der Salzburger Großbauten (vor allem Dom und Mirabellgarten, Hellbrunn) sondern in ganz Österreich und Europa (Wien, Pestsäule; Regensburg, Walhalla; München, Justizpalast). Der Sarkophag Otto von Bismarcks in Friedrichsruh ist ebenso aus Untersberger Marmor gehauen.

Wals-Siezenheim

Wals, ein Teil der Gemeinde Wals-Siezenheim, ist zumindest Autofahrern durch die Raststätte Walserberg bekannt. Hier, an der Autobahn A 8, verläuft die Grenze zwischen Bayern und Österreich und staut sich seit 2015 wegen der Grenzkontrollen der Verkehr.

Das Gemeindegebiet ist stark von Industriebetrieben geprägt, dennoch besitzt es Sehenswürdigkeiten. Einen Besuch lohnt beispielsweise **Schloss Kleßheim** im Ortsteil Siezenheim. Es war ursprünglich ein barocker Landsitz der Salzburger Bischöfe, der nach Plänen des Johann Bernhard Fischer von Erlach um 1720 vollendet wurde. Charakteristisch ist in der Mitte der erhöhte Festtrakt mit seiner Kuppel. Der **Schlosspark** ist ale englischer Garten angelegt. Nach 1938 diente das Schloss der Reichsregierung für Empfänge. So waren hier die Staatschefs damals befreundeter Länder wie Benito Mussolini, Ion Antonescu und Miklós Horthy oft zu Gast. Von 1945 bis 1956 war hier die amerikanische Militärverwaltung untergebracht. Heute ist das Schloss staatliches Spielcasino. Angeblich soll Adolf Hitler geplant haben, nach dem ›Endsieg‹ von Kleßheim aus der Welt seinen Frieden zu verkünden und seine neue Weltordnung zu deklarieren.

Schloss Kleßheim

▲ Karte: vordere Umschlagklappe

In **Loig** direkt am Westrand des Flughafens wurde 1815 ein 220 Meter langer römischer Villenkomplex ausgegraben. Das dabei gefundene grandiose Fußbodenmosaik, das die Theseus-Sage darstellt, befindet sich heute im Kunsthistorischen Museum Wien. Das Ausgrabungsgelände ist seit langem verfüllt und überbaut, nur ein schwer zu findender Gedenkstein (Straße Am Römerfeld) erinnert daran.

Im Süden der Gemeinde, nahe der Autobahn, fand vom 12. bis zum 14. Dezember 1800 die Schlacht am Walserfeld statt. Die Franzosen besiegten während der damaligen Koalitionskriege mit 60 000 Mann das 43 000 Mann zählende Heer der Österreicher und besetzten in der Folge Salzburg. Die Schlacht gilt als größte, die je auf salzburgischem Boden ausgetragen wurde. Ein **Denkmal** mit einem stilisierten Bischofsstab aus Untersberger Marmor erinnert daran; die Zufahrt ist von der B 1 oder von Gois aus jeweils via Ederweg möglich.

Berühmt ist der sogenannter Walser Birnbaum (Birnbaum auf dem Walserfeld). Einer vielzitierten Sage nach soll 1564 ein gewisser Lazarus Gitschner, Knecht des Stadtschreibers von Reichenhall, auf seinem Sterbebett berichtet haben, dass ihm einst ein Mönch das Innere des Unterberges gezeigt habe. Dabei habe dieser ihm von einem Birnbaum am Fuß des Berges erzählt, bei dem einmal eine große Schlacht stattfinden werde. Ob ein solcher Baum im 16. Jahrhundert auf dem Walserfeld gestanden hat, ist nicht belegbar. Gesichert ist aber, dass im 19. Jahrhundert ein großer Birnbaum existierte, den 1872 böse Buben absägten. Ein neuer Birnbaum wurde 1887 gepflanzt, er ist seit 1932 als Naturdenkmal ausgewiesen, existiert bis heute, ist aber von Pilzen befallen. Neben dem erwähnten Schlachtdenkmal am Ederweg steht daher seit 2015 ein neuer Birnbaum. Im Jahr 476, als der Germanenfürst Odoaker auf dem Walserfeld gegen die Römer zog, soll hier ein Birnbaum gestanden haben, unter dem sich eine Hinrichtungsstätte der Römer befand. Odoaker nahm Samen dieses Baumes mit nach Germanien, womit er Stammvater aller späteren deutschen Birnbäume wurde. Eine weitere Sage berichtet, dass auf dem Walserfeld Karl der Große, wenn er im Untersberg erwacht ist, einst die Endschlacht zwischen Gut und Böse schlagen wird. Ein stilisierter Birnbaum aus Bronze steht inmitten des Kreisverkehrs an der B 1, unmittelbar vor der Autobahnauffahrt Salzburg-West.

Großgmain

Großgmain, in der äußersten Westecke des Salzburger Landes und der Grenze zu Bayern gelegen, überrascht mit einer Fülle von Sehenswürdigkeiten. Der Weißbach teilt Gmain in ein Bayerisch Gmain und in das österreichische Großgmain. Sehenswert ist die Innenausstattung der **Pfarr- und Wallfahrtskirche** mit ihren Tafelbildern des Meisters von Großgmain, vor allem aber das Gnadenbild, eine rot-weiß-blaue Madonnenfigur aus der Zeit um 1400.

Ein Kuriosum stellt der **Marienbrunnen** von 1646 vor der Kirche dar: die Madonnenfigur von 1693 ist als Doppelfigur gestaltet und lässt aus ihren vollkommen

Museumseisenbahn im Salzburger Freilichtmuseum

geformten Brüsten Wasser verströmen. Die Darstellung Marias als milchspendende Mutter (Maria lactans) war im 17. Jahrhundert nicht selten.

Die **Plainburg** am östlichen Ortsrand, eine fürstbischöfliche Grenzburg, geht auf das 12. Jahrhundert zurück, wurde aber Ende des 18. Jahrhundert aufgegeben und verfiel. Heute sind nur die Außenmauern und ein Innenhof mit Tor erhalten. Die Anlage ist bis auf die Wintermonate frei zugänglich. Sie lohnt wegen des schönen Blicks von der Aussichtsplattform den Besuch.

Auf dem Friedhof von Großgmain ist der Josef Meinrad (1913–1996) beigesetzt. Meinrad, jahrzehntelang am Wiener Burgtheater, mehrfach ausgezeichneter Kammerschauspieler und von 1959 bis zu seinem Tod Träger des Iffland-Rings, wurde in Wien geboren, aber später in Großgmain ansässig, wo er auch starb. Ebenso liegt hier Edith Einzinger (1931–2010) begraben. Unter ihrem Künstlernamen Lolita erlangte sie vor allem in den 1950er und 1960er Jahren große Popularität, ihr bekanntester Schlager ist ›Seemann, deine Heimat ist das Meer‹.

Zu den meistbesuchten Attraktionen des Bundeslandes Salzburg gehört das **Salzburger Freilichtmuseum.** In der wunderschönen Landschaft am Westfuß des Untersbergs sind in diesem Museum 50 originale salzburgische Bauerngehöfte aus allen Gauen des Landes versammelt, deren Bausubstanz teils bis auf das 17. Jahrhundert zurückgeht. Ein besonderes Vergnügen bietet die **Museumseisenbahn** – mit historischem Bahnhof der Tauernbahn -, mit der man durch das weitläufige Museumsdorf fahren kann. Es ist eines der Top-Reiseziele im Land.

Vom Gaisberg zum Walserfeld

Tourismusverband Elsbethen, Vorderfager 6a, 5026 Elsbethen, Tel. 0662/629165. www.elsbethen.info

Tourismusverband Grödig, Gartenauer Str. 8, 5083 St. Leonhard (Ortsteil von Grödig), Tel. 06246/73570. www.groedig.net

Tourismusverband Großgmain, Salzburger Str. 250, 5084 Großgmain, Tel. 06247/8278. www.grossgmain.info

Gasthof Seidlwirt, Goldensteinstr. 11, 5061 Elsbethen, Tel. 0662/622124. Ausgezeichnetes Esslokal, berühmt sind die Marillen-Palatschinken.

Gasthaus Überfuhr, Überfuhrstr. 2, 5061 Elsbethen, Tel. 0662/623469; p. P. im DZ 48 Euro. Sehr schöner Gastgarten. www.ueberfuhr-elsbethen.at

Schlosswirt, Salzachtalbundesstraße 7, 5081 Anif, Tel. 06246/72175, Zimmerpreise auf Anfrage. Traditionelles, edles Haus, auch Karajan verkehrte hier. www.schlosswirt-anif.at

Gasthof Schorn, St.-Leonhard-Str. 1, 5083 St. Leonhard (Grödig), Tel. 06246/72334; p. P. im DZ ab 57 Euro. Sehr gute Lage fast unmittelbar an der Talstation der Untersbergbahn, hervorragend als Ausgangspunkt für Salzburg-Erkundungen geeignet, direkte Busverbindungen gleich am Haus. www.gasthofschorn.at

Gasthof Simmerlwirt, St.-Leonhard-Str. 2, 5083 St. Leonhard (Grödig), Tel. 06246/72466; p. P. im DZ 39 Euro. Schöne historische Gaststube. www.simmerl.at

Gasthof Racklwirt, Schützenstr. 15, 5082 Grödig, Tel. 06246/72267; p. P. im DZ 40 Euro. Eigene Landwirtschaft. www.gasthof-racklwirt.at

Hotel Vötterl, Salzburger Str. 54, 5084 Großgmain, Tel. 06247/8203; p. P. im DZ 45–55 Euro. Preisgünstige Mittagsmenüs, überhaupt gut. www.voetterl.at

Pulvermacher-Museum Elsbethen, Johann-Herbst-Str. 35, 5060 Elsbethen (Glasenbach), Tel. 0676/3158590; April–Okt. Mi und So 10–12 und 14–17 Uhr oder nach Vereinbarung. Themen: Pulverherstellung, Naturgeschichte und bäuerliches Leben des Elsbethener Gebiets. www.pulvermacher-museum.at

Untersbergmuseum, Kugelmühlweg 4, 5083 Fürstenbrunn, Tel. 06246/76411 bzw. 0664/73701789, Mai–Okt. Sa/So 13–18 Uhr, Nov. und Dez. sowie März/April Sa/So 13–17 Uhr. U. a. Brauchtum und Sagenwelt des Untersbergs, Geschichte des Untersberger Marmors, Kugelmühle und Fossilienausstellung. https://untersbergmuseum.net

Radiomuseum, Hauptstr. 3, 5082 Grödig, Tel. 06246/72857; Mi 15–19 Uhr und nach Vereinbarung. 250 Exponate: Radios, Detektorgeräte, Lautsprecher, Volksempfänger etc. https://radiomuseum-groedig.at

Salzburger Freilichtmuseum, Hasenweg 1, 5084 Großgmain, Tel. 0662/850011; April–Nov. Di–So 9–18 Uhr. Mehr als 50 Originalbauten salzburgischer bäuerlicher Gehöfte, teils aus dem 17. Jahrhundert, ein historischer Bahnhof der Tauernbahn, Museumseisenbahn. www.freilichtmuseum.com

Karte: **Kompass Wanderkarte 291 Salzburg und Umgebung**, Maßstab 1:50000.

▶ Karte: vordere Umschlagklappe

Auch alte Gerätschaften gibt es im Freilichtmuseum Salzburg zu bestaunen

Der Flachgau zieht sich im Dreiviertelkreis um die Landeshauptstadt herum. Die Region erhielt ihre landschaftliche Gestalt nicht zuletzt durch Gletscherkräfte und ist durch weite Ebenen, Hügelketten und beschauliche Seen bestimmt. Das macht sie für Wander- und Wasserfreunde gleich attraktiv – und die Kulturstadt Salzburg liegt überall so nahe.

Am Mattsee

DER FLACHGAU

Der Flachgau

Der Norden des Salzburger Landes wird Flachgau genannt. Er erstreckt sich zwischen der Salzach im Westen, der Grenze zu Oberösterreich im Norden, den größeren Seen des Salzkammerguts im Osten und dem Untersbergmassiv im Süden. Dieser nördlichste der fünf traditionellen Gaue des Landes Salzburg ist aber nur in der näheren Umgebung der Salzach flach; die anderen Regionen sind durchaus hügelig oder sogar bergig. Natürlich ist die Landschaft nicht annähernd mit den Bergen des Salzburger Südens vergleichbar, aber immerhin erreicht der Flachgau im Norden mit dem Haunsberg 835 Meter. Der Untersberg, sein südwestlicher Eckpfeiler und bereits den Alpen zugehörig, ist fast 1900 Meter hoch.

Die Stadt Salzburg gehört geographisch zum Flachgau, wird aber zusammen mit ihrer näheren Umgebung aus reisepraktischen Gründen in diesem Buch in einem separaten Kapitel behandelt. Der Flachgau, der seinen Namen erst im 19. Jahrhundert erhielt, deckt sich administrativ mit dem Politischen Bezirk Salzburg Land, die Stadt Salzburg besitzt ein eigenes Statut.

Oberndorf und Umgebung

Der Westen des Flachgaus, entlang der Salzach, ist zumindest in der Nähe zur Landeshauptstadt Salzburg und nahe den Autobahnen nach München, Wien und Villach ein teilweise stark industrialisierter Raum; vor allem mittelständische Betriebe existieren hier. Das heißt nicht, dass es hier keine Sehenswürdigkeiten oder bezaubernde Landschaften gibt. Mit dem Haunsberg und der Stadt Oberndorf findet man hier ganz im Gegenteil zwei besondere touristische Attraktionen.

Von Maria Plain zu den Salzachauen

Verlässt man Salzburg in nordwestlicher Richtung über die B 156, ragt gleich hinter der Autobahnunterquerung auf dem 530 Meter hohen Plainberg die **Wallfahrtskirche Maria Plain** mit ihren zwei gedrungenen Türmen auf. Der Name Plainberg ist wohl von ›plaga‹ abgeleitet, was in mittelalterlichem Latein soviel wie Abhang bedeutet. Giovanni Antonio Dario vollendete 1674 den im Auftrag des Salzburger Fürsterzbischofs Max Gandolf von Kuenburg (1622–1687) geschaffenen einschiffigen Bau. Das Innere ist ausnehmend prächtig und farbenfroh gestaltet: der Hochaltar zeigt im Altarblatt Mariae Himmelfahrt, das Oberbild zeigt die Heilige Dreifaltigkeit. Davor befindet sich das Gnadenbild, das ein unbekannter Meister um 1630 im niederbayerischen Regen schuf und das bei einem Brand eines dortigen Bürgerhauses völlig unversehrt blieb. Damit kam es in den Ruf besonderer Wundertätigkeit und wurde von der Adelsfamilie Grimming erworben, über die es in die von ihnen gestiftete Kirche Maria Trost in Nesselwang (Allgäu) gelangte. 1676 ließ es Max Gandolf aus Bayern nach Maria Plain überführen, nachdem in Folge eines komplizierten politischen Streits die Grimminge auf das Bild verzichtet hatten. Das Bild zeigt eine gekrönte Maria, die eine Windel hält, auf der das gekrönte, nackte Jesuskind die Hände nach der Mutter ausstreckt.

Prächtig ist auch das Kirchenäußere: die vier Nischen in der Turmfassade außen zeigen die vier Evangelisten, im Giebel des Mittelportals erkennt man das Wappen des Fürsterzbischofs Max Gandolf.

Acharting

Im Antheringer Ortsteil Acharting – etwa sieben Kilometer nördlich von Maria Plain – befinden sich mit dem Brauereigasthof Raggei und dem Hotel-Restaurant Ammerhauser zwei der großen Gourmettempel des Salzburger Landes.

Die nahen Moorgebiete lassen hier eine ganz eigene Kulinarik entstehen, die in der Küche des Hotels Ammerhauser eine wichtige Rolle spielt. »Wir verwenden das sogenannte Trinkmoor, das die Firma Sonnenmoor aus dem Moor herstellt, für unsere Speisen, zum Kochen und Braten", erläutert der Küchenchef Gert Seebauer. Dieses kostbare Naturprodukt enthalte wertvolle Mineralstoffe sowie Spurenelemente und entfalte seine gesunden Wirkstoffe in köstlichen Speisen wie den hausgemachten Moornudeln, den Moor-Spätzle oder dem Moor-Risotto, so der Erfinder der österreichweit einzigartigen Moor-Gerichte. Die Restaurantgäste seien begeistert, auch von den himmlischen Nachspeisen wie Moor-Palatschinken mit Zitronentopfen oder Moor im Hemd. Und wem abends vor dem Zubettgehen noch nach einem Drink an der Bar verlangt, dem empfiehlt das Hotel Ammerhauser ein zur Vollmondnacht gebrautes Moor-Bier der Raggei-Brauerei oder als besondere Spezialität ein Glas Moor-Bier-Brand der Edelbrennerei Dürnberger. Und für zu Hause sollte man sich von der Antheringer Traditionsbäckerei Schmidhuber unbedingt ein saftiges Moor-Brot einpacken lassen.

Bei Anthering beginnen die als Natura 2000-Gebiet ausgewiesenen **Salzachauen**, die sich zunächst bis nach Oberndorf hinziehen, aber auch weiter flussabwärts bis zur Landesgrenze bei St. Georgen anzutreffen sind. Sie stehen wegen ihrer besonderen Fauna und Flora unter Schutz: Vögel wie der Pirol, der im Auwald brütet, seltene Amphibien wie Gelbbauchunke und Kammmolch, Fledermäuse wie der Große Abendsegler und die Mopsfledermaus sowie besondere Insekten wie der Scharlachkäfer, der unter der Rinde morscher Bäume lebt. Man unterscheidet in solchen Auenlandschaften eine ›weiche Au‹, die häufiger überflutet wird, und eine ›harte Au‹, die nur selten überschwemmt wird. Typische Bäume der weichen Au sind Grauerle, Silberweide und Schwarzpappel, charakteristisch für

Die Kaiserbuche, rechts die Pyramide mit der Nachbildung der Kaiserkrone

▲ Karte S. 146

die harte Au sind Stieleiche und Esche. Auch auf der bayerischen Seite der Salzach findet man solche Aulandschaften.

Auf und um den Haunsberg

Der 835 Meter hohe, flache Haunsberg bestimmt landschaftlich den westlichen Flachgau. Der Berg ist südlicher Endpunkt eines etwa zehn Kilometer langen Höhenrückens, der sich von Berndorf, nahe der Grenze zu Oberösterreich, südwärts zieht. Der Haunsberg trennt das Salzachtal vom östlich gelegenen Salzburger Seenland um Mattighofen. Er ist als Ausflugsziel viel besucht. Man kann mit dem Auto zwar nicht zu seinem Gipfel fahren, doch immerhin bis zu jener legendären **Kaiserbuche** auf 766 Metern, in deren Nähe auch das viel besuchte **Gasthaus Kaiserbuche** steht. Das Attribut ›Kaiser‹ bezieht sich ausnahmsweise einmal nicht auf den in ganz Österreich unvermeidlichen Sisi-Gatten Franz Joseph, sondern auf den historisch bedeutenderen Kaiser Joseph II. (reg. 1780–1790), der sich auf dem Haunsberg am 28. Oktober 1779 aufgehalten hat. Mit dem Ende des Bayerischen Erbfolgekriegs kam das bis dahin bayerische Innviertel an Österreich – und man sagt, Joseph habe von hier seine neuen Ländereien überblicken wollen. 1791 wurde im Gedenken an seinen Aufenthalt eine Rotbuche gepflanzt, 1865 kam aus gleichem Grund noch eine Steinpyramide hinzu, an deren Spitze eine Nachbildung der Kaiserkrone des Heiligen Römischen Reichs angebracht wurde. Die originale Buche stand bis August 2004, als sie, bereits durch Pilzbefall und hohes Alter geschwächt, von einem Sturm entwurzelt wurde. Sie wurde zersägt, einige Scheiben bekamen die lokalen Heimatmuseen. Otto von Habsburg, der Sohn des letzten österreichischen Kaisers, pflanzte 2005 eine neue Buche. Böse Buben rissen den jungen Baum 2008 heraus, 2009 wurde ein neuer Baum gepflanzt, der jetzt von einem Zaun umgeben ist. Gleich daneben steht die **Kaiser-Franz-Joseph-Jubiläumskapelle** von 1898.

Am Weg von hier zum Haunsberggipfel steht die VEGA-Sternwarte, die die österreichische Logistikfirma VEGA sponsorte Es ist eine der leistungsstärksten öffentlichen Anlagen zur Himmelsbeobachtung in Europa, die das ›Haus der Natur‹ betreibt, das Salzburger Museum für Natur und Technik (www.hausdernatur.at). Ein **geologischer Lehrpfad** zieht sich von der Kaiserbuche über den Haunsbergrücken nordwärts bis Nußdorf, der südlich des Ortes gelegene Kroisbachgraben bei Großolching ist als Geotop wegen seiner tertiären Fossilien bekannt.

Sehr sehenswert ist die unweit oberhalb des Dorfes **Schlößl** gelegene, prächtig ausgestattete barocke Kirche **St. Pankraz am Haunsberg**. Sie ist die umgebaute und erweiterte Burgkapelle der **Burg Haunsperg**, die als Ruine oberhalb der Kirche steht. Die Haunsperger existierten seit etwa dem Jahr 1000 und gehörten zu den ältesten Salzburger Adelsfamilien, der letzte Haunsperger starb 1774. Ihr kunstreiches Wappen ist an der Kirche zu sehen. Die Ruine ist für Besucher betrüblicherweise nicht zugänglich.

Oberndorf

Die 5800-Einwohner-Stadt Oberndorf wird wegen eines ganz besonderen kulturgeschichtlichen Faktums von Touristen aus aller Welt besucht: hier wurde 1818 erstmalig das später weltberühmte Weihnachtslied ›Stille Nacht‹ aufgeführt. Oberndorf und sein bayerisches Pendant auf der linken Salzachseite, Laufen, gehörten einst zusammen, Oberndorf war dabei der Vorort des durch Salzhandel und Schifffahrt vermögenderen und weitaus prächtigeren Laufen, in Oberndorf

Die Salzachbrücke mit den bayrischen und salzburgischen Landeswappen

wohnten dabei die ärmeren Schifferknechtfamilien. In Folge des Bayerischen Erbfolgekriegs (1778/79) kam das bis dahin bayerische Innviertel an Habsburg. Die bayerisch-österreichischen Beziehungen gerieten durcheinander, langjährige Spannungen waren die Folge, insbesondere als durch die Napoleonischen Kriege und Wirren das Fürsterzbistum Salzburg aufgelöst wurde und Bayern Ansprüche auf dessen Territorium erhob. Österreich dagegen erhob Anspruch auf das 1809 im Frieden von Schönbrunn wieder an Bayern verlorene Innviertel. Erst nach dem Wiener Kongress gelang es beiden Parteien, eine ausgleichende Regelung zu finden. Mit dem Vertrag von München vom 14. April 1816 wurde beider Verhältnis normalisiert, doch kam es erneut zu größeren Gebietsveränderungen. Unter anderem ging das Innviertel ging wieder an Österreich, das bis dahin salzburgische Laufen wurde aus Salzburg herausgelöst und ging an Bayern.

Der Wohlstand Laufens und Oberndorfs ging im 19. Jahrhundert zurück. Das Salz wurde jetzt vorwiegend mit der Eisenbahn transportiert, die Schifffahrt spielte eine immer geringere Rolle.

Oberndorfs Ortsmitte befand sich einst an anderer Stelle als heute, nämlich etwa einen Kilometer nordwärts, genau an der scharfen Umbiegung des Salzachflusses. Die Lage an dieser Schleife hatte zur Folge, dass bei Hochwasser die gewachsene Wassermenge nicht vom Flussbett innerhalb der Biegung aufgefangen werden konnte, sondern geradeaus strömte und damit Oberndorf überschwemmte. Nach zwei Hochwasserkatastrophen 1897 und 1899, mit denen Oberndorfs alter Ortskern zum wiederholten Male zerstört wurde, entschied man sich, die Stadt etwa einen Kilometer weiter südlich wieder aufzubauen. Mit neuer Salzachbrücke und neuer Kirche entstand Oberndorf ganz neu.

Das alte Oberndorf befand sich um die Schöffleutgasse und die Alte Landstraße, genau dort, wo sich heute der ›Stille-Nacht-Bezirk‹ und die Stille-Nacht-Kapelle sowie das Stille-Nacht-Museum befinden. In Oberndorfs **St.-Nikolai-Kirche** (Schifferkirche) wurde am Weihnachts-

▲ Karte S. 146

tag 1818 ein einfaches Lied erstmals gesungen. Die Worte stammten vom Hilfspfarrer Joseph Mohr (1792–1848), die schlichte, anrührende Weise von Franz Xaver Gruber (1787–1863), der Lehrer im nahen Arnsdorf gewesen ist. Die alte Schifferkirche St. Nikolai fiel den Überschwemmungen zum Opfer und wurde nicht mehr aufgebaut, doch auf dem noch deutlich erkennbaren Schutthügel der abgerissenen Kirche entstand 1937 mit der Stille-Nacht-Kapelle ein besonderer Gedenkbau. Jedes Jahr gibt es hier an Heiligabend um 17 Uhr eine Messe, während der ›Stille Nacht‹ in allen möglichen Sprachen gesungen wird. Der Kapelle gegenüber steht der ehemalige **Wasserturm** von 1510. Auf der anderen Seite der Kapelle befindet sich das **Stille-Nacht-Museum**, das sich der Kulturgeschichte des Liedes angenommen hat, es ist gleichzeitig auch das Oberndorfer **Heimatmuseum**.

Geht man von diesem ›Stille-Nacht-Platz‹ auf die Promenade auf dem **Salzachdamm**, kommt man an einigen hier aufgestellten römischen Säulenfragmenten vorbei. Vom Damm hat man einen eindrucksvollen Blick auf die **Altstadt von Laufen** und deren gewaltige gotische Stiftskirche Mariä Himmelfahrt.

Auf dem Damm kann man südwärts bis zur **Salzachbrücke** spazieren. Die eindrucksvolle Eisenkonstruktion mit Jugendstilelementen wurde 1903 vollendet und zählt zu den schönsten Brücken Mitteleuropas. Sie ist 166 Meter lang. An den Seiten der beiden Brückenpylone sind eindrucksvolle Tritonenmasken angebracht, in den oberen Querverstrebungen befinden sich je nach Richtung bayerische und österreichische Wappen. 60 Prozent der Brücke stehen auf bayerischem, 40 Prozent auf salzburgischem Gebiet. Nach diesem Verhältnis wurden seinerzeit die Baukosten und werden heute die Instandhaltungsaufwendungen getragen. Die Brücke hat ein kleines Gefälle Richtung Oberndorf, da das Laufener Ufer etwas höher liegt. Die Oberndorfer Brückenstraße verläuft durch das Anfang des 20. Jahrhunderts neu erbaute Stadtzentrum direkt auf die neue St. Nikolauskirche zu, 1907 vollendet und nicht unbedingt ein architektonisches Kleinod.

Sehenswert ist dahingegen die **Wallfahrtskirche Maria Bühel** im Nordwesten von Oberndorf, schon jenseits der Salzachschleife. Ihr Langhaus sowie die beiden ungewöhnlichen Doppelzwiebeltürme entstanden von 1670 bis 1673, das Querschiff und die Sakristei erst 1720. Das Gnadenbild ist die Kopie eines vermutlich von Hans Holbein d. J. stammenden Gemäldes. Dieses ließ der Dechant des Laufener Stifts 1663 bei einer Kreuzsäule aufstellen, die durchreisenden Salzschiffer hatten Gelegenheit zur Marienverehrung bekommen. Bald kam eine kleine Kapelle hinzu, die nach nur wenigen Jahren zur Wallfahrtskirche ausgebaut wurde – in allerschönster Lage. Am Fuß des Kalvarienbergs – hier befindet sich eine eindrucksvolle **Kapel-**

Blick von Oberndorf über die Salzach auf Laufen

le mit Nepomukstatue – verbindet der **Europasteg** Laufen und Oberndorf. An dieser Stelle befand sich vor dem Bau der neuen Brücke 1903 die einst einzige Brücke zwischen beiden Orten.

Laufen

Durchaus lohnend ist auch ein Spaziergang durch Laufen. Es hat in der Salzachschleife zwischen Rathausplatz und Pfarrkirche einen sehr schönen historischen Ortskern mit zahlreichen Häusern im Inn-Salzach-Stil aufzuweisen. Sehr sehenswert ist vor allem die schon erwähnte markante **Pfarrkirche**, die 1338 vollendet wurde und als älteste gotische Hallenkirche Bayerns gilt. Sie besitzt ein gewaltiges Satteldach, der romanische Turm stammt noch von einem Vorgängerbau. Im 17. und 18. Jahrhundert wurde die gotische Innenausstattung durch eine barocke bzw. spätbarocke ersetzt; besonders erwähnenswert ist der Hochaltar von 1775. Im 19. Jahrhundert erfolgte eine weitere, diesmal neugotische und sparsame Umgestaltung. Die Kirche wirkt im Inneren daher recht karg und nüchtern. Vom spätgotischen Hochaltar ist im Nordschiff eine Kreuzigungsdarstellung erhalten.

Das Sigl-Haus in St. Georgen, Sitz des Heimatmuseums

▲ Karte S. 146

Im Norden des Flachgaus

Zu den bei Touristen sicherlich unbekanntesten Gegenden Österreichs gehört der Norden des Flachgaus nahe der oberösterreichischen Grenze. Es gibt hier auch keine großen Sehenswürdigkeiten, doch einige interessante Naturdenkmale.

St. Georgen

Unmittelbar vor der Landesgrenze zu Oberösterreich liegt St. Georgen. Ein kleines **Museum** erinnert an den hier gestorbenen Dichter Georg Rendl (1903–1972), dessen Werke in naturalistischer Weise das Leben einfacher Leute in den 1920er und 1930er Jahren schildern. Er liegt auf dem St. Georgener Friedhof begraben. Im sogenannten ›Sigl-Haus‹ ist das lokale **Heimatmuseum** untergebracht, auch wechselnde Ausstellungen und Veranstaltungen finden hier statt. Westlich von St. Georgen existieren weitere **Salzachauen**, die sich nach Oberösterreich hinziehen.

Bürmoos

Die nähere Gegend um das spätere Bürmoos war als großteils unbegehbare Moorlandschaft bis vor etwa 200 Jahren unbesiedelt. Erst mit dem Torfabbau ab etwa 1850 erfolgt eine Besiedlung. In diesem Zusammenhang entstand der Ort Bürmoos, der bis in das 20. Jahrhundert hinein den Ruf hatte, das Armenhaus Salzburgs zu sein. Heute ist Bürmoos jedoch eine florierende Gemeinde.
Von dem ehemals sehr großen Moorgebiet gibt es einzelne noch vorhandene Teilmoore, eines davon, das **Bürmooser Moor** (Vogelschutzgebiet mit Themenweg), ist 74 Hektar groß. Der Torfabbau endete 2000, seither wird das Moor renaturiert. Georg Rendl hat den

Das Benediktinerstift Michaelbeuern

Moorbewohnern und Torfstechern des Bürmooser Moors in seinem Roman ›Die Glasbläser von Bürmoos‹ ein literarisches Denkmal gesetzt.

Zusammen mit dem nahen nördlich gelegenen **Weidmooser Moor** – hier befindet sich ein sehr begehenswerter Themenweg mit schönen Aussichtspunkten – und dem schon in Oberösterreich liegendem **Ibmer Moor** bildet das Bürmooser Moor Österreichs größte mehr oder minder zusammenhängende Moorlandschaft.

Arnsdorf

Die Gemeinde Arnsdorf besteht aus Ober- und Niederarnsdorf und ist durch ein besonderes Museum bekannt. Das frühere Wohnhaus Franz Xaver Grubers in Oberarnsdorf, damals gleichzeitig das Schulhaus, birgt heute ein weiteres ›Stille-Nacht-Museum‹. Als Gruber 1818 das Lied ›Stille Nacht‹ schuf, war er Lehrer in diesem Ort. Ab 1829 war er Lehrer in Berndorf, jenseits des Hausbergs. Dort gibt es zwar kein Museum für ihn, doch zumindest ein Denkmal.

Die gotische, um 1725 barockisierte **Wallfahrtskirche Maria am Mösl** gleich neben dem Museum hat ihren Namen von ›Moos‹, was Moor bedeutet. Es ist übrigens Tradition bis heute, dass sich jeder neue Salzburger Erzbischof auf eine Fußwallfahrt von Salzburg hierher begibt. Der Regisseur Axel Corti (1933–1993) lebte in Arnsdorf und ist hier auch beigesetzt. Er erlangte durch zahlreiche Film- und Fernsehproduktionen wie ›Jakob der Letzte‹ und vor allem ›Radetzkymarsch‹ nach Joseph Roth Bekanntheit.

Michaelbeuern

Über dem breiten Tal des Oichtenbachs erhebt sich das weithin sichtbare **Benediktinerstift Michaelbeuern**. Es wurde bereits im 8. Jahrhundert gegründet. Die heutigen Klostergebäude stammen aus dem 18. Jahrhundert, teils wurden mittelalterliche Bauten wie die Klosterkirche barockisiert. Das Kloster birgt heute ein Internat, daneben ist es Exerzitien- und Bildungshaus. Die Mönche sind auch als Seelsorger in den umliegenden Gemeinden tätig. Wie bei einem Benediktinerkloster üblich, sind hier auch verschiedene landwirtschaftliche Betriebe angeschlossen.

Die im Inneren schlichte Abteikirche besitzt einen durchaus eindrucksvollen Hochaltar von Meinrad Guggenbichler und einem Altarbild von Johann Michael Rottmayr, beides vollendet gegen 1691. Im Kirchenvorraum, über der ehemaligen Äbtegruft, befindet sich die spätmittelalterliche Grabplatte eines Abtes. Die Kirche weist noch ein romanisches Portal eines Vorgängerbaus auf. Der Turm besitzt einen ungewöhnlichen Stufengiebel. Die Stiftskellnerei gegenüber ist eine sehr zu empfehlende Einkehrmöglichkeit. Einen sehr schönen Blick auf Kloster und Tal hat man vom Kamm des Haunsbergzugs, an der Straße Dorfbeuern–Bernsdorf.

Überhaupt ist diese nördlichste Ecke des Salzburger Landes, obwohl sie nahe zur Landeshauptstadt liegt, weitab von deren Getümmel und dafür reich an stillen, sanften Landschaften, die poesievolle Besucher beglücken.

Oberndorf und Umgebung

Tourismusverband Anthering, Dorfstr. 1, 5102 Anthering, Tel. 06223/2279. www.anthering-info.at

Tourismusverband Oberndorf, Stille-Nacht-Platz 7, 5110 Oberndorf, Tel. 06272/4422. www.stille-nacht-oberndorf.com

Hotel-Restaurant Ammerhauser, Dorfstr. 1, 5102 Anthering, Tel. 06223/2204; Zimmerpreise auf Anfrage. Berühmt durch seine österreichweit einzigartigen ›Moor-Gerichte‹. www.ammerhauser.at

Raggei-Bräu, Oberacharting 17, 5102 Anthering, Tel. 06223/20396. Fantastische Biere aus eigener Herstellung (darunter ein nur zur Vollmondnacht gebrautes ›Moor-Bier‹), Brauereiführungen, bodenständige Küche. Tip des Autors. www.raggei.at

Stadthotel Oberndorf, Untersbergstraße 25, 5110 Oberndorf, Tel. 06272/20692; p. P. im DZ 60–80 Euro. Schönes Boutique-Hotel im Zentrum. www.stadthotel-oberndorf.at

Gasthof-Hotel Bauernbräu, Salzburger Str. 119, 5110 Oberndorf, Tel. 06272/5422; p. P. im DZ 45 Euro. www.hotel-altoberndorf.at

Landgasthof Oberarnsdorf, 5112 Oberarnsdorf Nr. 4, Tel. 06274/20816; p. P. im DZ ab 40 Euro. Einfacher, aber zufriedenstellender Landgasthof. www.landgasthof-oberarnsdorf.at

Gasthaus Stampfl (Bühelwirt), Maria-Bühel-Str. 1, 5110 Oberndorf, Tel. 06272/4367.

Stiftskellnerei Michaelbeuern, 5152 Michaelbeuern Nr. 2, Tel. 0650/5206010. Prächtiger Gasthof mit sehr schönem Gastgarten. www.kellnerei-miachelbeuern.at

Sternwarte am Haunsberg, Hochberg 3, 5162 Nußdorf, Tel. 0662/8426530; nur bei Dunkelheit, genaue Zeiten siehe Webseite. www.hausdernatur.at

Stille-Nacht-Museum Oberndorf, Stille-Nacht-Platz 5, 5110 Oberndorf, Tel. 06272/21660; 7. Jan.–April Fr–So 10–18 Uhr, Mai/Juni Do–So 10–18 Uhr, Juli–Okt. Di–So 10–18 Uhr, Nov.–6. Jan. tägl. 10–18 Uhr.

Stille-Nacht-Kapelle; tägl. 8–20 Uhr.

Georg-Rendl-Museum, Georg-Rendl-Weg 6, 5113 St. Georgen, Tel. 06272/8148 oder 06274/6805; Mai–Okt. nach Vereinbarung.

Heimatmuseum Sigl-Haus, Siglhausweg 1, 5113 St. Georgen, Tel. 0664/5322191; So 14–17 Uhr. www.sigl-haus.at

Stille-Nacht-Museum Arnsdorf, Stille-Nacht-Platz 1, 5110 Arnsdorf, Tel. 0664/1589400, Sa/So 14–17 Uhr. www.stillenachtarnsdorf.at

Karte: **Kompass Wanderkarte 291 Salzburg und Umgebung**, Maßstab 1:50 000

▸ Karte S. 146

Das Salzburger Seenland

Das einige größere Seen die sanfte Landschaft des Flachgauer Nordens bestimmen, erhielt diese Region durch die Tourismusverbände den Namen Salzburger Seenland. Die heitere, hügelige Seenlandschaft ist zumindest für auswärtige Touristen noch ein Geheimtipp und lohnt für jeden Salzburg-Touristen aufgrund der Nähe einen Besuch.

Um Obertrumer See und Mattsee

Bei den Orten Obertrum und Mattsee finden sich gleich drei reizende Seen ganz nahe zusammen: der Obertrumer See – der größte von ihnen –, der Mattsee und der kleine Grabensee. Bis vor etwa 4000 Jahren bildeten sie einen großen zusammenhängenden See, der durch das Abschmelzen des Mattseegletschers entstanden war, einer sich von den Alpen bis hier erstreckenden Eiszunge östlich des Haunsbergs. Verlandungen aufgrund von Sedimentzufuhr durch einstromende Gewässer ließen seither drei getrennte Seen entstehen, die oft zusammen als Trumer Seen bezeichnet werden. Die schleichende Verlandung hält bis heute an und lässt die Seen immer seichter werden, was die Bootsfahrt insbesondere im Mattseer Hafen erschwert. Die Orte Obertrum, Seeham und Mattsee sind in der Saison durch eine Schifffahrtslinie verbunden (www.segelschule-mattsee.at), die Fahrt von Obertrum über Seeham nach Mattsee dauert eine Stunde.

Um den Obertrumer See

Mit 4,2 Quadratkilometer Fläche ist der Obertrumer See der größte der drei Trumer Seen. Er liegt auf 502 Meter Meereshöhe und ist maximal 36 Meter tief. Er wird vom Flüsschen Mattig durchströmt, das von Süden her kommend, sich weiter in den Grabensee ergießt.

Seeham an seinem Westufer wird wegen seines schönen Strandbads viel besucht. Neben dem Strandbad befindet sich die wunderbar gelegene Seebühne Seeham. Sie ist keineswegs der Bregenzer Seebühne vergleichbar und viel intimer gehalten, eher eine Kleinkunstbühne, bietet

Am Obertrumer See bei Seeham

aber auch Konzertaufführungen Raum (www.seebuehneseeham.at). Sehr sehenswert ist auch die Seehamer Pfarrkirche. 1931 wurde die alte Kirche aus dem 14. Jahrhundert abgetragen, nachdem sich ihr Untergrund gesenkt hatte und sie einzustürzen drohte. Nur der gotische Turm, ein Teil der Aspis und ein Teil der Nordwand blieben erhalten und wurden in einen Neubau integriert. Der Hochaltar des Künstlers Jakob Adlhart wirkt wie ein etwas unterdimensionierter Barockaltar, stammt aber aus den 1930er Jahren.

Von Matzing, etwa anderthalb Kilometer südlich von Seeham aus, gelangt man zum **Teufelsgraben**. Entlang des Teufelsgrabenbachs kann man auf einem schönen Themenpfad - Geologie, Fauna und Flora - spazieren. Es gibt zwei Routen von 1,5 und 2,5 Kilometer Länge. Ein Hochseilpark (Tobelmühlstr. 25) bietet weitere Vergnügungen.

Obertrum (4900 Einwohner) liegt an der Südspitze des Sees. Dort ist besonders die Pfarrkirche sehenswert. Der gotische Bau, im 18. Jahrhundert barockisiert, brannte 1917 aus und wurde dann durch den Architekten Karl Pirich in einer dem Jugendstil angenäherter Art innen ausgestattet, wobei er einige nicht beschädigte barocke Kunstwerke integrierte. Am eindrucksvollsten ist die hölzerne Kassettendecke von Jakob Adlhart (1898–1985).

In Österreich schätzt man landesweit die vorzüglichen Biere der Trumer Privatbrauerei. Sie bietet neben einem Shop auch in einem besonderen Bierkulturhaus (www.bierkulturhaus.com und www.kiesbye.com), Brauseminare und Braureiführungen an. In Obertrum gibt es auch ein privates Puppenmuseum. Obertrum ist übrigens seit 2011 Wohnsitz des bekannten Entertainers und Sängers Roberto Blanco.

Der **Grabensee** ist vom Obertrumer See durch einen etwa 300 Meter breiten natürlichen Damm getrennt. Der kleinste der drei Trumer Seen ist nur 1,3 Quadratkilometer groß und Naturschutzgebiet mit Schiffsverbot. Er liegt unmittelbar an der Grenze zu Oberösterreich; am dortigen Ufer gibt es in Perwang ein Strand-

Hübsches altes Bauernhaus in Obernberg bei Mattsee

▲ Karte S. 146

bad, am Südufer des Sees (im Salzburgischen) ein Pfadfinderdorf.

Mattsee: Ort und See

Eine ganz schmale Landbrücke – über die die Autostraße von Seeham in den Ort Mattsee führt und unter der ein kurzer Wassertunnel den Schifffahrtsverkehr zwischen beiden Seen ermöglicht –, trennt den vom Obertrumer See. Der Mattsee wird bisweilen auch Niedertrumer See genannt. Mit 3,6 Quadratkilometer Fläche ist er deutlich kleiner als der Obertrumer See, mit 42 Metern aber tiefer als dieser.

Direkt südlich dieser Landbrücke liegt der Ort **Mattsee** (3300 Einwohner). Er ist eine traditionelle Sommerfrische, hat einen kleinen Segelhafen – Motorboote sind auf allen Seen der Region verboten –und hat an der reizvollen Seepromenade ein gewisses aristokratisches Flair. An deren Ostsaum steht auf einer Anhöhe **Schloss Mattsee**. Der Bau geht auf die Zeit um 1150 zurück, wurde immer mal wieder umgebaut und war jahrhundertelang eine der Sommerresidenzen der Salzburger Fürsterzbischöfe, verfiel jedoch mit der Auflösung des Fürsterzbistums Salzburg nach 1806. Ende des 20. Jahrhunderts war das Schloss eine Ruine, 1998 wurde ein Wiederaufbau nach Originalplänen begonnen. 2003 wurde es als Restaurant Hochzeitslocation und Eventlokalität (›Schlossbergspiele‹) eröffnet (www.schloss-mattsee.at).

Die Stiftskirche des **Kollegiatstifts Mattsee** geht mit Vorgängerbauten auf das 8. Jahrhundert zurück. Ein gotischer Bau wurde barockisiert und erhielt 1766 durch Wolfgang Hagenauer den machtvollen Turm, angeregt angeblich vom Turm der Potsdamer Garnisonkirche. Im reich ausgestatteten Inneren seien insbesondere die Ältare im Querhaus erwähnt. Sie stammen von Meinrad Guggenbichler (1649–1723), dem Meister aus Mondsee. Der Hochaltar, der den Erzengel Michael in Anbetung der Heiligen Dreifaltigkeit zeigt, und das frühbarocke Chorgestühl sind ebenso prunkvoll gestaltet. Ein Stiftsmuseum bietet sehenswerte Exponate.

Ein glücklicher Besucher der Oldtimer-Erlebniswelt

Sehenswert ist in Mattsee auch das sogenannte **Bajuwarengehöft**, die Nachbildung eines Bajuwarenhofes, wie er hier um 800 bestanden haben mag. Die private Oldtimer-Erlebniswelt **fahr(T)raum**, die von Nachkommen des Ferdinand Porsche betrieben wird, bietet neben eindrucksvollen original-historischen Automobilen in einem Museum auch Oldtimerfahrten über Land an. Beliebt ist auch der Oldtimer-Fahrsimulator im Museum – eine Top-Attraktion im Salzburger Land.

Mattsee ist übrigens Geburtsort von Anton Diabelli (1781–1858). Der Komponist und Verleger war mit Beethoven und anderen musikalischen Größen seiner Zeit gut bekannt. Über einen an und für sich bedeutungslosen Walzer von ihm schuf Beethoven seine gewaltigen Diabelli-Variationen (op. 120). Diabelli kam im Haus Seestraße 3 zur Welt, unmittelbar neben der Kirche.

Mattsees Hausberg ist der 801 Meter hohe **Buchberg**, der wegen seiner Vielfalt an seltener Flora als Naturschutzgebiet ausgewiesen ist. Von seinen Hängen hat man eine wunderbare Sicht auf das Alpenvorland und den Untersberg. Neben einem Gipfelrundweg gibt es sechs Themenwege. Sehr schön ist der Blick von seinem Osthang nach Osten zu den drei kleinen Egelseen. Man kann den Buchberg mit dem Auto auf schmalen befestigten Straßen umrunden. Wer zu Fuß aufsteigen will: vom Parkplatz Stockwiese nahe der südlichen Ortsumgehung von Mattsee benötigt man etwa eineinviertel Stunden. Der Mattsee selbst lässt sich auf ausgeschildertem Weg umrunden; 3,5 bis 4 Stunden sind dafür anzusetzen. Dabei kommt man an der Nordostecke an **Gebertsham** und seiner kleinen Kirche vorbei. Ihr gotischer Flügelaltar ist sehr sehenswert (April–Okt. tägl. 9–18 Uhr).

Um Obertrumer See und Mattsee

Tourismusverband Salzburger Seenland, Seeweg 1, 5164 Seeham, Tel. 06217/20220.
www.salzburger-seenland.at

Tourismusbüro Obertrum, Schulstr. 2, 5162 Obertrum, Tel. 06219/6307.
www.salzburger-seenland.at

Tourismusbüro Mattsee, Passauer Str. 30, 5163 Mattsee, Tel. 06217/6080.
www.mattsee.co.at

Die **Salzburger Seenland Card** bietet kostenlosen bzw. reduzierten Eintritt in viele Sehenswürdigkeiten, Bäder etc. Man erhält sie gratis für die Dauer des Aufenthaltes in den teilnehmenden Nächtigungsbetrieben.

Hotel-Landgasthof zum Altwirt, Dorf 1, 5164 Seeham, Tel. 06217/5522; p. P. im DZ 46–67 Euro. Traditionshaus gleich am Strandbad. www.altwirt.at

Hotel-Restaurant Walkner, Eisenharting 4, 5164 Seeham, Tel. 06217/5550; p. P. im DZ 57–73 Euro. Mit beheiztem Swimmingpool im Außenbereich.
www.hotel-walkner.at

Braugasthof Sigl, Dorfplatz 1, 5162 Obertrum, Tel. 06219/77000. Prächtiges Gebäude, weltliches Pendant zur Pfarrkirche gegenüber, Braugasthof der Trumer Brauerei. www.braugasthof-sigl.at

Gasthof Neumayr, Dorfplatz 8, 5162 Obertrum, Tel. 06219/6302; p. P. im DZ 55–75 Euro.
https://gasthof-neumayr.at

Gasthof Alpenblick, Wallmannsberg 2, 5163 Mattsee, Tel. 06217/5389. Schöne Sonnenterrasse am Südhang des Buchbergs.
www.alpenblick.com

Gasthaus Mayrhof (Kaswirt), Untermayrhof 4, 5163 Mattsee, Tel. 06217/7252. Beliebtes Ausflugslokal am Buchberg.

Gasthof Mitterhof, Mitterhof 4, 5163 Mattsee, Tel. 06217/6053; p. P. im DZ ab 50 Euro. www.mitterhof.at

Brechlbad, Webersberg 5, 5164 Seeham, Tel. 0664/9238721. Privates Flachsmuseum; geöffnet nach Vereinbarung.

Puppenwelt, Mattigplatz 2, 5162 Obertrum, Tel. 0664/4304723; Ostern–Okt. Fr/Sa 14–17 Uhr bzw. nach Vereinbarung. 300 handgefertigte Puppen und Porzellanfiguren.

Bajuwarengehöft, Weyerbucht 1, 5163 Mattsee, Tel. 0699/81520938. Kelten-Freilichtmuseum, ganzjährig geöffnet.
www.vereinmenschenwerk.com

Fahr(T)raum – Ferdinand Porsche Erlebniswelten, Passauer Str. 30, 5163 Mattsee, Tel. 6217/59232; tägl. 10-17 Uhr. Große Sammlung an historischen Rennwagen, Traktoren und Oldtimern.
www.fahrtraum.at

Stiftsmuseum Mattsee, Seestr. 2, 5163 Mattsee, Tel. 06217/5202; Juni–Aug. Mi, Fr u. Sa 15–17 Uhr. Schatzkammer, Gemäldegalerie, astronomische Uhr, Diabelli etc.

Karte S. 146

Trumer Privatbrauerei, Brauhausgasse 2, 5162 Obertrum, Tel. 06219/7411-50. Der Brauereishop bietet mehrere vorzügliche Biersorten aus eigener Herstellung an, daneben individuelle Biergläser mit Trumer-Logo sowie sonstige Trumer-Artikel. Es gibt auch Brauereiführungen (z. Zt. nur nach Absprache), Brauseminare in eigenem Bierculturhaus. Bierherstellung im weltweit einzigartigen Prozess der offenen Gärung. www.trumer.at

Wimmer schneidert, 5205 Schleedorf Nr. 95, Tel. 06216/6562; Mo–Fr 8–12 u. 15–18, Sa 10–12 Uhr. Herstellung individueller Trachten voller Esprit und Eleganz. https://wimmertracht.at

Strandcamping Oitner, Seestr. 18, 5162 Obertrum, Tel. 06219/6442. www.oitner-urlaubamsee.at

Karte: **Kompass Wanderkarte 291 Salzburg und Umgebung**, Maßstab 1:50 000.

Um den Wallersee

In der nordöstlichen Ecke des Flachgaus liegt der Wallersee. Mit 6,1 Quadratkilometer Fläche ist er der größte der Flachgauer Seen, mit durchschnittlich 13 Meter Tiefe aber der seichteste. Daher weist er an seinen Ufern auch einen breiten Schilfgürtel auf. Auf dem See gibt es keine Schifffahrt, aber er ist bei Seglern und Surfern beliebt.

Seekirchen und Umgebung

Seekirchen (11 000 Einwohner), die fünftgrößte Stadt des Lands, liegt an der Südwestecke des Sees. Hier ist das **Schloss Seeburg** sehenswert, das auf das 15. Jahrhundert zurückgeht. In ihm sind die Privatuniversität Salzburg sowie lokale Behörden und Dienstleister untergebracht. Zum Schloss gehört die Rupertikapelle mit schöner Innenmalerei. Im Gemeindegebiet von Seekirchen gibt es eine Fülle von Kirchen, Bildstöcken und Kapellen, die mit einem **Kapellenweg** verbunden sind. Es gibt dabei eine 22 Kilometer lange, auch als Radtour geeignete und eine 16,5 Kilometer lange Trasse.

Drei Kilometer nördlich, in **Wallersee-Zell**, steht das **Zeller Schlösschen**, eine

Blick vom Gaisberg auf den Wallersee

Promenade und Bootshafen am Ostufer des Wallersees

Art Villa aus dem 16. Jahrhundert. Unweit befindet sich das **Wenger Moor**, ein besuchenswertes Schutzgebiet, über das man von einem Aussichtsturm einen guten Überblick hat.

Neumarkt am Wallersee

Nahe der Nordspitze des Sees, doch von dieser gut zwei Kilometer entfernt, liegt Neumarkt (6400 Einwohner) mit seinem hübschen, geschlossenen Ortskern. Der Zugang zur Pfarrkirche und zum Friedhof sind durch ein Torhaus gesichert; es ist Teil eines aus dem Dreißigjährigen Krieg stammenden Verteidigungssystems mit Wallanlage, der sogenannten Neumarkter Schanze.

Sehenswert ist in Neumarkt das **Museum** in der historischen Fronfeste, die 1569 als Amtmannshaus und Gefängnis errichtet wurde. Schwerpunkte sind Gerichtswesen und Kriminalgeschichte. Hinweis: Der ›Richtstättenweg‹ im unweiten, aber schon in Oberösterreichisch gelegenen Lochen widmet sich der Gerichtsbarkeit im alten salzburgisch-bayerischen Grenzgebiet.

Über Schalkham kommt man von Neumarkt an das Nordostufer des Wallersees. Hier gibt es dessen einziges Strandbad. Der vom Seeufer hier in den Sommermonaten zu beobachtende Sonnenuntergang gilt als schönster im Salzburger Land und zieht daher des Abends viele Romantiker an.

Straßwalchen

Die nordöstlichste Gemeinde Salzburgs ist Straßwalchen, etwa 5 Kilometer nordöstlich von Neumarkt. Sehenswert ist die hier auf einer Anhöhe über dem Marktplatz stehende gotische **Pfarrkirche** mit Anbauten aus dem 18. Jahrhundert. Ihr Hochaltar von 1675 ist ein Frühwerk von Meinrad Guggenbichler. Nahe des Hauses an der Kirchengasse 11 befinden sich **Schanzanlagen** aus dem Dreißgjährigen Krieg. Viel besucht von Familien mit Kindern ist der **Erlebnispark Fantasiana**. Aus Straßwalchen Karl Merkatz (geb. 1930) geboren. Der Schauspieler erlangte vor allem mit der Titelrolle in der Serie ›Der Bockerer‹ in Österreich große Popularität.

▸ Karte S. 146

Henndorf

Nahe der südöstlichen Ecke des Wallersees liegt Henndorf (4800 Einwohner). Östlich des Ortes ragen mit dem Kamm des Kolomannsbergs (1114 m) und der Großen Plaike (1034 m) schon deutlich höhere Berge auf, als wir ihnen bisher im Flachgau begegnet sind. Über den Kolomannsberg verläuft die Landesgrenze zu Oberösterreich.

Ähnlich wie in Straßwalchen erhebt sich die Henndorfer **Kirche** auf einem Hügel über dem Ort. Am Fuß der Großen Plaike stehen die Reste der **Burg Lichtentann**, auf dem ausgeschilderten 16 Kilometer langen ›Eiszeit-Rundweg‹ geht man von Henndorf über dies Ruine auf den Gipfel der Großen Plaike und retour (6 Stunden). Das Salzburger Alpenvorland erhielt seine Landschaftsform vor 20 000 Jahren durch die letzte Eiszeit.

Henndorf wird aber aus anderem Grund viel besucht: im Literaturhaus finden überregional bedeutende Lesungen und andere Kulturveranstaltungen statt. Übrigens kam Johannes Freumbichler, der Großvater Thomas Bernhards, hier zur Welt. Nicht weniger bekannt ist Henndorf durch den Dramatiker Carl Zuckmayer (1896–1977). Das heutige Haus Wiesmühl (Carl-Zuckmayer-Str. 23–25) war Wohnhaus Zuckmayers, der hier von 1926 bis 1938 lebte, bevor er vor den Nationalsozialisten ins Exil flüchtete – er ging über die Schweiz und Paris in die USA –, und um den hier in jenen Jahren mit dem Henndorfer Kreis eine lose Vereinigung von Literaten und anderen Künstlern entstand. Ihr gehörten unter anderem Stefan Zweig, Richard Billinger, Emil Jannings, Werner Krauss, Ödön von Horváth und Max Reinhardt an. Das Haus ist heute Gästehaus in Privatbesitz. Henndorf ist des Weiteren Sterbeort von Franz Stelzhamer (1802–1874), Dichter des Oberösterreich-Lieds und bedeutender Mundartschriftsteller. Er liegt auf dem Henndorfer Friedhof begraben.

Eine ungewöhnliche Einrichtung ist das von einer privaten Stiftung betriebene **Gut Aiderbichl** im Osten von Henndorf. Es wird ›Heimat der geretteten Tiere‹ genannt, weil hier aus Notsituationen befreite oder gerettete Tiere leben; es ist zudem, wenn man so will, ein Hospiz für alte und kranke Tiere, ein ›Gnadenhof‹. Die Besucher können mit den Tieren in besonderen, intensiven Kontakt treten und Zeit mit ihnen verbringen.

Um den Wallersee

Tourismusverband Seekirchen, Stiftsgasse 1, 5201 Seekirchen, Tel. 06212/40352308-19. www.seekirchen-info.at

Tourismusverband Neumarkt a. W., Hauptstr. 30, 5202 Neumarkt, Tel. 06216/6907. https://neumarkt-info.at

Tourismusverband Henndorf, Hauptstr. 65, 5302 Henndorf, Tel. 06214/6011. www.henndorf at

www.salzburger-seenland.at

Eine **Salzburger Seenland Card** bietet kostenlosen bzw. reduzierten Eintritt in viele Sehenswürdigkeiten, Bäder etc. Man erhält sie gratis für die Dauer des Aufenthaltes in den teilnehmenden Nächtigungsbetrieben.

Gasthof zur Post, Hauptstr. 19, 5201 Seekirchen, Tel. 06212/2301; p. P. im DZ ab 45 Euro. www.zipfwirt.at

Gasthof Fischtagging, 5201 Fischtagging Nr. 8, Tel. 06212/2328; p. P. im DZ ab 38 Euro. Spezialität: Fleisch schottischer Hochlandrinder. www.gasthof-fischtagging.at

Gasthof Greischberger, Pfongau 7, 5202 Neumarkt, Tel. 06216/6053; p. P. im DZ ab 58 Euro. Rustikal und modern zugleich. www.greischbergerhof.at

Gasthof Stelzhamerstube, Franz-Stelzhamer-Str. 8, 5302 Henndorf, Tel. 06214/20277.

Museum in der Fronfeste, Hauptstr. 27, 5202 Neumarkt, Tel. 06216/5704. Museum u. a. zur lokalen Kriminalgeschichte, des örtlichen Hutmacherhandwerks und der Lederherstellung. www-fronfeste.at

Literaturhaus Henndorf (mit Café), Franz- Stelzhamer-Str. 4, 5302 Henndorf, Tel. 0660/7966054; außerhalb von Veranstaltungen Di 10–12 u. Fr 16–18 Uhr bzw. nach Vereinbarung. www.literaturhaus-henndorf.at

Erlebnispark Fantasiana, Märchenweg 1, 5204 Straßwalchen, Tel. 06215/8181; Mitte April–Okt. tägl. 10–18 Uhr. Ein Topziel für Kinder. www.fantasiana.at

Tierparadies Gut Aiderbichl, Berg 20, 5302 Henndorf, Tel. 0662/625395; tägl. 9–18 Uhr. Auch Videopräsentationen und Führungen. www.gut-aiderbichl.com

Strandcamping Fenningerspitz, Fenning 120, 5302 Henndorf, Tel. 06214/20944. www.camping-fenningerspitz.at

Karte: **Kompass Wanderkarte 291 Salzburg und Umgebung**, Maßstab1:50000.

Das Salzkammergut im Salzburger Land

Seit dem dritten vorchristlichen Jahrtausend wurde in der Region des späteren Salzkammerguts Salz gewonnen. Anfangs wurden Wässer aus salzhaltigen Quellen versiedet, mit der Bronzezeit (um 1500 v. Chr.) erfolgte im Schacht der direkte Abbau von Steinsalz; es heißt, dass sich in Hallstatt die wahrscheinliche älteste Salzbergbaustelle der Welt befindet. Steinsalz besteht übrigens zu 90 Prozent aus dem Mineral Halit, dem noch Sylvin und andere Salzminerale beigemengt sein können. Je höher der Sylvinanteil, um so höher ist die Fähigkeit des Salzes, Wasser anzuziehen (Hygroskopie). Salzlagerstätten entstehen ausschließlich durch Eindampfungs- und Verdunstungsprozesse flacher Meerbecken, die vom Restmeer durch tektonische Vorgänge abgeschnürt wurden. Diese Vorgänge können bis einer Million Jahre andauern. Der Salzbergbau fand in einem kleinen, abgeschlossenen Gebiet statt, das von Norden nur auf dem Wasserweg erreicht werden konnte – um Hallstatt und Gosau sowie das Gebiet um Ischl bis hin nach Ebensee –, sowie das steirische Ausseer Land. All diese Gebiete werden heute Inneres Salzkammergut genannt. Diese Gebiete waren seit 1298 in habsburgischem Besitz, doch hatten die Habsburgerfürsten durch die Jahrhunderte eine Art Salzkrieg mit den Salzburger Fürstbischöfen auszufechten. Diese beanspruchten nämlich die Salzminen im unzugänglichen und nicht sehr genau vermessenen Gosaumassiv, wo die salzburgische Grenze verläuft. Den Fürstbischöfen gelang es aber zu keiner Zeit, nennenswert Fuß im Salzhandel zu fassen – letztlich befanden sich zu wenige Salzlagerstätten auf deren Territorium. Das Salzkammergut hatte seit den Zeiten Kaiser Maximilians eine eigene verfassungsmäßige Stellung und wurde durch einen Salzamtmann verwaltet, der in Gmunden am Traunsee residierte. Historisch gesehen ist das Salzkammergut das habsburgische Hofkammergut, also eine direkt im Besitz des Herrschers

▶ Karte S. 146

befindliche Staatsdomäne, in der in diesem Fall eben Salzbergbau bestand. Der Name Salzkammergut wurde 1626 erstmalig erwähnt, in einer Urkunde, in der Kaiser Ferdinand III. Salzbergbau und -handel neu regelte.
Mit dem allmählichen Niedergang des Salzabbaus im 19. Jahrhundert und dem zur gleichen Zeit immer stärker werdenden Tourismus – in Ischl begann er um 1830 – wandelte sich das Innere Salzkammergut nach und nach zu einer Sommerfrische, wobei der Name Salzkammergut zum touristischen, positiv besetzten Begriff mutierte, der für eine paradiesische Seen- und Berglandschaft stand. Mit der Ausweitung des Tourismus auf die weitere, nicht weniger paradiesische Umgebung des Inneren Salzkammerguts, auf Attersee, Mondsee, Wolfgangsee und Fuschlsee, erhielt die Region Salzkammergut eine wenn auch unhistorische geographische Erweiterung.
Salzburg hat nun einen nur kleinen Anteil an jenem touristischen Salzkammergut, nämlich die Gebiete um den Fuschlsee und um den größten Teil des Wolfgangsees. Der weitaus größte Teil des Salzkammerguts liegt in Oberösterreich, ein weiterer kleinerer in der Steiermark, das Ausseer Land. Der Wolfgangsee ist dabei zwischen Salzburg und Oberösterreich aufgeteilt.
Durch das westliche Salzkammergut verläuft der beliebte Weitwanderweg ›4 Berge – 3 Seen‹ auf den vier Etappen Fuschl–St. Gilgen–Schafberg–Mondsee–Fuschl. Er ist 60,5 Kilometer lang und weist 4100 zu bewältigende Höhenmeter auf; Gepäcktransport und Unterkunft kann durch den Tourismusverband besorgt werden. www.4berge3seen.at.

Fuschlsee-Region

Das Fuschlseegebiet im Norden des Bundeslandes bietet besonders Familien viel Badespaß. Die zahlreichen Strandbäder des Fuschlsees sind auch an den heißesten Tagen des Jahres nicht allzu überlaufen und bieten viele Zusatzangebote. Der Ort Fuschl besitzt ein besonders schönes Strandbad (www.fuschlseebad.at). Mit nur 2,65 Quadratkilometer Fläche ist der auf 603 Meter liegende Fuschlsee der kleinste der großen Salzkammergutseen, er hat Trinkwasserqualität und ist durchschnittlich 37 Meter tief.

Zille auf dem Fuschlsee

Machtvoll reckt sich der Schober empor

Fuschl am See und Umgebung

Am Ostufer des Fuschlsees liegt der Ort Fuschl (1550 Einwohner), den die markanten Gipfeln des Schober (1328 m) und des Ellmausteins (994 m) überragen. Fuschl hat eine nur kleine, aber recht feine Seepromenade, von der man mit einer sogenannten Zille – einem kleineren, überdachten Ausflugsboot – eine Fahrt über den See bis an dessen Westufer bei Schloss Fuschl machen kann. Bei einem Besuch am Fuschlsee ist dies einfach ein Muss. In Fuschl gibt es am Seeufer eine Fülle vorzüglicher, ja nobler Gartenlokale, die zu gediegener Einkehr locken. Am steileren Nordufer des Sees bestehen eine Fülle ›romantischer‹ Badestellen, leider sind sie sämtlich in Privatbesitz. Dafür bietet das **Strandbad** in Fuschl selbst sowie das große **Strandbad** am Südufer nahe der Bundesstraße und das **Naturstrandbad** hinter dem Schloss Fuschl nicht weniger Wasserspaß. Der See kann auf ausgeschildertem Weg in etwa 3,5 Stunden – mit einem kleinen Abstecher zur Hundsmarktmühle – umrundet werden.

▲ Karte S. 146

Südlich der Bundesstraße – am Steinbachweg kann man parken – liegt der **Zwergerlweg**. Das ist ein familiengerechter, etwa 600 Meter langer Spazierweg mit Kräutergarten. Gleich daneben, bei der Rumingmühle, gibt es in der Saison Vorführungen traditionellen Brotbackens sowie Jausentage und Mühlenvorführungen (Info beim Tourismusverband). Fuschl ist übrigens Geschäftssitz des Weltkonzerns Red Bull. An der Konzernzentrale Am Brunnen 1, gegenüber Hotel ›Brunnwirt‹ an der Bundesstraße, befindet sich eine große Bullenskulptur. Fährt man nordwärts Richtung Thalgau aus Fuschl heraus, kommt man etwa ein Kilometer oberhalb des Ortes an der Schöffbaumhöhe vorbei, wo sich ein guter Blick auf Ort und See erhaschen lässt. Etwa zwei Kilometer weiter Richtung Thalgau geht es rechts zur **Ruine Wartenfels** (924 m) ab. Vom Parkplatz muss man noch etwa zehn Minuten emporsteigen. Die Ruine mit ihren weiß leuchtenden Kalksteinmauern lohnt wegen der grandiosen Fernsicht den Besuch. Die Burg geht auf das 13. Jahrhundert zurück und war bis um 1550 Sitz eines Pfleggerichts, wie Verwaltungseinrichtungen auf mittlerer Ebene in jenen Jahren genannt wurden. Mit der Verlegung des Pfleggerichts nach Thalgau verfiel die Burg bis auf Reste der Außenmauern. Angeblich hat sich 1541, in seinem letzten Lebensjahr, der berühmte Arzt Paracelsus hier aufgehalten; der Legende nach soll er eine Beziehung zur Schwester des Burgpflegers unterhalten haben. Vom Parkplatz an der Burg lässt sich übrigens der Schober bequem in knapp zwei Stunden bezwingen – Trittsicherheit und Schwindelfreiheit sind aber für den mit Seilen gesicherten Steig unterhalb des Gipfels vonnöten.

Schloss Fuschl am Westufer ist ein architektonisch äußerlich eher schlichtes, würfelförmiges Jagdschloss aus dem 15. Jahrhundert, das 1461 für den Fürstbischof Sigmund I. von Gleink-Volkersdorf erbaut wurde. Nach der Auflösung des geistlichen Reichsfürstentums Salzburg 1803 wechselte es sehr oft den Besitzer, 1939 kam es für sechs Jahre in den Besitz des damaligen Reichsaußenministers Joachim von Ribbentrop. Es war von 1955 bis 1957 Drehort der Sissi-Filme und diente als Ersatz für das am Starnberger See liegende Schloss Possenhofen, wo die historische Sisi ihre Kindheit verbrachte und wo keine Dreharbeiten möglich waren. Heute ist Schloss Fuschl ein höchst vornehmes Hotel, originale Einrichtung aus früheren Jahrhunderten ist nicht mehr vorhanden.

Hof bei Salzburg

In erster Linie ist Hof wegen seiner Brauerei berühmt. Dieses **Brauhaus Gußwerk** stellt eines der besten Biere Österreichs her, das Brauen erfolgt nach alten, naturbelassenen Methoden. 21 Sorten sind ständig im Angebot; es gibt einen Werksverkauf, Führungen und einen Pub. Sehr sehenswert ist weiterhin das über 500 Jahre alte **Rauchhaus Mühlgrub** außerhalb des Ortes (Riedlstr. 11). Der denkmalgeschützte Hof liegt, umgeben von altem Obstgarten, zwischen Hof und Thalgau unmittelbar an der Straße. Das Rauchhaus ist ein typischer Einhof, der Wohnung, Stall und Lagerräume in einem Gebäude vereint. Rauchhaus bedeutet, dass der Rauch von dem im ›Haus‹ (Hausflur) befindlichen offenen Herd ohne Schornstein abzieht. Das Rauchhaus dient heute verschiedenen kleinen Veranstaltungen. Von der Straße am Rauchhaus hat man einen sehr schönen Blick auf Hof und seine Kirche.

Thalgau und Umgebung

Thalgau, im Norden des Fuschlseegebiets, liegt weitgehend in der Ebene. Hier lohnt der Blick auf den ehemaligen **Dechanthof** – Wohnhof des Pfarrers und Dechants – mit der Kreuzkapelle, der aus dem späten 16. Jahrhundert stammt. Als Osterbrauch findet alljährlich das sogenannte Karfreitagsratschen statt: Gläubige ziehen am Karfreitag, an dem Glockenläuten traditionell verboten ist, mit Rassel- und Klappergerät von der Ortskirche zum Dechanthof und

Dechanthof und Kreuzkapelle in Thalgau

Die ungewöhnliche Kolomannskirche

umrunden ihn mehrmals. Sehenswert, wenngleich in seiner äußeren Ästhetik umstritten, ist das **Passivhaus oh 123** (Sportplatzstr. 144).

Wanderung auf den Kolomannsberg

Von jenseits der Autobahn, von der Streusiedlung Thalgauberg, lohnt die Wanderung auf den Kolomannsberg. Ausgangspunkt ist der Parkplatz am Gasthof ›Zur Einkehr Wasenmoos‹, auch Mooswirt genannt.

Von hier geht es zunächst Richtung Große Plaike, doch nicht auf deren Gipfel, sondern am Heimkehrerkreuz vorbei in großem Bogen über den Lehmberg zum Kolomannsberg; dessen Gipfel ist Militärzone. Hier steht mit der 500 Jahre alten **Kolomannskirche** die älteste Holzkirche Österreichs. Über Rauchenschwandt, das herrliche Blicke auf Schafberg und Schober eröffnet, geht es zurück zum Ausgangspunkt.

Knapp fünf Stunden braucht man für die zwölf Kilometer lange, eher einfache Tour, bei der nur der unmittelbare Anstieg zum Kolomannsberg etwas steiler ist.

▸Karte S. 146

Ebenau

Der viel besuchte heutige Luftkurort Ebenau liegt ganz im Widerspruch zu seinem Namen inmitten von Bergen. Jahrhundertelang war Ebenau durch seine Metallverarbeitung bedeutend, vor allem durch die Messingherstellung war es wirtschaftlich wichtig. Im ehemaligen Fürstenstöckl, der alten Waffenschmiede der Salzburger Fürstbischöfe, ist ein **Heimatmuseum** eingerichtet, das sich unter anderem der Metallherstellung in Ebenau widmet.

Bekannt ist Ebenau auch durch die zahlreichen **Wassermühlen** in seiner Umgebung: ein sechs Kilometer langer Rundwanderweg mit Schautafeln führt zu sieben historischen Mühlen, unter anderem durch die eindrucksvolle Plötz, eine Klamm des Rettenbachs mit Wasserfall. Hier gibt es auch eine Bademöglichkeit. Der Wasserfall ist aber auch in nur fünf Minuten Fußweg von der Straße Hof–Ebenau erreichbar. Besonders sehenswert ist die Waschlmühle, die bis 1955 in Betrieb war. Laut Vertrag hatten die Benutzer das Mahlrecht für jeweils drei Tage. Gemahlen wurden Roggen, Weizen und Hafer. Im gemütlichen Mühlstüberl mit Kachelofen, Tisch und Bett konnte der Müller den Mahlvorgang abwarten. Totenbretter erinnern an verstorbene Besitzer und einen Mühlenbetreuer. Die Waschlmühle ist vom Ortszentrum zu Fuß in drei Minuten erreichbar, Führungen sind mit Voranmeldung möglich.

Eine sehr schöne, enge Straße geht von Ebenau oberhalb der vom Almbach durchströmten canyonartigen **Strubklamm** nach Faistenau. Vom Gasthof Strubklamm kann man die Klamm einsehen, in sie hinabsteigen und auf dem sogenannten Metzgersteig auf etwa drei Kilometer Länge oberhalb von ihr entlang wandern (Geheimtipp!). Der Gasthof organisiert auch Canyoning.

Faistenau und Umgebung

Faistenaus barocke **Pfarrkirche St. Jakob** besitzt eine reiche Innenausstattung. Neben dem prächtigen Hochaltar seien noch ein schmerzensvoller Ecce homo und eine ebenso ergreifende Mater dolorosa von Meinrad Guggenbichler erwähnt, eindrucksvoll ist auch die von der Decke hängende Mondsichelmadonna. Viel bestaunt wird die begehbare, da hohle, etwa 1000-jährige **Linde** auf dem Dorfplatz. Sie weist bei 9 Meter Umfang rund 20 Meter Höhe auf. Es heißt, dass sie die ersten Siedler gepflanzt hätten, lange noch vor dem Bau der Ortskirche.

Eine schöne Wanderung geht von Faistenau auf den Lidaun (1237 m). Man beginnt am Parkplatz Bärenweg beim Weiler Eckschlag nördlich von Faistenau und erreicht den Lidaun in etwa eindreiviertel Stunden. Von oben genießt man eine weite Sicht über den Wiestalstausee bis hin zu den Berchtesgadener Bergen.

Wer durch die Strubklamm kommt und vor Faistenau rechts zum Hintersee abbiegt, passiert etwa 1500 Meter nach dem Abzweig im Tal des Almbachs das **Felsenbad**, ein Naturbad mitten im Almbach – ebenfalls ein Geheimtipp. Breite und mächtige Kalkplatten ermöglichen hier den Aufenthalt direkt innerhalb der Wellen im Bach. Der schmale Zugang erfolgt direkt von der Straße.

Dann ist bald der verträumte **Hintersee** erreicht, fast nur von den Einheimischen besucht und ein weiterer Geheimtipp. Kurioserweise liegt an ihm der Ort Vordersee. Der etwa 1,5 Kilometer lange und nur 700 Meter breite See erreicht bis zu 22 Meter Tiefe. An seiner Nordseite gibt es zwei schöne Badestellen – im nahen ›Seestüberl‹ lässt es sich schön zechen und speisen –, der See ist auch bequem zu Fuß zu umrunden.

Ein merkwürdiges Naturdenkmal ist die sogenannte **Eiskapelle** im Grießbachkessel am oberen Ende des Grießbachgrabens. Dabei handelt es sich um einen Miniaturgletscher, der sich durch die ganzjährig nur sehr geringe Sonneneinstrahlung in dem engen Graben bilden konnte. Zur Eiskapelle führt ein schöner Wanderweg, der Zugang erfolgt vom Parkplatz an der Südecke des Hintersees. Gut vier Kilometer südöstlich des Sees liegt der Ort gleichen Namens. Im **Dorf**

Eine Station am Joseph-Mohr-Gedenkweg in Hintersee

Hintersee war von 1827 bis 1837 der Stille-Nacht-Dichter Joseph Mohr als Hilfsvikar tätig, ein Denkmal an der Friedhofsmauer erinnert an ihn. 2018 wurde ein Themenweg um das weltberühmte Lied angelegt, er beginnt an der modernistischen Mohr-Gedächtniskapelle von 2016.

Hintersee und seine Umgebung sind vom Massentourismus völlig unberührt und bieten daher umso angenehmere Erholungsmöglichkeiten - besonders für outgeburnte Reisende, die sich in der Abgeschiedenheit der Natur rekreieren wollen.

Östlich von Feistenau zieht sich das verhältnismäßig breite Tal des Brunnbachs etwa acht Kilometer bis an den westlichen Fuß des berühmten **Zwölferhorns** (1522 m) hin, dem Hausberg von St. Gilgen.

Vom Parkplatz Sausteigalm lässt es sich bequem zum **Pillstein** (1478 m) gehen. Oder man zweigt vor dem Pillstein nach links auf kinderwagentauglichem Panoramaweg zum **Zwölferhorn** (1522 m) ab. Dieser Weg auf das Zwölferhorn ist eine Alternative zur Zwölferkogel-Bergbahn aus St. Gilgen. Eindreiviertel Stunden braucht man bis zum Pillstein und 2,5 bis zum Zwölferhorn.

Unbedingt lohnend ist der Besuch der Schafbachalm und der gleich daneben befindlichen Hatzenalm. Dieser Weg beginnt am Brunnbachtal. Erstere Alm bietet in einem neu errichteten Holzhaus stilvolle Ferienwohnungen, letztere rustikale Einkehr in herrlichster Lage (http://www.schafbachalm.at). Man kann bis zur Alm über eine Mautstraße mit dem Auto hinauffahren. Von der Hatzenalm (1038 m) empfiehlt sich die Wanderung auf der Hochebene zur Lanzenhütte (1350 m) oder weiter zum Faistenauer Schafberg (1559 m), wo sich eine kolossale Rundsicht eröffnet.

i Fuschlsee-Region

Salzkammergut Sommer-Card: ab drei Übernachtungen in allen Regionen des Salzkammerguts kostenlos erhältlich, ausgenommen St. Wolfgang (3,90 Euro). Sie gilt von Mai bis Oktober, jeweils für die Dauer des Aufenthalts, ist personenbezogen und bietet Ermäßigungen bei vielen Attraktionen. Bei weniger als drei Übernachtungen kostet sie 4,90 Euro.

Fuschlsee Tourismus, Lebachstr. 1, 5322 Hof bei Salzburg, Tel. 06226/838421. www.fuschlseeregion.com

Tourismusbüro Fuschlsee, Dorfplatz 1, 5330 Fuschl am See, Tel. 06226/838418. www.fuschlseeregion.com

Hotel Restaurant Seerose, Dorfstr. 20, 5330 Fuschl, Tel. 06226/8216; p.P. im DZ 75–106 Euro. Traditionshaus direkt am Seeufer - herrliches Terrassenrestaurant. www.hotel-seerose.at

Hotel Restaurant Stefanihof, Dorfstr. 27, 5330 Fuschl, Tel. 06226/8371; p.P. im DZ 54–70 Euro. Unverbauter Seeblick. www.stefanihof.at

Brunnwirt, Wolfgangseestr. 11, 5330 Fuschl, Tel. 06226/8236; Preise auf Anfrage. Mehr als edler Gasthof, seit 600 Jahren (!) im Familienbesitz, österreichweit wahrscheinlich einziges Lokal, bei dem der Zutritt erst nach Drücken eines Klingelknopfes und Öffnung durch einen Kellner möglich ist. www.brunnwirt.at

Landgasthof Jägerwirt, Ellmaustr. 53, 5330 Fuschl, Tel. 06226/8321; p.P. im DZ 40–50 Euro. www.jagerwirt.net

Gasthof Alte Tanne, Wolfgangseestr. 33, 5322 Hof b. S., Tel. 06229/2371; p.P. im DZ ab 55 Euro. www.gasthof-alte-tanne.at

Kirchenwirt, Dorfstr. 3, 5321 Koppl, Tel. 06221/7202; p.P. im DZ 34–44 Euro. Eigene Fleischhauerei.

Gasthaus Strubklamm (Seewirt), Strubklamm 5, 5324 Lidaun, Tel. 06228/2653. www.seewirt-faistenau.at

Hotel-Gasthof Botenwirt, Hinterseestr. 51, 5324 Faistenau, Tel. 06228/2228; p.P. im DZ ab 39 Euro.

▸Karte S. 146

www.botenwirt-faistenau.at
Hotel-Gasthof Obermayer, Wiestalstr. 74, 5323 Ebenau, Tel. 06221/7236; p.P. im DZ 35–58 Euro. Hervorragende Wildgerichte. www.hotel-obermayr.at
Hotel Fischerwirt, Hinterseestr. 101, 5324 Faistenau, Tel. 06228/2332; p.P. im DZ 45–55 Euro. Spezialität Fisch- und Wildgerichte aus lokalen Gewässern und Wäldern. www.fischerwirt.net
Bramsau Bräu, Bramsaustr. 36, 5324 Faistenau, Tel. 06228/2566. Braugasthof mit vorzüglichen Gerstengetränken. www.bramsau-braeu.at

Campingplatz Huberbauer, Jakobistr. 30, 5321 Koppl, Tel. 06221/8477. www.camping-salzburg.at

Rauchhaus Mühlgrub, Riedlstr. 11, 5322 Hof b. Salzburg, Tel. 06229/2204-14; Öffnungszeiten und Führungen siehe Webseite und nach Vereinbarung. Thematisiert das bäuerliche Leben vor 500 Jahren. www.hof.at
Hundsmarktmühle, Seestr. 20, 5303 Thalgau, Tel. 0664/2301126; Mitte Mai–Ende Okt. So 14–17 Uhr. Historisches Mühlenmuseum.
Waschlmühle, Florianstr. 5, 5323 Ebenau, Tel. 06221/7221; Gebäude außen jederzeit zugänglich, Führungen nach Voranmeldung.
Museum im Fürstenstöckl, Messingstr. 31, 5323 Ebenau, Tel. 06221/7229, Juni–Sept. Di u. Do 10–12, Sa 14–17 Uhr sowie nach Vereinbarung. Thema: Historische Metallverarbeitung in Ebenau.
Brauhaus Gusswerk, Römerstr. 3, 5322 Hof, Tel. 06229/39777; Pub Di–Do ab 16 Uhr, Fr/Sa ab 13 Uhr, Führungen jeweils Do 17 Uhr. www.brauhaus-gusswerk.at

ZillenSchifffahrt Fuschl, c/o Ebner´s Waldhof am See, Seestr. 30, Tel. 06226/8264. www.ebners-waldhof.at

Huberbauer Edelbrände, Willischwandstr. 11, 5321 Koppl, Tel. 0664/4642194. U. a. Lemongrass, Williamsbirne, Zirbe und Quitte. Ab-Hof-Verkauf nach telefonischer Vereinbarung.

Karte: **Kompass Wanderkarte 291 Salzburg und Umgebung**, Maßstab 1:5000.

Um den Wolfgangsee

Der Wolfgangsee ist mit seiner Umgebung neben der Wachau und dem Zillertal die außerhalb Österreichs sicherlich populärste Region des ganzen Landes. Die Ursache liegt weniger in den Aufenthalten von Künstlern und Kaisern wie in Ischl, im Ausseer Land oder am Atter- und Traunsee, sondern vielmehr in der Verklärung des Wolfgangsees in Operette und Film. Dass unabhängig davon der See und seine Umgebung grandiose Landschaftseindrücke bieten und der Ort St. Wolfgang kulturgeschichtlich bedeutsam ist, versteht sich aber von selbst.

Aus Gründen der touristischen Zusammengehörigkeit wird der Ort hier zusammen mit der Postalm – das größte Almplateau Österreichs und das zweitgrößte Europas – behandelt, obwohl er bereits auf oberösterreichischem Gebiet liegt; auch der See gehört zu einem kleinen Teil zu Oberösterreich.

Wolfgangsee

Der 13 Quadratkilometer große und bis zu 114 Meter tiefe Wolfgangsee, einst Abersee genannt, zählt zu den meistbesuchten Seen Österreichs. Wie der Fuschlsee hat auch er Trinkwasserqualität. Wegen der Klarheit des Wassers ist er ein

Blick über den Wolfgangsee auf den Sparber

beliebtes Tauchgebiet; an einer Stelle, der Franzosenschanze am Südwestufer, gibt es eine phantastische Unterwasserlandschaft mit versunkenen Bäumen. Hauptorte am See sind St. Gilgen, die Katastralgemeinde Abersee, Strobl und St. Wolfgang. Wo sich der breite Schwemmkegel des Zinkenbachs von Südwesten her in den See schiebt und ihn gegenüber von St. Wolfgang einschnürt, ist er annähernd zweigeteilt. Der See entstand durch die Erosionstätigkeit des Traungletschers vor etwa 15 000 bis 10 000 Jahren. An seinem nordwestlichen und südöstlichen Ende erstreckt sich ausgedehntes Moränengelände.

Im Süden überragen markante Gipfel wie der zugespitzte Sparber (1502 m) und die massige Bleckwand (1541 m) den See, im Westen das Zwölferhorn (1522 m). Im Norden ist der 1782 Meter hohe Schafberg ein viel besuchter Aussichtspunkt und eines der Top-Ausflugsziele im Salzburger Land. Wie alle Seen des Salzkammerguts ist er durch Schiffslinien bestens erlebbar.

St. Gilgen

Wer von Fuschl auf der Wolfgangseestraße südostwärts fährt, passiert hinter dem Weiher Haslwald eine kleine Passhöhe, nach der sich die Straße wieder senkt. Kurz vor einer scharfen Linkskurve wird der Wolfgangsee in ganzer Pracht sichtbar – eines der schönsten Seepanoramen Österreichs. Vorsicht: die meisten Autofahrer werden hier langsamer, um den Blick zu genießen, oder bremsen plötzlich ab, um auf den in der Kurve befindlichen Parkplatz einzubiegen. Dahinter geht es kurz und steil hinab nach St. Gilgen. Die Stadt am Nordwestrand des Wolfgangsees (4000 Einwohner) trägt ihren Namen nach dem Heiligen Ägidius (Aegydius), der im süddeutschen Sprachraum auch Gilg genannt wird. St. Gilgen entstand ursprünglich als Pilgerherberge für die Wallfahrer von Salzburg und Bayern am Weg nach St. Wolfgang. Von hier setzte man über den See oder wanderte auf dem Weg über den Falkenstein. Mit dem Aufblühen Ischls als Kurort im 19. Jahrhundert erhielten St. Gilgen und St. Wolfgang einen wirtschaftlich-touristischen Aufschwung. St. Gilgen wurde ebenso eine viel besuchte Sommerfrische, der berühmte Chirurg Theodor Billroth (1829–1894) war seinerzeit einer der illustresten Gäste der Stadt; seine Privatvilla ist heute Seminarhotel.

▶ Karte S. 146

In jüngerer Zeit wurde St. Gilgen als Urlaubsort des früheren Bundeskanzlers Helmut Kohl (1930–2017) bekannt, der hier viele Jahre lang in der Villa eines Freundes mit seiner Frau die Parlamentsferien verbrachte. Er ging gern ohne Personenschutz, mit Strickjacke oder bloßem Hemd, am See spazieren oder saß in einem Gasthof mittagmahlend und in der Menge badend.
St. Gilgen hat einen hübschen kleinen Ortskern. Teils sind die Häuser, die bis auf das 16. Jahrhundert zurückgehen, im Inn-Salzach-Stil gehalten, teils entstammen sie dem 19. Jahrhundert und der damaligen Sommerfrischenblütezeit. Sehenswert sind das **Rathaus** und die ursprünglich gotische, später barockisierte **Pfarrkirche St. Ägydius** mit ihrer hübschen Ausstattung. Im 1718 umgebauten **Pfleggericht** aus dem 16. Jahrhundert wurde 1720 Anna Maria Pertl geboren. Ihr Vater war bischöflich-salzburgischer ›Pflegekommissarius‹. Maria Pertl heiratete 1747 einen gewissen Leopold Mozart und wurde am 27. Januar 1756 Mutter von Johannes Chrysostomus Theophilus Wolfgangus Mozart, wie des großen Komponisten Taufname lautete. Und sicher rührt die Wahl des Vornamens ›Wolfgang‹ von der Lage des Geburtsorts der Mutter am Pilgerweg nach St. Wolfgang her. Anna Maria Mozart lebte nur bis 1724 in St. Gilgen, allerdings zog Wolfgangs Schwester Maria Anna (Nannerl) 1784, nach ihrer Hochzeit mit dem lokalen Gerichtspfleger Johann Baptist von Berchtold, nach St. Gilgen und lebte hier bis zum Tod ihres Mannes im Jahr 1801. Dann zog sie nach Salzburg, wo sie 1829 starb. An Maria Anna Berchtold geb. Mozart erinnert im Haus, das übrigens bis 2002 Sitz des Bezirksgerichts war, eine **Dauerausstellung**. Ein Mozart-Kulturverein nutzt es als Museum und Veranstaltungsort.

Das St. Gilgener Rathaus

Etwa einen Kilometer östlich des Zentrums, in einem Winkel des Wolfgangsees, liegt der zwar sehr kleine, jedoch sehr malerische Ortsteil **Brunnwinkel**. Man findet ihn gleich unterhalb der alten, schmalen Straße nach Mondsee. Sehr lohnend ist die Wanderung vom Ortskern nach Brunnwinkel und von dort weiter am Seeufer bis zum Gasthof Fürberg – dank des traumhaften Seepanoramas einer der schönsten Spaziergänge, die man in der Region machen kann; die einfache Strecke dauert etwa eine Stunde.
Wer von Fürberg über den Falkenstein weiter nach St. Wolfgang wandert, geht auf einem uralten Wallfahrtsweg, über den schon vor fast 1000 Jahren Wallfahrer aus dem Salzburger Raum nach St. Wolfgang gepilgert sind; von Fürberg nach St. Wolfgang ist man rund 2,5 Stunden unterwegs. Die Tour ist problemlos, nur der Anstieg zum 795 Meter hohen Falkenstein etwas steiler.
Von Fürberg oder direkt von St. Gilgen lässt sich mit der Wolfgangsee-Schifffahrt bequem weiter nach St. Wolfgang oder Strobl und zurück fahren, all diese Orte sind mit einer in der Hauptsaison stündlich fahrenden Schiffslinie verbun-

den (www.salzburg-bahnen.at/de/wolfgangseeschifffahrt.html).
St. Gilgens Hausberg ist das 1522 Meter hohe **Zwölferhorn**, zu dem eine Kabinenseilbahn hinauffährt. Die 908 Meter Höhendifferenz werden auf 2745 Metern Bahnlänge und in knapp 17 Minuten Fahrzeit überwunden. Das Zwölferhorn gilt als einer der schönsten Aussichtspunkte des Salzkammerguts. Lohnend ist dabei der Abstieg zu Fuß via Elferstein (1376 Meter), Sausteigalm (1110 Meter) und Gasthof Weißalm (777 Meter, königlicher Panoramablick!), der nur Trittsicherheit nötig macht. Knapp 2,5 Stunden sollte man dafür ansetzen. Die Bahn fährt täglich von 9 bis 16 Uhr, nur im November ist sie außer Betrieb (www.12erhorn.at). Das Zwölferhorn lässt sich aber auch bequem von seiner Südwestseite via Pillstein vom Weißenbachtal (Tiefbrunnau) erwandern. Schönste Blicke bietet ein Panoramaweg, der Zwölferhorn und Pillstein verbindet.
Ein Gegenstück zum Zwölferhorn ist der nördlich von St. Gilgen gelegene 830 Meter hohe **Plombergstein**. Zu ihm führt ein ausgeschilderter, am Mozartplatz am Rathaus in St. Gilgen (545 m) beginnender kinderfreundlicher Wanderweg mit allerlei Felslabyrinthen, Miniaturklammen und Höhlen. Etwa eindreiviertel Stunde braucht man bis zum Plomberggipfel, den Rückweg nimmt man über Buchberg.
Das neogotische **Schloss Hüttenstein** ist der Nachfolgebau einer Burg aus dem 15. Jahrhundert, die im 19. Jahrhundert verfallen war. Der neue Besitzer, der bayerische Feldmarschall Karl Philipp von Wrede, kaufte sie 1817, doch erst 1843 begann den Umbau. Das Schloss, am idyllischen kleinen **Krotensee** zwei Kilometer nordöstlich von St. Gilgen gelegen, Richtung Mondsee, bietet einen eindrucksvollen Anblick, kann aber nur von außen besichtigt werden. Einer Sage zufolge soll im Krotensee ein Fuhrwerk versunken sein, dessen Weinfässer später – ohne Pferde und Fuhrmann – am Donauufer bei Linz angeschwemmt wurden. Nachweislich entsorgten die früheren Schlossherren von Hüttenstein alle möglichen Abfälle im See, in dem man vor Jahrzehnten mehrere Ausstattungs-

Der malerische St. Gilgener Ortsteil Brunnwinkel

▲ Karte S. 146

teile einer Schlossküche gefunden hat. Gegenüber des Sees gibt es das Traditionsgasthaus ›Batzenhäusl‹ und einen kulinarisch hochstehenden Fischimbiss am Parkplatz.
Das Baden im See ist, da er sich in Privatbesitz befindet, allerdings verboten.

Abersee

Wer von St. Gilgen weiter nach St. Wolfgang will, kann mit dem Auto nur entlang des Südufers über die Bundesstraße fahren – an der Nordseite des Sees gibt es keine Verbindungsstraße zwischen beiden Orten, nur den erwähnten Wallfahrerweg.
Ein Zusammenschluss verschiedener kleinerer Orte um die Schwemmebene des Zinkenbachs (Zinkenbach-Halbinsel) am Südufer des Wolfgangsees ist seit 1979 nach dessen historischen Namen Abersee benannt. In den 1930er Jahren bestand hier die Zinkenbacher Malerkolonie, ein loser Bund zahlreicher österreichischer Maler unterschiedlicher künstlerischer und politischer Richtung, die sich fast ausschließlich der Landschaftsmalerei widmeten. Sie sind namentlich in Deutschland wenig bekannt. Im **Kulturhaus St. Gilgen** ist ein kleines Museum für diese Malerkolonie eingerichtet.
Sehenswert ist in Abersee das **Abarena** (vormals ›Blue Dome‹), ehemals eine interaktive Begegnung mit dem Phänomen Wasser, jetzt eine Ausstellung von 50 lebensgroßen Dinosauriermodellen. An der am weitesten in den See vorgeschobenen Stelle des Schwemmkegels existiert die ›Überfuhr‹, eine Personen- und Fahrradfähre nach St. Wolfgang. Am östlichen Gemeinderand – gegenüber dem kleinen Parkplatz, wo auch die Fahrstraße nach Abersee hinein und zur Überfuhr beginnt – geht es bergan zum **Almgasthof Schwarzeneck** (1050 m) und hoch zur **Niedergadenalm** (1224 m), wo sie etwas oberhalb an der einsamen Wetzlerhütte endet.
Die kurvenreiche Mautstrecke (Schrankenautomat mit Einwurf von 5 Euro in Münzen) ist fahrerisch ein Erlebnis und bietet vor allem auf dem Rückweg großartige Seeblicke. Sehr lohnend ist von dort der Aufstieg zur 1541 Meter hohen **Bleckwand** ab Niedergadenalm/Wetzlerhütte, es ist eine etwa leichte Rundwanderung via Bleckwandhütte (1329 m) von 2,5 Stunden (Wanderkarte!). Die Illighütte an der Niedergadenalm bietet von Juni bis Mitte September kleine Imbisse an, aber keine Übernachtungsmöglichkeit, die Bleckwandhütte (Tel. 0664/4430874) ist von Mai bis Oktober geöffnet.

Strobl

Am Ostufer des Wolfgangsees liegt Strobl, eine traditionelle Sommerfrische. Seinen Namen hat es vermutlich von einem Friedrich, der den Beinamen ›stroblo‹ (›strubbeliger Mann‹) besaß und gegen 1360 hier Fischteiche besessen hat. Seine Nachkommen trugen den Familiennamen ›Strobl‹ und wurden im 15. und 16. Jahrhunderts zu den reichsten Einwohnern des Ortes.
Strobl avancierte im 19. Jahrhundert zum Badeort der Ischler und ihrer Gäste schlechthin, denn dort gab es keinen See und Strobl ist keine zehn Kilometer von Ischl entfernt. Kein Wunder, dass manch bedeutender damaliger Zeitgenosse auch hier Erholung fand und auch hier Kommerzienräte, Fabrikbesitzer, Grafen, Erzherzöge und Mätressen anzutreffen waren. Seit 1890 war Strobl mit der Salzkammergutbahn an Ischl angebunden, was seine Attraktivität noch erhöhte. Die Linie war bis 1957 in Betrieb, ihre alte Trasse am Südufer des Wolfgangsees ist heute Radweg. Von der Schiffsanlegestelle fährt die Wolfgangsee-Schifffahrt

Das Denkmal für Emil Jannings in Strobl

(www.salzburgbahnen.at) nach St. Wolfgang und nach St. Gilgen.

Die **Pfarrkirche** besitzt eine hübsche spätbarocke, vor allem einheitliche Ausstattung, des Weiteren gibt es verschiedene Villen. Besonders erwähnenswert ist die ›Deutschvilla‹ (Fichtenweg 139), 1896 erbaut, 1925 im Geschmack der Zeit verändert und heute Kulturzentrum. Viele Schauspieler hatten ein Domizil in Strobl. In der Ortsmitte, an der Kreuzung Bahnstraße/Ischler Straße, erinnert eine Büste an den großen Mimen Emil Jannings (1884–1950), der in der heutigen Gemeinde Abersee seit 1929 ein Haus besaß und dort auch starb. Seine Leiche wurde mit einem Boot über den See gerudert und auf dem Friedhof in St. Wolfgang bestattet. Jannings war übrigens erster Oscar-Preisträger überhaupt und ist bis heute der einzige Deutsche, der den Oscar als ›Bester Hauptdarsteller‹ erhielt, für deine Darstellung in ›The Way of all Flesh‹ von 1927. Leider ist der Film verschollen. Jannings war damals einige Jahre in Hollywood tätig gewesen. Seine bekannteste Rolle wurde später die des Professors Rath in ›Der blaue Engel‹ mit Marlene Dietrich. Auch Theo Lingen (1903–1978) lebte lange Jahre in Strobl. Ein Kuriosum ist, dass ihn die Alliierten 1945 für einige Wochen als Ortsbürgermeister einsetzten. Lohnend ist übrigens der Spaziergang an der Bürglsteinpromenade – der Bürglstein ist ein bewaldeter, aber mit 745 Metern nicht allzu hoher Berg, der Strobl im Norden überragt.

▲ Karte S. 146

Westlich von Strobl, am südlichen Seeufer, liegt das **Blinklingmoos**, das aus einer verlandeten Bucht des Wolfgangsees entstand. Es bietet sich für eine Umwanderung an und ist mit dem Auto über die Sportplatzstraße bis zu deren Ende am Sportplatz, dann zu Fuß über den alten Bahndamm zu erreichen.

Nördlich von Strobl liegt der 54 Meter tiefe **Schwarzensee**. Er ist mit dem Auto nur über Rußbach zu erreichen, wird fast nur von Einheimischen besucht und lässt sich ganz bequem in etwa einer Stunde umwandern; zwei Gasthäuser sind hier auch vorhanden, beide Empfehlungen des Autors: das Seegasthaus Almstadl und das Wirtshaus Lore.

Eine Besonderheit ist der hohe Mangangehalt seines Wassers, was von der Auslaugung Mangan-reicher Kalke herrührt, die am Seeboden anstehen.

Ein absoluter Geheimtipp ist der **Haleswiessee** (790 Meter), der nur zu Fuß erreicht werden kann. Vom Wanderparkplatz am Kösselfall etwa ein Kilometer oberhalb von Rußbach, an der Straße zum Schwarzensee, erreicht man ihn in zwei Stunden via Lippenalm, von der aus er sich umrunden lässt. Am Ufer des verwunschen und weltfern daliegenden Sees wachsen seltene Sumpfpflanzen.

St. Wolfgang

Seine Lage am Seeufer, die berühmte Wolfgangskirche, der Nimbus aus Film und Operette und die klare Bergwelt haben St. Wolfgang zu Recht zu weltweiter Bekanntheit verholfen.

Fast 1050 Jahre ist der Ort alt. Im Jahr 976 zog Bischof Wolfgang (geb. 924), der Bischof von Regensburg, in das Kloster Mondsee zurück und entschied, am Nordrand des späteren Wolfgangsees eine kleine hölzerne Kirche zu bauen, die Johannes dem Täufer geweiht sein sollte – mit eigenen Händen, wie es die Legende erzählt. Als Wolfgang vorhatte, die Gegend zu verlassen, wollte das Kirchlein mit ihm ziehen; er befahl ihm sodann, hier zu bleiben, um vielen Trostbedürftigen Hilfe zu geben. Wolfgang wurde 1052 heiliggesprochen, denn viele Wunder und Heilungen ereigneten sich um die Kirche, am See, am nahen Falkenstein. Aus der kleinen Holzkirche entstand nach mehreren Umbauten im 15. Jahrhundert die heutige Wolfgangskirche. Im 16. Jahrhundert war St. Wolfgang einer der bedeutendsten Wallfahrtsorte Europas geworden, wenngleich der Heilige nicht hier, sondern in Regensburg begraben liegt. Die Reformation brachte zwar einen Einschnitt, aber die Rekatholisierung des Habsburgerreichs im 17. Jahrhundert ließ den Pilgerstrom nochmals anschwellen. St. Wolfgang, das ursprünglich zum Erzbistum Salzburg gehörte, war seit 1506 österreichisch. Sein Ruhm als meditativer Ort war so groß geworden, dass Kaiser Maximilian eine Zeitlang erwog, sein Grabdenkmal auf dem Falkenstein zu errichten.

Erneuten Aufschwung für St. Wolfgang brachte das ab 1823 aufblühende Kurwesen des nahen Ischl. St. Wolfgang wurde gleichsam zur Badewanne der Ischler. Die für die damalige Zeit mit aller möglichen Infrastruktur ausgestattete Seeidylle St. Wolfgangs, die hier nicht weniger illustren Gäste als in Ischl, das 1874 erbaute Schafberghotel und vor allem die 1893 eröffnete Zahradbahn auf diesen Berg ließen St. Wolfgang europaweit berühmt werden. Das zunächst wenig bekannt gewordene Theaterstück ›Im weissen Rössl‹, das Oskar Blumenthal und Gustav Kadelburg 1898 verfassten, nahm der Librettist und Komponist Ralph Benatzky (1884–1957) auf Anregung von Emil Jannings zur Grundlage seines am 8. November 1930 uraufgeführten musikalischen Singspiels ›Im weissen Rössl‹. Und dieses Werk schlug mit seinen eingängigen musikalischen Ohrwürmern und zündenden

Berühmtheit am See. St. Wolfgang

Eine der vielen Villen am Seeufer

Versen und dem Auftritt Kaiser Franz Josephs als ›deus ex machina‹, der das gute Ende herbeiführt, in unerwartetem Maße ein. Die unverwüstliche Komödie wurde siebenmal verfilmt – unter anderem 1952 mit Johannes Heesters, 1960 als berühmteste mit Peter Alexander und letztmalig 2013 mit Armin Rohde in der Hauptrolle –, und manche Textzeile aus deren Chansons und Duetten wurde gleichsam zum geflügelten Wort.

Wenn das Barometer wieder Sommer macht,
Und wenn der Urlaub lacht,
Dann bin ich froh, juhu!
Dann zieh'n mich die Nagelschuh' von selber hin,
Dort, wo ich Stammgast bin,
Wissen Sie wo?

Im Weißen Rössl am Wolfgangsee,
Dort steht das Glück vor der Tür
Und ruft dir zu: ›Guten Morgen!
Tritt ein und vergiss deine Sorgen!‹
Und musst du dann einmal fort von hier,
Tut dir der Abschied so weh.
Dein Herz, das hast du verloren
Im Weißen Rössl am See!

▶ Karte S. 146

Ruft die schöne Wirtin mir ›Willkommen!‹ zu,
Wird jeder Tag im Nu
Zum Feiertag!
Sie ist für mein Herz die allerbeste Kur.
Es ist ein Märchen nur,
Was ich dir sag':

Im Weißen Rössl am Wolfgangsee,
Dort steht das Glück vor der Tür
Und ruft dir zu: ›Guten Morgen!
Tritt ein und vergiss deine Sorgen!‹
Und musst du dann einmal fort von hier,
Tut dir der Abschied so weh.
Dein Herz, das hast du verloren
Im Weißen Rössl am See!

Auf Youtube ist die Interpretation dieses Liedes in einer Aufnahme von der Uraufführung 1930 mit dem großartigen Sänger Max Hansen zu finden.
Trotz der vielen Touristen, vor allem Asiaten, die als Tagesgäste nach St. Wolfgang strömen und sich hier zu Tode ›selfieren‹, hat der Ort seinen Zauber und viel an Beschaulichkeit bewahren können. Auch im Winter ist es viel besucht: der ›St. Wolfganger Advent‹ im November und Dezember ist wahrscheinlich der schönste Weihnachtsmarkt Oberösterreichs und ein Highlight im Jahreslauf der Veranstaltungen (www.wolfgangseer-advent.at).
Die Ortsmitte ist voller hübscher historischer Gebäude und kleiner idyllischer Gassen. Bedeutendste Sehenswürdigkeit ist natürlich die **Pfarrkirche St. Wolfgang**, in ihrem Inneren eine der großartigsten Kirchenbauten Österreichs. Sie wurde nach dem Brand des romanischen Vorgängerbaus (1330–1350) nach 1429 als zweischiffiger, äußerlich verhältnismäßig kleiner Bau neu errichtet, die drei Kirchenportale stammen jedoch noch aus der Bausubstanz des Vorgängerbaus. Weltberühmt ist der hölzer-

ne Flügelaltar des Südtiroler Meisters Michael Pacher (um 1435–1498) aus Bruneck, für den er 1471 den Auftrag erhielt und der 1481 vollendet war. Er ist der einzige vollständig erhaltene Altar Pachers, 10,90 Meter hoch und bei geöffneten Flügeln 6,60 Meter breit. Teilweise sind die Figuren farbig gehalten, teilweise vergoldet. Der Altarschrein zeigt Maria als gekrönte Fürbitterin vor Christus, ihr zur Seite stehen die heiligen Wolfgang (links) und Benedikt (rechts). Ungewöhnlich und einzigartig ist diese Darstellung der Marienkrönung durch Christus und den heiligen Geist (Taube) durch die Abwesenheit von Gottvater.
Die vier geöffneten Innenflügel – in der meist zu sehenden sogenannten Festtagsseite, es gibt auch die Sonntags- und Werktagsseite, die zu anderen Zeiten zu sehen sind – zeigen Szenen aus dem Leben Mariae und Jesu: Geburt Christi, Beschneidung, Darstellung im Tempel und Marientod. Das filigrane, fialenreiche Gesprenge über dem Schrein weist eine Kreuzigungsgruppe auf, darüber ist die Verkündigung Marias dargestellt, ganz oben thront Gott Vater. In der Predella (Altarsockel) ist die Anbetung der Könige dargestellt. Sehenswert ist auch die reich bemalte Rückseite des Schreins. Neben dieser Sonntagsseite mit geöffneten Flügeln gibt es auch eine Werktagsseite mit geschlossenen Flügeln. Deren Außenseiten zeigen Szenen aus dem Leben des heiligen Wolfgang, die geschlossene Predella zeigt außen die vier lateinischen Kirchenväter.
Der zweite bedeutende Altar in der Kirche ist der barocke Doppelaltar von Thomas Schwanthaler aus dem Jahr 1676, der durch ein Umfassungsgitter geschützt ist. Das besteht bereits seit 1559 und soll genau jene Stelle bezeichnen, an der die Johanniskapelle stand, die der heilige Wolfgang selbst gebaut hatte. Dieser Altar sollte ursprünglich als Hauptaltar den alten gotischen Altar Pachers ersetzen – die Gotik war in der Gegenreformation außer Mode gekommen. Als aber Schwanthaler den Pacheraltar erstmals sah, war er so beeindruckt, dass er auf dessen Erhalt bestand und der neue Altar an seiner jetzigen Stelle aufgestellt

St. Wolfgangs Zentrum bietet eine Fülle an niveauvollen kleinen Geschäften

wurde. In der linken Altarhälfte steht ein Gehäuse mit einer Wolfgangsstatue aus dem 15. Jahrhundert, die rechte ist ein Sakramentsaltar, in der das sogenannte ›Allerheiligste‹ - Brot und Wein in der Transsubstantiation als Leib und Blut Christi - aufbewahrt ist. Über den beiden Gehäusen sieht man die Heilige Familie. Die Kanzel mit ihren Kinderdarstellungen am Schalldeckel stammt vom großen Mondseer Meister Meinrad Guggenbichler (1649–1723), der im Salzburger Land und in Oberösterreich eine große Anzahl an Meisterwerken geschaffen hat. Von ihm stammt auch der ergreifenden Schmerzensmann (der leidende Jesus) - eine ungemein berührende Darstellung. Christus zeigt seine Wunden und die Marterwerkzeuge.
Die Wolfgangskapelle in der Pfarrkirche wurde über der vormaligen Klause des Heiligen errichtet, in der er wohnte, als er hier die Johanneskapelle baute. In der Kapelle befindet sich ein Nachbau jener winzigen Klause. Dass die Wolfgangskirche noch viele weitere bedeutende Kunstwerke aufweist, kann hier nicht weiter ausgeführt werden. Hingewiesen sei aber auf die Schatzkammer, die nach Voranmeldung besucht werden kann (Pfarramt Tel. 06138/2321, www.pfarre-sankt-wolfgang.at).
Vor der Kirche steht noch der Pilgerbrunnen von 1515 mit einer Wolfgangsstatue, die ein von vier Säulen getragener barocker Baldachin als Brunnenhäuschen umgibt. Gleich gegenüber steht das Haus, in dem, wie eine Inschrift verrät, Michael Pacher während seiner Arbeit am Altar zwischen 1471 und 1481 gewohnt hat.
Das weltliche Gegenstück zur Wolfgangskirche liegt gleich neben dieser: das weltberühmte **Hotel Zum Weissen Rössl**. Es ist seit 1912 im Besitz der Familie Peter und im Salzkammergut nichts weniger als eine Institution. Seit 500 Jahren besteht an dieser Stelle ein Gasthof. Erst existierte ein kleinerer für die Wallfahrer, der immer wieder erweitert wurde. Dann kam es 1878 zu einem Neubau, durch den das Haus sein heutiges Gesicht erhielt, obwohl es danach immer wieder erweitert wurde. In der Nähe des Hotels, direkt am Seeufer, befindet sich eine der St. Wolfganger Anlegestellen der See Schifffahrt.

▲ Karte S. 146

Lohnend ist auch ein Besuch auf dem Friedhof am östlichen Ortsrand, an der Straße nach Strobl, etwa 300 Meter östlich der Tourismusinformation. Hier liegen der großartige Darsteller Emil Jannings (1884–1950), neben Heinrich George der überzeugendste deutsche Schauspieler zwischen 1925 und 1945, und der Schöpfer des unsterblichen ›Weissen Rössl‹, Ralph Benatzky (1884–1957), begraben.
Ein Muss bei jedem Aufenthalt am Wolfgangsee ist die Fahrt mit einer Dampf-Zahnradbahn auf den 1783 Meter hohen **Schafberg**, dem Hausberg von St. Wolfgang. Die Bahn ist seit 1893 in Betrieb und überwindet in 40 Minuten bei knapp 6 Kilometer Streckenlänge 1200 Höhenmeter (www.salzburg-bahnen.at). Auf dem Schafberg steht seit 1864 das älteste Berghotel Österreichs. Der Aufstieg zu Fuß zum Schafberg ist bei 1200 Höhenmetern mühselig, wenngleich es vom Weg die herrlichsten Seeblicke gibt. Empfehlenswert ist allerdings der Abstieg über den Schafbergweg via Schafbergalm und Jausenstation Aschinger. Grandios ist der Nordabbruch des Schafberggipfels, wie ein Adlernest duckt sich die Himmelforthütte auf den Grat, überwältigend sind die Blicke auf Mondsee, Attersee und Wolfgangsee. Das grandiose 360-Grad-Panorama vom Alpenvorland bis zu den Eisebenen des Dachstein ist eines der bewegendsten Landschaftsbilder, die man ihm Salzkammergut aufnehmen

kann – der Schafberg ist ein Top-Reiseziel in Salzburg. Die Talstation der Bahn liegt etwa 700 Meter westlich der Ortsmitte am Seeufer. Auch hier existiert eine Schiffsanlegestelle, der Betrieb geht von Mitte Mai bis Ende Oktober.
Unweit davon, an der leider nicht bis zum Ostrand von St. Wolfgang durchgehenden Seepromenade steht ein **Musikpavillon**, in dem im Sommer Konzerte stattfinden. Auf der großen grünen und unbebauten Fläche gegenüber dem Robert-Stolz-Denkmal – auch Rösslwiese genannt –, rechts von der Schafbergbahnstraße, stand einst das **Grand Hotel**. Es war von 1905 bis in die 1920er Jahre das nobelste Haus in St. Wolfgang, seine hundert Zimmer und die Gesellschaftsräume Treffpunkte der Reichen und Schönen, Treffen von Weltrang fanden zu den berühmten Fünfuhrtees statt. Das Hotel war im Besitz der Familie Peter, denen bis heute das ›Weisse Rössl‹ gehört. 1941 wurde es zum Lazarett umfunktioniert. Nach dem Zweiten Weltkrieg konnten die Besitzer nicht an frühere wirtschaftliche Erfolge anknüpfen, 1961 wurde es geschlossen und bald abgetragen. Der Red-Bull-Eigner und Mäzen Dietrich Mateschitz, seit langem in St. Wolfgang ansässig, plant, so heißt es, einen Hotelneubau.
Wo etwa 200 Meter westlich der Schafbergbahnstation der kleine Ditlbach in den Wolfgangsee fließt, verläuft die Grenze zwischen Oberösterreich und Salzburg. St. Wolfgang ist fast zur Gänze oberösterreichisch. Nur wenige hundert Meter hinter dem westlichen Ortsrand, wo St. Wolfgang zerfasert, ist die Fahrstraße zu Ende. Wer mit dem Auto nach St. Gilgen möchte, muss über Strobl am Südufer des Sees fahren. Allerdings lässt sich St. Gilgen von St. Wolfgang direkt auf einem klassischen Wanderweg erreichen, die Strecke St. Gilgen–St. Wolfgang ist Teil eines internationalen **Wallfahrerwegs**, gleichzeitig Kulturweg mit 24 beschilderten Stationen. Sein Thema: Kulte und Christentum in der Region seit 2000 Jahren. Zwei Stunden braucht man auf diesem legendenumwobenen Weg von St. Wolfgang bis zum Ortseingang von St. Gilgen hinter dem Gasthaus Fürberg (545 m). Es ist nicht übermäßig anstrengend, nur zum Falkensteinsattel (760 m) geht es ein Stück bergauf. Vom Gasthaus Fürberg oder von St. Gilgen kann man mit dem Schiff zurück nach St. Wolfgang fahren. Auf dem Falkenstein gibt es eine **Wolfgangskapelle** und zahlreiche Andachtsstätten sowie die Falkenschlucht. Die sehr lohnende Tour ist besonders in Ihrem letzten Abschnitt, dem Uferweg Fürberg–St. Gilgen, von hinreißender Schönheit.

Postalm

Südlich von Strobl, über eine 14 Kilometer lange Mautstraße – sie führt weiter in den Tennengau nach Abtenau – und durch das enge Weißenbachtal zu erreichen, liegt die Postalm (www.postalm.at). Das ist über eine 40 Quadratkilometer große Ebene auf durchschnittlich 1300 Meter Höhe. Auch ihr Besuch gehört bei einem Aufenthalt am Wolfgangsee geradezu zum Pflichtprogramm. Sie ist, wenn man so will, eine Welt für sich, Skigebiet und im Sommer viel besuchte Wanderregion.
Von fünf Wanderparkplätzen aus können verschiedene Touren unternommen werden, beispielsweise vom Parkplatz (P3) an der Postalmkapelle über die **Postalmhütte** (Einkehrmöglichkeit) zur **Thoralm** (Einkehrmöglichkeit vorübergehend außer Betrieb) und via Wieslerhütte zurück; diese Wanderung dauert rund 1,5 Stunden. Sehr schön ist auch die Wanderung vom gleichen Parkplatz über die Wiesleralm zum **Wieslerhorn** (1603 Meter, 1,5 Stun-

den einfache Gehzeit). Von diesem Parkplatz ist auch die Tour zum **Pitscherberg** (1720 m) empfehlenswert, auf der man die Weite der Postalmhochfläche kennenlernt; knapp drei Stunden braucht man bis dorthin. Grundsätzlich verlaufen alle diese Touren über gute Wege, bei Nässe sind wegen des tonreichen Kalks manche Stellen rutschig und eine Wanderung nicht zu empfehlen.

Großartige Blicke erhält man von der 1533 Meter hohen **Thorhöhe**, die in etwa 25 Minuten Aufstieg von der Thoralm (1331 m, P4) erreichbar ist. Eine sehr hübsche Einkehr ist die **Rettenegg-alm** (1211 m, www.rettenegghuette.at), zu der man mit dem Auto fahren kann; eine Karte ist hier allerdings nötig. Auf der Alm gibt es Käse, Butter, Brot und Speck aus eigener Herstellung.

Nicht zu schwer und schön, auf guten Wegen, ist der Moosbergrundweg (rot-weiß-rot und mit R 1 markiert), der beim Parkplatz 1 am Lienbachhof beginnt, Richtung Rettenegghütte (Einkehr) verläuft, kurz vor dieser nach rechts zur Moosbergalm abbiegt und wieder zum Ausgangspunkt zurückführt (Gehzeit 3 Std.). Am Lienbachhof beginnt auch der Almblumenweg (traumhaft von Mai bis Juli), Gehzeit 1,5 Std.

Überhaupt gibt es auf der Postalm noch mehr Gasthäuser: unter anderem das Restaurant Lienbachhof (www.lienbachhof.at), die Strobler Hütte und die Huberhütte. Übernachten kann man unter anderem im **Almhaus Alpenrose**, einem Selbstversorgerhaus (www.almhaus-alpenrose.at), und in der **Blonden Hütte** (www.blonde-huette.at). Empfohlen für dieses Gebiet: Postalm Wanderkarte 1:25 000 von Gisbert Rabeder, erhältlich in allen Tourismusbüros des Gebietes.

Unterhalb der Postalm, beim Strobler Ortsteil **Weißenbach**, liegt am Fuß des markanten Sparber (1502 m) der Gasthof Kleefeld mit seinem hübschen Streichelzoo. Der anstrengende Aufstieg (815 Meter Höhenunterschied) von hier zum Sparber, oft als ›Matterhorn des Wolfgangseegebiets‹ bezeichnet, ist jedoch nur Geübten anzuraten, da Trittsicherheit und Schwindelfreiheit notwendig sind, bei Nässe wird es sogar gefährlich. Dennoch wird der Sparber viel aufgesucht, und unmöglich ist seine Bezwingung nicht.

i Wolfgangsee

Salzkammergut Sommer-Card: ab drei Übernachtungen in allen Regionen des Salzkammerguts kostenlos erhältlich, ausgenommen St. Wolfgang (3,90 Euro). Sie gilt von Mai bis Oktober, jeweils für die Dauer des Aufenthalts, ist personenbezogen und bietet Ermäßigungen bei vielen Attraktionen. Bei weniger als drei Übernachtungen kostet sie 4,90 Euro.

Wolfgangsee-Tourismus, Au 140, 5360 St. Wolfgang, Tel. 06138/8003.
www.wolfgangsee.salzkammergut.at
www.stwolfgang.at

Büro Strobl, Moosgasse 275, 5350 Strobl, Tel. 06137/7255.

Büro St. Gilgen, Bundesstr. 1 a, 5340 St. Gilgen, Tel. 06227/2348.

▸ Karte S. 146

Angegebene Preisspannweiten sind saisonbedingt, einige Betriebe können von November bis März/April geschlossen haben:

▸ St. Gilgen:

Hotel Sonnwirt, Aberseestr. 39, 5340 St. Gilgen, Tel. 06227/21048; p. P. im DZ 59–75 Euro. www.hotel-sonnwirt.at

Hotel Brunetti, Brunettiplatz 3, 5340 St. Gilgen, Tel. 06227/21066; p. P. im DZ 50–60 Euro. Solide Küche, bodenständige Speisen; in der Ortsmitte, doch nah am See. www.hotel-brunetti.at

Hotel Kendler, Kirchenplatz 3, 5340 St. Gilgen, Tel. 06227/2223-0; p. P. im DZ 47–65 Euro. Schöner Gastgarten, gemütliches Lokal. www.hotel-kendler.at

Gasthof Batzenhäusl, Schmalnau 1, 5340 St. Gilgen, Tel. 06327/2356. Spezialität:

Fischgerichte aus eigenem Teich. www.batzenhaeusl.com

Wirt am Gries, Steinklüftstr. 6, 5340 St. Gilgen, Tel. 06227/2386. Rustikal-dezent-gediegene Küche. www.wirtamgries.at

Hotel Gasthof Fürberg, Fürbergstr. 30, 5340 St. Gilgen, Tel. 06227/23850; p. P. im DZ ab 70 Euro. Direkt am Seeufer außerhalb des Ortes gelegen. www.hotelfuerberg.com

▸ Strobl:

Gasthof Hotel Kirchenwirt, Bürglstr. 18, 5350 Strobl, Tel. 06137/7207; p. P. im DZ 48–70 Euro. Eigener Badesteg am See. www.kirchenwirt.eu

Hotel Gasthof Weberhäusl, Weißenbach 13, 53530 Strobl, Tel. 06137/7261-0; p. P. im DZ 55–65 Euro. Sehr natürlich, gemütlich, typisch guter österreichischer Gasthof. www.weberhaeusl.com

Hotel Gasthof Kleefeld, Weißenbach 12, 5350 Strobl, Tel. 06137/73830; p. P. im DZ 48–73 Euro. Hotel, Restaurant und Wildpark. www.kleefeld.at

Das Wirtshaus in der Alten Post, Ischler Str. 1, 5350 Strobl, Tel. 06137/53191. Rustikales, aber sehr gediegenes Lokal, hervorragende Biere aus eigener Herstellung. www.daswirtshaus.at

▸ St. Wolfgang:

Hotel Zimmerbräu, Markt 89, 5360 St. Wolfgang, Tel. 06138/2204; p. P. im DZ 80–115 Euro. Im Zentrum von St. Wolfgang, sehr gutes Preis-Leistungs-Verhältnis, leider gibt es kein eigenes Restaurant mehr. www.zimmerbraeu.com

Hotel Garni Anzengruber, Markt 115, 5360 St. Wolfgang, Tel. 06138/2370; p. P. im DZ 58–90 Euro. Alle Zimmer seeseitig, Privatstrand. www.hotel-anzengruber.at

Pension Linortner, Markt 55, 5360 St. Wolfgang, Tel. 6138/8014; p. P. im DZ 62–80 Euro. Gute Lage, Zimmer mit Seeblick, hauseigener Badeplatz. Empfehlung des Autors. www.stwolfgang.at/_sites/linortner/

Haus Hödlmoser, Ried 189, 5360 St. Wolfgang, Tel. 0664/5310367; p. P. im DZ 75–90 €, genaue Preise auf Anfrage. In naturnaher Lage ganz am westlichen Ortsrand von St. Wolfgang, sehr gutes Frühstücksbuffet. Empfehlung des Autors.

Hotel-Gasthof Falkenstein, Ried 29, 5360 St. Wolfgang, Tel. 06138/2258; p. P. im DZ 62–68 Euro. Unmittelbar am Seeufer außerhalb des Ortes, paradiesische Lage. www.hotel-falkenstein.at

Dorf-Alm, Markt 123, 5360 St. Wolfgang, Tel. 06138/20145. Rustikales Gasthaus, nicht zu touristisch, gute Preise. www.dorf-alm.at

Camping Restaurant Landhotel Berau, Schwarzenbach 16, 5360 St. Wolfgang, Tel. 06138/25430. Vier-Sterne-Campingplatz, im Landhotel p. P. im DZ 45–60 Euro. www.berau.at

Museum Zinkenbacher Malerkolonie, Aberseestr. 11, 5340 St. Gilgen, Tel. 0676/7723405; Ende Juni–Anf. Okt. Di–So 14–19 Uhr. www.malerkolonie.at

Kulturverein Mozartdorf St. Gilgen-Mozarthaus, Ischlerstraße 15, 5340 St. Gilgen, Tel. 06227/20242, Juni–Sept. Sa/So 10–12 Uhr. www.mozarthaus.info

Kronprinz Rudolf und seine Liebe, Markt 5, 5360 St. Wolfgang, Tel. 06138/20027. Delikatessenladen. Chutneys, Marmeladen, Duschbad, Seife – alles auf Basis von Äpfeln und anderem Obst. www.apfelputz.at

Joe´s Wasserskizentrum, Seestr. 55, 5350 Strobl, Tel. 06132/24975. Großes Angebot an Wassersksiportmöglichkeiten: u.a. Slalom, Figurenlauf, Springen, Barfußlauf und Fallschirmfliegen über dem See. www.joes-wasserski.com

Karte: **Kompass Wanderkarte 291 Salzburg und Umgebung**, Maßstab 1: 50 000.

Der kleinste Gau des Salzburger Landes ist historisch gesehen sein wohl bedeutendster. Hier liegen die Salzstadt Hallein und das Salzbergwerk am Dürrnberg, jahrhundertelang neben den Erzen der Tauern Quell des Reichtums der Fürsterzbischöfe. Für Winter- und Sommererholung ist der Tennengau in gleicher Weise attraktiv.

DER TENNENGAU

Das Tennengebirge mit der Festung Hohenwerfen

Tennengau
Bad Reichenhall
Weißbach
Fürstenbrunn
Salzburg Stadt
Anif
Grödig
Elsbethen
Haslach
Puch bei Hallein
Sankt Leonhard
Oberalm
Hallein
159
Österreich
Deutschland
Marktschellenberg
Winkl
Bischofswiesen
Unterau
Untersalzberg
Berchtesgaden
Mitterbach
Königssee
Schönau am Königssee
Ramsau bei Berchtesgaden
Bad Dürrnberg
Adnet
Krispl
Gaißau
Waidach
Sankt Margarethen
Bad Vigaun
Georgenberg
Kuchl
Salzach
A 10
Golling an der Salzach
Sankt Koloman
Seewaldsee
Scheffau am Tennengebirge
Pass Lueg
Oberscheffau
162
Voglau
Rigaus
Seydegg
Schratten
Abtenau
Hintersee
Wiestal
Mondsee, Salzburg, zur A1
Sankt Gilgen
Wolfgangsee
Gschwand
Abersee
Sankt Wolfgang im Salzkammergut
Strobl
Russbach
Aigen
158
Bad Ischl
Mitterweißenbach
Kößlbach
Reiterndorf
Bad Aussee
Sankt Agatha
Bad Goisern
145
Hallstätter See
Obertraun
Hallstatt
166
Gosau
Rußbach am Pass Gschütt
Hornspitz 1467 m
Leitenhaus
Salfelden
Annaberg im Lammertal
Lungötz
Sankt Martin am Tennengebirge
Bischofsmütze 2458 m
Hallstätter Gletscher
Oberösterreich
Flachgau
Tennengau
Tennengebirge
Pongau
Werfenweng
Radstadt
Tenneck
Werfen
Bischofshofen
Blühnbachtal
Bluntautal
Pinzgau
0 4 8 km

Die Region, die sich südlich an den Flachgau anschließt und landschaftlich deutlich alpin geprägt ist, ist der Tennengau. Er deckt sich mit dem Politischen Bezirk Hallein, ist von allen salzburgischen Bezirken der kleinste, doch kulturgeschichtlich von großer Bedeutung: oberhalb von Hallein befanden und befinden sich die für die Salzburger Bischöfe so wichtigen Salzlagerstätten. An seiner Westgrenze steigt der Hohe Göll empor, der beherrschende Gipfel in den östlichen Berchtesgadener Alpen. Im Norden öffnet sich das Salzburger Becken, im Nordosten bildet die Linie Salzburg–Fuschlsee–Wolfgangsee seine Grenze, im Osten die Osterhorngruppe mit Gosaukamm und Dachstein die natürliche Begrenzung. Im Süden endet er gleich hinter dem Pass Lueg und mit der Südabbruch des Tennengebirges.

Hallein und Umgebung

Die Salzbergwerke von Hallein machten das Erzbistum Salzburg zusammen mit dem Gold aus den Tauern wohlhabend. Und auch heute noch ist die Mikroregion von großer wirtschaftlicher Bedeutung. Die zweitgrößte Stadt des Landes, Hallein, bildet zusammen mit der Stadt Salzburg, die gerade zehn Kilometer entfernt ist, im Schnittpunkt der wichtigen Autobahnen München-Wien und Salzburg-Villach und an der Grenze zu Bayern, einen bedeutenden Ballungsraum klein- und mittelständischer Industrie. Doch wenn man das industriegeprägte Salzachtal nach links oder rechts verlässt, ist man rasch in wunderbarer Alpenlandschaft angelangt, in der es auch viele Kulturdenkmale zu bewundern gibt.

Hallein

Mit gut 21 300 Einwohnern ist Hallein die zweitgrößte Stadt des Bundeslandes Salzburg. Der Salzbabbau prägt seit Jahrhunderten die Stadt, er ist erstmalig 1191 bezeugt. Bergbau fand aber schon in der Keltenzeit im ersten vorchristlichen Jahrtausend statt. ›Hall‹ ist ein Bestandteil von Ortsnamen, der immer auf Salzgewinnung hindeutet: in Deutschland Halle an der Saale, Schwäbisch Hall, Reichenhall, in Österreich Hall in Tirol, Hallstatt, Bad Hall – um nur einige zu nennen. ›Hall‹ leitet sich vom griechischen ›thalatta‹ ab, was ›Meer‹ bedeutet. ›Hala‹ bezeichnet etwas, das aus dem Meer gewonnen wird, heute noch heißt Salz auf griechisch ›alas‹. Der Name für diese Substanz wanderte nach der Antike und im frühen Mittelalter nordwärts und wurde für das hier aus Festgestein gewonnene gleiche Produkt übernommen. In Hallein – dem ›kleinen Hall‹ im Gegensatz zum ›reichen Hall‹ – endete 1989, nach rund 800 Jahren, die Salzförderung.

Innenstadt

Halleins Altstadt bietet neben einem schönen Stadtbild mit vielen Häusern im sogenannten Inn-Salzach-Stil Sehenswertes. An der Einmündung des Almbachs in die Salzach liegt inmitten des Stroms die breite **Pernerinsel**. Hier befand sich die Salinenverwaltung (heute Keltenmuseum), hier befindet sich auch die Touristeninformation. An der Südspitze der Insel kommt man über die Stadtbrücke man von Osten her in die Altstadt und geht dann über den breiten Mathias-Bayrhamer-Platz Unteren Markt zum Oberen Markt, wo sich hübsche Cafés befinden, sehenswert ist wegen seiner Fassadenbemalung auch das nahe **Rathaus** (Schöndorferplatz 14).

Weiter geht es über die Pfarrstraße zum ›Stille-Nacht-Viertel‹ um die **Stadtkirche**. Die gotische Kirche überrascht mit einem Betonturm von 1965. 1943 war der Turm abgebrannt – nicht durch den Krieg, sondern durch übergreifendes Feuer vom Brand des nahen Augustinerklosters (das danach nicht mehr aufgebaut wurde - einige Gebäudeflügel gingen im Neubau des Realgymnasiums auf). Der ›Stille-Nacht-Komponist‹ Franz Xaver Gruber war nach 1833 Chorleiter in Hallein und ließ um 1860 eine neue Orgel einbauen. Von dieser Orgel existiert heute nur noch das Gehäuse, im Innern befindet sich eine ganz neue von 2018. Trotzdem heißt sie Gruber-Orgel. Gruber wurde 1863 auf dem Friedhof an der Kirche beigesetzt. Der Friedhof an der Kirche wurde 1882 aufgelassen (Reste der Friedhofsmauer sowie die Toten- wie die Peterskapelle sind beim

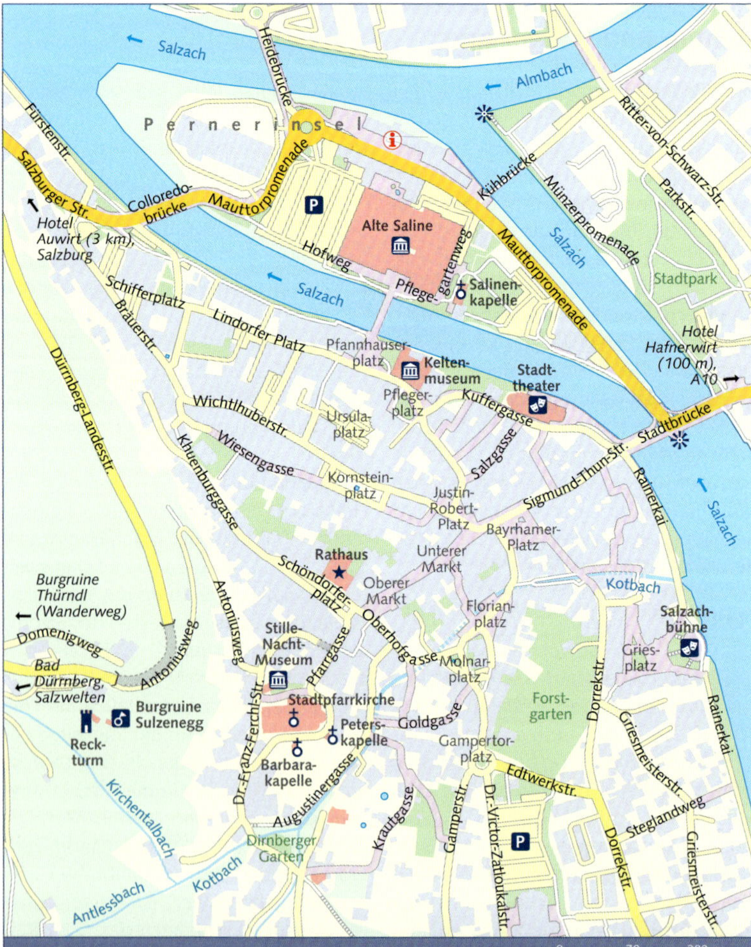

Gang um die Kirche noch auszumachen), Grubers Grab dabei nicht eingeebnet, sondern als einziges gelassen – so dass es heute fremdartig mitten im Straßenpflaster vor seinem Wohnhaus liegt. Das Wohnhaus ist ein weiteres **Stille-Nacht-Museum** im Salzburger Land. Es zeigt unter anderem die wohl berühmteste Gitarre der Musikgeschichte – jene, auf der Gruber am Weihnachtstag 1818 in Oberndorf das Lied bei seiner Erstaufführung begleitete.

Auf der anderen Seite der Kirche führt die Ferchlstraße zur Freitreppe des Augustinerklosters (Ecke Schützengasse), das aber nicht mehr existiert. Weiter über Schützengasse und Riesenschmiedstraße kommt man zur Knappenkapelle und zum Knappensteig, einem historischen Fußweg, den die Halleiner Bergknappen auf dem Weg von der Stadt zu den Salzminen von Dürrnberg genommen haben. Für Besucher des Salzbergwerks ist es eine Alternative zur Autostraße.

Oberhalb der Straße nach Dürnberg liegt im Wald versteckt die **Ruine Thürndl**. Sie ist der Rest einer mittelalterlichen Stadtbefestigung, die sich als Mauer vom nicht mehr vorhandenen Salzburger Tor in Hallein hoch Richtung bayerische Grenze gezogen hat. Man erreicht sie über den Bürgermeister-Oedl-Steig, der an der Ecke Kleinkirchentalstraße/Dürrnberg Landesstraße abzweigt.

Wandertouren um Hallein

Hallein wir im Nordwesten von zwei deutlich sichtbaren Zwillingsbergen überragt, dem **Großen und Kleinen Barmstein** (851 bzw. 841 Meter). Über sie zieht sich die Grenze zu Bayern. Vom Parkplatz an der Brauerei Kaltenhausen (höchstpreisige Luxusbiere) geht es teils steil hinauf (400 Meter Höhenunterschied, Trittsicherheit und Schwindelfreiheit erforderlich). Ein weiterer Hausberg ist

Am hübschen Schöndorferplatz

der **Zinkenkogel** (1337 m), der schon auf bayerischem Gebiet liegt. Mit der Bergbahn kommt man von Dürrnberg bequem dorthin, doch lässt es sich von der Talstation der Bahn gut in knapp zwei Stunden auch hochwandern und talwärts den ›Keltenblitz‹, die 2,2 Kilometer lange Sommerrodelbahn nehmen (www.duerrnberg.at). Von der Talstation der Zinkenkogelbahn kann man via Raspenhöhenweg/Protestantenweg zum **Predigtstuhl** spazieren, dem historischen Andachtsort der Dürrnberger Knappen (etwa 35 Minuten Wanderzeit). Lohnend ist von dort der Weg zur Truckentannalm (1104 m, Einkehrmöglichkeit). Fährt man die B 159 von Hallein Richtung Salzburg, erblickt man oberhalb von Au die **Ruine Gutrat**. Der Aufstieg (vom Gasthof Auwirt) lohnt, wenngleich von der Burg, die gegen 1180 erbaut wurde, nur noch Mauerreste übrig sind, ist ihre ungewöhnliche Anlage noch deutlich erkennbar. An ihrer höchsten Stelle befanden sich Palas und Bergfried, süd-

Markant überragen der Kleine und Große Barmstein Hallein und die Salzach

lich davon zwei vieleckige Vorhöfe, die von einem Torturm abgeschlossen sind. Zugang erfolgte nur über einen schmalen Felsgrat, der seinerseits von einem kleinen Turm geschützt ist.

Bad Dürrnberg

Das Salzbergwerk **SALZWELTEN** im Ortsteil Bad Dürrnberg zählt zu den Top-Attraktionen des Landes. Bis 1989 wurde hier Salz gefördert. Eindrucksvoll ist neben der eigentlichen Schachtbegehung und der Rutsche vor allem die Fahrt auf einem unterirdischen See.

Durch die Stollengänge verläuft die salzburgisch-bayerische Grenze, die auch unter Tage deutlich markiert ist. Die Salzburger hatten seit 1217 die Erlaubnis, unter Tage auch auf bayerischem Gebiet abzubauen; im Gegenzug durften die Bayern im Pinzgau Holz für die Reichenhaller Sudhäuser schlagen.

Am Bergwerk gibt es auch ein **Keltendorf**. Dürrnberg ist neben Hallstatt einer der wichtigsten archäologischen Fundorte keltischer Gegenstände und Siedlungsreste. Es war vom 16. Jahrhundert an das Zentrum des salzburgischen Protestantismus, der Predigtstuhl unterhalb des Zinkenkogels war ihr wichtigster Andachtsort. 1731 zwang Fürstbischof Leopold von Firmian alle Salzburger Protestanten zur Auswanderung – viele gingen nach Preußen. Um den Salzbergbau nicht zu gefährden, sollten die protestantischen Halleiner Knappen bleiben dürfen. Sie schlossen sich jedoch solidarisch den anderen Protestanten an und verließen Salzburg, gingen nicht nach Preußen, sondern in die Niederlande. 780 Personen stiegen hinab zur Salzach und fuhren mit Booten nach Regensburg, dann ging es über Land weiter. Für die Fürstbischöfe war dieser Exodus ein ungewollter und schmerzlicher Aderlass. Viel erinnert bis heute an die große Bergtradition: der Schwerttanz der Dürrnberger Knappen ist Immaterielles Kulturerbe in Österreich. Dürrnberg ist heute Solebad.

Sehenswert sind auch die **Wallfahrtskirche Maria Himmelfahrt** am Rupertusplatz. Sie stammt von 1614 und besitzt ein Gnadenbild einer Mondsichelmadonna von 1616.

▶ Karte S. 184

Einen wunderbaren Ausflug in Form einer Rundfahrt kann man von Dürrnberg auf der knapp 16 Kilometer langen **Rossfeld-Panoramastraße** hinüber ins Bayerische unternehmen. Dabei eröffnen sich herrliche Blicke auf Hohen Göll, Watzmann, Salzburg, Tennengebirge und Untersberg (www.rossfeldpanoramastrasse.de).

Puch und Umgebung

Puch, nur etwa drei Kilometer nördlich von Hallein, ist den meisten Salzburgern eher durch die Landesjustizvollzugsanstalt bekannt, weist aber auch wirkliche Sehenswürdigkeiten auf. Dazu zählt **Schloss Puchstein** (Schlossweg 15), ursprünglich eine mittelalterliche Anlage zur Kontrolle der Salzach-Schifffahrt. Es wurde mehrmals umgebaut und ist jetzt ein Mietshaus – mit seinen Schießscharten und den rechten Winkeln von höchst merkwürdigem Aussehen. **Schloss Urstein** im gleichnamigen Ortsteil, in seinem heutigen Aussehen vom Ende des 17. Jahrhunderts, ist Sitz einer Stiftung. Das **Schloss** im Ortsteil **St. Jakob am Thurm** stammt aus dem 15. Jahrhundert, wobei der Turm bedeutend älter ist. Das Schloss ist in Privatbesitz, wobei auch der Turm bewohnt ist, und kann nur von außen besichtigt werden. Die barocke, rosa **Pfarrkirche** in St. Jakob am Thurm ist im Inneren farbenfroh gestaltet und sicher eine der schönsten Dorfkirchen des Salzburger Lands.

Oberalm

Der Ort Oberalm, zwischen Hallein und Puch gelegen, weist mit dem **Schrannentisch** ein besonderes Denkmal auf. Dabei handelt es sich um einen Steintisch mit roher Marmorplatte, der unter einer Linde nahe der Pfarrkirche steht. Im 14. und 15. Jahrhundert war dieser Ort eine Thingstätte, daher auch der bisweilen verwendete Name Thaidingtisch.

Von Wäldern umspielt: Bad Dürrnberg mit seiner Wallfahrtskirche

Sehenswert ist auch die **Pfarrkirche St. Stephanus** mit ihrem eindrucksvollen Hochaltar von 1707, dessen Altarbild die Steinigung des Heiligen zeigt. Die Seitenaltäre sind denkbar farbenfroh gestaltet. Die ehemaligen **Adelssitze** (Ansitze) Haunsperg (neben der Kirche), Kahlsperg und Winkl, einst einfache, würfelartige, spätgotische Wohnburgen, sind heute ein ehemaliges Hotel, ein Seniorenheim und eine Landwirtschaftsschule. In Oberalm wuchs die Schauspielerin **Verena Altenberger** (geb. 1987) auf, als polnische Pflegekraft in ›Magda macht das schon‹ sowie zahlreichen anderen hochwertigen Filmen einem breiten Publikum bestens bekannt.

Adnet, Krispl und das Wiestal

Die Halleiner Umgebung östlich der Salzach, eine eher abgeschiedene Ecke zwischen Salzkammergut und Salzachtal mit nur einer Durchfahrtsstraße, ist bei den auswärtigen Besuchern weniger bekannt, bietet aber dennoch viel Interessantes.

Wie aus dem Bilderbuch: Krispl

Adnet

Genauso berühmt wie der Untersberger Marmor (→ S. 138) ist der von Adnet. Die Adneter Marmore sind farblich differenzierter, weisen verschiedene Rottönungen und Marmorierungen auf. Auch sie wurden schon zur Römerzeit abgebaut. Ein Abbau erfolgte dann 1000 Jahre nicht, er wurde nachweislich erst im 15. Jahrhundert wieder aufgenommen. Ein **Marmorwanderweg** und ein **Marmormuseum** veranschaulichen Geschichte und Gegenwart der Natursteingewinnung.

Krispl und Gaißau

In Krispl, das ein entzückendes kleines Ortsbild aufweist, ist die im 17. errichtete und gegen 1760 erweiterte barocke **Pfarrkirche St. Peter und Paul** mit ihrem schindelverkleideten Turm besuchenswert, nicht wegen ihrer Ausstattung, sondern einfach wegen der Ruhe und Beschaulichkeit, die sie im Inneren wie im Äußeren zusammen mit dem Ortsbild ausstrahlt.

Etwa zwei Kilometer unterhalb liegt der Gemeindeteil Gaißau. Um dessen **Skigebiet** gab es in den vergangenen Jahren einige Unruhe: der Liftbetreiber bezahlte keine Pacht mehr, der Betrieb ruhte, und inzwischen besitzen die Lifte keine technische Freigabe mehr. Die Gemeinde hofft auf Übernahme durch einen neuen Pächter.

Durchgehend in Betrieb ist dagegen die viel besuchte **Spielbergalm**, die man ab Gaißau über eine Mautstarße erreicht. Sie liegt auf 1310 Meter und bietet schönste Wandermöglichkeiten mit vielen Panoramablicken auf Untersberg und das Salzachtal sowie Almhütten mit besten Einkehrmöglichkeiten (www.spielbergalm.com). Der Parkplatz liegt etwas unterhalb der Alm, auf 1246 Metern, von ihm erreicht man in etwa 15 Minuten die Alm und in nochmals etwa 25 Minuten den 1428 Meter hohen Spielberg. Unentwegte eilen in weiteren 35 Minuten auf gut markierten Almwegen sowie kleinen Sträßchen dem 1567 Meter hohen Wieserhörndl zu.

▲ Karte S. 184

Sehr lohnend ist auch der Spaziergang (ohne Höhenunterschiede) auf einer kleinen Straße von der Spielbergalm zur Latschenalm (1407 m). Von der Mautstelle der Spielbergstraße geht es in etwa zwei Stunden zum 1483 Meter hohen **Ochsenberg** - eine einfach Tour - und zur 1517 Meter hohen **Eibleckalm** - etwas schwieriger, Trittsicherheit erforderlich -; bei guter Sicht lassen sich von hier Chiemsee und Waginger See erblicken. Gut für Kinder geeignet ist die Tour zur **Zisterbergalm** (1120 m). Die Wanderung beginnt in Gaissau und führt in knapp zwei Stunden bis dorthin. Noch eine Stunde braucht man von dort zur Ladenbergalm. Beide Almen sind am Wochenende von Juni bis Anfang Oktober bewirtschaftet.

Wiestal

Der Almbach, ein rechter Nebenfluss der Salzach, der aus dem Hintersee kommt, durchfließt in seinem mittleren Abschnitt das Wiestal. Dort ist der Fluss zu einem 120 Hektar großen See aufgestaut, der schon zwischen 1909 und 1914 entstand und zu seiner Zeit der größte **Stausee** der Monarchie war. Zwischen der Staumauer und dem flussabwärts gelegenen Ausgleichsbecken erstreckt sich auf knapp zwei Kilometer Länge die Wiestalklamm. Entlang von Klamm und Fluss verläuft die Landesstraße Hallein-Ebenau-Wolfgangseestraße. Die Klamm ist landschaftlich besonders reizvoll, sie ist, so heißt es, Österreichs einzige Klamm in Dolomitgestein. Am Ostufer des Stausees gibt es zahlreiche, an den Parkplätzen gelegene Bademöglichkeiten.

Wo der Almbach, aus der Strubklamm kommend, in das obere Ende des Stausees einmündet, steht das 1924 gebaute Maschinenhaus des Strubklammwerks, sehr sehenswert wegen seiner expressionistischen Architektur.

Von Bad Vigaun zur Trattbergalm

Östlich der Salzach liegen mit Bad Vigaun und den Bergen der Osterhorngruppe attraktive Reiseziele. Dank der schönen Landschaft ist dabei aber schon oft der Weg das Ziel.

Bad Vigaun

Bad Vigaun (www.badvigaun.com) ist Thermalbadeort mit Gesundheitshotel, Kur- und Rehazentrum, lohnt aber auch davon unabhängig einen Besuch.

Die spätmittelalterliche **Pfarrkirche St. Dionysos** weist über dem Portal ein sehenswertes Relief des Heiligen auf, der um 250 als Bischof von Lutetium (dem späteren Paris) von den Römern enthauptet wurde.

Im Ortsteil **St. Margarethen am Rengerberg** ist die gleichnamige **Filialkirche** erwähnenswert. Unter ihrem hölzernen Vordach befinden sich farbenfrohe Malereien sowie eine Außenkanzel von 1679. Sehenswert ist auch das **Bruderloch**, eine der ältesten christlichen Kultstätten des Landes. Um 480 zogen sich

Die Pfarrkirche in Bad Vigaun

die Christen aus Salzburg aus Angst vor den heranstürmenden Germanen hierher zurück und feierten an dieser Stelle die Gottesdienste.

Östlich von St. Vigaun überquert die Straße nach St. Koloman den Tauglbach, gleich daneben befindet sich mit der **Römerbrücke** die älteste noch bestehende Brücke Salzburgs. Sie wurde allerdings in Stein erst 1613 erbaut. Die Schlucht des Tauglbachs, von der Römerbrücke abwärts, wirkt unzugänglich, kann aber durchwandert werden, entlang der Schlucht und kurz vor der Mündung in die Salzach gibt es um das sogenannte ›Tauglgries‹, eine Schwemmebene, einige Naturbadeplätze und den **Themenweg Lebensader Taugl** (www.lebensader-taugl.at).

St. Koloman und die Trattbergalm

An der Straße von Bad Vigaun nach St. Koloman befindet sich etwa zwei Kilometer nach der Römerbrücke rechter Hand ein ungewöhnliches Naturdenkmal, der **Gletscherschliff**. Ein flacher, etwa 150 Meter langer Kalkfelsen ist hier durch den Salzachgletscher, der an seiner Basis Geröll, Sand und Tonpartikel eingeschlossen hatte, vor etwa 20000 Jahren glattgeschliffen worden, wobei auch viele Kratzspuren vorhanden sind. Dieses Geotop gilt europaweit als größtes Naturdenkmal seiner Art und ist erst 1974 beim Straßenbau freigelegt worden.

St. Koloman selbst ist Ausgangspunkt für Fahrten zur **Trattbergalm**, zu der von hier eine mautpflichtige, neun Kilometer lange Panoramastraße führt; sie ist zwischen Mai und Oktober geöffnet. An ihr gibt es eine Aussichtsplattform mit wunderbarer Sicht zu Dachstein und Bischofsmütze. Die Trattbergalm ist mit ihren Weiden ein irdisches Paradies, hunderte von Pferden und Kühen tummeln sich in ihren Auen. Wegen der Pracht der Alpenblumen ist ihr Besuch besonders im Frühsommer unvergleichlich (www.trattberg.at).

Von St. Koloman kann man entweder zum weltfernen **Seewaldsee** (1074 m) fahren und von dort zum Almgebiet aufsteigen oder einfacher vor dem Seewaldsee auf die Panoramastraße abbiegen und über die einzelnen bewirtschafteten Almen unter anderem über die Enzianalm bis zur **Wimmeralm** fahren. Hier endet die Mautstraße. An ihr befindet sich auch der ›Feuchte Keller‹, eine Höhle mit Führungen (Info bei der Wimmeralm unter Tel. 06241/239).

Der Gletscherschliff zwischen Bad Vigaun und St. Koloman

▸ Karte S. 184

Am Seewaldsee

Hallein und Umgebung

Tourismusverband Tennengau, Mauttorpromenade 8, 5400 Hallein, Tel. 06245/70050.

Tourismusverband Krispl-Gaißau, 5425 Gaißau 200, Tel. 06240/414. www.krispl-gaissau.at

Tourismusverband St. Koloman, Am Dorfplatz 29, 5423 St. Koloman, Tel. 0664/1049530. www.stkoloman.at und www.trattberg.at

Für die Dauer des Aufenthalts (mit Übernachtungen) gibt es kostenlos die **TennengauPLUSCard**. Mit ihr kann man kostenlos die Busse und Bahnen des Tennengaus mit Fahrt nach Salzburg nützen, sie bietet auch Ermäßigungen bei vielen Attraktionen etc. Natürlich gilt im Tennengau auch die **SalzburgerLandCard**.

Hotel Hafnerwirt, Salzachtalstr. 3, 5400 Hallein, Tel. 06245/87130; p.P. im DZ 45–55 Euro. www.hafnerwirt.com

Hotel Auwirt, Salzburger Str. 42, 5400 Hallein, Tel. 06245/80417; p.P. im DZ ab 44 Euro. Hauseigener Campingplatz. www.auwirt.com

Krisplwirt, 5421 Krispl Nr. 17, Tel. 0664/4505210; p.P. im DZ ab 32 Euro. Ausgezeichnete Speisen mit hervorragendem Preis-Leistungs-Verhältnis. Empfehlung des Autors www.krisplwirt.at

Gasthof Sagwirt, 5425 Gaißau, Tel. 06240/209; p.P. im DZ 40 Euro. Gourmetküche. www.sagwirt.at

Gasthof Alpenrose, Windhagweg 72, 5423 St. Koloman; p.P. im DZ mit Halbpension ab 46 Euro. www.berggasthof alpenrose.at

Keltenmuseum Hallein, Pflegerplatz 5 (in der früheren Salinenverwaltung), 5400 Hallein, Tel. 06245/80783; tägl. 9–17 Uhr. www.keltenmuseum.at

Stille Nacht Museum, Gruberplatz 1, 5400 Hallein, Tel. 06245/8078330; tägl. 9–17 Uhr. www.stillenachtmuseumhallein.at

Salzwelten Hallein, Ramsaustr. 3, 5422 Bad Dürrnberg, Tel. 06132/2008511. Neueröffnung nach Renovierung für 2021 geplant, neue Öffnungszeiten siehe Webseite. www.salzwelten.at

Marmormuseum, 5421 Adnet Nr. 18, Tel. 06245/80625; ganzjährig, siehe Webseite. https://marmormuseum.adnet.at

Karte: **Kompass Wanderkarte 291 Salzburg und Umgebung**, Maßstab 1:50000.

Im Zentrum von Kuchl, dahinter der Hohe Göll

Golling, Abtenau und der Süden des Tennengaus

Weiter salzachaufwärts von Hallein wird um Golling ein Gebiet mit besonders vielen Naturdenkmalen erreicht. Zunächst passiert man nach Hallein an der Salzachtalstraße Kuchl, das in der Römerzeit große Bedeutung besaß. Landschaftlich reizvoll ist die Fahrt am Nordfuß des Tennengebirges in den international bekannten Tourismusort Abtenau. Das mächtige Massiv des Tennengebirges liegt bereits am Südrand des Tennengaus, dessen Grenze zum Pongau kurz vor Werfen verläuft.

Kuchl und Umgebung

Kuchl und seine Umgebung waren bereits zur Eisenzeit Siedlungsgebiet. Auf dem Georgenberg stand in der Römerzeit ein Militärlager. Die ›Vita Severini‹, eine aus dem frühen 6. Jahrhundert stammende Heiligenbiographie, erwähnt dieses ›castellum cucullis‹. Unterhalb davon, an der Salzach, stand an der wichtigen Straße von Iuvavum nach Virunum - bei Maria Saal im heutigen Kärnten - eine Poststation. Der markante, 528 Meter hohe Georgenberg ist übrigens ein Inselberg, eine, wenn man so will, Moräne aus Gletschermaterial in Blockform. Kuchl wird im Westen von der mächtigen Wand des Hohen Göll überragt.

Kuchl weist heute einen überdurchschnittlichen Anteil an holzverarbeitenden Betrieben auf, ist daher auch als Holzgemeinde bekannt. Sein Marktplatz ist von hübschen, breiten Häusern gesäumt. Sehenswert sind das Sternrippengewölbe in der **Pfarrkirche** und der **Pfarrhof**, der vormalige und stark umgebaute Panicherturm. Die hier ansässige vermögende Familie Panicher lebte im Mittelalter in dieser Turmburg; Epitaphe in der Pfarrkirche legen davon Zeugnis ab.

Auf dem Georgenberg oberhalb von Kuchl steht die spätgotische **Filialkirche St. Georg**, die auf einem frühchristlichen Vorgängerbau des 5. Jahrhunderts entstand. Auch diese Kirche hat eine Außenkanzel, der Turm stammt von 1882. Den Schlüssel erhält man im Pfarramt Kuchl.

Der **Bürgerausee** (Kuchl Nr. 294) jenseits der Bahnlinie ist eine kostenlos zu benutzende Freizeitanlage mit Einrichtungen, die vor allem Familien mit Kindern gefallen.

Lohnend ist die Fahrt von Kuchl zum Weiler Gasteig. Hier liegt in einem beschaulichen Hochtal der kleine **Naturpark Kühschwalb**, wo sich vor über 2000 Jahren ein keltisches Siedlungsgebiet befand. Am Ende der Kühschwalbstraße liegt ein Parkplatz, von dem man entlang des Weißenbachs in den Naturpark spazieren kann. Der Lochstein an der unweiten Hubertuskapelle ist ein mystischer Fels. Legenden behaupten, dass an dieser Stelle die keltische Anderswelt das Diesseits berührt und es bis heute Übergänge gibt.

Golling und die nähere Umgebung

Mit der Umgebung von Golling ist das Salzburger Becken mit seinen Ausläufern endgültig verlassen; hier ist man unmittelbar am Gebirge angekommen. Die Lage unmittelbar an den Bergen bringt es mit sich, dass es hier mehr regnet als weiter nördlich um Hallein. Das soll aber niemand abhalten, hierher zu kommen - zu vielfältig sind die mannigfachen Sehenswürdigkeiten.

Golling an der Salzach

Golling an der Salzach, wie es offiziell heißt, ist ebenfalls uraltes Siedlungsge-

Wirkt ehrfurchteinflößend: die Gollinger Burg

biet. Den Kelten folgten die Römer, an der Stelle der heutigen Burg Golling befand sich ein römischer Wachturm, über den unweiten Pass Lueg führte die für die römische Provinz Noricum so wichtige Straße Iuvavum–Virunum.

Golling (rund 2000 Einwohner) hat einige hübsche **Bürgerhäuser** des 17. und 18. Jahrhunderts aufzuweisen, markanteste Sehenswürdigkeit ist aber natürlich die **Burg**, heute **Heimatmuseum** und im Burghof Eventlocation. Sie war seit 1323 Pflegersitz der Salzburger Fürstbischöfe und erlitt eine wechselvolle Geschichte: 1525 griffen sie die Aufständischen des Bauernkrieges an, wobei sie beschossen und geplündert wurde; 1573 beschädigte sie ein Salzachhochwasser, dessen Fluten den Burgberg unterspülten. Erst 1722 wurde sie wiederhergestellt, um auch für die Fürstbischöfe noch benutzbar zu bleiben. Mit dem Ende des Fürsterzbistums diente die Burg der lokalen Verwaltung.

Um den kleinen Egelsee, zu erreichen vom Markt über die Trögergasse (hier Parkplatz), gibt es mit dem **Jahreszeitenweg** einen kindergerechten, etwa einen Kilometer langen Themenweg zu heimischen Tieren und Pflanzen des Waldes.

▸ Karte S. 184

Viel besucht ist außerdem das ebenfalls kinderfreundliche **Aqua Salza**, eine Wellness-Wasser-Beauty-Welt.

■ Gollinger Wasserfall

Mehr besucht als der Ort selbst ist der **Gollinger Wasserfall,** etwa drei Kilometer westlich von Golling, im Weiler Lacher gelegen (Navi: Golling-Wasserfallstr. 23). Es sind zwei hintereinander gelegene Fälle, über die der Schwarzbach mit insgesamt 100 Meter Höhenunterschied in die Tiefe stürzt. Der Legende nach sollen seine Wässer aus dem Königssee im Berchtesgadener Land kommen, der nur zwölf Kilometer Luftlinie entfernt ist – nachgewiesen werden konnte diese Theorie aber zu keiner Zeit. Die Fälle sind über einige Treppen auch kindergerecht zugänglich.

Bevor man zum Wasserfallparkplatz kommt, liegt rechter Hand auf einem Hügel die spätgotische, 1517 geweihte **Wallfahrtskirche St. Nikolaus** mit ihrer

Einer der beiden Gollinger Wasserfälle

Zu jeder Jahreszeit malerisch: die Bluntauseen

Außenkanzel. Im Inneren steht die aus dem Jahr 1613 stammende, älteste noch spielbare Orgel im Land Salzburg.

Bluntautal

In der Nähe von Golling erstreckt sich das rund fünf Kilometer lange Bluntautal, das zu den schönsten Tälern des Salzburger Lands gehört. Von der Bluntaumühle am Taleingang kann man an der Nordseite des Torrener Bachs auf naturbelassenem Weg – also nicht auf der Fahrstraße – zum Torrener Fall und von dort zurück bis zum Gasthof Bärenwirt und zurück auf der Fahrstraße wandern; diese Tour dauert etwa drei Stunden. Zumindest von Montag bis Donnerstag kann die Talstraße bis zum Bärenwirt – oft auch oft Bärenhütte genannt – mit dem eigenen Auto befahren werden, westlich des Parkplatzes am Gasthof ist sie Wanderern und Radfahrern vorbehalten.

Sehr malerisch sind die beiden **Bluntauseen** im Osten, westlich des Bärenwirts ist auch der **Bluntaufall** sehenswert. Die Fahrstraße ist ab Bärenwirt serpentinenreich, schmal und führt bis zur Unteren Jochalm auf 1170 Metern, dann weiter auf 1400 Meter zur Oberen Jochalm. Das Parken im gesamten Tal ist mit Höchstpreisen gebührenpflichtig!

Der Pass Lueg und die Salzachöfen

Drei Kilometer südlich von Golling führt die Bundesstraße und mit ihr der historische Handelsweg auf 552 Meter Höhe über den **Pass Lueg**. Sein Name kommt von lu-egen, was so viel wie ›Ausschau halten‹ bedeutet. Er führt vom sogenannten ›Außergebirg‹, den Tieflandsgebieten Salzburgs, ins ›Innergebirg‹. Jahrhundertelang liefen über den Pass wichtige Alpen-Transitrouten, heute hat er wegen der Tauernautobahn seine Bedeutung größtenteils verloren. In den 1970er Jahren, vor dem Bau der Tauernautobahn, führte die Hauptverbindung von Deutschland in die Balkanregionen, die vor allem die damals sogenannten Gastarbeiter benutzten, über den Pass, der dabei völlig überlastet war. An dem strategisch wichtigen Punkt bestand seit dem 13. Jahrhundert eine **Befestigungsanlage**, von der oberhalb der heutigen Bundesstraße noch Reste vorhanden sind. Unter Josef Struber kämpften hier 1809 österreichische gegen bayerisch-französische Truppen; daran erinnert das **Struberdenkmal**.

Die eindrucksvolle Klamm der Salzach, etwa 90 Meter unterhalb des Passes, wird **Salzachöfen** genannt und ist über einen Steig ab der Kirche Maria Brunneck oberhalb des Straßentunnels zugänglich. In der engen Schlucht erreicht der Fluss Tiefen bis zu 60 Meter. ›Öfen‹ bzw. ›Ofen‹ im Singular bedeutet im Sprachgebrauch des östlichen Alpengebiets, dass es sich um besondere, unter anderem zerklüftete Felsformationen handelt. Die Schlucht ist touristisch mit dem ›Flying Fox‹, einer Seilbahnrutsche, und anderen Einrichtungen touristisch bestens aufgestellt (www.erlebnisschlucht.at)

Von Scheffau zum Pass Gschütt

Die Straße von Golling in den östlichen Tennengau (B 162) verläuft entlang des Flusses Lammer. Erster Ort nach Golling ist Scheffau am Tennengebirge – nicht zu verwechseln mit Scheffau am Wilden Kaiser in Tirol. Die tief eingeschnittene Lammer bildet hier prächtige Schluchten aus.

In der Lammerklamm

▲ Karte S. 184

Scheffau und die Lammerklamm

Sehenswert in Scheffau ist die **Ulrichskirche** aus dem späten 15. Jahrhundert mit ihrem eindrucksvollen Turm mit sogenannter welscher Haube aus dem späten 18. Jahrhundert.

Oberhalb des Ortsteils Oberscheffau, fast unmittelbar an der Bundesstraße, befindet sich die Lammerklamm, die oft Lammeröfen genannt wird. Es ist eine der eindrucksvollsten Schluchten des Salzburger Lands, der einfachste Zugang liegt an einem Parkplatz am oberen Klammende direkt an der Straße. Die rund 1000 Meter lange Klamm ist etwa 50 Meter tief eingeschnitten. Die engste Stelle ganz im Norden – hier befindet sich der Parkplatz – heißt dunkle Klamm, und tatsächlich ist es wegen der überhangenden Felsen auch im Sommer hier sehr lichtlos. Die Klamm kann auf einem gesicherten Steig mit Kindern begangen werden. Es gibt auch einen unteren Klammeingang direkt bei Oberscheffau beim Gasthof Lammerklause (www.lammerklamm.at) – ein Top-Reiseziel im Tennengau.

Oberscheffau, ist auch (auf der anderen Seite der Bundesstraße) Ausgangspunkt für den Mühlenrundweg (1,5 Std.) entlang des malerischen Schwarzenbachs.

Postalmstraße

Bei Voglau zweigt die mautpflichtige, 28,5 Kilometer lange Postalmstraße auf die Postalm und weiter ins Salzkammergut nach Strobl am Wolfgangsee ab. Sie erreicht ihren höchsten Punkt auf dem Lienbachsattel (1290 m), die Postalm liegt aber jenseits davon. Der Abschnitt von der Mautstelle bis zum Sattel ist von besonderer landschaftlicher Schönheit. Etwa zwei Kilometer hinter dem Abzweig führt entlang des Lammer der **Lammerweg** bis zum Ort Lammerer östlich von Abtenau. Diese gut fünf Kilometer lan-

Blick auf Abtenau

ge Strecke ist besonders reizvoll, weist keine nennenswerten Höhenunterschiede auf und empfiehlt sich daher als entspannende Fahrradroute.

■ Abtenau

Der international bekannte Wander- und Wintersportort Abtenau (5900 Einwohner) liegt am Nordostfuß des Tennengebirges. Sehenswert ist zunächst die **Pfarrkirche St. Blasius**. Der gotische Bau ist leicht barockisiert, was eine ungewöhnliche Stilmischung erzeugt hat. Im Mittelschiff mit seinem prächtigen Sterngewölbe gibt es Gewölbefresken aus dem 16. Jahrhundert. Der Hochaltar (1518) stammt von Andreas Lackner und ist das Hauptwerk dieses Halleiner Meisters, eindrucksvoll sind seine Heiligengestalten Florian und Georg im Langhaus. Ungewöhnlich ist die Skulptur eines etwas molligen Jesuskindes von 1685 am Pfeiler des Chorbogens, ›s´ foaste Kindl‹ genannt.

Im Ortsteil Au befindet sich direkt am Fuß des Arlsteins in einem alten Bauernhof das **Heimatmuseum**, unweit davon die **Karkogelbahn** mit Sommerrodelbahn. Zur Karalm (1004 m) kann man jedoch auch mit dem Auto hinauffahren.

■ Wanderungen rund um Abtenau

Eine empfehlenswerte Wanderung führt vom Ortsteil Au zur Aumühle und weiter zum **Trickl- und Dachserfall**. Dieser Rundweg nimmt etwa eineinviertel Stunden in Anspruch.

Schön ist auch die Tour von der Aumühle auf die Seitenalm (938 m) und zum **Hochsattel** (1023 m), sie dauert etwa zwei Stunden.

Gut Konditionierte machen die Tour von der Karalm (Einkehrmöglichkeit) oder von der Bergstation der Karkogelbahn (1134 m) auf den **Hohen First** (1820 m) und von dort über die Gsengalm (Einkehrmöglichkeit) zurück. Sie erfordert Trittsicherheit, Teile des Pfades sind mit Seilen gesichert. Dieser Weg gehört zu den bekanntesten Abtenauer Bergtouren (insgesamt 6 Std.).

Ähnlich und genauso anspruchsvoll ist die Tour von der Karkogelhütte über die Gsengalm auf den **Schober** (1810 m), für die man vier Stunden einfache Strecke ansetzt.

Die Wanderung von der Karalm über die Laufener Hütte (Einkehrmöglichkeit) zum **Edelweißkogel** (2030 m) benötigt einfach mindestens vier Stunden. Der Weg ist vielleicht weniger schwierig als bei den beiden zuvor beschriebenen Touren, aber nicht weniger beschwerlich.

Pass Gschütt

Hinter Abtenau gabelt sich die Straße. Die B 162 endet hier und trifft auf die B 166, die nach links auf den Pass Gschütt und damit nach Gosau und Oberösterreich führt. Nach rechts geht es in die Südostecke des Tennengaus, nach Annaberg und St. Martin. Sehr schön ist die Fahrt zum **Weiler Schöpp** (806 m), zu dem etwa zwei Kilometer nach der Gabel eine Straße abzweigt.

Letzter Ort auf salzburgischem Gebiet ist **Rußbach am Pass Gschütt**. Rußbach ist in erster Linie Wintersportort: westlicher Talort der Skiregion Dachstein-West. Seine **Pfarrkirche** aus dem 19. Jahrhundert ist ganz ungewöhnlich in Nord-Süd-Richtung erbaut. Über die Hornbahn kommt man zum 1467 Meter hohen **Hornspitz**. Hier gibt es auch im Sommer viele familienfreundliche Attraktionen wie ›Brunos Bergwelt‹ mit Bummelzug ›Ameisenexpress‹ (www.dachstein.at/www.russbach.info). In den Bergen des Gosaukamms finden sich viele tertiäre Fossilien, vor allem Schnecken, die im Ort in einem kleinen **Fossilienmuseum** bestaunt werden können.

Seit 1567 steht auf der Passhöhe am Pass Gschütt (969 m) an der Bushaltestelle eine markante **Grenzsäule** mit den salzburgischen und österreichischen Farben, ein weiterer **Grenzstein** aus dem 20. Jahrhundert gedenkt des Ausbaus der Bundesstraße in den Jahren 1967 bis 1969.

Das Tennengebirge mit Annaberg und St. Martin

Der wuchtige Block des Tennengebirges bildet die Südflanke des Tennengaus. Das stark verkarstete und höhlenreiche Massiv erstreckt sich von der Salzach im Westen bis zum Lammertal im Osten, der Fluss umfließt es auch von Süden her. Das Gebirge ist größtenteils unzugänglich, nur an einigen wenigen Stellen kann man aufsteigen: im Westen mit dem Wanderweg zum Leopold-Happisch-Haus (1925 m), im Süden über die Wege zur Heinrich-Hackel-Hütte und

Schlichtweg beeindruckend: das Tennengebirge

▲ Karte S. 184

zum Tauernkogel. Im Osten kann man zwischen Abtenau und dem Lammertal auf dem Laufener Hüttenweg das Tennengebirge überqueren, doch sind das alles Pfade, die Ausdauer und etwas alpinistisches Können voraussetzen.

Der höchste Berg ist das **Raucheck** (2430 m) an der Südwestecke, zumindest zur Werfener Hütte (1969 m) an dessen Ostflanke kann man mit normaler Kondition gelangen.

Das Tennengebirge wird oft als ›Salzburger Dolomiten‹ bezeichnet – genauso weiß wie die Südtiroler Dolomiten leuchtet es bei klarem, tiefblauen Himmel, einige Bergkenner reden in diesem Zusammenhang von einem gespenstischen Glimmen des Tennengebirges.

Annaberg-Lungötz

Die Doppelgemeinde Annaberg-Lungötz ist wichtiges touristisches Zentrum im südöstlichen Tennengau. Der nördliche Gemeindeteil Annaberg liegt von Lungötz, dem südlichen, etwa drei Kilometer entfernt.

Annaberg ist Ausgangspunkt vor allem für Touren in den Gosaukamm, über den die Grenze zu Oberösterreich verläuft. Die **Donnerkogelbahn** bringt die Besucher von hier auf 1475 Meter, nahe der Bergstation liegt die **Rottenhofhütte** mit eigener Käseherstellung (Verkostung und Info unter Tel. 0664/3925406). Der Aufstieg von ihr auf den Kamm um das Törleck mag schwierig sein, die Aussicht aber ist unbeschreiblich.

Vom Wanderparkplatz oberhalb des Braunötzhofs kann man zur **Gablonzer Hütte** aufsteigen, dort auf dem Gosaukamm ist die Sicht kolossal. Zum Braunötzhof kommt man über eine Straße, die am nördlichen Rand von Annaberg hinter dem Gererhof (Museum) abzweigt.

Der einfach zu begehende **Heufigurenweg** in Annaberg führt über vier Kilometer vom Parkplatz Kopfbergbahn bis hinauf zur Kopflacke am Gasthof Dolomitenhof, zeigt unter anderem viele Kunstwerke aus Heu und Sagengestalten und bietet auch ein ›Gaudi Golf‹.

Sehr lohnend ist die Wanderung von **Lungötz** über die Gappenalm (1467 m) auf den **Gappenkopf** (1509 m). Es ist äußerlich nur ein unscheinbarer Randberg des Tennengebirges, bietet aber unvergleichliche Blicke. Vom Parkplatz nahe der Lammerbrücke in Lungötz erreicht man den Gipfel via Gappenbergweg in maximal drei Stunden. Man kann auch den Gappenbergweg bis zu seinem oberen Ende fahren und das Auto dort stehen lassen.

Tiefer im Lammertal, nahe der Lammerquelle, liegt der Wanderparkplatz Hofbauer (980 m). Von hier kann man über die Aualm (1230 m) in etwa 3,5 Stunden bis zur **Anton-Proksch-Hütte** auf knapp 1600 Meter aufsteigen. Schon der leichte Aufstieg bis zur Aualm – etwa eine Stunde – ist ab Mitte Mai wegen der Blütenpracht der Almwiesen ein wunderbares Erlebnis.

Übrigens: aus Annaberg kommt Marcel Hirscher (geb. 1989), einer der weltbesten Skifahrer. Er errang unter anderem sieben Weltcup-Siege, acht Gesamt-Weltcup-Siege, holte zahlreiche Gold- und Silbermedaillen bei Olympischen Spielen und Weltmeisterschaften, wurde sechs Mal zu Österreichs ›Sportler des Jahres‹, vier Mal zum ›Weltskifahrer‹ und 2017 zum ›europäischen Sportler des Jahres› gewählt. 2019 beendete er seine Karriere.

St. Martin am Tennengebirge

St. Martin ist ähnlich wie Annaberg ein Touristenzentrum in hübscher Lage, nennt sich Aktivdorf und zieht besonders durch den **Lammertaler Urwald** Besucher an. Hier stehen in einem zehn Hektar großen Reservat besonders große Buchen, Fichten, Tannen und Lärchen beisammen. Überhaupt stehen hier Österreichs höchste Bäume, unter ihnen eine fast 50 Meter hohe Tanne, die 300 Jahre alt ist. Der Urwald ist am einfachsten aber nicht von St. Martin aus, sondern von Lungötz zu erreichen, und zwar vom Spießalm-Parkplatz am Ende der Lammertalstraße. Von hier ist es noch eine Stunde Gehzeit.

Besuchenswert sind auch die **Hochmoore** um den Gerzkopf mit dem Moorsee, der ›Schwarze Lacke‹. Mit dem Wanderweg 97 geht man dorthin ebenfalls am Seepark in St. Martin los, von 930 Meter auf etwa 1650 Meter.

Golling, Abtenau und Umgebung

Tourismusverband Kuchl, Markt 25, 5431 Kuchl, Tel. 06244/6227. www.kuchl-info.at

Tourismusverband Golling, Markt 85, 5440 Golling, Tel. 06244/4356. www.golling-info

Tourismusverband Scheffau a. T., 5440 Scheffau Nr. 50, Tel. 06244/84422. www.scheffau.salzburg.at

Tourismusverband Abtenau, Markt 165, 5441 Abtenau, Tel. 06243/4040. www.abtenau-info.at

Tourismusverband Annaberg-Lungötz, 5524 Annaberg Nr. 215, Tel. 06463/8690. www.annaberg-lungoetz.com

Tourismus St. Martin a. T., 5522 St. Martin a. T., Lammertalstr. 1, Tel. 06463/7488. www.stmartin.info

Gasthof Römischer Keller, Markt 2, 5431 Kuchl, Tel. 06244/6212; p. P. im DZ ab 45 Euro. www.römischer-keller.at

Hotel Adler, Markt 58, 5440 Golling, Tel. 0664/88907677; p. P. im DZ ab 40 Euro. Mit stilvollem Restaurant. www.adler-golling.com

Döllerers Gourmet Restaurant, Markt 56, 5440 Golling, Tel. 06244/4220. Weithin bekanntes Lokal von Güte. www.doellerer.at

Hotel-Restaurant Hauslwirt, Markt 13, 5440 Golling, Tel. 06244/4429; p. P. im DZ ab 45 Euro. Mit rustikalem, immer gut besuchtem Speiselokal. www.hauslwirt.at

Landgasthof Lammerklause, 5440 Oberscheffau Nr. 151, Tel. 06244/8424. www.lammerklause.at

Gasthof Weißes Rößl, Markt 28, 5441 Abtenau, Tel. 06243/23020; p. P. im DZ 37 Euro. Gut und günstig, Empfehlung des Autors. www.weisses-roessl.at

Restaurant und Hotel Der Abtenauer, Markt 32, 5441 Abtenau, Tel. 06243/22590; p. P. im DZ 45–56 Euro. www.abtenauer.com

Hotel Gutjahr, Markt 187, 5441 Abtenau, Tel. 06243/2434; p. P. im DZ ab 84 Euro (mit Halbpension). Edel und doch leger. www.gutjahr.at

Hotel Alpenhof, 5524 Annaberg Nr. 36, Tel. 06463/8152; p. P. im DZ um 50 Euro. www.alpenhof-annaberg.at

Salzburger Dolomitenhof, Steuer 13, 5524 Annaberg, Tel. 06463/8139; p. P. im DZ ab 44 Euro. www.salzburger-dolomitenhof.at

Gasthof-Pension Buttermilchalm, Urwaldweg 47, 5522 St. Martin, Tel. 06463/7279; p. P. im DZ ab 40 Euro. Auf 1130 Meter Höhe oberhalb von St. Martin. www.buttermilchalm.at

Museum Kuchl, Markt 24c (Severinplatz), 5431 Kuchl, Tel. 06244/30386; Mai–Okt. Fr–So 15–18 Uhr. www.cucullis.at

Burg Golling, Markt 1, 5440 Golling, Tel. 0664/5321270; Mai–Okt. Do–So 10–17 Uhr. www.burg-golling.at

Aqua Salza, Möslstr. 109, 5440 Golling, Tel. 06244/200400; Badelandschaft tägl. 10–20 Uhr, Sauna und Wellnessbereiche siehe Webseite: www.aqua-salza.at

Heimatmuseum Arlergut, Au 9, 5441 Abtenau, Tel. 0664/1136003; Do 13–17 u. So 14–17 Uhr. www.museum-abtenau.at

▶ Karte S. 184

Alte Mühle in der Nähe von Golling

Der Pongau bildet das geographische Herz des Salzburger Lands und ist für dessen Geschichte von größter Bedeutung. Hier befinden sich einige der wichtigsten alten Kupfervorkommen Mitteleuropas, und hier sprudeln bis heute die Heilwässer des Gasteinertals, die seit Jahrhunderten Weltberühmtheit genießen.

DER PONGAU

Filzmoos, Blick von der Sulzenalm zur Bischofsmütze

Hallein, Salzburg
Golling an der Salzach
Scheffau am Tennengebirge
Voglau
Rigaus
Rußbach am Pass Gschütt
166
Gosau
Pass Lueg
Ober-scheffau
162
Abtenau
Schratten
Hallstatt, Bad Ischl, Bad Aussee
Hornspitz 1467 m
Salzach
Tennengau
Salfelden
Ober-österreich
Eisriesen-welt
Tennen-gebirge
Annaberg im Lammertal
DEUTSCHLAND
ÖSTERREICH
A 10
Tenneck
Lungötz
Bischofsmütze 2458 m
Hohenwerfen
Blühnbachtal
Werfen
Werfenweng
Sankt Martin am Tennen-gebirge
Gerzkopf 1728 m
Pfarrwerfen
159
166
Steiermark
Filzmoos
Hochkönig 2941 m
Roßbrand 1770 m
Bischofshofen
99
Eben im Pongau
Schladming, Liezen
Buchberg
Hüttau
Saalfelden, Hinterthal, Natrun
Mitterberghütten
Alten-markt im Pongau
Rad-stadt
Mandling
164
Höch
Dienten am Hochkönig
311
Hochgründeck 1827 m
Mühlbach am Hochkönig
Forstau
Ansitz Thurnhof
Höggen
Sankt Johann im Pongau
163
Flachau
Goldegg im Pongau
St. Veit
Wagrain
Liechten-steinklamm
Schwarzach im Pongau
311
Salzach
Untertauern
Lend
Sonntagskogel 1849 m
Kleinarltal
Zauchen see
99
Pinzgau
167
Kleinarl
Pongau
Gasteinertal
Ober-tauern
Dorfgastein
Großarl
Johannesfall
Jägersee
Harbach
Großarltal
Twenger Almsee
Tappen-karsee
Breitenberg
Schlier-see
Tweng
Hütt-schlag
Wald
Mauterndorf, Tamsweg
Bad Hofgastein
Gamskarkogel 2467 m
Zederhaus
Hundsdorf
Vorder-schneeberg
Kötschachdorf
Lungau
A 10
Badberg
Bad Gastein
Nationalpark Hohe Tauern
Muhr
Nassfeld
Böckstein
Kölnbrein-speicher
Klein-elend-kees
Sport-gastein
Oberdorf
Ankogel-gruppe
Hochalm-kees
Kärnten
Mallnitz
Brandstatt
Innerfragant
Lassach Schattseite
Malta
Außerfragant
Flattach
Obervellach
Fischertratten
Dornbach
0
4,5
9 km

Der Pongau

Der Pongau nimmt in etwa die Mitte des Salzburger Landes ein und ist deckungsgleich mit dem Politischen Bezirk St. Johann im Pongau. Die Salzach ist die geographische Achse des Gebiets, die Salzachstraße entlang des Flusses und die Tauernautobahn sind die wirtschaftlichen Achsen. Begrenzt wird der Pongau im Norden durch das Tennengebirge, im Osten durch die Grenze zur Steiermark, im Süden durch den Kamm der Radstädter Tauern, im Südwesten durch das Gasteinertal und im Westen in etwa durch das Hochkönigmassiv.

Vom Tennengebirge nach Radstadt

Dieser Abschnitt führt vom Tennengebirge salzachaufwärts bis kurz vor Bischofshofen und behandelt dann die Gebiete entlang des Fritzbachs an der B 99, bis bei Altenmarkt die Enns erreicht ist. Dann geht es ennsabwärts bis zur steirischen Grenze.

Hat man von Hallein kommend und die Salzach weiter aufwärts reisend, den Pass Lueg überquert ist man schon im Pongau. Bald weichen die weißen Felsen des Tennengebirges links etwas zurück, genau wir rechts die des Hagengebirges und das Salzachtal öffnet sich ein wenig. Werfen ist erreicht.

Werfen und Umgebung

Bei Werfen liegen mit der Eisriesenwelt und der Burg Hohenwerfen zwei der bedeutendsten Sehenswürdigkeiten des gesamten Landes.

■ Tenneck

Noch vor Werfen liegt am Eingang des Blühnbachtals Tenneck. 1770 ließ Fürsterzbischof Sigismund von Schrattenbach hier im Gemeindeteil Sulzau einen Hochofen und ein Hammerwerk errichten. Aus Brauneisen aus dem Tennengebirge wurde Roheisen hergestellt und weiterverarbeitet. Auf dessen Areal wurde im späten 19. Jahrhundert das Eisenwerk Konkordiahütte gebaut. Es ist auch jetzt noch einer der größten Industriebetriebe des Bundeslandes.

■ Blühnbachtal

Das landschaftlich so reizvolle Blühnbachtal, vollständig im Sitz der Bundesforste, ist vielleicht die geheimnisvollste Region Salzburgs und von mancherlei Mythen und merkwürdigen Theorien umwoben.

Die befestigte Blühnbachtalstraße ist für jeden Verkehr etwa ab dem westlichen Ortsende von Tenneck gesperrt, das etwa fünf Kilometer weiter talaufwärts gelegene Schloss Blühnbach weiträumig abgeriegelt und völlig unzugänglich. Die sogenannte untere Straße, besser der untere Weg, ist sehr schmal und unbefestigt und, darf zumindest begangen werden. Wanderer werden bei versehentlicher Annäherung an das Schlossareal von patrouillierendem Sicherheitspersonal zurückgewiesen.

Im Blühnbachtal befand sich in alten Zeiten das Hauptjagdgebiet der Salzburger Fürstbischöfe. Wolf Dietrich von Raitenau ließ hier von 1604 bis 1607 auf den Mauern eines älteren Herrenhauses ein Jagdschloss erbauen, das später in habsburgischen Besitz kam. Österreichs unglücklicher Thronfolger Franz Ferdinand kaufte es 1909, ließ es vergrößern und machte es nach Konopischt in Böhmen (heute Konopiště) zu seinem zweiten Wohnsitz. Franz Ferdinand soll im Sommer 1913 in den Wäldern des Blühnbachtals eine weiße Gemse erjagt haben. Nach altem Jagdglauben bringt

Blick von der Burg Hohenwerfen auf Werfen und das Salzachtal

das Erlegen von Albino-Wild größtes Unglück, da es Zaubertiere sind – und im Juni des folgenden Jahres wurde Franz Ferdinand in Sarajevo erschossen. Nach der Ermordung Franz Ferdinands erwarb die Familie Krupp von Bohlen und Halbach das Schloss. Deren letzter Spross, Arndt von Bohlen und Halbach, starb 1986 und ist in der Schlosskapelle von Blühnbach beigesetzt. Dann erwarb es der amerikanische Großindustrielle und Multimillionär Frederick R. Koch, der zeitweise im Schloss wohnte und im Sommer 2020 verstarb. Was aktuell mit dem Schloss geschieht, ist unbekannt.

Die jahrzehntelange großräumige, ja hermetische Absperrung des Schlossareals ist bis heute mit einigen Theorien verbunden. Einige Meinungen gehen sogar dahin, dass sich hier die als Privatschloss getarnte österreichische Variante der AREA 51 befinde, jenes strengst geheime militärische Testgelände der Amerikaner in Nevada, wo angeblich außerirdische Technologien erprobt werden und dessen Existenz von den Militärs offiziell geleugnet wird.

▶ Karte S. 206

Burg Hohenwerfen

Man muss zugeben, dass der Ort Werfen selbst nur wenig überragende Sehenswürdigkeiten hat, bestenfalls den sogenannten **Brennhof** von 1565 mit seinen Arkaden im Innenhof (Markt 24); er war früher Verwaltungsgebäude der Fürstbischöfe. Dafür ist die Burg Hohenwerfen eine der meistbesuchten Burgen Österreichs. Schon ihr Äußeres lässt staunen. Als einzigartiges Bild des Mittelalters ragt sie vom knapp 700 Meter hohen Burgberg über das Land. Besonders eindrucksvoll ist diese Erscheinung, wenn man auf der Tauernautobahn von Süden her an ihr vorüber fährt, ebenso grandios von der schmalen Straße Werfen–Schlaming und von der Straße zur Eisriesenwelt. Kein Wunder, dass sie eine vielverwendete Filmkulisse ist; so wurden unter anderem Teile des Kriegsfilms ›Agenten sterben einsam‹ (1968) mit Clint Eastwood und Richard Burton, der Serien ›Das zehnte Königreich‹ (2000) und ›Agentin mit Herz‹ (1983–1987) sowie zahlreiche Märchenfilme hier gedreht. Vom Parkplatz an der B 159, unterhalb der Burg, kann man mit einem Lift hinauffahren oder in etwa 15 Minuten hinaufsteigen. Der Salzburger Erzbischof Gebhard ließ die Burg als Grenzfestung um 1075 bauen, jedoch in weitaus kleineren Ausmaßen, als sich die Anlage heute zeigt. Gebhard, der 1078 in den Wirren des Investiturstreits aus Hohenwerfen fliehen musste, kehrte 1086 zurück und starb hier 1088. Im 13. Jahrhundert erfolgten Erweiterungsbauten, die die Burg wehrhafter machten und ihr heutiges äußeres Bild gaben. Im salzburgischen Bauernkrieg wurde sie 1525 in Brand gesteckt, dann wieder hergerichtet, 1611 saß der abgesetzte Fürstbischof Wolf Dietrich von Raitenau einige Wochen ein, nach der Säkularisierung 1803 verfiel sie. Danach in habsburgischem Besitz, wurde sie zum Jagdschloss und um 1900 Wohnsitz des Erzherzogs Eugen (1863–1954). 1931 brannte die Burg größtenteils aus – ein Schwelbrand vernichtete dabei die ganze Innenausstattung, zumindest der Glockenturm mit dem ›Burgahnl‹, einer spätmittelalterlichen Glocke, blieb stehen. Nach 1938 zog ein Schulkungszentrum des NSDAP ein, nach dem Krieg war die Burg Polizeischule, seit 1987 touristisches Objekt. Die Burg wird als ›Erlebnisburg‹ vermarktet. Als solche ist sie ein besonders familienfreundliches touristisches Ziel, bietet insbesondere Kindern eine Fülle an Interessantem und sonst eine Vielzahl an wechselnden Mittelalterevents (Gaukler- und Ritterspiele, Handwerkermärkte). Viel besucht wird sie wegen der täglichen Flugvorführungen von Greifvögeln des österreichischen Landesfalkenhofs. Wer die Burg wegen ihrer Geschichte besucht, wird vermutlich enttäuscht sein, denn historische Innenausstattung gibt es bis auf das eine rekonstruierte Fürstenzimmer nicht. Von weitem wirkt sie weitaus interessanter, als sie es im Innenhof und Inneren für den Kunstfreund ist.

Eisriesenwelt

In der Südwestecke des Tennengebirges entdeckte 1879 Anton Posselt, ein Salzburger Naturforscher, einen Zugang zu einer vereisten Höhle. Er drang etwa 200 Meter tief ein, dann wurde es für ihn zu steil und er kehrte um. Das Wissen um die Existenz der Höhle geriet etwas in Vergessenheit, bis 1913 der junge Forscher Alexander von Mörk Posselts Erkundung fortsetzte und weit ins Höhleninnere vorstieß, dabei große Seen und Eishallen entdeckte. Mörk fiel im Jahr darauf, nur 27-jährig, im Ersten Weltkrieg, hatte aber vorher verfügt, nach seinem Tod in der Höhle beigesetzt zu werden. Die Umbettung in die Höhle, zum später sogenannten Mörk-Dom, erfolgte aber erst einige Jahre später. 1919 wurde die Höhlenforschung unter Finanzierung durch den Anwalt Friedrich Oedl von anderen fortgesetzt und letztlich ein 42 Kilometer langes Höhlensystem entdeckt. 1928 wurde eine Eisriesenwelt-GmbH gegründet, die die Höhle vermarktete und Führungen organisierte.

Berühmte Filmkulisse: Burg Hohenwerfen

Das Eis in der Höhle entstand erstmals in der großen Kaltzeit vor etwa 15 000 bis 10 000 Jahren. Es wächst im Winter, wenn kalte Luftmassen viele hundert Meter in die Höhle hinein gedrückt werden und der ohnehin kalte Fels die Kälte speichert. Wenn dann im Frühjahr Wasser durch Spalten eindringt, gefriert es sogleich.

Vom Parkplatz am oberen Ende der Eishöhlenstraße geht man teils auf Stufen etwa 120 Höhenmeter bergan bis zum Rasthaus Wimmerhütte – auch Eisriesenwelt-Rasthaus genannt – auf 1076 Meter Höhe. Von hier fährt eine Seilbahn zum Oedlhaus auf 1582 Metern; dorthin kann man auch laufen, es ist aber sehr anstrengend und zeitintensiv. Von hier muss man allerdings bis zum Höhleneingang auf 1664 Meter nochmals 80 Höhenmeter über eine lawinengeschützte Galerie aufsteigen. Die Führungen dauern etwa 75 Minuten, innerhalb der Höhle wird etwa ein Kilometer bei weiteren Aufstiegen zurückgelegt. Für den Besuch ist daher ein Minimum an Kondition vorauszusetzen; die Höhle ist dennoch sehr stark besucht.

Pfarrwerfen

In Pfarrwerfen lohnt der Blick in die **Pfarrkirche St. Cyriak**, wegen der farbigen Kirchenfenster, des Hochaltars, der im 17. Jahrhundert aus einem älteren Flügelaltar entstand, und des grandiosen Christophorusfreskos (Außenwand). Ungewöhnlich ist, dass Kirche und Pfarrhof mit einem gedeckten Gang verbunden sind, der auf Schwibbögen ruht.

Um Pfarrwerfen gibt es einen **Sieben-Mühlen-Weg**, eine Art Museumspfad, der zu sogenannten Gemachmühlen führt. Darunter versteht man Mühlen, die im Mittelalter im Privatbesitz von Bauern waren und nicht dem grundherrlichen Mühlenzwang unterstanden.

Werfenweng

Als überregionales Touristenzentrum zeigt sich Werfenweng. Es ist ein guter Ausgangspunkt für verschiedene Wanderungen ins Tennengebirge und bietet eine gute touristische Infrastruktur.

Vom Ortsteil Zaglau (971 m) führt die IKARUS-Kabinenbahn auf die 1834 Meter hohe **Bischlinghöhe**, wo sich ein nettes Gasthaus befindet und man an-

In der Eisriesenwelt

▲ Karte S. 206

Wilde Berglandschaft am Tauernkogel

genehm über die Strussingalm oder die Bischlingalm via Hundsdorfalm in etwa 2,5 Stunden wieder ins Tal spazieren kann. Beliebt ist auch die Tour von der Bischlinghöhe über die Heinrich-Hackel-Hütte und den Steinergraben zurück zur Talstation der Bergbahn, es ist eine einfache und daher beliebte Route (3,5 Std.).
Ein Blick in die **Pfarrkirche Mariä Geburt** lohnt: der schöne Hochaltar von 1763 hat in seiner Mitte eine geschnitzte Madonna mit Kind von Engeln umgeben, eine Arbeit aus der Zeit um 1500.

Drei spektakuläre Wanderungen im südlichen Tennengebirge

Von Pfarrwerfen kann man bis zum östlich gelegenen Parkplatz Unterholz (auch Parkplatz Werfener Hütte genannt, 1068 m) fahren und steigt von dort über den Gasthof Mahdegg und den 1610 Meter hohen Tanzboden bis zur **Werfener Hütte** aufsteigen (1969 m, Tel. 0664/9864828 bzw. 0676/3856889). Die Hütte klebt wie ein Adlernest am Berg, von hier hat man überwältigende Blicke vor allem zum Hochkönigmassiv. In maximal vier Stunden ist der Weg dorthin machbar. Es sind 900 Höhenmeter, aber dennoch eine Muss-Wanderung für Besucher dieser Region!
Ebenfalls zur Werfener Hütte geht die sonnendurchgleißte Tour über Gamsblickhütte und Elmaualm. Ausgangspunkt ist hier der Parkplatz Wengerau (964 m) nördlich von Werfenweng. Vier Stunden sollten für die einfache Strecke ausreichend sein.
Eine Top-Tour ist vor allem die vom gleichen Parkplatz Wengerau über die **Heinrich-Hackel-Hütte** (1531 m, www.hackelhuette.at) zum **Tauernkogel** (2247 m) und weiter zum **Eiskogel** (2321 m). Sie ist etwas anspruchsvoller, erfordert Trittsicherheit und ist lang: fünf Stunden für die einfache Strecke. Daher sollte man eine Übernachtung auf der Hackelhütte einplanen (Tel. 0664/3429114). So wird die Tour auch für mittelmäßig Konditionierte zum Erlebnis.

Werfen und Umgebung

Tourismusbüro Werfen, Markt 24, 5450 Werfen, Tel. 06468/5388. www.werfen.at

Tourismusverband Werfenweng, Weng 42, 5453 Werfenweng, Tel. 06466/4200. www.werfenweng.eu

Gasthaus zum Eisenwerk, Kohlplatzstr. 4, 5451 Tenneck, Tel. 06468/20008. Bekannt gute und preisgünstige Mittagsmenüs, kreative vegetarische Gerichte. www.gasthaus-eisenwerk.at

Landgasthof Reitsamerhof, Reitsam 22, 5450 Werfen (Ortsteil Imlau), Tel. 06468/5379; p. P. im DZ ab 40 Euro, Frühstück 12 Euro extra. www.reitsamerhof.at

Frühstückspension Weißes Rößl, Markt 39, 5450 Werfen, Tel. 06468/5268; p. P. im DZ 39 Euro. Mit Pizzeria ›Bella Grotta‹. www.weisses-roessl-werfen.at

Hotel Zehenthof, 5452 Laubichl Nr. 8, Tel. 06468/5369; p. P. im DZ ab 33 Euro. Kein Restaurant. www.zehenthof.eu

Zistelberghof, Lampersbach 26, 5453 Werfenweng, Tel. 06466/443; p. P. im DZ 40–52 Euro. www.zistelberghof.at

Gasthof Tennenblick, Weng 3, 5453 Werfenweng, Tel. 06466/451; p. P. im DZ 48 Euro. In herrlichster Lage. www.gasthof-tennenblick.at

Burg Hohenwerfen, Burgstr. 2, 5450 Werfen, Tel. 06468/7603; Apr., Okt. und Nov. Di–So 9.30–16 Uhr, Mai–Sept. tägl. 9–17 Uhr, Mitte Juli–Mitte Aug. tägl. 9–18 Uhr. www.burg-hohenwerfen.at www.burgen-salzburg.at

Eisriesenwelt, Eishöhlenstr. 30, 5450 Werfen, Tel. 06468/5248; Mai/Juni u. Sept./ Okt. tägl. 8–15 Uhr, Juli/Aug. 8–15.30 Uhr.

Seilbahn (letzte Bergfahrt zur Höhle): Mai, Juni, Sept., Okt. 15.20 Uhr; Juli und August 15.50 Uhr.

Höhle, letzte Führung Mai, Juni, Sept., Okt. 15.45 Uhr; Juli und Aug. 16.30 Uhr. Mit 33 Euro ist der Besuch (mit Seilbahn) für einen Erwachsenen nicht ganz billig, aber bei einem Besuch in der Region geradezu ein Muss. Die Salzburger Land Card ermöglicht in der Eisriesenwelt keinen kostenlosen, aber ermäßigten Eintritt. www.eisriesenwelt.at

Karte: **Kompass Wanderkarte 291 Salzburg und Umgebung**, Maßstab 1:50 000.

Entlang des Fritztals nach Filzmoos

Der **Fritzbach** ist ein 35 Kilometer langer, rechter Nebenfluss der Salzach. Er entspringt südlich der Bischofsmütze nahe Filzmoos, fließ erst in Süd-West- und dann in Ost-West-Richtung der Salzach zu. Das Fritztal ist ein wichtiges landschaftsbildendes Element und die geologische Grenze zwischen der sogenannten Grauwackenzone im Süden und den sogenannten Werfener Schichten im Norden, die zu den Nördlichen Kalkalpen überleiten. Zwischen Eben und Bischofshofen verlaufen in seinem Tal die Tauernautobahn und die Bundesstraße 99. Dieser Teil seines Tals mag touristisch vergleichsweise weniger bedeutend sein, um so stärker besucht ist der Ostteil um den international bekannten Sommer- und Wintersportort Filzmoos.

▶ Karte S. 206

Hüttau

Erster Ort talaufwärts, etwa sieben Kilometer östlich der Mündung des Fritzbachs, ist Hüttau. Vom 16. bis zum 19. Jahrhundert war es durch seinen Kupfererzabbau bedeutsam. Daran erinnern noch das **Mineralienmuseum** im ehemaligen Gewerkenhaus von 1594 und das **Schaubergwerk Kupferzeche**. Gemeinsam mit den Nachbarorten St.

Das Feuchtbiotop Schwarze Lacke am Gerzkopf

Veit, Bischofshofen und Mühlbach am Hochkönig gehört Hüttau zu den Geoparkgemeinden ›Erz der Alpen‹, die durch einen ›Geotrail Erzweg Kupfer‹ (UNESCO-Projekt) verbunden sind.
Vom Wanderparkplatz Klammalm (südlich von Hüttau) auf 1258 Metern (mit Jausenstation) lohnt die leichte Wanderung zum **Hochgründeck** (1827 m) und zur unweiten Heinrich-Kiener-Hütte (1792 m). Der Wanderweg ist als ›interaktiver Meditations- und Friedenspfad‹ gestaltet. Vom Hochgründeck genießt man wunderbare Blicke auf das Salzachtal, auf Tennen- und Hagengebirge. In gut zwei Stunden ist die einfache Strecke zu schaffen.

Eben im Pongau

Nach dem Abzweig der Straße nach Abtenau, im Osten um das Tennengebirge herum, gelangt man im Übergang des Fritztals ins Ennstal nach Eben. Im alten ›Gasthof in der Fritz‹ aus dem 16. Jahrhundert, auch Ansitz Gasthofgut genannt, befindet sich das **Tauernstraßenmuseum**, das Gebäude ist Teil der Autobahnraststättenanlage Eben-Nord. Zum Gasthof gehört auch ein Getreidespeicher von 1557 mit sehenswerten Außenfresken.
Alle diese Einrichtungen sind nur über die Autobahn aus Richtung Süden erreichbar.

Gerzkopf

In Eben zweigt von der B 99 die Landesstraße über das zehn Kilometer entfernte Filzmoos nach Ramsau in der Steiermark ab. Es ist ein sehr schöner Straßenabschnitt. Nach etwa drei Kilometern kommt man zum Weiler Schattau, der als Abstecher und für eine Wanderung lohnt. Man biegt hier ab und fährt nordwärts bis zur Schranke beim Knappbauer, und von dort zur Schäferhütte (an Wochenenden von Mitte Mai bis Mitte September) und zu den Mooren um den Gerzkopf (1728 m) aufzusteigen. Das ist einfacher, als wenn man es von St. Martin aus (→ S. 201) angeht. Das **Feuchtbiotop Schwarze Lacke** am Gerzkopf ist ein wundervoller Moorsee.
Etwa zwei Kilometer nach Schattau geht links eine Straße nach Neuberg ab. Hier kommt der Fritzbach von seinem Quellgebiet oberhalb der Hofpürglhütte (→ S. 215) herunter.

Filzmoos

Das auf 1057 Meter Höhe gelegene Filzmoos ist als internationaler Wintersportort bekannt, doch wegen seiner landschaftlich hinreißenden Lage zwischen Bischofsmütze und Roßbrand auch im Sommer einer der meistbesuchten Urlaubsorte im Salzburgerland. Er wurde von einer internationalen Jury als einer der zehn ›märchenhaftesten Orten der Welt‹ ausgesucht.

Filzmoos ist mit gerade 1500 Einwohnern ein recht kleiner Ort, wurde 1333 erstmalig erwähnt und hat seinen Namen von der damals sumpfigen Umgebung. ›Filz‹ und ›Moos‹ sind andere Begriffe für Moor- und Sumpfgebiete. Es hat unabhängig von den grandiosen Bergen und der schlicht klassisch vollendeten Landschaft, die es umgeben, doch auch einige menschengemachte Sehenswürdigkeiten. Die **Pfarrkirche St. Peter und Paul** entstand Ende des 15. Jahrhunderts, der Turm war 1546 vollendet. Sie ist Wallfahrtskirche; in ihr wird das 45 Zentimeter große, aus dem 15. Jahrhundert stammende und über dem Altar aufgehängte **Filzmooser Kindl** verehrt. Es ist eine Statue des Jesuskindes in einem Strahlenkranz, Jesus hat an seiner Rechten ein Glöckchen angehängt und segnet damit die Weltkugel in der linken Hand. Eine Legende ist mit dieser Darstellung verbunden: Zwei fromme Hirten hörten auf den Feldern bei Filzmoos ein Glöckchen läuten. Sie gingen dem Klang nach und fanden an einer Stelle – an der sich heute die Ursprungskapelle von 1820 befinde – ein hölzernes Jesuskind, das auf einem modrigen Baumstumpf stand. Es hatte die Schwurfinger segnend erhoben und läutete mit dem Glöcklein. Die Hirten brachten die Figur nach Altenmarkt in die Pfarrkirche, von wo es aber über Nacht wieder zu dem Baumstumpf bei Filzmoos zurückkehrte. Als die Statue danach in der Filzmooser Kirche aufgestellt wurde, blieb sie dort. Nachweislich sind Gebetserhörungen im 17. Jahrhundert überliefert.

Bei dem sogenannten **Oberhof** (Hofangerstr. 34) handelt es sich um einen Bauernhof, der auf das Mittelalter zu-

Fresken in der Pfarrkirche St. Peter und Paul

Karte S. 206

rückgeht, sein heutiges Aussehen um die Mitte des 17. Jahrhunderts erhielt und seit damals im Besitz ein und derselben Familie ist. In ihm befindet sich ein kleines **Museum**, man bietet jedoch in erster Linie Übernachtungen an. Die Vorfahren mütterlicherseits der ostpreußischen Dichterin Agnes Miegel (1879–1964) stammen aus diesem Haus, sie wurden 1732 aus Salzburg als Protestanten vertrieben.

Wanderungen und Ausflüge um Filzmoos

Ein Muss bei einem Aufenthalt in Filzmoos ist der Besuch der ganz nahe beieinander liegenden **Oberhofalm** und **Unterhofalm** auf 1303 Metern (www.oberhofalm.at). Sie sind bequem über eine Mautstraße entlang der Warmen Mandling in knapp sechs Kilometern von Filzmoos erreichbar. Ihre traumhafte Lage am Fuß der Bischofsmütze macht sie zu einem beliebten Ausflugsziel, auch kann man von hier in etwa anderthalb Stunden zur **Hofpürglhütte** (1705 m) aufsteigen, die unterhalb der Bischofsmütze gleichsam am Felsen hängt. Besonders zu empfehlen ist eine Umrundung des kleinen Almsees in der Nähe der beiden Almen. Die Almen sind aber auch gut über den von Filzmoos aus ausgeschilderten **Hofalm-Wanderlehrpfad** zu erreichen, der 2012 mit einem Wandergütesiegel ausgezeichnet wurde.

Oberhalb der Ober- und Unterhofalm, am Nordwestfuß des 2247 Meter hohen Rötelsteins (Rettensteins), liegt die ebenfalls bewirtschaftete **Sulzenhütte** (Wallehenalm) auf 1620 Meter Höhe. Unterhalb der beiden anderen Almen biegt man auf eine unbefestigte Fahrstraße ab und kommt nach etwa zwei Kilometern hinauf. Von hier ist der Blick auf die Bischofsmütze vielleicht noch eindrucksvoller. Von der Oberhofalm

Das Filzmooser Kindl

kann man in etwa 45 Minuten direkt zu ihr aufsteigen.

Die Bischofsmütze (2458 m) selbst ist auch für geübte Bergwanderer nicht zu ersteigen. Wer aber von der Oberhofalm aus doch eine anspruchsvollere Tour machen möchte, dem sei die Wanderung zum **Oberen Hochkesseleck** (2283 m) angeraten. Der Weg erfordert Schwindelfreiheit und Trittsicherheit, in einigen Abschnitten ist er durch Drahtseile gesichert. Über den erwähnten Almsee geht es hinauf zum Linzer Weg, dann erreicht man an der Reißgangscharte (1953 m) den Gosaukamm, und dann kommt man über nochmals 300 Höhenmeter zum Oberen Hochkesseleck. An klaren Herbst- und Frühsommertagen bietet das Gipfelpanorama unwirklich schöne Aussichten.

Wer zur spektakulär am Berghang gelegenen **Hofpürglhütte** (1705 m) gehen möchte, kann es etwas leichter über die Kirchgasshütte (1365 m) auf der Aualm machen. Zu ihr kommt man mit

Auf der Sulzenhütte

dem Hüttentransfer ›Almi‹ (genannt die ›fahrende Almhütte‹) oder dem Taxi; mit dem eigenen Auto kann sie leider nicht mehr angefahren werden (Fahrpläne unter www.erlkom.at). Von dort geht es nicht weniger steil als bei der anderen Trasse hinauf, doch ist der Höhenunterschied etwas geringer. Der Besuch der Kirchgass- wie der Hofpürglhütteieser Hütte ist ebenfalls ein Muss.

Den **Roßbrand** (1770 m) auf der andern Talseite kann man als zweiten Hausberg von Filzmoos sehen. Man kann von dort zu ihm emporsteigen, besser und bequemer ist er aber von Radstadt her zu erreichen, wo man bis zu einem Wanderparkplatz direkt unterhalb des Gipfels fahren kann. Der Roßbrand gilt als einer der schönsten Aussichtsberge der Ostalpen mit unvergleichlichem Blick auf über hundert Gipfel.

Sehr zu empfehlen ist noch die Tour auf die **Bachlalm** (1495 m), grandios vor dem Dachstein gelegen. Zu ihr kommt man sehr schön und gar nicht schwierig von der Sulzenhütte (um die Nordostseite des Rettensteins herum), aber auch von der Straße Filzmoos–Ramsau, vom Parkplatz an der Bushaltestelle Dachsteinruh in der großen Kehre. Auch von Filzmoos direkt ist diese beliebte Ausflugsalm über ein Teilstück des Salzburger Almenwegs leicht erwanderbar (3 Stunden, Trittsicherheit nötig), auch gibt es einen Shuttlebus dorthin. An der Bachlalm und unterhalb an der Straße nach Ramsau beginnt schon die Steiermark.

▸ Karte S. 206

Filzmoos ist durch 17 geomantisch gemessene **Kraftplätze** bekannt. Ausgebildete Kraftplatzbegleiter gehen mit den Gästen zu diesen Punkten (www.lebensstern.com). Sechs der Kraftplätze liegen entlang des Filzmooser Teilstücks des **Salzburger Almenwegs**. Dieses geht von Filzmoos über die Bachlalm, dann um die Oberhofalm herum zur Hofpürglhütte Der Almenweg ist insgesamt 350 Kilometer lang, beginnt in Pfarrwerfen und zieht sich gegen den Uhrzeigersinn als Rundweg durch das Land – er ist einer der beliebtesten Fernwanderwege der Alpen (www.salzburger-almenweg.at).

Von der Hofalm eröffnen sich wunderbare Blicke zum Dachstein

Zwischen Juni und September ist die **Papagenobahn**, eine Sechser-Gondelbahn, in Betrieb (Di, Do, Sa/So). Von der Bergstation Schörgialm (1580 m) lässt es sich gut zum Roßbrand und die Umgebung wandern. Von Filzmoos aus führen ein ›Ameisenweg‹ und ein ›Kinderwanderweg Moosalm‹ in geeigneter Länge und Schwierigkeit in die südlich des Ortes gelegenen Landschaften.

Entlang des Fritzbachs

Tourismusverband Hüttau, 5511 Hüttau Nr. 29, Tel. 0458/7103.
https://tvbhuettau.jimdo.com

Tourismusverband Eben, Tel. 06458/8194.
www.gemeinde-eben.at

Filzmoos Tourismus, 5532 Filzmoos Nr. 50, Tel. 06453/8235.
www.filzmoos.at

Die **Salzburger SportweltCard** ist die Gästekarte von Filzmoos. Man erhält sie kostenlos für die Dauer des Aufenthalts vom Vermieter. Sie bietet viele Vergünstigungen für Bergbahnen, Wanderbusse, Schwimmbäder, Hochseilparks etc. Sie ist eine Ergänzung zur allumfassenden SalzburgerLand Card. Dann gibt es eine **Filzmooser AlmCard**, mit der man täglich je eine regionale Spezialität auf den Almen um Filzmoos verkosten kann.
www.almcard.at

Die angegebenen Preise sind Sommerpreise, im Winter herrscht zumindest im Filzmoos ein erhöhtes Niveau. Halbpension ist bei vielen Gasthöfen möglich, bei einigen geht es überhaupt nur mit Halbpension. In Filzmoos bieten die meisten Betriebe bei einem Aufenthalt meist ab sieben Tagen besondere Pauschalpakete an; man informiere sich auf den Webseiten. In diesen Bergpauschalen ist neben Übernachtung und Frühstück eine geführte Wanderung, die Bergbahnbenutzung, Shuttlebusfahrten u.a. inkludiert.

Hotel Hubertushof, Sonnberg 5, 5511 Hüttau, Tel. 06458/7243; p.P. im DZ ab 59 Euro. Mit sehr schönem Wellnessbereich. www.hubertus-hof.at

Alpengasthof Hochkönigblick, Bairau 27, 5521 Niedernfritz, Tel. 06458/7259; p.P. im DZ ab 50 Euro mit HP.
www.hochkoenigblick.at

Hotel Schwaiger, Hauptstr. 42, 5541 Eben i. P., Tel. 06458/8139; p. P. im DZ ab 42 Euro.
Hotel Alpenblick, 5532 Filzmoos Nr. 92, Tel. 06453/8205; p. P. im DZ 52–72 Euro. An der Papageno-Gondelbahn gelegen. www.alpenblick-filzmoos.at
Alpenhotel Wurzer, 5532 Filzmoos Nr. 93, Tel. 06453/8220; p. P. im DZ 46–52 Euro. Im Zentrum von Filzmoos. www.alpenhotel-wurzer.at
Gasthof Reithof, 5532 Filzmoos Nr. 20, Tel. 06453/8203; p. P. im DZ 36–45 Euro. Mit Panoramarestaurant. www.reithof.com
Frühstückspension Tannenhof, 5532 Filzmoos Nr. 84, Tel. 06453/8202; p. P. im DZ 32 Euro. Direkt im Zentrum von Filzmoos. www.sieberer-filzmoos.at
Oberhofgut, Neuberg 34, 5532 Filzmoos, Tel. 06644/457781; Preise auf Anfrage. www.oberhofgut.at
Gasthof Kralehenhof, Neuberg 125, 5532 Filzmoos, Tel. 06453/85110; p. P. im DZ 49–55 Euro (mit HP). Zwei Kilometer außerhalb von Filzmoos gelegen, mit Wanderbusverbindung. www.kralehenhof.com
Gsenghof, Neuberg 5, 5532 Filzmoos, Tel. 06453/8523; p. P. im DZ 28-36 Euro. Biobauernhof auf 1156 m, hofeigene Produkte im Gasthof. www.gsenghof.at
Almstadl, 5532 Filzmoos Nr. 152, Tel. 0664/2027571. Après-Ski-Bar und Grillrestaurant. https://alm-stadl-filzmoos.business.site

Museum Erze, Gold und Mineralien, 5511 Hüttau Nr. 29 (im Gewerkenhaus, heute Gemeindeamt); Juli–Mitte Sept. tägl. 11–16 Uhr. www.kupferzeche.at
Schaubergwerk Kupferzeche, Sonnhalb 21, 5511 Hüttau, Tel. 06458/7103, Juli/Aug. tägl. 10–16 Uhr. 1.–15. Sept. tägl. 11–14 Uhr, Führungszeiten siehe Webseite, außerhalb dieser Zeiten nach Voranmeldung. www.kupferzeche.at
Tauernstraßenmuseum, Tel. 06458/8194; Juli–Sept., genaue Öffnungszeiten telefonisch entweder bei Tourismusverband oder bei Museumsdirektor Bruno Müller erfragen (06458/8188), auf der Webseite nicht vorhanden. Thema: Kulturgeschichte der Straßen über die Tauern von der Römerzeit bis heute. https://www.gemeinde-eben.at/

Karte: **Kompass Wanderkarte Nr. 291 Salzburg und Umgebung**, Maßstab 1:50 000.

Um das oberste Ennstal und den Tauernpass

Das Tal der **Enns** bestimmt das Landschaftsbild des südöstlichen Pongaus. Die Enns, die für die nördliche Steiermark und das südöstliche Oberösterreich ein wichtiger Fluss ist, entspringt etwa 15 Kilometer südlich von Altenmarkt im Westen der Radstädter Tauern am 2435 Meter hohen Ennskraxen, strömt durch das Flachauer Tal bis Altenmarkt nordwärts, biegt dann in scharfem rechten Winkel ostwärts um, verlässt wenige Kilometer östlich von Radstadt Salzburg und durchfließt dann die Steiermark. Sie behält ihre Richtung bis jenseits des fast 100 Kilometer entfernten Gesäuses bei, wo sie dann nach Norden, durch Oberösterreich strömend, der Donau zueilt. Mit 254 Kilometer Länge ist die Enns der größte ausschließlich auf österreichischem Staatsgebiet befindliche Fluss. Mit Altenmarkt und Radstadt befinden sich zwei wichtige Städte in dieser Ecke des Landes, die eine touristisch-sportlich, die andere historisch bedeutend.

▸ Karte S. 206

Altenmarkt

Altenmarkt (4500 Einwohner) ist Zentrum des internationalen Skigebiets Altenmarkt-Zauchensee-Kleinarl (25 Liftanlagen, 70 Kilometer Piste), das sich großflächig über mehrere Täler südlich des Ortes erstreckt. Der Skihersteller ›Atomic‹ hat hier einen Produktionsstandort. Im Ort selbst gibt es nur wenige Sehenswürdigkeiten, etwa die **Pfarrkirche Unserer Lieben Frau Geburt**, eine neugotische Umgestaltung eines spätmittelalterlichen Baus, der im Innern noch zahlreiche barocke Kunstwerke aufweist. Der bedeutsame Hochaltar von 1972 stammt von Clemens Holzmeister. Sehenswert sind auch die gotische 88 Zentimeter hohe ›Altenmarkter Madonna‹ und das ›Vesperbild‹, eine Pietá aus der Zeit um 1400. Um die Kirche befinden sich vier Kapellen, jede für sich kunstgeschichtlich interessant.

Des Weiteren seien erwähnt der **Dechantshof** (Pfarrhof) mit seinem Verbindungsgang zur Pfarrkirche – sie bilden zusammen ein fast schlossartiges Ensemble – und die nahe **Dechantshoftenne**, ein hölzerner Stadl und heute eines der beiden Heimatmuseen.

Zwischen Altenmarkt und Zauchensee liegt einer der schönsten **Hochseilparks** in Österreich (www.hochseilpark.at).

Zauchensee

Zehn Kilometer südlich von Altenmarkt, um den Zauchensee, erstreckt sich das etwa seit 1965 bestehende **Skigebiet Zauchensee**. Der Ort Zauchensee ist eine eher künstliche Schöpfung und besteht nur aus Hotels und Skiliften. Der Ski-Weltcup soll ab 2021 in Zauchensee in jährlichem Wechsel mit St. Anton am Arlberg ausgetragen werden.

Doch Zauchensee ist auch im Sommer als Wandergebiet attraktiv. Von der Bergstation der **Gamskogelbahn** (1361 m) empfiehlt sich die Runde über Arche, Tagweidegg, Schwarzkopf (mit 2261 Metern der höchste Punkt), Gamskogel (Einkehrmöglichkeit) und zurück. Die Tour nimmt etwa sechs Stunden in Anspruch und ist nicht zu schwer, nur für die letzten beiden Berge wird Trittsicherheit benötigt.

Eine ähnliche schöne Tour geht vom gleichen Ausgangspunkt zum 2051 Meter hohen, weithin sichtbaren **Lackenkogel** und weiter nordwärts über den Sattelbauer und ins Tal zum Gasthof Neuhäusl (von dort mit Bus oder Taxi zurück

In Altenmarkt

Die Enns bei Flachau

nach Zauchensee). Es ist einen schöne, nur wenig anstrengende, doch Ausdauer fordernde Höhenwanderung (sieben Stunden!), die man nur bei guter Sicht beginnt, sonst lohnt es nicht.

Der Lackenkogel selbst ist auch vom Wanderparkplatz am Gasthaus Sattelbauer (1283 m) zu erwandern: 2,5 Stunden braucht man für die Tour, die schönste Fernsichten bietet.

Flachauer Tal

Das Flachauer Tal ist das eigentliche Quelltal der Enns. Es wird auf knapp zehn Kilometern von einer an der südlich von Flachauwinkl am Gasthof Tauernalm endenden Talstraße und der Tauernautobahn durchzogen, die dort, am Talschluss, über den 6410 Meter langen Tauerntunnel den Kamm der Radstädter Tauern durchbricht und im Lungau wieder ans Tageslicht kommt.

Wichtigster Ort im Tal ist **Flachau** (2800 Einwohner), die dortige Dichte an höherpreisigen Hotels, Restaurants und Chalets für einen Ort von der Größe Flachaus ungewöhnlich.

▸ Karte S. 206

Einen Blick lohnt die barocke **Pfarrkirche** mit ihrem Hochaltar von 1722. Das Altarblatt zeigt ›Maria immaculata‹ in einer Darstellung von Johann Michael Rottmayr (1654–1730), dem frühesten der großen österreichischen Barockmaler, gleichsam Begründer der österreichischen Malkunst jener Epoche. Viele seiner überwiegend religiösen Darstellungen befinden sich in Salzburger Kirchen.

Das **Renaissanceschlösschen Höch** im gleichnamigen Ortsteil Flachaus – am westlichen Ortsrand von Altenmarkt, an der Straße nach Wagrain – geht auf das 11. Jahrhundert zurück und ist Veranstaltungsort in Gemeindebesitz. Vom Mantel der Geschichte umweht ist der **Ansitz Thurnhof**. Er liegt nahe der Autobahnauffahrt Flachau, unweit des eigentlichen Thurnhofs, zu dem er gehört. Der schlichte, dreistöckige, turmartige Bau, deutlich vom Zahn der Zeit angenagt, geht auf das 13. Jahrhundert zurück. 1611 war er für kurze Zeit Aufenthaltsort des zumindest in Salzburg unsterblichen Liebespaars Wolf Dietrich von Raitenau und Salome Alt. Salome hatte sich vor

den anstürmenden bayerischen Truppen hierher geflüchtet, Wolf Dietrich war mit den Bayern in allerlei Händel verwickelt, die zu kriegerischen Auseinandersetzungen und dem Einmarsch der Bayern in Salzburg führten. Wolf Dietrich ließ Salome auf dem Ansitz zurück und floh nach Kärnten, wurde im dortigen Gmünd gefangen genommen und verbrachte seine letzten Lebensjahre eingekerkert, bis er 1617 nach langer Krankheit starb.
Salome Alt wurde nur kurz gefangen genommen und starb im Jahr 1633, 65-jährig, in Freiheit.
Aus Flachau stammt der weltberühmte Skirennläufer und Olympiasieger Hermann Maier (geb. 1972).
Flachau und das Flachauer Tal bietet sich für viele Wanderungen an. Mit dem Lift ›Star Jet 2‹ fährt man bis zur Bergstation (1731 m), steigt dort in den Star Jet 3 um, fährt weiter hinauf zu dessen Bergstation an der Kogelalm (1878 m) und wandert von dort ganz bequem zum **Grießenkareck** (1991 m). Wir empfehlen, den Rückweg/Abstieg bis zur Talstation in Flachau via Latschenhof und Grießenkarhaus zu Fuß zu machen; drei Stunden sind für den Abstieg ab Grießenkareck-Gipfel anzusetzen.

Radstadt

An der Einmündung des Taurach in die Enns liegt Radstadt, bisweilen die ›alte Stadt im Gebirge‹ genannt. Sie wurde schon 1074 erstmals erwähnt. Von ihr führt die alte Handelsstraße über die Tauern hinüber ins Kärntnerische. Um die Mitte des 13. Jahrhundert erhielt Radstadt seine mittelalterliche **Stadtbefestigung**, von deren immer noch sehenswerten Mauern und Türmen viel bis heute erhalten ist. Um die Mauern und Türme zieht sich der **Millenniumspfad**, auf 1000 Schritten macht er den Besucher mit der Stadtgeschichte vertraut.

Zahlreiche Brände fügten der Stadt immer wieder schwere Schäden zu, vorbarocke Bauten sind bis auf die allerdings umgebauten Kirchen daher so gut wie nicht vorhanden. Die **Pfarrkirche** wurde 1865, nach dem letzten katastrophalen Brand, neoromanisch-neogotisch wieder hergestellt. Auf deren Kirchhof steht eine spätgotische **Lichtsäule** von 1516. Die alte fürstliche **Burg Radstadt** aus dem 14. Jahrhundert übernahm 1629 der Kapuzinerorden. Das Kloster wurde 1978 aufgelöst, heute ist es der örtliche Pfarrhof (Prehauserplatz 1).
Nördlich der B 99, der Umfahrung, verläuft die Schlossstraße. Im unscheinbaren **Schloss Lerchen** (Schlossstr. 1) befindet sich das **Heimatmuseum**, unter anderem mit Paul-Hofhaimer-Zimmer. Dieser bedeutendste Sohn der Stadt kam am 25. Januar 1459 in Radstadt zur Welt und war als Organist und Komponist unter anderem am Hof Kaiser Maximilians und als Domorganist in Salzburg tätig. Paul

Gedenkrelief für Paul Hofhaimer

Hofhaimer galt in seiner Zeit als bedeutendster zeitgenössischer Musiker. Erhalten von seinem Werk sind mehrheitlich viele deutsche Lieder und Chorgesänge. Sein - umgebautes -Geburtshaus an der Hoheneggstr. 8 zeigt an seiner Außenwand ein an ihn erinnerndes Halbrelief.

Am Ostende der Schlossstraße liegt **Schloss Mauer** (Oberbräuschlössl), ein hübscher Renaissancebau, heute in Privatbesitz. Äußerlich sehenswert mit seinen vier markanten Ecktürmen ist das **Renaissanceschloss Tandalier** (Tandalierstr. 11), heute ein Schullandheim.

Von Radstadt aus kann man mit dem eigenen Auto via Roßbrandstraße fast unmittelbar bis zum Aussichtsberg des **Roßbrand** (1770 m), nur wenig unterhalb des Gipfels liegt ein Wanderparkplatz. Die nahe Roßbrand- wie die Radstädter Hütte bieten gute Einkehrmöglichkeiten. Die Rundsicht vom Berg ist legendär.

Etwa acht Kilometer östlich von Radstadt, an der B 320 und unmittelbar an der Grenze zur Steiermark, liegt der Ort **Mandling**. In ihm, besonders an der Filzmoosstraße, sieht man viele Mauer- und Befestigungsreste aus dem 13. bis 15. Jahrhundert. Hier, am Mandlinger Pass, befand sich ein strategisch wichtiger und wohlbewehrter Grenzpunkt zwischen dem Land der Fürsterzbischöfe und der Steiermark. Von der kleinen **Kapelle** am westlichen Ortsrand zieht sich eine Befestigungsmauer senkrecht zur Straße den Berghang hoch.

Der eindrucksvolle Johannesfall

▲ Karte S. 206

Durch das Taurachtal auf den Tauernpass

Der uralte Handelsweg über die Tauern - die alte Römerstraße Iuvavum–Virunum - ging bis zum Bau der Tauernautobahn im Salzburger Land von Radstadt durch das Taurachtal über den Radstädter Tauernpass und Obertauern in den Lungau und weiter über den Katschberg nach Kärnten. 1764 wurde ein erster regelmäßiger Postverkehr über den Pass eingerichtet. Der namensgebende Fluss ist hier die Nördliche Taurach, die an der Seekarspitze unweit des Tauernpasses bei Obertauern entspringt. Die heutige B 99, die auf dieser alten Trasse verläuft, ist immer noch eine wichtige Verkehrsverbindung. Die Straße steigt südlich von Radstadt (858 m) zunächst nur langsam an und erreicht nach zehn Kilometern **Untertauern** (1010 m). An der Stelle des heutigen Gasthofs Lürzerhof stand schon im 14. Jahrhundert eine erste Herberge. Knapp fünf Kilometer weiter bergan kommt man zur Gnadenalm, der Wanderparkplatz Gnadenbrücke liegt ganz in der Nähe. Hier zweigt links, für Anlieger frei, ein Sträßchen zur **Tauernkaralm** (1675 m) ab, die Wanderung vom Parkplatz über den Tauernkarsee zur Tauernkaralm (bewirtschaftet Juni-September) führt auf Forststraßen und -wegen durch märchenhafte, gleichsam weltfern-verwunschene Bergregionen.

Gedenktafel am ›Friedhof der Heimatlosen‹ in Obertauern

Etwa anderthalb Stunden braucht man hinauf.

Nach der Gnadenalm kommt alsbald rechter Hand, noch vor der Felseralmstraße, der Zugang zum 70 Meter hohen **Johannesfall**. Zu ihm kann man über einen Steig mit Stufen etwa hundert Meter hinabsteigen; dem Steig gegenüber liegt an der bergseitigen Seite der Straße ein kleiner Parkplatz. Auch unmittelbar von der Felseralmstraße kann man zum Johannesfall kommen. Einen Parkplatz gibt es an dieser Straße etwa 250 Meter nach ihrem Abzweig. Und dieser Abzweig liegt bei einer größeren Bushaltestelle, etwa 300 Meter weiter aufwärts von dem anfangs erwähnten ersten Parkplatz.

Obertauern

Dann ist bald Obertauern erreicht, trotz seiner nicht einmal 200 ständigen Einwohner eines der großen Skigebiete Österreichs. Hier, auf rund 1700 Meter Höhe, auf dem Tauernpass, liegt eines der wichtigsten Wintersportgebiete der Alpen, mit zahlreichen Nobelhotels sowie Angeboten für Skiläufer, Snowboarder und Langläufer. Mit knapp einer Million Übernachtungen im Jahr, davon fast 950 000 im Winter, ist es für ganz Österreich einer der wirtschaftlich wichtigsten Wintersportorte. Erwähnenswert ist als Kuriosum, dass einige Szenen des Beatles-Films ›Help‹ (1965) in Obertauern gedreht wurden. Dabei gab die Band im Hotel Marietta als Privatveranstaltung ihr einziges Konzert in Österreich. An der Bergstation der Grünwaldkopfbahn steht eine hölzerne Nachbildung jenes Flügels aus dem besagten Film.

Um den Pass befand sich schon zur Römerzeit die Post- und Pferdewechselstation ›In Alpe‹, ihre genaue Lage kurz vor oder nach der Passhöhe ist aber nicht mehr lokalisierbar. Vom ausgehenden Mittelalter bis zum Beginn des 20. Jahrhunderts fand um Obertauern Bergbau auf Kupfer statt, die Seekarhütte, heute ein Hotel, war das Knappenhaus. Sehenswert sind in Obertauern das **Tauernhaus Wisenegg** gleich an der Straße, das auf das Jahr 1573 zurückgeht, und ihm schräg gegenüber der **Tauernfriedhof**, auch ›Friedhof der Heimatlosen‹ genannt. Heute Gottesacker der Einhei-

Römischer Meilenstein bei Tweng

mischen, wurden bis ins 19. Jahrhundert diejenigen hier beigesetzt, die in den umliegenden Bergen als anonyme Wanderer oder Handelsleute den Tod durch Verirren oder an Entkräftung gefunden hatten. Wer um Obertauern einen kleinen Spaziergang machen möchte, fährt über die Seekarstraße bis zu deren Ende, parkt dort und spaziert entlang eines kleinen Moors zum Hundsfeldsee. Es gibt um Obertauern viele Bergbahnen, fast alle sind jedoch Winterbahnen.

Sehr lohnend ist die Tour zum **Twenger Almsee** (2120 m). Der Weg dorthin mag mit etwa 2,5 Stunden Gehzeit und etwa 500 Höhenmetern im Aufstieg manchen Wanderern vielleicht etwas anstrengend sein, doch kommt man in eine wunderbar weltferne Gegend. Am besten parkt man bei der Jugendherberge Schaidhütte (1625 m) am südlichen Ortsausgang von Obertauern und beginnt die Tour dort.

▲ Karte S. 206

Jenseits des Kamms der hier aus der Steiermark herüberragenden Schladminger Tauern und unweit des Almsees liegt der **Schönalmsee** (2114 m), der angeblich unterirdisch mit dem Twenger Almsee verbunden ist. Die **Twenger Alm** (1899 m) unterhalb des Almsees bietet hauseigenen Almkäse von Weltruf.

Von Obertauern führt die B 99 als Katschbergstraße nach Mauterndorf in den Lungau hinab. Dieser Straßenabschnitt gehört zwar schon zum Lungau, ist aber aus reisepraktischen Gründen hier noch im Kapitel Pongau behandelt. Entlang der Tauernstraße zwischen Radstadt und Mauterndorf fährt übrigens ein Wanderbus.

Tweng und das Lantschfeldtal

Etwa 500 Meter vor dem Ortsschild von Tweng (1233 m), wenn man vom Pass kommt, stehen linker Hand zwei **römische Meilensteine** aus dem 3. Jahrhundert. Sie wurden neu hier aufgestellt, nachdem sie jahrhundertelang teils zugeschüttet neben der Straße gelegen hatten. Wie bereits erwähnt, lief hier schon in der Antike ein wichtiger Handelsweg über das Tauerngebirge, der mit Iuvavum (Salzburg) und Virunum (nahe des heutigen Klagenfurt, nicht mehr existent) zwei wichtige Städte der römischen Provinz Noricum verband. Die Meilenstein sind auch Gedenksteine, mit ihren Inschriften gedachten sie auch der jeweils herrschenden Kaiser. Ein weiterer Meilenstein steht hinter Tweng, etwa anderthalb Kilometer

Winterromantik in Tweng

hinter der Bushaltestelle in Purn ebenfalls links; ein vierter einige hundert Meter weiter talab, wieder links. Tweng, das nur klein ist, aber eine schöne **Dorfkirche** besitzt, kann als Ausgangsort für Erkundungen des gesamten Lungaus dienen. Am nördlichen Ortsrand von Tweng zweigt der Weg ins **Lantschfeldtal** ab. Die Straße ist jedoch nach etwa 600 Meter für den allgemeinen Verkehr gesperrt. Viel begangen oder mit dem Rad befahren wird diese Talstraße, um über die Postalm (1297 m) zur **Müllneralm** (1612 m) zu gelangen, die etwa acht Kilometer (2,5 Stunden im Aufstieg) entfernt ist und wo es hervorragende Jausen und eigens hier hergestellten Käse gibt. Nochmals zwei Stunden braucht man von der Müllneralm bis zu den abgeschiedenen **Blauseen** (2013 m). Es ist einer der entlegensten Winkel des Salzburger Landes, so wie der Lungau überhaupt zu den stillsten und vom Massentourismus am wenigsten berührten Regionen ganz Österreichs zählt.

Jetzt ist man kurz vor Mauterndorf angekommen, einem der wichtigsten Orte des Lungau (→ S. 272).

Oberstes Ennstal und Tauernpass

Altenmarkt-Zauchensee-Tourismus, Sportplatzstr. 6, 5451 Altenmarkt, Tel. 06452/5511. www.altenmarkt-zauchensee.at

Radstadt Tourismus, Stadtplatz 17, 5550 Radstadt, Tel. 06452/7472. www.radstadt.com

Tourismusverband Obertauern, Pionierstr. 1, 5562 Obertauern, Tel. 06456/7252. www.obertauern.com

Gemeindeamt Tweng, Dorfplatz 1, 5561 Tweng, Tel. 06471/217. www.tweng.at

Hotel Brückenwirt, Oberndorfer Str. 53, 5541 Altenmarkt, Tel. 06452/5529; p. P. im DZ ab 50 Euro. Harmonische Symbiose von Komfort, Qualität und Preiswürdigkeit. www.brueckenwirt.com

Wechslerhof, Wechslerstr. 32, 5542 Flachau, Tel. 06457/2300; p. P. im DZ ab 43 Euro. www.wechslerhof.at

Hotel Garni Lärchenhof, Unterberggasse 339, 5542 Flachau, Tel. 06457/4202458; p. P. im DZ 56 Euro. Haus im Chaletstil. www.laerchenhof-flachau.at

Hotel-Gasthof Stegerbräu, Schernbergstr. 14, 5550 Radstadt, Tel. 06452/4313; Preise auf Anfrage. Traditionshaus am Markt mit hauseigenen Bieren, mit schönem Wellnessbereich und Gastgarten mit Bergblick. www.stegerbraeu.at

Gasthof Torwirt, Hoheneggstr. 12, 5550 Radstadt, Tel. 06452/5541; Preise auf Anfrage. www.torwirtradstadt.at

Hotel Gell, Tauernstr. 23, 5562 Tweng, Tel. 06471/204; p. P. im DZ ab 35 Euro. Vorzügliches Restaurant, Empfehlung des Autors. www.gell.at

Hotel Twengerhof, Tauernstr. 21, 5562 Tweng, Tel. 06471/216; p. P. im DZ ab 38 Euro. Sehr schöner Wellnessbereich. www.twengerhof.at

Heimatmuseum Altenmarkt (Hoamathaus), Brunnbauerngasse 1, Tel. 06452/4753 und 0664/9152060; Mi–Fr 16–18 Uhr. U.a. Rauchkuchl, Perchten, Brauchtum, Vertreibung 1732. www.heimatmuseum.at

Dechantshoftenne, Zauchenseestr. 1, Tel. 06452/4753; Öffnungszeiten wie Heimatmuseum. U.a. alte landwirtschaftliche Geräte, Werkzeuge, Holzarbeit, Brauchtum. www.heimatmuseum.at

Museum Schloss Lerchen, Schlossstr. 1, 5550 Radstadt, Tel. 06452/74720; Mi–Fr 10–12 u. 14–17 Uhr. www.museen-radstadt.at

Karten: **Kompass Wanderkarte Nr. 291 Salzburg und Umgebung**, Maßstab 1:50 000; **Kompass Wanderkarte Nr. 67 Lungau-Radstädter Tauern**, 1:50 000.

Von Bischofshofen nach Saalfelden

Der folgende Abschnitt schildert die Region zwischen Salzach und Saalach, die im Norden vom massigen Hochkönigmassiv und vom Steinernen Meer begrenzt wird. Bischofshofen mag in erster Linie Industriestadt sein, doch westlich von ihr, am Fuß des Hochkönigs, liegt eine zauberhafte Naturlandschaft, die im Sommer wie im Winter touristisch attraktiv ist und sich über Dienten und Maria Alm bis kurz vor Saalfelden erstreckt.

Bischofshofen

Die wichtige Industriestadt Bischofshofen (11 000 Einwohner) ist seit 1870 Bahnknotenpunkt der Giselabahn (Wörgl–Salzburg) und der Ennstalbahn (Bischofshofen–Radstadt–Liezen–Selzthal), die wiederum an die Rudolfsbahn (Amstetten–Villach–Tarvisio) Anschluss hat und Bischofshofen somit fast direkt mit Kärnten und Niederösterreich verbindet. Bischofshofen ist Standort wichtiger Unternehmen, so Liebherr, Bosch und Pilkington (Glas) sowie alljährlicher Austragungsort der Vierschanzentournee.

In der Stadt, deren Umgebung seit 5000 Jahren Siedlungsgebiet ist, gibt es einiges Sehenswertes. Dazu zählt die schlicht spätgotische **Pfarrkirche St. Maximilian** mit ihrer für den Alpenraum ungewöhnlichen Gestaltung: dem Querschiff sitzt ein Vierungsturm auf, der Turm befindet sich also genau über der Mitte der Kreuzung von Haupt- und Querschiff. Beim **Kastenturm** (Rathausplatz 5) gleich neben der Pfarrkirche handelt es sich um einen mittelalterlichen Getreidespeicher des bischöflichen Hofes, bis 2015 fungierte er als Heimatmuseum.

Die **Liebfrauenkirche** mit ihrem langen, dünnen Turm prägt Bischofhofens Silhouette. Sie geht auf die Romanik zurück, wie die Rundbögen am Turm deutlich zeigen. Ihr Langhaus ist gotisch gehalten, das Innere wurde barockisiert, der Hochaltar stammt aus dem Jahr 1648. An die älteste Bauphase erinnert noch der Abgang zur Krypta an der südlichen Außenwand.

Sehenswert ist auch die **Buchbergkirche** auf einer Anhöhe nordöstlich der Innenstadt im Ortsteil Kreuzberg, jenseits der Autobahn. Dabei handelt es sich um die Burgkapelle einer bereits im Mittelalter hier zerstörten Burganlage der Herren von Pochburgh. Die Kirche entstand wahrscheinlich gegen 1220 und erhielt später einen gotischen Chor. Über dem romanischen Südportal sieht man ein eindrucksvolles Fresko einer ›Maria lactans‹.

Den Besuch lohnt auch der **Gainfeldwasserfall**, auch Gainbachwasserfall genannt, am westlichen Stadtrand. Ihn erreicht man über die Gaisberggasse, ein Parkplatz befindet sich an deren Ende. Von der nahen **Burg Bachsfall** sind nur wenige Reste vorhanden. In der Nähe des Parkplatzes befindet sich übrigens die Sprungschanze der Vierschanzentournee.

Wahrscheinlich meistbesuchter Punkt in Bischofshofen ist das Besucherzentrum des **UNESCO Global Geopark Erz der Alpen**. Dieser Geopark ist einer von vier solcher Einrichtungen in Österreich, mit denen Wissen um Geologie, Bergbau, die Erde überhaupt für ein breites Publikum vermittelt werden soll. Die Gemeinden Bischofshofen, Mühlbach am Hochkönig, Hüttau (Fritztal, → S. 212) und St. Veit im Pongau repräsentieren den Geopark Erz der Alpen. Das Bischofshofener Besucherzentrum zeigt eine Ausstellung mit originalgetreuen Einrichtungen rund um den prähisto-

▸ Karte S. 206

rischen und historischen Erzabbau im Salzburger Land, dazu kommen Wechselausstellungen.

In den vier Gemeinden gibt es unter anderem Schaubergwerke und Schürflöcher. die über den Geotrail Erzweg verbunden sind. So gibt es beispielsweise am Buchberg östlich von Bischofshofen den Schurfbau Lehen, wo Eisen geschürft wurde.

Um den Hochkönig

Über die B 164 geht es von Bischofshofen nach Südwesten aus dem Salzachtal heraus, hinein in die Bergwelt am Südhang des Hochkönigs. Er ist ein flacher, jedoch sehr deutlich aus seiner Umgebung herausragender Gebirgsstock aus Dolomitgestein, der mit dem eigentlichen Berg Hochkönig (2941 m) seine höchste Erhebung hat. Er gilt als höchstes Massiv innerhalb der Berchtesgadener Alpen, an seiner Nordflanke liegt die Grenze zu Bayern. Das Massiv bildet eine flach nach Norden einfallende, etwa zwölf Quadratkilometer große Hochfläche. Nach Süden hin fällt es bis zu 1000 Meter ab. Nördlich des Gipfelbereichs liegt die sogenannte Übergossene Alm, ein Plateaugletscher von 1,5 Quadratkilometer Fläche.

Die Besteigung des Hochkönig ist von Süden, vom Arthurhaus, her möglich, aber sehr schwer (1700 Höhenmeter, 10 Stunden). Prinzipiell sei Wanderern mit guter Kondition und Trittsicherheit nur die folgende Marschroute empfohlen: von Nordosten, von der Dielalm bei Werfen aus (Parkplatz), über die Ostpreußenhütte (2,5 Std.) und von dort zum Gipfel in knapp sechs Stunden. Das Matrashaus auf dem Gipfel ist von Mai bis Anfang Oktober bewirtschaftet. Eine Tour zum Matrashaus ab Arthurhaus wird mit einem staatlich geprüften Bergführer in der Saison immer donnerstags gemacht (Info und Anmeldung beim Tourismusverein Mühlbach, s.u.).

Die Region um den Hochkönig ist in erster Linie Wintersportareal, die Zahl der Übernachtungen im Sommer ist um etwa ein Drittel geringer. Dafür ist im Sommer das Hochkönigumland ein Paradies für Mountainbiker.

Majestätisch: das Hochkönigmassiv

Die Dientener Kirche vor hinreißender Kulisse

Die reiche Flora mit Kräutern und Heilpflanzen ließ hier ein eigenes Bewusstsein um diese Pflanzen entstehen. Auf ausgewiesenen ›Kräuteralmen‹ erfährt man alles zu den Heilpflanzen und ihre Verwendung, geführte Kräuterwanderungen, auch speziell für Kinder, ergänzen dieses ganz besondere touristische Angebot (Infos: www.hochkoenig.com).

Mühlbach und Mitterberg

Am Mitterberg nördlich von Mühlbach haben Bergleute schon vor 4000 Jahren Kupfer abgebaut, vermutlich mit der Landnahme durch die Römer wurde der Bergbau nach der Zeitenwende eingestellt. Die Vorkommen, von denen man bis in die Neuzeit hinein nichts mehr wusste, wurden 1827 per Zufall wieder entdeckt. Einem Bauern fiel nahe Mitterberg von seinem Fuhrwerk ein Brotlaib in einen Bachgraben. Das Wasser spülte das Brot weg, doch schließlich fand er es an einer Stelle, wo das Wasser eine Erzader des Untergrunds vom Geröll freigespült hatte. Er hielt das grüngelbe Erz zunächst für Gold und versuchte, es zu Hause aus dem Gestein herauszuschmelzen. Dabei brannte sein Bauernhaus ab. Ein Hüttenmeister erfuhr von dieser Geschichte, kam aus Tirol herüber und untersuchte das Erz, das er einwandfrei als Kupfererz bestimmte; man untersuchte die Gegend und fand schließlich mehrere zerfallene Stollen und leitete den erneuten Kupferbergbau ein, der bis 1977 hier Bestand hatte. Das Mühlbacher **Heimatmuseum** thematisiert Geologie und Bergbau der Region. Das Kupfer der Nebraer Himmelsscheibe stammt übrigens von hier, von Mitterberg.

Von Mühlbach führt der Geotrail Erzweg nach **Mitterberg** hinauf, man kann bis zum **Arthurhaus** (1503 m) fahren und von dort bis zur Mitterfeldalm (1669 m) bequem aufsteigen (www.arthurhaus.at). Das Arthurhaus trägt seinen Namen übrigens nach Arthur Krupp, der in den 1920er Jahren den Bergbau in Mitterberg zur Blüte brachte.

▶ Karte S. 206

Um die Mitterbergalm liegt ein bedeutendes Skigebiet. Durch Mitterberg verläuft Teilstück 2 des Salzburger Almenwegs, der in Pfarrwerfen nördlich von Bischofshofen beginnt und dessen erste Etappe am Arthurhaus endet und von dort hinüber zum Dientner Sattel geht. Diese Wanderung ist nicht schwierig, da sie keine größeren Anstiege aufweist, wegen der herrlichen Landschaftsbilder vor allem um die Widdersbergalm (Einkehrmöglichkeit) herum wird sie viel begangen (3,5 Std.). Vom Dientner Sattel kann man mit dem Wanderbus zum Arthurhaus zurückfahren.

Dienten

Mit dem Auto erreicht man auf der B 164 nach Mühlbach (854 m) alsbald den **Dientener Sattel** (1370 m), einen Ausgangspunkt für anspruchsvolle Klettertouren zum Hochkönig und zur Klingelbergalm oder zum Arthurhaus über den Salzburger Almenweg (www.salzburger-almenweg.com). Dann geht es über die Liebenaualm hinab nach **Dienten** (1071 m), dem wichtigsten touristischen Ort im Westen des Hochkönigmassivs.

Dienten liegt schon im Pinzgau. Ein großartiges Bild bietet die kleine **Pfarrkirche** St. Nikolaus aus dem ersten Viertel des 15. Jahrhunderts, wenn man sie von Südwest in Richtung Hochkönigsmassiv ansieht; vor allem in der Abenddämmerung, wenn die Berge dahinter rötlich glühen. Schön ist die Wanderung von Dienten oder vom Filzensattel westlich des Ortes an der B 164 zum **Gabühel** (1636 m, hier Jausenstation) oder zur **Hochmaisalm** (1310 m) und von dort zurück zum Filzensattel. Drei Stunden reine Wanderzeit sollten genügen. Von der Hochmaisalm und dem Gabühel hat man herrliche Blicke zum Hochkönig, zum Steinernen Meer, bis hin zu den Leoganger Steinbergen.

Dientens südliche und südöstliche Umgebung, die sogenannten Salzburger Schieferalpen, bieten schier unendlich viele Wandermöglichkeiten. Von Dienten führt eine wichtige Verbindungsstraße hinunter ins Salzachtal nach Lend. Die Jausenstation Grüneggalm südlich von Dienten, oberhalb der Straße nach Lend, beherbergt ein kleines **Bauernhofmuseum**, auch bietet man hier Selbstgebranntes an (Tel. 06461/306).

Der Dientener Bürgermeister Johann Oberreiter (1807–1865) tötete seine beiden physisch und psychisch zurückgebliebenen Töchter wie auch vermutlich seine Frau durch Gift, woraufhin er am 26. Juli 1865 in Salzburg gehängt wurde. Damit war sein Todesurteil das letzte, das im Salzburger Land vollstreckt wurde.

Am Fuß des Steinernen Meeres

Der kleine Urslaubach, der bei Hinterthal von Norden aus den Bergen herankommt, bildet als winziger Einschnitt die Grenze zwischen Hochkönig und Steinernem Meer. Dieses kleine Tal gilt als Grenze, obwohl geologisch und geographisch kein Unterschied festzustellen ist. Auch dieses ist Grenzgebirge zu Bayern, jenseits befinden sich Königssee und der

Frische Loipenspur bei Hinterthal

Watzmann. Das Steinerne Meer ist anders als der Hochkönig verkarstet, voller – allerdings fast ausschließlich unzugänglicher – Höhlen. Da es aus Dachsteinkalk aufgebaut ist, besteht und nicht wie der Hochkönig aus dem eher unlöslichen Dolomit. Seine höchsten Berge liegen an seinem Südrand, das Selbhorn (2655 m) und die Schönfeldspitze (2653 m).
Von **Hinterthal** (1032 m) geht man entlang des erwähnten Bachs in stetem, steiler werdenden Anstieg zum **Triefen** (1100 m), den man nach einer halben Stunde erreicht. Es ist ein ganz besonderer Wasserfall, der kein schäumender, fallender Strom ist, sondern bei dem sich ein dünner, gut 100 Meter langer Vorhang aus Wassertröpfchen bildet. Das Wasser tritt oberhalb einer undurchlässigen Gesteinsschicht über einen schmalen horizontalen Riss an die Oberfläche und wird dadurch gleichsam zerstäubt. Vom Triefen geht es entlang einer Hochspannungsleitung weiter steil bergan zum Seilerköpfl (1895 m) und zur **Niederen Torscharte** (2247 m), eine eindrucksvolle Kerbe, die die eigentliche Grenze zwischen Hochkönig und Steinernem Meer ausmacht. Dann ist es nicht mehr weit bis zum **Torkopf** (2333 m). Die ziemlich schweißtreibende Tour, für die man nur etwas Trittsicherheit benötigt und die mit Hin- und Rückweg knapp sieben Stunden dauert, entschädigt durch überwältigende Bergblicke.

Maria Alm am Steinernen Meer

Der dritte der wichtigen touristischen Orte um den Hochkönig und das Steinerne Meer ist Maria Alm am Fuß des 1253 Meter hohen **Natrun**. Markant überragen es im Norden Schönfelspitze, Breithorn und Selbhorn. Die **Pfarrkirche** aus der Zeit um 1500 weist einen 83 Meter hohen Turm auf, damit der höchste im Salzburger Land, selbst die Salzburger Domtürme sind nur 82 Meter hoch.
Aus Maria Alm kommen die in Österreich noch heute populäre Opernsängerin Rosl Schwaiger (1918–1970) und der gesellschaftskritische Schriftsteller Wolf

Am Prinzensee

Karte S. 206

Die Bergstation der Natrunbahn

Haas (geb. 1960), dessen Romane nicht zuletzt durch die Verfilmungen auch in Deutschland bekannt geworden sind.

Maria Alm ist ganzjährig durch seine touristische Infrastruktur besonders attraktiv: drei Sommer-Bergbahnen, Mountainbiketrassen und Rennveranstaltungen und am Natrun unter anderem Waldseilgarten, Bogenparcours und Waldrutschenpark. Im Winter gibt es 70 Kilometer Winterwanderwege, 30 Kilometer Langlaufloipen und für das Skivergnügen alles dazu Notwendige.

An der Bergstation der Natrunbahn (1170 m) gibt es das unvergleichliche, Tradition und Moderne verbindende Lokal TOM Almhütte, berühmt auch durch den Mops Choupette des Besitzers, der dem Betrieb und der Webseite als Maskottchen dient. Das Lokal ist sommers wie winters ein beliebter Szenetreffpunkt (www.edertom.com). Von der Bergstation – mit ›Erlebnispark‹ für jung und alt – steigt man in etwa zehn Minuten zum künstlichen **Prinzensee** auf, dem eigentlichen Gipfelpunkt des Natrun. Von diesem, auf 1253 Meter Höhe liegenden Gewässer hat man einen überwältigenden 360-Grad-Blick auf Steinernes Meer, Hochkönig und Dientener Berge. Lohnend ist die Tour weiter zur **Jutenalm** (1110 m) und von dort hinab nach **Maria Alm** (etwa 3 Std. ab Prinzensee).

Eine andere empfehlenswerte Wanderung beginnt am Gasthof Bachschmied (886 m) in **Bachwinkl**, zwischen Maria Alm und Hinterthal. Mit der Schwarzeckalmbahn fährt man bis auf 1402 Meter zur Bergstation Thoraualm. Von dort geht es zum Langeck (1899 m) und zum Statzerhaus am **Hundstein** (2117 m, bewirtschaftet Juni–Sept.); dieser Berg gilt als ›Aussichtspunkt der Superlative‹. Von dort über die Neuhaus- und die Eggeralm (bewirtschaftet Juni–Sept.) geht es wieder zum Gasthof Bachschmied. Die nicht zu schwere Tour über Fahrwege und Fußsteige dauert etwa sieben Stunden und zählt zu den Top-Wanderungen des Hochköniggebiets.

Die Wanderung vom Gasthof Bachschmied über Hintermoos zur Lettenalm und **Marbachhöhe** (1814 m) und von dort über die Eggeralm zurück ist eine recht leichte Sechs-Stunden-Tour über sonnige Almen, schattige Wälder mit vielen Ausblicken.

Im Norden sei die Tour zum 1823 Meter hohen **Braggstein** angeraten. Ausgangspunkt ist Rohrmoos (891 m) im Krallerwinkel, etwa drei Kilometer nördlich von Maria Alm. Der Weg ist nicht allzu schwierig, aber es sind 1000 Höhenmeter zu bewältigen (4 Std. für den Aufstieg, z.Z. keine Einkehrmöglichkeit). Doch es lohnt wegen der grandiosen Aussicht.

Von Maria Alm sind es nur wenige Kilometer nach Saalfelden und ins Saalachtal; diese sind im Kapitel Pinzgau dargestellt (→ S. 341).

Bischofshofen – Hochkönig – St. Meer

Die **HochkönigCard** erhält man für die Dauer des Aufenthalts bei den teilnehmenden Betrieben. Mit ihr kann man u.a. kostenlos die Sommerbahnen und den Wanderbus benutzen sowie an geführten Wanderungen teilnehmen. www.hochkoenig.at

Tourismusverband Bischofshofen, Salzburger Str. 1, 5500 Bischofshofen, Tel. 06462/2471. https://bischofshofen.com

Tourismusverband Mühlbach am Hochkönig, 5532 Mühlbach a. H., Am Dorfplatz 154, Tel. 06584/2038840. www.hochkoenig.at

Tourismusverband Dienten, 5652 Dienten Nr. 66a, Tel. 06584/2038830. www.hochkoenig.at

Hochkönig Tourismus, Am Gemeindeplatz 7, 5761 Maria Alm, Tel. 06584/20388. www.hochkoenig.at

Die angegebenen Übernachtungspreise sind Sommerpreise.

Berghotel Arthurhaus, Mandlwandstr. 110, 5505 Mühlbach, Tel. 06467/7202; p. P. im DZ 63–83 Euro. In traumhafter Lage auf 1500 Meter Höhe, zwischen Hochkönig und Hochkeil. www.arthurhaus.at

Garni Alpenhof Schwaiger, Mandlwandstr. 321, 5505 Mühlbach, Tel. 06467/7251; p. P. im DZ 40–45 Euro. Grundgediegenes Haus. www.alpenhof-schwaiger.at

Hotel Sonnhof, Mandelwandstr. 285, 5505 Mühlbach, Tel. 06467/7266; p. P. im DZ 54–66 Euro. Auf 1200 Meter Höhe, mit Panoramarestaurant. www.sonnhof-schwaiger.at

Restaurant-Appartements Dorfstuben, 5652 Dienten Nr. 60, Tel. 06461/262; p. P. im DZ 60–70 Euro. www.dorfstubn.at

Hotel Alpenhof, Dorfstr. 1, 5761 Maria Alm, Tel. 06584/7853; p. P. im DZ 65–85 Euro. Großer Wellnessbereich mit Massageangebot. www.hotelalpenhof.at

Berggasthof Christernreith, Aberg 22, 5761 Maria Alm, Tel. 06584/7595; p. P. im DZ 46–61 Euro. In reiner Natur in 1200 Meter Höhe, prachtvoller Rundblick. www.berggasthof-mariaalm.com

Hotel-Pension Pinzgauer Hof, Am Kirchplatz 6, 5761 Maria Alm, Tel. 06584/7462; p. P. im DZ 52–57 Euro. Ausgezeichnetes Preis-Leistungs-Verhältnis. www.hotel-pension-mariaalm.com

Hotel Sonnenlicht, Grießbachwinkl 2, 5761 Maria Alm, Tel. 06584/7702; p. P. im DZ 45–55 Euro. Das Restaurant genießt landesweit einen guten Ruf. www.hotel-sonnenlicht.at

Erz der Alpen. UNESCO Global Geopark Besucherzentrum, Rosental 41, 5500 Bischofshofen, Tel. 06462/20291; Juni–Okt. Do–So 10–16 Uhr. www.geopark-erzderalpen.at

Bergbaumuseum mit Schaustollen, 5532 Mühlbach am Hochkönig Nr. 237, Tel. 0676/7733182; Mai, Juni u. Sept. Mi–Fr 13–17 Uhr, Juli/Aug. Di–Fr 13–17 Uhr, Okt. nur Mi 13–17 Uhr. www.museum-hochkoenig.com

Waldrutschenpark, Am Kirchplatz 3, 5761 Maria Alm, Tel. 06584/7301; Juni–Okt. tägl. 9–17 Uhr. Bis zu 55 Meter lange Metallrutschen. www.hochkoenig.at

Karte: **Kompass Wanderkarte Nr. 291 Salzburg und Umgebung**; Maßstab 1:50 000.

▶ Karte S. 206

Der südliche Pongau: von St. Johann ins Gasteinertal

Salzachaufwärts von Bischofshofen liegt St. Johann, das administrative Zentrum des Pongaus. Das unweite Großarltal, doch vor allem das Gasteinertal bietet einige der stärksten touristischen Höhepunkte des gesamten Salzburger Landes.

St. Johann und Umgebung

St. Johann im Pongau, wie die Stadt zur Unterscheidung von St. Johann in Tirol auch heißt, ist mit 11 300 Einwohnern die viertgrößte Stadt des Bundeslands. Die Stadt ist Sitz der Bezirksverwaltung des Pongaus und Sitz einiger wichtiger Dienststellen des österreichischen Bundesheers unter anderem zur Luftraumüberwachung; auch der Regierungsbunker für den Verteidigungsfall hier befindet sich hier. Das historische Gebiet Pongau ist übrigens identisch mit der Fläche des heutigen Politischen Bezirks St. Johann i. P.

Der Ort St. Johann wurde schon im 11. Jahrhundert als ›ad sanctum joannem in villa‹ (etwa ›bei der Kirche St. Johannes‹) genannt. Er brannte 1855 vollständig ab, seine Entwicklung war für lange Zeit unterbrochen. Nach dem Brand, im Jahr 1867, versuchte man St. Johann mit der Erhebung zum Sitz des Bezirkshauptmanns wieder zu Bedeutung kommen zu lassen – bis dahin saß der Pongauer Bezirkshauptmann in Werfen –, doch ging die Entwicklung nur langsam vonstatten. Gegen 1900 hatte St. Johann noch nicht mehr Häuser als im 16. Jahrhundert. Doch all das liegt lange zurück. St. Johann ist heute eine aufstrebende, wirtschaftlich starke Gemeinde, nicht zuletzt als Ausgangsort für touristische Reisen ins Klein- und Großarltal.

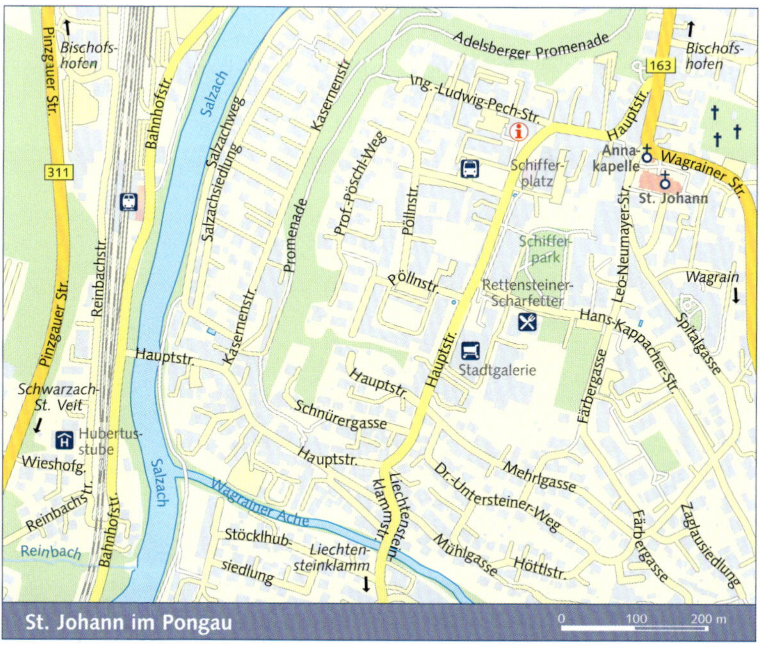

St. Johann im Pongau

Sehenswürdigkeiten

Das historische St. Johann liegt auf einer breiten Anhöhe um die weithin sichtbare Pfarrkirche, etwa 40 Meter oberhalb der Salzach. Diese **Pfarrkirche St. Johann** war ein spätgotischer Bau, der 1855 beim Brand völlig vernichtet wurde. Daraufhin entstand nach Plänen von Georg Schneider aus München bis 1861 ein weitaus größerer Nachfolgebau in neogotischem Stil. Bei einem erneuten Brand stürzte 1871 der Turm ein, danach errichtete man zwei Türme und gab der Kirche ihr heutiges Aussehen. Sie ist ein Musterbeispiel für qualitätvolle neogotische Architektur und Ausstattung. Oft wird sie der ›Dom des Pongau‹ genannt, das aber nur wegen der Größe – ein Bischofssitz war St. Johann nie.

Links neben der Kirche steht die zweigeschossige **Annakapelle**, die das Feuer überstanden hatte. Das Untergeschoss stammt von einer romanischen Kapelle aus dem 11. Jahrhundert. Sie begann allmählich einzusinken, so dass 1340 über dieser ein gotisches Stockwerk hinzugebaut wurde, das heute auch der Kirchenraum ist. Die Außenfassade zeigt ein eher weltliches Fresko des bedeutenden Kärntner Künstlers und Mönchs Switbert Lobisser (1878–1943).

Das völlige Fehlen historischer Gebäude um die Hauptstraße und die Hans-Kappacher-Straße zeigt, wie sehr der Brand 1855 gewütet hat und wie lange man mit dem Wiederaufbau beschäftigt war. Südöstlich von St. Johann liegt mit dem **Alpendorf** ein besonderes Wintersportresort, mit Hotels, Restaurants und vor allem auch Attraktionen für Kinder. Vom Alpendorf geht eine Bergbahn bis zur Obergaßalm (1553 m), wo es noch etwa 45 Minuten Fußweg bis zur **Gernkogelalm** (1747 m) sind; es gibt auch eine kleine Bahn dorthin. Er wird besonders von Familien mit Kindern besucht: der hier befindliche **Erlebnispark Geisterberg** bietet über 40 Erlebnisstationen mit Wasserspielen, Klettertürmen, Rutschen, Begegnungen mit Wasser-, Luft- und Feuergeistern, darunter den Kindergeistern Gspensti und Spuki (www.josalzburg.com).

Den Wanderfreudigen sei zur Tour von der Obergaßalm über die Gernkogelalm zum **Sonntagskogel** (1849 m) geraten;

St. Johann mit der dominierenden Pfarrkirche

▲ Karte S. 233

für die einfache Strecke braucht man knapp zwei Stunden. Alternativ kann man weiter zur Grafenbergalm hinabsteigen, mit der Kabinenbahn hinab nach Wagrain fahren und von dort mit dem Bus zurück zum Alpendorf.

Nördlich von St. Johann liegt kurz vor Bischofshofen, links oberhalb der Bundesstraße im Weiler Einöden, der **Arthurstollen**. Hier versuchte man 1907 den Abbau auf Kupfererze aufzunehmen und stieß dabei, ähnlich wie in Mitterberg bei Mühlbach am Hochkönig, auf gut 3800 Jahre alte Spuren prähistorischen Bergbaus. Damit gilt diese Lokalität am Osthang des Palfnerkogels als ältester Bergbaustandort der Ostalpen und mit 200 Metern vertikaler Tiefe als prähistorisch tiefste der Welt. Der 1907 aufgefahrene Kupferabbau wurde nach 1930 eingestellt. 1992 wurde ein Schaubergwerk eröffnet, das leider seit 2015 geschlossen ist. Die Außenanlagen des vormaligen Abbaubetriebs können nach rechtzeitiger Anmeldung beim Gemeindeamt (Tel. 06412/8001) oder beim Tourismusverband (s.u.) besichtigt werden.

Nur wenig östlich der Stadt, zu erreichen mit dem eigenen Auto von der Straße nach Wagrain, liegt die **Hahnbaumalm** (1117 m, Einkehrmöglichkeit). Von hier kann man über die Heinrich-Kiener-Hütte (1792 m) bequem auf guten Wegen zum **Hochgründeck** (1827 m) aufsteigen, ein Berg mit wunderbaren Aussichten. Drei Stunden braucht man für die einfache Strecke. An der Kiener-Hütte steht die architektonisch hochinteressante **Friedenskirche St. Vinzenz** von 2004. Sie ist in ihren Maßen und Maßverhältnissen mit Symbolik gestaltet. So sind es vom Boden bis zur Turmspitze neun Meter (neun Monate dauert die menschliche Schwangerschaft), Länge und Breite der Kirche betragen je sieben Meter – die Zahl 7 symbolisiert göttliche Vollkommenheit. Die zwölf Außensäulen symbolisieren die Stämme Israels, die zwölf Wände des Innern die zwölf Apostel. Des Weiteren besteht der Altar aus einer 365 Kilogramm schweren Granitplatte (Tage des Jahres), die ihrerseits auf drei Granitfindlingen (Gottvater, Jesus Christus, Heiliger Geist) ruht. Das sind aber nur einige der Symbole im Bau dieser Kirche.

Die Treppenanlage Helix erschließt die Liechtensteinklamm für Besucher

Liechtensteinklamm

Die Liechtensteinklamm ist nichts weniger als eine grandiose Schlucht und sogar für Österreich beispiellos. Sie erstreckt ungefähr fünf Kilometer südlich des Zentrums von St. Johann über 3500 Meter, knapp 1500 Meter ist dabei der spektakuläre und dem Publikum zugängliche Abschnitt lang. Bis zu 300 Meter tief hat sich die Großarler Ache in die Dolomitgesteine eingeschnitten. Über hölzerne Stege und metallene Treppen führt der Weg durch die atemberaubende Schlucht, an deren Ende ein **Wasserfall** brausend voller Gischt hernieder stürzt. Spektakulär ist auch die 2020 errichtete **Treppenanlage Helix**, die in Spiralform gut 30 Höhenmeter überbrückt. Seit der Mitte des 18. Jahrhunderts wurde versucht, die Klamm für die Öffentlichkeit zu erschließen, doch mangelte es an Geld. 1875 sponserte Fürst Johann II. von Liechtenstein (1840–1929), der im Großarltal Jagdgründe besaß – seine unmittelbaren Vorfahren hatten im südmährischen Lednice (Eisgrub) jenen grandiosen Landschaftsgarten und das nicht minder berühmte neogotische Schloss anlegen lassen – eine erkleckliche Summe, mit der die Klammerschließung vollendet werden konnte. Aus Dankbarkeit erhielt die Klamm seinen Namen. Jährlich besuchen über 220 000 Touristen dieses Naturwunder.

Wagrain und Kleinarltal

Zehn Kilometer östlich von St. Johann liegt mit Wagrain und dem südlich anschließenden Kleinarltalein ein touristisches Mittelzentrum, das sowohl Wintersportlern wie auch Wanderern und Familien mit Kindern ein umfassendes Angebot zeigt. Wagrain gehört hinsichtlich des Wintersporttourismus zur ›Salzburger Sportwelt‹. Das ist ein Zusammenschluss von Wintersportgebieten vor allem der Radstädter Tauern und gehört zur ›Skiwelt Amadé‹, ebenfalls ein Zusammenschluss von Wintersportorten und -gebieten auf salzburgischem und steirischem Gebiet.

Wagrain

Wagrain (3200 Einwohner) liegt in der Mitte des Weges zwischen St. Johann und Altenmarkt. Wahrscheinlich verlief hier eine Nebenroute der Römerstraße Iuvavum-Virunum.

Die Turmreste der **Ruine Wagrain** stehen möglicherweise auf Fundamenten eine römischen Wehranlage. Die Burg, einst im Besitz der Herren von Goldegg, wurde 1323 von Truppen des Salzburger Erzbischofs zerstört. Bis ins 16. Jahrhundert wurde in Wagrain Eisenerz gefördert. Der Niedergang des Ortes wie überhaupt weiter Teile des Salzburger Landes begann 1732 mit der Ausweisung der Protestanten, die in Wagrain 80 Prozent der Einwohner stellten.

Der Textdichter von ›Stille Nacht‹, Joseph Mohr, lebte ab 1837 als Vikar in Wagrain. Daher gibt es hier ein **Museum**, das an ihn erinnert. Joseph Mohr ist auch in Wagrain begraben, der **Friedhof** liegt

Beschauliches Ortsbild: Wagrain

▸ Karte S. 206

am oberen Ende der Karl-Heinrich-Waggerl-Straße. Als Poet sicherlich weitaus bedeutender als Mohr war der aus Gastein stammende Karl Heinrich Waggerl (1897–1973), der von den 1920er Jahren bis zu seinem Tode in Wagrain lebte. Sein Haus ist ebenso **Museum**. Waggerl war einer der meistgelesenen österreichischen Schriftsteller des 20. Jahrhunderts, bekannt sind auch in Deutschland seine ›Weihnachtsgeschichten‹, die zur klassischen Weihnachtsliteratur zählen. Unter anderem Hermann Hesse war ein großer Verehrer Waggerls.

Wagrains schlichte **Pfarrkirche St. Rupert** geht auf das 13. Jahrhundert zurück, es gibt noch die kleine **Marktkirche** von 1616. Ansonsten gibt es kaum historische Sehenswürdigkeiten im Ort, dafür aber eine Fülle an anderen Attraktionen. Dazu zählen das Erlebnisbad ›Wasserwelt‹, ein Heil- und Gewürzkräutergarten neben dem Stille-Nacht-Museum (Wagrainer Str. 106), ein Soccerpark (www.soccerpark-wagrain-kleinarl.at) und der ›Flying Mozart‹, eine Seilbahn auf das Grießenkareck.

Das Gebiet um die Grafenbergalm, die bequem mit der Grafenbergbahn zu erreichen ist, bietet für Familien mit Kindern unvergleichliche Erlebnisse. Hier gibt es die **Bergerlebniswelt am Grafenberg** mit Riesenrutsche, Seilgarten, Hängebrücke und vielen anderen Attraktionen (www.snow-space.com). Auch für Kinder geeignet ist die Wanderung von der Bergstation der Grafenbergbahn (1707 m) zum **Sonntagskogel** (1849 m) und von dort über die Großunterbergalm zurück. Diese Tour ist in zwei Stunden reiner Gehzeit gut machbar, und auf allen drei Almen gibt es sogar Einkehrmöglichkeiten.

Kleinarltal

Das Kleinarltal zieht sich auf knapp 20 Kilometer Länge von Wagrain südwärts

Die kleine Pfarrkirche in Kleinarl

in die Radstädter Tauern und wird von der Kleinarler Ache durchflossen, markante Felsformationen prägen seine östliche Talflanke.

Hauptort des Tals ist **Kleinarl**. Der hiesige **Pfarrhof** ist ein altes Jagdschloss der Salzburger Fürstbischöfe aus dem 17. Jahrhundert. Aus Kleinarl stammt die einst weltberühmte Skirennläuferin Annemarie Moser-Pröll (geb. 1953), unter anderem Siegerin in der Abfahrt bei den Olympischen Winterspielen 1980. Im Café ›Olympia‹ gibt es einen Gedenkraum mit Pokalen und anderen Erinnerungsstücken.

Leicht und vielbegangen ist die Tour vom Parkplatz Kleinarler Hütte in Kleinarl (1170 m) zu eben dieser Hütte (1756 m, bewirtschaftet Juni–Sept.) und zum 2011 Meter hohen **Penkkopf**; 3,5 Stunden braucht man für die einfache Strecke. Auf der anderen Talseite sind die Touren zum **Mooskopf** (1961 m) und zum **Wildbühel** (1916 m) ebenfalls nicht sehr schwer. Diese Ganztagesrunde führt zunächst auf die Schüttalm, über den Ahornkarkopf zum Mooskopf, weiter zum Wildbühel und über die Weißenhofalm und die Steinkaralm wieder hinab. Sieben Stunden reine Gehzeit sollte man veranschlagen. Wer Zeit und Kräfte sparen will, fährt mit dem Wandertaxi (Info unter 06418/206) von Kleinarl den ersten Tourenabschnitt bis zur Schüttalm oder lässt sich bei der Weißenhofalm wieder abholen.

Kleinarl bietet mit dem **Seilgarten** und dem **Kletterpark** weitere sportliche Erlebnisse (www.kletter-park.at).

Weiter talaufwärts von Kleinarl liegt der aufgestaute **Jägersee** (1099 m). Dorthin kann man mit eigenem Auto fahren und von dort beispielsweise bis zur **Schwabalm** (1191 m) gehen. Dort gibt es auch einen Parkplatz, nur ist der mautpflichtige Wegabschnitt bis zur Schwabalm witterungsbedingt bisweilen gesperrt. Von der Schwabalm geht es über einen teils steilen, aber nicht schwierigen Weg hinauf zum fischreichen **Tappenkarsee** (1798 m). Die Tappenkarseealm ist von Juni bis September bewirtschaftet. Oberhalb der Südspitze des Sees liegt die Tappenkarseehütte (1820 m), auch sie ist von Juni bis September bewirtschaftet. In 2,5 Stunden sollte der Weg von der Schwabalm hierher bewältigt werden können.

Über den Tappenkarsee wird erzählt, dass sich hierher einst ein von Menschen verletzter Lindwurm zurückgezogen hat. Um sich zu rächen, nagt er unterseeisch an der nördlichen Seewand, damit sich irgendwann die Wasser des Sees ins Kleinarltal ergössen und das ruchlose Menschengezücht vernichtet werde.

Die Tappenkarseehütte dient als Ausgangspunkt für weitere, allerdings anspruchsvollere Touren, so zum Weißgrubenkopf (2369 m) oder zur Glingspitze (2433 m); beide Touren erfordern für Hin- und Rückweg etwa vier Stunden.

Sehr schön ist auch die Rundtour über Karteistörl und Kreuzeck zum Gurenstein (2220 m) und über das Draugsteintörl – von hier genießt man einen grandiosen Blick auf den See – hinunter zur Tappenkarseehütte (max. 5 Std.) oder zur Tappenkarseealm (max. 4,5 Std.).

i Von St. Johann ins Gasteinertal

Tourismusverband St. Johann i. S., Ing.-Ludwig-Pech-Str. 1, 5600 St. Johann i. S., Tel. 06412/6036. www.josalzburg.com

Tourismus Wagrain-Kleinarl, Markt 14, 5602 Wagrain, Tel. 06413/8448. www.wagrain-kleinarl.at

Infobüro Kleinarl, Dorf 26, 5603 Kleinarl, Tel. 06413/8448.

Hotel Gasthof Hubertusstube, Wieshofgasse 2, 5600 St. Johann, Tel. 06412/20562; p. P. im DZ 55 Euro. Das Restaurant ist bekannt für seine Wildspezialitäten und Steaks. www.hotel-hubertusstube.at

Metzgerei Rettensteiner-Scharfetter, Hans-Kappacher-Str. 9, 5600 St. Johann, Tel. 06412/20245. Vorzüglicher und reichhaltig-schmackhafter Imbiss. www.metzgerei-rettensteiner-scharfetter.at

Steinerwirt, Markt 3, 5602 Wagrain, Tel. 06413/8209; p. P. im DZ ab 40 Euro. Bekannt gute regionale Spezialitäten. www.steinerwirt.at

Wanderhotel Erika, Haid 50, 5602 Wagrain, Tel. 06413/8373; p. P. im DZ ab 73 Euro (mit HP). www.wanderhotel-erika.at

Hotel-Pension Zum Wilden Hannes, Haid 11, 5602 Wagrain, Tel. 06413/8260; p. P. im DZ ab 38 Euro. www.zumwildenhannes.at

Hotel Ennskraxblick, Peilsteingasse 7, 5603 Kleinarl, Tel. 06418/252; Preise auf Anfrage. Das Hotel bietet geführte Wanderungen und wöchentliche Grillabende an. https://hotel-kleinarl.business.site

Berggasthaus Pröll, Stuhlweg 9, 5603 Kleinarl, Tel. 06418/333. Preisgünstige Appartements. www.ferien-kleinarl.at

Hotel Botenwirt, Dorf 4, 5603 Kleinarl, Tel. 06418/261; p. P. im DZ ab 80 Euro. Dreiviertelpension (am Nachmittag noch

▶ Karte S. 206

eine Kaffeejause), Sonderpreise bei längeren Aufenthalten). www.botenwirt.at

Erlebnisbad Wasserwelt, Parkplatz Kirchboden, 5602 Wagrain, Tel. 06413/7430; Mo-So 9.30-20 Uhr, Mitte Mai-Mitte Juni u. Sept. 12-20 Uhr. www.wasserwelt.at
Liechtensteinklamm, Liechtensteinklammstr. 123, 5600 St. Johann i. S., Tel. 06412/6036; Anf. Mai-Ende Sept. tägl. 9-18 Uhr, Okt. tägl. 9-16 Uhr. www.josalzburg.com

Karte: **Kompass Wanderkarte 80 St. Johann im Pongau - Gasteinertal -Großarltal – Kleinarltal**, Maßstab 1:50 000.

Stille-Nacht-Museum (im Pflegerschlössl), Museumsgasse 3, 5602 Wagrain, Tel. 06413/20169; Di, Do und Fr 10-17 Uhr. www.stillenacht-wagrain.com
Waggerl-Haus, Karl-Heinrich-Waggerl-Str. 1, 5602 Wagrain, Tel. 06413/8203; Di, Do und Fr 10-17 Uhr. www.waggerl.at

Großarltal

Oberhalb der Liechtensteinklamm beginnt südlich von St. Johann das Großarltal. Wie sein kleineres Schwestertal zieht es sich südwärts in die Radstädter Tauern, ist nur sieben Kilometer länger. Vom Salzachtal steigt die Talstraße steil in Kehren hinauf, von einigen Stellen kann man rechts hinab in die Liechtensteinklamm blicken. In den ersten vier Kilometern werden 370 Höhenmeter zurückgelegt, danach geht es auf gleicher Weglänge mehr als hundert Meter wieder hinab und von da an, auf den etwa 15 Kilometern bis zum Talschluss, nur noch 200 Höhenmeter hinauf. Das Großarltal ist somit ein Hängetal.
Im Großarltal gibt es etwa 40 von Juni bis September bewirtschaftete Almhütten. Diese Dichte führte zumindest bei den Tourismusverbänden zur Vermarktung unter dem Namen ›Tal der Almen‹. Es gibt 400 Kilometer Wanderwege, dazu Mountainbikestrecken und geführte Touren auch für Kinder (www.touren.grossarltal.info), kurzum: das Großarltal ist ein höchst familiengerechtes Reiseziel zu jeder Jahreszeit. Der Tourismusverband bietet zudem ganzjährig ein besonderes Gesundheits-Aktivprogramm an (www.berg-gesund.at). Beliebt sind alljährlich die Veranstaltungen des Großarltaler Bergadvents, überhaupt ist das Großarltal auch als Skigebiet mit insgesamt 17 Liftanlagen sehr attraktiv.
Unbedingt versuchen muss man den ›Sauerkas‹. Dabei handelt es sich um einen nur hier hergestellten, würzigen und leicht pfeffrigen Graukäse, der oft mit Öl und Zwiebeln gegessen wird, da er etwas trocken ist.

Um die Alte Wacht

Ein Stückchen nach der höchsten Stelle des erwähnten ersten Abschnitts der Straße ins Großarltal liegt links ein großer Steinbruch, gleich danach sieht man die alte und seit langem nicht mehr befahrene Trasse der Straße nach links einen Bogen um den Stegbachgraben machen. Nach etwa 150 Metern kommt sie wie-

Beim Almabtrieb

der von links heran, wo das Häuschen der **Alten Maut** (Alte Wacht) steht, dessen erste Etage mittels einer Durchfahrt unterquert werden musste. Es ist die älteste noch erhaltene historische Mautstelle des Salzburger Lands. Mit dieser Kontrollstelle sollte in erster Linie verhindert werden, dass sowohl Erz als auch die für die Bergleute subventionierten Lebensmittel aus dem Tal geschmuggelt werden konnten. Eine solche ›Talsperre‹ bestand sicherlich schon im Mittelalter. Nach der Straßenverbreiterung wurde die Wacht um 1680/81 neu errichtet. 1732 befürchtete Erzbischof Firmian eine Erhebung der protestantischen Bergwerksleute, weshalb die Alte Wacht in dieser Zeit auch militärische Funktionen zu erfüllen hatte. Der Abgrund und die mächtigen Felswände bei der Wache sollen die Franzosen zu Beginn des 19. Jahrhunderts von der Besetzung des Tales abgehalten und zur Umkehr bewogen haben.

Dann senkt sich die Straße deutlich. Das Großarltal öffnet sich und man erreicht als ersten Gollegg. Hier überquert die Straße das Flüsschen Lambach, gleich danach geht der Holzenweg nach rechts zum Weiler Schied. An dessen nördlichem Ende gibt es nahe einer kleinen Kapelle den Aussichtspunkt **Hochkönigblick**. Dieser Weg führt empor zu einem Wanderparkplatz unterhalb der Mooslehenalm (1449 m), von dem man in höchstens anderthalb Stunden zur auch Igltalalm genannten **Niggltalalmhütte** (1501 m) bequem spazieren kann – eine kleine, besonders kindergerechte Tour: an der Hütte gibt es einen Kinderspielplatz und die Möglichkeit, kleine Tiere zu streicheln.

Großarl

Entlang der Großarler Ache geht es in leichtem Anstieg bis Großarl (934 m), dem Hauptort des Tals und Sitz der Verwaltung der Katastralgemeinde Großarl. Großarl hat ein ausnehmend hübsches Ortsbild mit prächtigen Gasthöfen. Oberhalb der Ortsmitte thront die Kirche, die nach Plänen des Werfener Maurermeis-

Am Talmuseum in Stockham

Karte S. 206

ters Christian Glaner 1769 fertiggestellt wurde. Glasners Grabstein befindet sich in der Kirche.

Viel begangen wird der knapp 18 Kilometer lange **Kapellenwanderweg** von der Großarler Pfarrkirche über Hüttschlag bis zum Talende am Infozentrum des Nationalparks (www.kapellen-wanderweg.at). An jeder der insgesamt elf Kapellen wird eines der zehn Gebote thematisiert und man kann innere Einkehr suchen. Die letzte Kapelle des Weges, die Pertillkapelle in Hüttschlag, thematisiert nicht eines der zehn Gebote, sondern wurde als Dankkapelle der nach dem Zweiten Weltkrieg glücklich heimgekehrten Soldaten und Kriegsgefangenen gebaut.

Von Großarl nach Osten zieht sich das malerische **Ellmautal**. Hinter dem Ortsende von Großarl geht von der Ellmautalstraße (Obere Gasse) ein Weg nach rechts zum Wanderparkplatz Finsterwaldbauer ab. Von hier steigt man zur **Bichlalm** (1735 m) hoch (1,5 Std.) und möglicherweise weiter zum Remmsteinkopf (1946 m). Es ist eine ganz einfache Tour, nur der letzte Abschnitt verlangt etwas Trittsicherheit.

Am Ende des Ellmautals liegt unterhalb des 1984 Meter hohen Loosbühel beim Weiler Grund ein Wanderparkplatz (1350 m). Nicht schwer, nur an einigen Stellen etwas steil, ist von hier die Almenwanderung über die **Ellmaualm** zum 2168 Meter hohen **Gründegg** und von dort über das Roßfeldeck (2163 m) zurück; fünf Stunden reine Gehzeit sollte man veranschlagen.

Eine ähnlich schöne Wanderung geht vom gleichen Punkt zur **Filzmoosalm** (1710 m), ausdauernde Wanderer ziehen weiter zum Filzmooshörndl (2187 m). Bis zur Filzmoosalm braucht man 1,5 Stunden, bis zum Hörndl 3.

Auf der Westseite des Großarltals liegt der 2027 Meter hohe **Kreuzkogel**, zur

Die Schappachkapelle, ein Teil des Kapellenweges

Laireiteralm (1835 m) an seinem Fuß führt von Großarl eine Panoramabahn. Von der Laireiteralm erreicht man in einer Dreiviertelstunde den Gipfel, der faszinierende Aussichten bietet. Beliebt ist der Rückweg vom Kreuzkogel über Fulseck und Arltörl wieder nach Großarl hinab. Das sind vier Stunden Gehzeit ohne Schwierigkeiten, es geht nur abwärts. An der Talstation der Panoramabahn liegt ein kinderfreundliches Sport- und Freizeitzentrum mit **Kinderspielplatz Gaudi-Alm**. Um die Bergstation und die Almen am Kreuzkogel und Fulseckliegt liegt der aus mehreren Attraktionen bestehende **Erlebnisberg Großarl**. Besonders erwähnenswert ist dabei der **Sinnesweg** an der Gehwolfalm, dessen spirituelles Konzept auf den ›Elementen‹ Holz, Feuer, Erde, Metall und Wasser aufgebaut ist.

Vom Kreuzkogel und Fulseck gehen Winterlifte – die berühmte ›Skischaukel‹ – hinab nach Hofgastein ins Gasteinertal (→ S. 249).

■ Hüttschlag

Gut fünf Kilometer von Großarl weiter talaufwärts ist Hüttschlag (1034 m) erreicht, das im Osten markante Fels-

Märchenhaft verdeckt: der Gamskarkogel

wände überragen. Auf halbem Weg zwischen Großarl und Hüttschlag steht rechts das **Kößlerhäusl**, ein original erhaltenes, wenngleich immer wieder renoviertes, typisches Bergmannshaus aus dem 16. Jahrhundert. Um Hüttschlag fand vom 15. bis um die Mitte des 19. Jahrhunderts Kupferbergbau statt.

Von Hüttschlag geht eine schöne Tour zur **Harbachalm** (1630 m). Ausgangspunkt ist der Parkplatz Hinterfeld (1246 m), Zufahrt über Güterweg (vor dem Hüttschlager Tunnel abbiegen). 1,5 Stunden 1,5 braucht man von Hinterfeld bis zur Harbachalm.

Wanderer mit Ausdauer steigen weiter zum grasbewachsenen **Gamskarkogel** auf (2467 m, knapp 3 Std. ab Hütte). Er bietet eine überwältigende Rundumsicht, doch lohnt der kräftezehrende Aufstieg nur bei gutem Wetter; am besten nimmt man vorher Kontakt mit der Gamskarkogelhütte (Tel. 0664/9203679) auf.

Knapp fünf Kilometer oberhalb von Hüttschlag, am Talschluss beim Weiler **Stockham** (1060 m), endet die öffentliche Fahrstraße. Hier befindet sich in einem wunderbaren alten, hölzernen Bauerngehöft das **Talmuseum** unter anderem mit Mühle, Backofen und Schnapsbrennerei. Im Gasthof Talwirt ist das **Informationszentrum des Nationalparks Hohe Tauern** untergebracht, an dessen Nordrand man angekommen ist. Oberhalb des Bauernladenstüberls beginnt auch der **Bibelweg** mit diversen Stationen, die das Alte und Neue Testament erläutern.

In der Verlängerung des Großarltals zieht sich das schmale **Schödertal** bis unterhalb des **Tauernkamms** (Arlscharte, 2252 m) **hin,** über den die Grenze zu Kärnten verläuft und unmittelbar hinter dem sich der Kölnbreinspeicher befindet. Durch das Schödertal, das die Ankogel- von der Hafnergruppe trennt, lohnt die Wanderung über die Holzknechthütte auf teils schmalem Pfad entlang eines Naturlehrpfads bis zum **Schödersee** (1440 m); etwa 2,5 Stunden sollte man für die einfache Strecke einplanen. Die-

▶ Karte S. 206

ser See wechselt ständig seine Ausdehnung: nach der Schneeschmelze ist er am größten, in trockenen Zeiten und im Herbst kann er ganz verschwunden sein. Vom Schödersee kann man zur Arlscharte aufsteigen. Diese Tour ist nicht schwer oder gefährlich, nur sind etwa Kondition ist angesichts der 800 Höhenmeter und etwa drei Gehstunden vonnöten. Doch die überreichen Natur- und Bergpanoramen belohnen die Mühe.

Großarltal

Tourismusverband Großarltal, Gemeindestr. 6, 5611 Großarl, Tel. 06414/281. www.grossarltal.info

Infozentrum Nationalpark Hohe Tauern im Gasthaus Talwirt, See 30, 5612 Hüttschlag (s.u.). Ausstellung ›Geheimnisse des Bergwalds‹.

Hotel Dorfer, Gollegg 1, 5611 Großarl, Tel. 06414/334, p.P. im DZ ab 58 Euro (HP). Mit Schwimmbad, Kinderspielplatz und Streicheltieren. www.hotel-dorfer.at

Hotel-Pension Neumayr, Neumayrstr. 3, 5611 Großarl, Tel. 06414/8167; p.P. im DZ ab 56 Euro (HP). www.landhaus-neumayr.at

Hotel Alte Post, Marktplatz 4, 5611 Großarl, Tel. 06414/207; p.P. im DZ ab 93 Euro. Edles Traditionshaus. www.altepost.cc

Hotel Sonnhof, Bergstr. 6, 5611 Großarl, Tel. 06414/356; p.P. im DZ ab 46 Euro. www.hotel-sonnhof.net

Hotel Egger, Laireiting 21, 5611 Großarl, Tel. 06414/6770; p.P. im DZ ab 73 Euro (HP). Gediegenes Vier-Sterne-Haus. www.hotel-egger.com

Gasthaus Großarltal-Ascherstüberl, 5612 Karteis Nr. 24, Tel. 0664/2396215. www.gasthof-grossarltal.at

Gasthaus Talwirt, See 30, 5612 Hüttschlag, Tel. 06417/444. Speck und Eis aus eigener Produktion – Gourmet-Geheimtipp! Mit Ausstellung von Krampusmasken. www.talwirt.com

Talmuseum Hüttschlag im Großarltal, 5612 Hüttschlag Nr. 19, Tel. 06417/444 und 445; Juni–Okt. tägl. 10–18 Uhr. Themen: Brauchtum, Trachten, Mineralien, Holzwirtschaft, Kupferbergbau, Dauerausstellung ›Zwischen Himmel und Erde‹. Leben auf der Alm. www.talmuseum.at

Bauernladenstüberl, See 42, 6512 Hüttschlag (neben dem Talmuseum), Tel. 06417/260 und 0664/1290458; April–Ende Okt. tägl. ab 11 Uhr, außerhalb dieser Zeiten meist Fr-Mo 11–17 Uhr. Regionale Produkte, Schaukäserei. www.bauernladenstueberl.com

Karte: **Kompass Wanderkarte 80 St. Johann i.P. - Gasteinertal-Großarltal-Kleinarltal**, Maßstab 1:50 000.

Um das Salzachtal zwischen St. Johann und Lend

Der kleine Talabschnitt der Salzach und das oberhalb davon gelegene Plateau zwischen St. Johann, genau genommen zwischen dem Abzweig ins Großarltal und dem Anfang des Gasteinertals bei Lend, ist für viele Reisende teils bloßes Durchgangsgebiet, teils aber wegen des Klimas traditionelle Erholungsregion. Kalte Nordwinde werden durch das Hochkönigmassiv am Weiterströmen nach Süden gehindert, warme Südwinde aus dem Gasteiner- und dem Großarltal – sie verlaufen in Nord-Süd-Richtung – können aber direkt nach St. Veit und seine Umgebung strömen. Und die Lage auf dem weiten Plateau lässt auch im Winter eine lange Sonneneinstrahlung zu, die kein Bergmassiv im Südosten und

Südwesten verdeckt. Selbst am Tag der Wintersonnenwende strahlt die Sonne, wolkenloser Himmel vorausgesetzt, sieben Stunden auf St. Veit ein. Die Hochebene nördlich des Tals von St. Veit westwärts über Goldegg bis zur Straße ins Hochkönigmassiv nach Dienten nennt sich touristisch daher ›Sonnenterrasse‹ des Salzburger Landes. Zu ihr zählen die Tourismusverbände auch Schwarzach. Einiges sehr Sehenswerte an historischen Bauten gibt es hier allemal.

St. Veit im Pongau

Etwa 200 Meter oberhalb des Salzachtals liegt der ›Sonnenkurort‹ St. Veit (3400 Einwohner). Hier lohnt ein Blick in das Innere der gotischen **Pfarrkirche** mit ihrer bunten Ausstattung und den drei Altären. Der Kunsthistoriker Franz Prinz zu Sayn-Wittgenstein urteilte vor über 40 Jahren: »Es ist eine lustige, gemütliche Kirche, in der man sich wohl fühlt... Wer da oben Pfarrer ist, mit dem hat es der Herrgott gut gemeint, denn man möchte meinen, dass die Welt hier noch intakt ist.«

Die historischen Kupfervorkommen des Arthurstollens zogen sich von St. Johann bis in die Gegend um St. Veit. Hier erinnert einige Kilometer oberhalb des Ortes ein **Schaubergwerk** an diesen einst wichtigen Wirtschaftszweig. St. Veit ist auch mit dem **GeoTrail Erzweg** mit Bischofshofen, Mühlau und Hüttau (→ S. 226, → S. 232 und → S. 212) verbunden, wo es ebenfalls Kupferbergbau gegeben hat.

Das **Seelackenmuseum** kombiniert Heimatmuseum und literarische Gedächtnisstätte für den ebenso viel geschmähten wie viel verehrten Dichter Thomas Bernhard, der, nachdem er als Patient zwischen 1949 und 1951 in der hiesigen Landesklinik (1912 gegründet als Lungenheilstätte) eingesessen hatte, als Urlauber viele Sommer in St. Veit verbrachte. Das Museum hat seine Heimat in einem denkmalgeschützten Bauernhaus aus dem Jahr 1738 gefunden, das 1994 von Schwarzach hierher gebracht wurde.

Um St. Veit, das im Winter auch als Langlaufzentrum Bedeutung besitzt, gibt

Sonnenaufgang über St. Veit

▲ Karte S. 206

Bezaubernde Lage: Goldegg

es viele Wanderwege. Über den Kamm der Dientener Berge (Salzburger Schiefergebirge) kann man beispielsweise bis nach Mühlbach gehen.

Schwarzach

Schwarzach ist sein sehr wichtiger Bahnknotenpunkt. Hier verläuft die Bahnlinie von Salzburg nach Wörgl, hier beginnt am Bahnhof Schwarzach-St. Veit die Tauernbahn nach Villach. Daher gibt es seit 2005 ein sehr sehenswertes **Tauernbahnmuseum**, das in unkonventioneller Bauweise gehalten ist.

Sehenswert ist auch der sogenannte **Salzleckertisch** aus dem Jahr 1731, der im Gemeindeamt gezeigt wird, von Mai bis Oktober aber im Tauernbahnmuseum. Um diesen Tisch versammelten sich in einer Schwarzbacher Schenke am 5. August 1731 Pongauer und Pinzgauer Protestanten und beschlossen, sich ab diesem Tag öffentlich zum evangelischen Glauben zu bekennen. Der Bund wurde durch Salzlecken besiegelt: die Anwesenden tauchten, einer nach dem anderen, die Finger der rechten Hand in ein Salzfass, das auf dem Tisch stand, und schworen Gott und ihren Glaubensgenossen ewige Treue. Der Tisch wurde nachträglich mit einer Darstellung des Salzleckens bemalt.

Westlich des Ortes liegt **Schloss Schernberg**. Der Renaissancebau war verfallen, wurde 1845 renoviert und nahm zunächst für wenige Jahre die erzbischöflichen Brauerei auf. 1855 wurde das Schloss zu einem Pflegeheim für geistig Behinderte umgebaut. Es hat seitdem seine Funktion beibehalten, seit 1993 trägt es den Namen St.-Vinzenz-Heim.

Der starke Durchgangsverkehr der Pinzgauer Straße berührt Schwarzach nicht mehr: der gesamte Ort ist vom Westende bis zum Ostrand bei Abtsdorf untertunnelt, genau genommen führt der Tunnel nördlich um die Gemeinde herum.

Goldegg

Der westlichste Ort der ›Sonnenterrasse‹ ist Goldegg, das idyllisch am Goldegger See liegt. Sein Ortsbild dominiert die **Pfarrkirche** und das viertürmige **Schloss**. Ein Vorgängerbau stand schon im 13. Jahrhundert. Das Schloss erhielt gegen 1530, unter den Herren von Schernberg, seine heutige Form, begann aber aufgrund wechselnder Besitzverhältnisse bereits gegen 1630 zu verfallen. Nach dem Ende des Fürstbistums Salzburg war es Rentamt und Kriminalgericht. 1859 übernahm es für wenige Jahre Graf Maximilian O´Donnell, der im Februar 1853 ein

Attentat auf Kaiser Franz Joseph durch einen ungarischen Schneidergesellen verhinderte. Seit 1973 ist es in Gemeindebesitz und Veranstaltungsort sowie Sitz des **Heimatmuseums**. Der prachtvolle Rittersaal und die Kemenaten können besichtigt werden.

Im **Ansitz Judenhof** im Ortsteil March war ein Teil der Inneneinrichtung berühmt, die sogenannte ›Goldegger Stube‹. Diese Zimmer aus Zirbenholz von 1606 ist 38 Quadratmeter groß, Türen und die rahmenden Pilaster sind mit reichen Intarsien ausgestattet. Dazu existieren ein Tisch, in die Wand eingelassene Truhen und Bänke sowie ein Kachelofen. Die kunstvolle Kassettendecke war von Konsolen mit Engelsköpfen, der Evangelisten und einem teufelartigen Geschöpf getragen. Das Zimmer befindet sich heute im Salzburg Museum.

Oberhalb des pinzgauischen Lend liegt der kleine **Böndlsee**, der noch zur Pongauer Gemeinde Goldegg gehört. Er ist Naherholungsgebiet, wegen seines Bestands an Krebsen ist das Baden aber eingeschränkt. Berüchtigt und heute noch diskutiert ist die Hatz vom 2. Juli 1944, als SS- und Gestapo-Einheiten sechs teils desertierte, teils aus anderen Gründen gesuchte österreichische Wehrmachtssoldaten und Zivilisten verfolgten, die sich seit dem Winter versteckt hielten und zunächst nicht gefunden werden konnten. An diesem 2. Juli durchkämmten 1000 SS-Männer das Gebiet um Goldegg, Lend und den See, bis die Soldaten gefunden wurden. Sie und ihre angeblichen Helfer wurden verhört und dabei gefoltert, in Konzentrationslager gebracht und später erschossen (www.goldegger-deserteure.at).

i Salzachtal zwischen St. Johann und Lend

Tourismusbüro St. Veit i. P., Markt 12, Tel. 06415/7488 bzw. 7520. www.sonnenterrasse.at

Tourismusverband St.Veit-Schwarzach, Salzleckerstr. 8, 5620 Schwarzach, Tel. 06415/7520. www.sonnenterrasse.at

Gasthof Laterndlwirt, St. Veiter Str. 5, 5621 St. Veit, Tel. 06415/74040; p.P. im DZ ab 39 Euro. Kult-Gasthof seit fünf Jahrzehnten. www.laterndlwirt.at

Hotel zur Post, Marktplatz 3a, 5620 Schwarzach, Tel. 06415/4212; p.P. im DZ ab 40 Euro. Gemütliches Traditionshaus, seit 100 Jahren in Familienbesitz

Abtsdorfer Wirtshaus, 5620 Abtsdorf Nr. 15, Tel. 06415/7591.

Hotel am Schloss, Hofmark 19a, 5622 Goldegg, Tel. 06415/20940; p.P. im DZ ab 55 Euro. www.hotelamschloss.at

Schaubergwerk Sunnpau, Stein Nr. 36, 5621 St. Veit i. P., Tel. 0664/2031716 (Herr Pelzer); Öffnungszeiten siehe Webseite. www.schaubergwerk-sunnpau.at

Seelackenmuseum, Museumsweg 1, 5621 St. Veit, Tel. 06415/5177; Mi 13–16 u. 19–21 Uhr, So 10–12 u. 13–16 Uhr. Heimatliches und Thomas Bernhard. www.seelackenmuseum.at

Museum Tauernbahn, Bahnhofstr. 14, 5620 Schwarzach, Tel. 0664/1528907; Mai–Anf. Okt. Mi und Sa 13–17, So 10–17 Uhr, Juli/Aug. auch Do 19–22 Uhr. www.museum-tauernbahn.at

Pongauer Heimatmuseun Schloss Goldegg, Hofmark 1, 5622 Goldegg, Tel. 06415/20027; Mitte Juni–Mitte Sept. Mo, Di u. Do–Sa 10–12 u. 15–17, So 15–17 Uhr, Führungen jeweils um 14 Uhr; Mitte Sept.–Mitte Juni nur Do 14 Uhr mit Führung.

Karte: **Kompass Wanderkarte 80 St. Johann i.P.–Gasteinertal–Großarltal–Kleinarltal**; Maßstab 1:50 000.

▸ Karte S. 206

Das Gasteinertal

Gegenüber von Lend, annähernd senkrecht zur Salzach, zieht sich auf etwa 30 Kilometer Länge das Gasteinertal bis zum Tauernkamm und zur Grenze nach Kärnten empor. Es ist, vom Saalachtal abgesehen, das längste Seitental der Salzach und eines der berühmtesten Alpentäler überhaupt. Die Sommerfrischen und Kurorte Hofgastein und Bad Gastein zogen und ziehen seit gut 200 Jahren die Reichen und Schönen, aber auch viele Künstler an. Wirtschaftlich bedeutend war neben den Thermalquellen vom Mittelalter bis in die Neuzeit der Bergbau auf das berühmte Tauerngold, das den Wohlstand der Salzburger Fürstbischöfe wachsen ließ. Und heute noch sind die Radon-Heilkuren in den Stollen oberhalb Bad Gasteins weltweit einzigartig. Von größter Bedeutung für Verkehr und Wirtschaft ist die Pkw- und Lkw-Verladung auf die Bahn, die in Böckstein am Talende stattfindet. Schnell und einfach ist damit Kärnten erreichbar.

Selbstverständlich ist das Gasteinertal auch ein weltberühmte Skiregion. Die optimale Höhenlage und großflächige Beschneiungsanlagen gewährleisten Schneesicherheit von Ende November bis Ende April. Gastein gehört auch ›Ski amadé‹ an, dem größten Skiverbund Österreichs mit mehr als 760 Pistenkilometern und 270 Liftanlagen.

Das Gasteinertal ist somit unter den Tälern des Salzburger Lands ganz einzigartig. 2020 jährte sich übrigens die erste Erwähnung des Gasteinertals zum 1000. Mal. Erstmals erwähnt wurde es, als ›Provincia Gastuna‹, in einem Vertrag zwischen den Salzburger Erzbischöfen und den damals hier herrschenden Sieghardingern. Seit 1297 gehörte das Gasteinertal den Salzburger Bischöfen zur Gänze.

Burg Klammstein

Burg Klammstein und Umgebung

Wer vom Salzachtal auf die B 167 ins Gasteinertal abbiegt, fährt nicht mehr auf der schmalen alte Landesstraße, die direkt an der in einer Klamm tief eingeschnittene Gasteiner Ache entlang führt. Die neue B 167 führt in steilem Anstieg durch einen kürzeren und einen längeren (2 km) Tunnel, den Klammtunnel, durch die westliche Talflanke. Wo die Straße aus dem Tunnel heraustritt und sie Gasteiner Ache überquert, geht es gleich nach links auf die leider auch für Fußgänger gesperrte alte Trasse und danach nach rechts zum Restaurant ›Burgblick‹, das in der Tat eine schöne Sicht auf die Burg Klammstein bietet. Der Zufahrt gegenüber, nach links, geht ein Fahrweg zur sogenannten **Entrischen Kirche**, einer Schauhöhle. Der seltsame Name bedeutet ungefähr ›Kirche der Unterirdischen‹. Der Weg dorthin endet bald an einem Parkplatz, dann muss man noch etwa 50 Minuten Aufstieg zur Höhle bewältigen. Die Höhle gilt als Kraftort, viele Besucher bestätigen ihre positive Strahlungswirkung. 1731 trafen sich in der Höhle die Salzburger Protestanten zu ihren geheimen Versammlungen.

Die B 167 führt gleich danach über einen kurzen Tunnel unter dem Burgberg von Klammstein hindurch, unmittelbar dahinter liegt linker Hand der Parkplatz für den Burgbesuch.

Die **Burg Klammstein**, die auf das 12. Jahrhundert zurückgeht und damit das älteste Bauwerk der Gasteiner Region ist, bewachte unter wechselnden Besitzern den strategisch wichtigen Eingang ins Gasteinertal. Die Burg kam um 1300 in den Besitz der Salzburger Fürstbischöfe und war bis 1520 war bischöfliches Verwaltungszentrum und Pflegersitz. Gegen Ende des 16. Jahrhunderts war sie jedoch bereits Ruine, nachdem sie als Sitz des Pfleggerichts ausgedient hatte. Erst im 20. Jahrhundert nahm sich ein Privatmann der Ruine an und rekonstruierte sie. Der Zugang zur Burg wirkt vielleicht etwas heruntergekommen, die ganze Anlage aber ›authentischer‹ als beispielsweise die auf Hochglanz getrimmten ›Erlebnisburgen‹ wie Hohenwerfen. Eine kleine Burgschenke gibt es auch. Der ältere Burgführer, der so begeisternd über die Burg und ihre Geschichte zu plaudern versteht, ist übrigens auch der Eigentümer.

Dorfgastein

Der erste und kleinste der drei großen Talorte ist Dorfgastein (1300 Einwohner). Als Wintersportort ist er durch das lokale Skigebiet bedeutend, das sich über den Kamm bis ins Großarltal erstreckt und das durch die sogenannten ›Skischaukel‹ kammüberschreitend erschlossen ist.

Vom Ortsteil Unterberg (875 m) auf der linken Seite der Gasteiner Ache empfiehlt sich die Wanderung auf das **Rauchkögerl** (1810 m), es ist wie eine Aussichtsloge über dem Salzachtal; in höchstens vier Stunden ist der Weg dorthin machbar. Den Rückweg kann man über die **Drei-Waller-Kapelle** (1425 m) legen, eine der ältesten Kult- und Wallfahrtsstätten des Salzburger Landes. Die Kapelle ist von Unterberg natürlich auch direkt, ohne die Tour über das Rauchkögerl, zu erreichen (2 Std.).

Von Unterberg kann man auch zur von Juni bis September bewirtschafteten **Heinreichalm** (1685 m, knapp 3 Std.) und zum Tagkopf (2085 m) aufbrechen. Die Ostseite des Gasteiner Tals bietet mit dem Aufstieg zur **Gasteiner Höhe** (1994 m) und den **Paarseen** eine

▲ Karte S. 206

Blick auf Dorfgastein

der Top-Touren des Gasteinertals. Man beginnt den Aufstieg am besten beim Gasthof Hauserbauer (1079 m) und erreicht in etwa 3,5 Stunden die Gasteiner Höhe und die Seen, die nicht weniger als landschaftliche Höhepunkte des Salzburger Lands sind.

Ganz entspannend ist eine andere Tour: von der Bergstation der Fulseckbahn (2025 m) zum Kreuzkogel (2027 m) und von dort über den Spiegelsee und die Wengeralm zur Mittelstation der Fulseckbahn (1465 m) und wieder ins Tal. Es geht nur bergab, die reine Gehzeit beträgt etwa 2,5 Stunden – ein reines Vergnügen.

Dorfgastein ist mit Sportgastein (→ S. 259) über den 75 Kilometer langen **Gastein Trail** verbunden, auf dem etwa 4000 Höhenmeter durch verschiedenste Vegetationsgebiete zurückgelegt werden – ein Wanderweg höchster Güte in sechs Tagesetappen.

Der Hamplplaz in Bad Hofgastein

Bad Hofgastein

Hofgastein ist ein international bekannter Ort, den gut 150 000 Touristen ganzjährig besuchen. Im Mittelalter hieß er ›Hof in der Gastein‹, was ›Gerichtssitz im Gasteinertal‹ bedeutet. Schon in der Römerzeit wurde hier wie im ganzen Gasteinertal Silber und Gold abgebaut. Der Bergbau wurde im Mittelalter wieder aufgenommen, im 17. Jahrhundert erschöpften sich die Goldvorkommen aber nach und nach, und mit der Ausweisung der meist protestantischen Bergleute 1732 kam der Bergbau völlig zum Erliegen. Nach Ende des Fürstbistums Salzburg 1803 erwuchs jedoch ein neuer Wirtschaftszweig. Die Thermalwässer aus den oberen Talgebieten wurden zu Heilkuren in Fässer talwärts gebracht – das spätere Bad Gastein gab es noch nicht –, dann 1830 eine Wasserleitung gebaut. Mit Beginn des 19. Jahrhundert war es in den Habsburgerlanden für Adel und Großbürgertum in Mode gekommen, sich im Sommer in Luft- oder Wasserkurorten im Gebirge aufzuhalten, wodurch viele bis dahin eher unbedeutende Dörfer und Städtchen einen unerwarteten Aufschwung erhielten. Die Wasserleitung aus dem späteren Bad Gastein nach Hofgastein, die Johann Ladislaus Pyrker initiierte, Dichter, Philanthrop und Bischof von Aquila, war 7250 Meter lang. Täglich konnten 200 Kubikmeter Wasser nach unten fließen. 1848 wurden die Holzröhren durch Tonröhren ersetzt. Das Wasser war auf diese Entfernung bei 0,3 Prozent Gefälle zwei Stunden und eine Viertelstunde unterwegs, kühlte aber (Ausgangstemperatur 47,5 Grad) dabei nur unwesentlich ab. Heute brausen täglich 1000 Kubikmeter von den Bad Gasteiner Quellen nach Hofgastein hinab. Das Wasser der Becken der Hofgasteiner Alpentherme ist Thermalwasser aus den Bergen von Bad Gastein. Die Alpentherme lohnt zu

An der Talstation der Angertalbahn

jeder Jahreszeit den Besuch. In Hofgastein ist das sogenannte ›Waldbaden‹ eine beliebte Kurform. Im Angertal und auf der anderen Seite des Gasteinertals direkt oberhalb von Hofgastein gibt es an besonderen Themenwegen ›Waldbadeübungen in Resonanz mit der Natur‹, wie der Tourismusverband verlauten lässt.

Sehenswürdigkeiten

Hofgastein weist nur wenig historische Gebäude auf. Sehr sehenswert ist aber die **Pfarrkirche Maria Himmelfahrt,** die 1507 vollendet war. Ihr Inneres wurde um 1720 barockisiert, der gotische Turm gegen 1610 erhöht.

Auf dem sehr schönen **Marktplatz** steht eine Büste für Bischof Johann Ladislaus Pyrker, dem großen Wohltäter Österreichs vom Beginn des 19. Jahrhunderts. An der B 167, hinter dem südlichen Ortsrand rechts, steht das **Weitmoserschlössl**. Die Weitmosers waren im 16. Jahrhundert Bergherren und eine der reichsten Familien des Tals, Christoph Weitmoser (1506–1558) ließ eine erste Straße von der Klamm zum späteren Bad Gastein anlegen. Er erwarb 1538 das Gebäude, das bis dahin Goldegghof genannt worden war, und ließ es zur heutigen Form umbauen. 1606 musste es verkauft werden; das Erbe hatte aufgrund zu vieler Nachkommen innerhalb einer Generation aufgeteilt werden müssen, was letztlich zum finanziellen Niedergang des angesehenen Geschlechts führte. Das ›Schlössl‹ ist seit 1752 ununterbrochen im Besitz der Familie Scharfegger und heute ein nettes Restaurant-Café.

▶ Karte S. 206

Die Umgebung

Hofgasteins Hausberg ist die **Hirschkarspitze** mit der **Schlossalm**. Die Schlossalmbahn fährt von 850 Meter Höhe bis zur Bergstation auf 2050 Metern hinauf. Oben gibt es ein reiches Angebot für Familien mit Kindern, dazu gehören etwa Rutschbahnen und ein Fabelwesenwanderweg. Überhaupt ist die Schlossalm mit dem Schlossalmsee ein paradiesisches Idyll. Ein gut gesicherter Steig führt in einer Dreiviertelstunde zur nur unwesentlich höheren Hirschkarspitze (2114 m) – dass die Aussicht von hier überwältigt, braucht eigentlich nicht gesondert betont zu werden. Die 2373 Meter hohe **Mauskarspitze** erfordert für den anderthalbstündigen Weg ab Bergstation nicht viel mehr an Kondition als die schon erwähnte Tour, aber Trittsicherheit und Schwindelfreiheit.

Das **Angertal**, das sich aus dem Gasteinertal bei Hofgastein etwa acht Kilometer südwestwärts in die Goldberggruppe zieht, ist in seinem obersten Abschnitt historisches Bergbauareal, in dem sich noch Abraum- und Schlackehalden befinden. Für den öffentlichen Verkehr endet die Fahrstraße am Skizentrum Angertal und dem Gasthof Angertal (1190 m). Von dort geht es noch knapp 2,5 Kilometer hinauf zur **Knappenwelt Angertal**, wo es Reste der historischen Schmelzhütten gibt und man alles über den Bergbau des Gasteinertals erfährt.

Eine andere Tour beginnt am gleichen Ausgangspunkt und führt in fünf Stunden über die Gadaunerer Hochalm (1834 m, Einkehrmöglichkeit) auf den **Kalkbretterkopf** (2412 m). Die Tour ist nur im ersten, nicht zu langen Abschnitt steil, dann aber ohne große Schwierigkeiten zu bewältigen. Wer den ersten steilen Abschnitt umgehen will, beginnt den Aufstieg nicht am Gasthof Angertal, sondern auf anderer Route etwas weiter talaufwärts an der Anger-Jagdhütte.

Auf der rechten, östlichen Seite des Gasteinertals liegt gleich oberhalb von Hofgastein, auf 1075 Meter Seehöhe, am Hang des Hausstattbergs die **Annenkapelle**. Die Kapelle selbst ist mehr als schlicht, doch hat man von ihr einen der schönste Blicke auf Hofgastein und das Tal. Das Annencafé gleich daneben (Kronwald Nr. 166, www.annencafe.at) lädt zur Einkehr ein.

Bad Gastein

Bad Gastein (3950 Einwohner), oft auch Badgastein geschrieben, ist ein ganz ungewöhnlicher Ort – zum einen als gut zwei Jahrhunderte alter Thermalkurort, in dem sich Adel und Geldadel, Kunst und Kommerz trafen, zum anderen durch seine Lage an beiden Seiten der Gasteiner Ache, die als Wasserfall mitten durch den Ort hinabstürzt. Und auch seine zauberhafte Architektur sticht heraus, so streben die Villen und extraordinären Hotels wegen der Enge des Hangs in die Höhe.

Bad Gastein ähnelt einem anderen traditionellen Kurort in Aussehen, Lage und Bedeutung: das böhmische Karlsbad (Karlovy Vary) könnte seine Zwillingsstadt sein. Die morbide Eleganz Bad Gasteins hat über die Jahrzehnte immer wieder die Filmemacher inspiriert und hier drehen lassen.

Geschichte

Wahrscheinlich waren die heilbringenden Quellen schon den Römern bekannt. Für die Zeit danach weiß man, dass etwa seit 1350 die Quellen wieder genutzt wurden. Ab 1450 bestand als Gasthof und Unterkunft für die Heilungsuchenden das heutige **Hotel Straubinger**. Von 1450 bis etwa 1580 hatte das Wildbad Gastein, wie es die ersten Jahrhunderte hieß, seine erste Blüte als überregionaler Badeort, zu dem die Habsburger und Wittelsbacher von weither eilten. Nur fehlte der Komfort, die Heilsuchenden mussten für diesen selbst sorgen – der Pfalzgraf Ottheinrich (1502–1559) etwa erschien mit 20 Wagen und 50 Pferden. Paracelsus untersuchte und beschrieb 1525 die Gasteiner Wässer. Viele Offiziere und Generale des Dreißigjährigen Krieges kurten ihre Wunden in jenen Jahren in Gastein aus, die Wässer waren berühmt, eitrige und brandige Verletzungen heilen zu können. Seit 1687 gab es ein ständisch geführtes Gästebuch, das

Das Grand Hotel d´Europe

in ›gottgegebener Ordnung‹ nacheinander ›Majestäten und gekrönte Häupter, Fürsten, Grafen, Gräfinnen, Prälaten, Äbte und Ordenspersonen, Bürger und andere guttätige Mannspersonen und Weibspersonen‹ aufführt. Dieses Buch existiert heute noch. Die hohen Gäste wohnten meist im Gasthof Straubinger. Bis zum Ende des 18. Jahrhunderts blieb das Badegeschehen in einem äußerlich eher bescheidenen Rahmen. 1793 ließ Fürsterzbischof Hieronymus Colloredo das ›Badeschloss‹ erbauen – bis dahin waren die einzelnen Badekuren in hölzernen Hütten unter manchen Unbequemlichkeiten verabreicht worden.

Etwa von 1820 bis zum Ende des Ersten Weltkriegs war Bad Gastein als mondäner Kurort von übernationalem Rang etabliert, der berühmte Erzherzog Johann baute sich mit dem heutigen Meranhaus seinen damaligen Wohnsitz. Zu den Gästen zählten Karl Friedrich Schinkel, König Ludwig I. von Bayern, Wilhelm von Humboldt und viele andere. Auch Franz Schubert hielt sich 1825 hier auf, doch weniger als Kurgast denn als bloßer Besucher, der mit seinem Freund Johann Michael Vogl eine Alpenreise unter anderem ins Salzkammergut und Gastein machte. Von Legenden umrankt ist die sogenannte ›Gasteiner Sinfonie‹, die Schubert während dieser Reise geschrieben haben soll. Das Manuskript gelangte 1826 nachweislich in das Archiv der Wiener Gesellschaft der Musikfreunde, wo es aber nach Schuberts Tod nicht eindeutig zu identifizieren war. Eine in den 1990er Jahren entdeckte und mit viel Getöse bejubelte und auf CD eingespielte Schubertsche ›Sinfonie in E‹ musste sich als – schlecht gearbeitete – Fälschung des Musikologen Gunter Elsholtz (1936–2004) entlarven lassen. Die Musikwissenschaft geht heute davon aus, dass es dich bei der Gasteiner Sinfonie um die bis dahin auf 1828 datierte Große C-Dur-Sinfonie handelt, deren Manuskript Robert Schumann 1839 im Archiv der Gesellschaft auffand.

Mit dem Anschluss Gasteins an die Tauernbahn 1905 begann ein nochmaliger, wenngleich kurzer stürmischer Aufschwung mit gewaltigem Bauboom, in

▲ Karte S. 206

Symbiose von Natur und Architektur: Bad Gastein

dem von 1906 bis 1909 auch das grandiose, zehnstöckige ›Grand Hotel de l´Europe‹ entstand. Mit dem Ende der Monarchie 1918 verlor Bad Gastein nach und nach seine Anziehungskraft, nach 1933 kamen kaum noch vermögende deutsche Gäste, da durch die sogenannte Tausendmarksperre der Transfer größerer Beträge aus dem Reich verboten war.

Die Nachkriegszeit brachte eine gewisse Stabilisierung der Ökonomie des Badebetriebs, doch konnte Bad Gastein nicht mehr an Glanz und Gloria der Zeit vor 1918 anknüpfen. Es konnte zwar vom immer stärker werdenden Wintertourismus nach 1960 profitieren, doch brachten die 1980er Jahre, die den klassischen Kurorten in aller Welt zusetzten, erneute Einbrüche. Die Wellness-Wellen der 2000er Jahre konnten dies aber etwas abmildern. Von großem, bis heute stark nachwirkendem Nachteil war das Gebaren des Wiener Unternehmers Franz Duval, der zu Beginn der 2000er Jahre viele der historischen Gebäude von der Stadt kaufte, sie aber verfallen ließ. Ende 2017 kaufte das Land Salzburg einige der wichtigsten dieser historischen Gebäude zurück, darunter das Ensemble am Straubingerplatz, und veranlasste eine erste, behelfsmäßige Wiederinstandsetzung. 2018 wurde bekannt, dass die Gebäude am Straubingerplatz von der Investorengruppe Hirmer-Immobilien übernommen wurden und so rasch wie möglich die Sanierung erfolgen soll.

Wer heute nach Bad Gastein kommt, bewundert die Stadt mit ihrer Patina längst vergangener glorioserer Epochen, kann aber zumindest in der kleinen historischen Innenstadt einen gewissen Niedergang nicht übersehen. Nach Meinung zumindest der Stadtväter ist dieser mit dem Eingreifen der Landesregierung und der neuen Investorengruppe aber gestoppt. Ganz unabhängig davon: Bad Gastein ist im Sommer über den ›Kultursommer‹ ein großer Publikumsmagnet auch für jüngere Menschen. Im Rahmen dieses Großevents gibt es Jazzkonzerte, Sommerkino, Klassikkonzerte im Wald, die Reihe ›Schubert in Gastein‹ und vieles mehr.

Die Gasteiner Wässer und das Radongas

Lange Zeit waren die Badeärzte darüber verwundert, dass das Heilwasser trotz seines geringen Mineralgehalts eine solch gesundheitsfördernde Wirkung hatte. Ein Gasteiner Arzt führte dies schon 1792 auf bestimmte im Wasser gelöste Gase zurück, die aber mehr als ein Jahrhundert lang nicht genau definiert werden konnten. Erst nach dem Jahr 1900 wurde die wahre Natur dieses Gases festgestellt: das bis dahin unbekannte gasförmige und radioaktive Element Radon ist der für die Heilwirkung des Wassers wesentlichste Bestandteil. Radon zählt zu den Edelgasen, ist farb-, geruch- und geschmacklos und fast achtmal schwerer als Luft.

Das Thermalwasser strömt in Bad Gastein am Fuß des Badebergs an 17 gefassten Quellen mit durchschnittlich 46 Grad aus, insgesamt gibt es 44 Quellpunkte. Je nach Anwendung wird das heißere Wasser mit abgekühltem gemischt, um die jeweils erforderliche Temperatur zu erzielen. Das Radongas ist in nur geringer Konzentration im Wasser vorhanden. Diese natürliche ›milde Radioaktivität‹ ist gesundheitsfördernd, eine erhöhte Konzentration hätte möglicherweise eine gegenteilige Wirkung zur Folge. Von großer Bedeutung ist neben der reinen Wasserkur in einer ›römischen Wanne‹ mit Unterwasser-Sitzbank die Atmungsbehandlung mit radonhaltiger Luft in einem Stollen aus dem Jahr 1943, der sich oberhalb des Ortes befindet, nahe

Böckstein. Hier werden vor allem Erkrankungen des Bewegungsapparates, der Atemwege und der Haut behandelt. Man spricht von Speläotherapie.

Die Radonstrahlung im Stollen ist gegenüber der in der normalen Atmosphäre, in der es so gut wie nicht vorhanden ist, um das 300-fache erhöht. Im Stollen gibt es fünf unterschiedliche Stationen, die sich in Temperatur (37–41,5 Grad) und Luftfeuchtigkeit (75–100 Prozent) voneinander unterscheiden. Jeder Aufenthalt in den Heilstollen dauert 90 Minuten, von denen etwa 60 Minuten liegend und ruhig atmend im Therapiebereich verbracht werden. Jährlich werden 14 000 Patienten dort behandelt. Das Radon selbst ist ein Zerfallsprodukt des Radiums, das durch radioaktiven Zerfall aus Uran entsteht. Und Uran ist unter anderem in oxidischer Form (Pechblende) in Graniten und Gneisen, wie sie hier in den Tauern nicht selten sind, in gewisser, aber nicht abbauwürdiger Konzentration zu finden.

Sehenswürdigkeiten

Bad Gastein zeigt sich als Gesamtkunstwerk, in dem Architektur, Natur und ein besonderer genius loci eine untrennbare Einheit bilden. Welche andere Stadt hat schon einen Wasserfall aufzuweisen, der mitten durch den Ort strömt, und welche hat eine dabei eine solche Fülle von Belle-Époque-Häusern aufzuweisen? Das Gesicht dieser Häuser und damit der Kurstadt Bad Gastein prägte überwiegend der Architekt Angelo Comini (1839–1916). Von 1879 bis 1915 entstanden nach seinen Plänen fast alle Repräsentativbauten wie auch Villen vermögender Bürger.

Wer von der Tourismusinformation am Mozartplatz, der eigentlich nur ein Kreisverkehr ist, über die Kaiser-Franz-Joseph-Str. hinab in die Stadt geht, kommt an der kleinen evangelischen **Christophoruskirche** vorbei. Sie wurde 1872 für die hier kurenden Protestanten errichtet, unter denen sich auch die Hohenzollern aus Berlin befanden. Etwas weiter gibt es die **Flying Waters**, eine Seilrutsche über die breite Klamm der Gasteinerache bis hinüber zur Bismarckstraße.

Vorbei geht es am grandiosen, früheren **Grand Hotel de l´Europe**, das 1909 schon mit Wellnessbereich entstand und in dem die Großen, Reichen und Schönen logierten. Heute ist es unter anderem Stadtmuseum.

Die Straße biegt nach links ab und man kommt zu dem, was man den zentralen Bereich Bad Gasteins nennen kann. Hier, am Franz-Josefs-Platz, liegt links das architektonisch mehr als umstrittene **Kongresshaus** aus dem Jahr 1973, das von Gerhard Garstenauer im Stil des Brutalismus erbaut wurde. Heute kaum zu glauben, dass Garstenauer dafür einen Architekturpreis erhielt. Er schuf auch die heute nicht weniger geschmähte, doch damals ebenso prämierte Architektur der Felsentherme am Bahnhof.

Dem Kongresshaus gegenüber steht das vormalige **Hotel Austria** von 1898. Dahinter überquert man den **Wasserfall** der Gasteiner Ache, sowohl abwärts wie aufwärts genießt man einen der grandiosesten Blicke Europas. Auf insgesamt drei Stufen stürzt die Ache talwärts, die Zerstäubung des Wassers und die damit verbundene Ionisierung macht die Luft – auch ganz ohne Radon – heilkräftig.

Dann kommt man auf den **Straubingerplatz**, das historische Herz Bad Gasteins. Hier steht das auf einen Gasthof des 15. Jahrhunderts zurückgehende **Hotel Straubinger**. Es erhielt seine äußere Form 1842 und war einschließlich seiner Filiale, dem Hotel ›Austria‹, bis zum Beginn des 20. Jahrhunderts mit 200 Zimmern das größte Hotel am Platz.

▲ Karte S. 206

Von 1602 bis 1980 befand es sich im Besitz der Familie Straubinger. Es steht zur Zeit leer und harrt seiner Auferstehung. Hier unterzeichneten Otto von Bismarck und Gustav von Blome am 14. August 1865 die preußisch-österreichische ›Gasteiner Konvention‹ über die gemeinsame Verwaltung der ›Elbherzogtümer‹ nach dem deutsch-dänischen Krieg 1864. Im Haus Straubingerplatz 1, links vom Hotel, wohnte 1825 Franz Schubert, später auch Johann Strauß und Franz Grillparzer; Gedenktafeln erinnern daran.

Dem Hotel genau gegenüber, etwas erhöht, steht das **Badeschloss** von 1793. Hier wohnte zwischen 1863 und 1887 der preußische König und deutsche Kaiser Wilhelm I., der fast jedes Jahr in Bad Gastein kurte. 2013 fiel das Dachgeschoss einer Brandstiftung zum Opfer. Die Hirmer-Gruppe will hier ein Luxushotel einrichten. Das Gebäude links vor dem Schloss ist die **Alte Post**.

Hinter dem Straubingerplatz biegt die Straße nach links im Bogen um, rechter Hand liegt hier das **Dunstbad**. Dieses kleine Bad-Gehäuse aus dem Jahr 1825 befindet sich direkt über der Elisabethquelle, einer der 17 gefassten Gasteiner Quellen. Die Kurenden sitzen in Kabinen jeweils 20 Minuten im radonhaltigen Thermalwasserdampf – diese Methode ist eine Ergänzung zu den Radonanwendungen im Heilstollen. Wenngleich die Kur ärztlich verordnet sein muss, ist ein kurzes ›Schnupper-Dunstbad‹ jederzeit möglich (www.dunstbad.de).

Links liegt der **Thermalquellpark**, wo sich auch die Zielstation der ›Flying waters‹ befindet. Dann gabelt sich die Straße. Links geht es hinab zur **Pfarrkirche St. Primus und Felician**, auch Preimskirche genannt. Die 1876 geweihte neugotische Kirche ist wichtiger Bestandteil der Stadtsilhouette und ungewöhnlicherweise nach Norden ausgerichtet – die Topographie Bad Gasteins ließ keine übliche Ost-West-Bauweise zu. Die durchaus sehenswerte Inneneinrichtung stammt großteils aus dem 20. Jahrhundert, auch der Hochaltar von Jakob Adlhart von 1953 mit Verwendung einer spätgotischen Madonna im Strahlenkranz.

Die Pfarrkirche

Weiter unterhalb der Pfarrkirche, am nördlichen Ortsausgang der Bismarckstraße am Weg nach Badbruck, steht noch die frühgotische **Nikolauskirche**, das älteste Bauwerk des Gasteinertals und sehr sehenswert durch seine farbintensiven Fresken aus der Zeit um 1475. Unter anderem sind die Wurzel Jesse und das Jüngste Gericht mit Christus in der Mandorla zu sehen – ein Muss für Kunstfreunde.

Außerhalb der Innenstadt lohnt der Blick auf den Wasserfall auch von der Brücke an der Kötschachtaler Straße; sie führt zur Liftstation der Graukogelbahn. Nahe des südlichen Ortsrands, im Haus Karl-Waggerl-Str. 23 (heute Haus Bergfriede), kam am 10. Dezember 1897 der

Schriftsteller Karl Heinrich Waggerl zur Welt. Im 20. Jahrhundert generell und bis heute vor allem in Österreich ist er durch seine Weihnachtsgeschichten und viele andere poesieerfüllten Erzählungen viel gelesen.

Wanderungen um Bad Gastein

Ein sehr bequemer und beschaulicher Wanderweg über Almen und entlang von weitgespannten Berghängen ist der **Gasteiner Höhenweg** von Bad Gastein nach Dorfgastein. Er beginnt an der Preimskirche (1002 m) in Bad Gastein und führt mit geringem Gefälle abwärts nach Hofgastein (858 m), spektakulär ist die Überquerung der Gadaunerer Schlucht auf kühner Trasse und mit einem Tunnel. 2,5 bis 3 Stunden dauert die Tour, von Hofgastein fährt man mit dem Bus zurück.

Landschaftliche Höhepunkte bietet das **Kötschachtal**. Ausgangspunkt ist der Parkplatz am berühmten Traditionshotel ›Grüner Baum‹ (1066 m), den man von Bad Gastein über die Kötschachtalstraße erreicht. Das Hotel ›Grüner Baum‹ ist seit 150 Jahren Sommerfrische hochgestellter Persönlichkeiten,

Auf dem Zirbenweg

▲ Karte S. 206

Munteres Treiben an der Graukogelhütte

unter anderem war es Stammhotel Luis Trenkers. Von hier wandert man mit nur leichter Steigung aufwärts bis zum Gasthof ›Prossau‹ (1279 m, Juni–Sept. bewirtschaftet) oder bis zum Talschluss zur Hinteren Prossau (1420 m), wo es beeindruckende Wasserfälle gibt. Zwei Stunden reine Gehzeit sind dazu nötig. Das Kötschachtal war lange durch seine Lawinengefährdung berüchtigt.

Bad Gasteins Hausberg auf der westlichen Talseite ist der 2246 Meter hohe **Stubnerkogel**. Mit der Bergbahn kann man von der Talstation (1090 m) bis knapp unter seinen Gipfel fahren. Auf dem Gipfel, der nur 25 Meter höher als die Bergstation liegt, befindet sich eine Aussichtsplattform mit grandioser 360-Grad-Sicht und Blick auf den Großglockner. Zwischen Gipfel und Bergrestaurant gibt es eine spektakuläre Hängebrücke. Zu empfehlen ist der Abstieg zu Fuß via Mittelstation der Bahn auf Weg 111, das sind rund 3,5 Stunden reine Gehzeit auf bequemen Wegen.

Etwas anspruchsvoller ist die Tour vom Stubnerkogel zum **Tischkogel** (2409 m) und zum **Zitterauer Tisch** (2463 m). Es sind gut markierte und breite Wege, am

Tischkogel ist an den mit Seilen gesicherten Passagen Trittsicherheit erforderlich – schwierig ist es aber lange nicht. 1,5 Stunden dürften für den Weg zum Zitterauer Tisch ausreichend sein.

An der östlichen Seite Bad Gasteins ist der Graukogel der Hausberg. Bis zu **Graukogelhütte** (1954 m) und ›Toni´s Almgasthaus‹ gibt es eine Sesselbahn. Von der Hütte zieht sich südwärts um den Berg ein ›Zirbenweg‹ herum. Dieser leicht zu begehende Steig führt in 45 Minuten durch Zirbenwaldungen zu herrlichen Aussichtspunkten zum Stubnerkogel, zur Hirschkarspitze, ja über das ganze Tal und zur Bergstation zurück. An der Bergstation wie in der Hütte gibt es Erinnerungspunkte an die Skiweltmeisterschaft 1958 in Bad Gastein und den Gewinner, den in Österreich geradezu verehrten Toni Sailer.

Sehr zu empfehlen ist auch die Tour von der Graukogelhütte zum **Palfnersee** (2100 m) und über die **Palfnerscharte** (2321 m) zum **Windschursee** (2220 m), weiter zum waldumstandenen **Reedsee** (1832 m), von dort hinab ins **Kötschachtal** und zurück. Diese Ganztageswanderung benötigt Kondition, ist aber eine der schönsten Touren im Gasteinertal. Zumindest bis zum Palfnersee (2 Std.) ist es für jeden Wanderer trotz des steinigen Pfads zu schaffen. Vom Palfnersee kann man auch über die Palfner Hochalm (Weg 526) direkt nach Bad Gastein und zur Talstation der Bahn zurückgehen (2,5 Std.).

Böckstein und Anlauftal

Zwischen den letzten Häusern Bad Gasteins und den ersten von Böckstein liegt rechts, an einer Wiese gleich an der Straße, ein historisches hölzernes Bauernhaus aus dem 15. Jahrhundert. Das ist der **Ullmannhof** (Ullmannlehen), einer der ältesten original erhaltenen Bauernhöfe der Ostalpen. Das Haus war bis zum Ende der 1980er Jahre noch bewohnt und hatte wie zur Zeit seiner Erbauung weder Strom noch fließend Wasser. Der lokale Kulturverein Ladislaus renovierte es nach dem Tod der letzten Einwohnerin, und vor Kurzem richtete der rührige Mineralienverein Gasteinertal ein kleines **Museum** mit Mineralen der Region ein. Gleich danach ist Böckstein erreicht. Zwischen Böckstein und dem heutigen Sportgastein, insbesondere am Radhaus-

Der Ullmannhof

berg, fand seit dem Ende des 15. Jahrhunderts in verschiedenen Stollen- und Schachtanlagen der Abbau von goldführenden Erzen statt. Die Fugger sowie die heimischen Gewerke Weitmoser, Zott und Strasser führten die Geschäfte, Eigentümer waren aber natürlich immer die Salzburger Fürstbischöfe. Als reichstes Jahr gilt 1557, das eine Ausbeute von 830 Kilogramm Gold und über 2700 Kilogramm Silber brachte. Alt Pöck, wie der Bergbauort ursprünglich hieß, wurde am 14. Januar 1741 durch eine Lawine vernichtet, doch noch im gleichen Jahr begann der Wiederaufbau. Annähernd alle Gebäude des heutigen **Alt-Böckstein** um den heutigen Karl-Imhof-Ring und die Kaiserin-Elisabeth-Promenade entstanden erst nach 1741. Doch mit dem 19. Jahrhundert wurden die Lagerstätten nach und nach unergiebig. Der Ingenieur Karl Imhof übernahm 1907 den Goldbergbau in Eigenregie, doch blieben ihm letztendlich große Gewinne versagt. Auch zwischen 1938 und 1945, als die PREUSSAG den Bergbau wieder aufnahm, wurde nicht nennenswert gefördert. Immerhin führten die neuen Stollenauffahrungen dazu, dass der hierbei entdeckte hohe Radongehalt der Luft in den Stollen alsbald einen Einsatz zu Heilzwecken finden sollte.

In einigen der ehemaligen Betriebs- und Lagergebäuden aus dem 18. Jahrhundert befindet sich heute das viel besuchte **Montanmuseum**. Das Haupthaus des Museums ist der alte Salzstadel von 1743. Im Inneren erfährt man alles zur Geschichte des Bergbaus, kann alte, noch funktionierende Aufbereitungsmaschinen betrachten und eine reiche Mineralausstellung bewundern. Es ist in der Tat ein familienfreundliches Museum und fasziniert nicht nur die, die an Geologie oder Bergbau interessiert sind.

Vor dem Hotel Rader steht auf dem Marktplatz von Alt-Böckstein ein gusseiserner **Brunnen** von 1885, der älteste dieser Art in Europa. Kaiser Franz Joseph erwarb ihn auf der Pariser Weltausstellung und ließ ihn hierher bringen. Der **Pfarrhof** rechts neben dem Hotel Rader,

▲ Karte S. 206

Im besuchenswerten Montanmuseum

auf der anderen Straßenseite, ist das alte Verwalterhaus von 1742.

Auf einer Anhöhe am Nordende des Dorfes steht die **Pfarr- und Wallfahrtskirche Maria vom Guten Rat**. Fürstbischof Sigismund von Schrattenbach ließ sie von 1764 bis 1767 für die Goldbergbauer erbauen. Die Kirche ist außen achteckig, ihr Haupthaus längs-oval angelegt. Eindrucksvoll ist das Deckengemälde von 1765.

Unterhalb der Kirche steht das **Czernin´sche Jagdschloss**. Das Original stammte von 1880, der heutige Bau entstand nach einem Brand 1902 neu nach Plänen von Josef Wessicken. Das Schloss befindet sich auch heute noch im Privatbesitz der Familie Czernin und kann daher nicht besichtigt werden. Architektonisch ist es durch seine Kombination von Burg und englischem Landhaus interessant.

Nur wenig oberhalb von Böckstein endet die Bundesstraße durch das Gasteinertal. Die Weiterfahrt über den Tauernkamm kann nur über die Autoverladung mit der Tauernbahn erfolgen. Von 6.20 bis 23.20 Uhr fährt stündlich der Autozug, die **Tauernschleuse**, durch den 8371 Meter langen Tauerntunnel in 12 Minuten Fahrzeit bis ins kärntnerische **Mallnitz** und weiter ins nahe Drautal; die Rückfahrt erfolgt ab 5.50 Uhr ebenfalls stündlich. Die Einzelfahrt mit dem Auto kostet zur Zeit 17 Euro, Reservierungen sind nicht möglich, doch im Allgemeinen auch nicht erforderlich. Während der Fahrt bleiben die Automobilinsassen nicht in ihren Fahrzeugen, sondern reisen in besonderen Personenwaggons (www.oebb.at/autoschleuse). Der Tunnel wurde zwischen 1902 und 1909 erbaut.

Das Czernin´sche Jagdschloss

Anlauftal

Kurz vor dem Verladebahnhof Böckstein geht links ein Weg in das weltferne **Anlauftal** ab, das östliche der beiden Täler, in die sich das Gasteinertal an seinem Talende aufteilt. Es ist ein sehr wildes, ursprüngliches Tal, durch das in der Römerzeit über den 2459 Meter hohen Hohentauern ein Passweg vor allem für den Getreidetransport bestand. Das Tal endet am Fuß des 3252 Meter hohen Ankogel. Die Wanderung durch das Tal auf breitem Weg beginnt am Gasthof ›Elli‹ (1193 m) gleich unterhalb der Verladestelle. Man passiert bald das Forsthaus Marienstein; gegenüber erinnert ein Gedenkstein an Elisabeth und Franz Joseph. Dann zweigt der Mindener Weg rechts ab und führt auf der alten Römertrasse und entlang des Tauernbachs hoch auf den Tauernkamm. Nach etwa vier Kilometern ist auf dem Talweg die Untere Radeckalm (unbewirtschaftet) erreicht. Die Tour endet fernab aller Zivilisation an der verfallenen **Hinteren Radeckalm** (1701 m). Man sagt, manche entschieden sich hier, überhaupt nicht zurückzukehren, da dieser Platz so unirdisch schön sei.

Nassfelder Tal und Sportgastein

Das westliche der beiden Täler, in die sich das Gasteinertal bei Böckstein aufteilt, ist das Nassfelder Tal, durch das die Nassfelder Ache fließt und bis Sportgastein die nicht ganz unspektakuläre Gasteiner Alpenstraße (Maut) verläuft. Das Tal beginnt bei Böckstein, gleich dahinter liegt rechts das **Hotel Evianquelle**. Die Quelle erhielt ihren Namen 1908 von einem Gasteiner Badearzt, da ihr Wasser in Wirkung und Zusammensetzung gleichwertig mit jener berühmten gleichnamigen Quelle am Genfer See war.

Gleich danach zweigt die Straße zum **Paselstollen** ab, dem seit langem berühmten Radon-Heilstollen. Wie es in der Selbstdarstellung heißt, »stimuliert die Radonaufnahme über die Atemwege und die Hautoberfläche den körpereigenen Zellstoffwechsel. Entzündungen werden gehemmt, ›freie Radikale‹ – zerstörerische Stoffwechselprodukte, die unter anderem bei rheumatischen Prozessen eine Rolle spielen – werden unschädlich gemacht und der Zell-Reparaturmechanismus des Körpers wird angeregt.«

Die Stollen wurden 1943/44 angelegt, um den Erzabbau wieder aufzufahren, was allerdings ohne sonderlichen Erfolg blieb. Erst in den 1950er Jahren wurde begonnen, die radonhaltige Luft bei Liegekuren in den Stollen medizinisch einzusetzen (www.gasteiner-stollen.com).

Gleich nach der Abzweigung beginnt mit der Mautstelle die Panoramaroute der Gasteiner Alpenstraße. Sie führt nach etwa drei Kilometern an einem alten Kraftwerk vorbei, heute **Schaukraftwerk**, und erreicht bald danach ein breites Hochtal (Almboden) und den Ort **Sportgastein**. Hier liegt auf 1600 bis 2650 Meter Höhe das höchstgelegene Wintersportgebiet Salzburgs, das sich nicht auf einem Gletscher befindet. Sportgastein, eigentlich kein Ort, sondern eine weit verteilte Streusiedlung mit nur wenigen Häusern, ist in erster Linie Wintersportort. Bis zum Beginn des 20. Jahrhunderts wurde hier Bergbau betrieben, woran noch zwei Knappenhäuser erinnern.

▲ Karte S. 206

Es gibt mehrere Einkehrmöglichkeiten um diesen Almboden – unter anderem Valeriehaus und Schareckalm. Sehr lohnend ist eine **Rundwanderung** vom Parkplatz an der Goldbergbahn (nur Winterbetrieb) auf dem ›Naturschauweg Naßfeld‹ am Ostufer der Naßfelder Ache entlang, das auf manchen Karten als Höllkarbach bezeichnet wird. Vom Parkplatz aus gesehen geht es auf dem linken Ufer entlang, man folgt der grünen und blauen Markierung. Wir kommen zu einer Wegegabel, die große Runde des Naturwegs steigt mit grün nach links bis auf 1780 Meter an und führt dann ins Tal des Naßfeldbachs zurück. Wer es entspannender haben will, geht mit blau (rechts) bis zur Moaralm, danach kommt grün von links heran, die Wege vereinigen sich wieder, es geht über den Bach und auf dem Rupertiweg (mit grün-blau-gelb) zurück zum Ausgangspunkt; 2,5 Stunden sind für die große Runde einzuplanen.

Nicht schwer, aber etwas Kondition erfordert die Tour zur **Hagener Hütte** (2446 m). Man geht entlang des Bachs, entweder via Moaralm oder auf der anderen Seite bis zur Veitalm (1645 m) und dann hinauf zur Eselkarhütte (2100 m) und zur **Hagener Hütte** (Juli–Ende Sept. bewirtschaftet, auch Übernachtungsmöglichkeit, Tel. 0664/4036697). Auch diese Kammüberquerung existierte schon in antiker Zeit.

Von Sportgastein lohnt in nordwestlicher Richtung die Wanderung über die **Bockhartseehütte** (1917 m, Mitte Juni–Ende Sept. bewirtschaftet) zum Unteren (1872 m) und, wer mag, weiter zum Oberen Bockhartsee (2076 m); man ist 1,5 bzw. knapp 2,5 Stunden unterwegs. Reste alter Abraumhalden entlang dieser Strecke erinnern an den historischen Bergbau.

Bei Sportgastein

Gasteinertal

Gasteinertal Tourismus GmbH, Gasteiner Bundesstraße 367, 5630 Bad Hofgastein, Tel. 06432/3393-0. www.gastein.com

Tourismusverband Dorfgastein, Dorfstr. 1, 5632 Dorfgastein, Tel. 06432/3393460. www.gastein.com

Kur- und Tourismusverband Bad Hofgastein, Tauernplatz 1, 5630 Bad Hofgastein, Tel. 06432/3393-0. www.gastein.com

Kur- und Tourismusverband Bad Gastein, Kaiser-Franz-Joseph-Str. 27, 5640 Bad Gastein, Tel. 06432/3393560. www.gastein.com

Eine **Gastein Card** erhält man kostenlos für die Dauer des Aufenthalts bei der jeweiligen Unterkunft. Mit ihr kann man vieles kostenlos oder mit bis zu 50% Ermäßigung benutzen, z. B. im Winter geführte Touren, Im Sommer u.a. geführte Wander- und Radtouren, und unabhängig von den Jahreszeiten gibt es das Gesundheitsangebot in den Gasteiner Thermen, dem Gasteiner Dunstbad oder dem Gasteiner Heilstollen zu reduzierten Eintrittspreisen.

Die angegebenen Übernachtungstarife sind Sommerpreise, im Winter liegt das Preisniveau höher.

▸ Dorfgastein:

Hotel-Restaurant Burgblick, Klammstein 36, 5632 Dorfgastein, Tel. 06433/7611; p. P. im DZ 56–84 Euro. Für Kinder gibt es einen Märchenspielplatz und eine hauseigene Gokart-Bahn. www.burgblick.at

Landhotel Steindlwirt, Dorfstr. 30, 5632 Dorfgastein, Tel. 06433/7219; p. P. im DZ 47–54 Euro. In einem der ältesten Häuser des Orts, Ausschankrecht seit dem 17. Jahrhundert. www.steindlwirt.com

Gasthof Walcher, Luggau 121, 5632 Dorfgastein, Tel. 06432/6707; p. P. im DZ 34–44 Euro. Der Chef ist Landesmeister im Kasnockenkochen. www.gasthof-walcher.at

▸ Hofgastein:

Hotel Rauscher und Paracelsus, Kurpromenade 20, 5630 Bad Hofgastein, Tel. 06432/6412-0; p. P. im DZ 47–67 Euro. Hotel und Restaurant von ausgezeichnetem Ruf und bestem Preis-Leistungs-Verhältnis. www.hotel-rauscher.com

Hotel BLÜ (vormals Salzburgerhof), Kaiser-Franz-Platz 1, 5630 Bad Hofgastein, Tel. 06432/6230; p. P. im DZ ab 60 Euro. Viel feine Leute mit Freude am Schönen. www.hotelblue.at

Hotel zum Toni, Eisenstein 1, 5630 Bad Hofgastein, Tel. 06432/6629; p. P. im DZ 46–51 Euro. U. a. täglich Musik und Tanz. www.hotelzumtoni.at

Harbachwirt, Harbach 33, 5630 Bad Hofgastein, Tel. 06432/85054; p. P. im DZ 40–48 Euro. Gepflegt und behaglich. www.harbachwirt.at

Pension und Restaurant Maier, Breitenberg 30, 5630 Bad Hofgastein, Tel. 0664/2300935; p. P. im DZ 38–42 Euro. Restaurant bekannt durch seine Forellenspezialitäten. www.maiergastein.at

▸ Bad Gastein:

Hotel Miramonte, Reitlpromenade 3, 5640 Bad Gastein, Tel. 06434/2577-0; p. P. im DZ ab 63 Euro. Schickes Designhotel mit vorzüglichem Restaurant, phantastische Ausblicke. Empfehlung des Autors. www.hotelmiramonte.com

Hotel Alpenblick, Kötschachtaler Str. 17, 5640 Bad Gastein, Tel. 06434/2062; p. P. im DZ 44–70 Euro. Panoramahotel mit fairer Preisgestaltung. www.alpenblick-gastein.at

Hotel Mozart, Kaiser-Franz-Joseph-Str. 25, 5640 Bad Gastein, Tel. 06434/2351; p. P. im DZ 45–57 Euro. Eine der traditionell besten Adressen in Bad Gastein, jedes Zimmer ist individuell gestaltet. www.hotelmozart.at

Euro Youth Hotel und Krone, Bahnhofsplatz 8, 5640 Bad Gastein, Tel. 06434/2330-0; p. P. im DZ 20-38 Euro. Preisgünstiges Hotel nicht nur für junge Leute. www.euro-youth-hotel.at

Gasthof Alpenpension, Badbrucker Weg 11, 5640 Bad Gastein, Tel. 0664/2856799; p. P. im DZ ab 42 Euro. Einfach gut.

▸ Karte S. 206

www.alpenpension-gastein.at
Gasteiner Wirtshaus, Kötschachtaler Str. 1, 5640 Bad Gastein, Tel. 06434/6264. Niveauvolle Gastronomie.
www.gasteiner-wirthaus.at
Hexenhäusl, Mozartplatz 5, 5640 Bad Gastein, Tel. 0664/4039676. Bar und Grillrestaurant, eine der urigsten Lokationen am Ort: singen, flirten, feiern.
▸ Böckstein:
Gasthof zur Post, Böcksteiner Bundesstr. 112, 5645 Böckstein, Tel. 06434/5087; p. P. im DZ ab 40 Euro.
www.gasthof-post.com
Alpengasthof Villa Elli, Anlauftalstr. 9, 5645 Böckstein, Tel. 06434/4945; p. P. im DZ ab 38 Euro.
www.villaelli.at
Gasthaus Radhausberg, Karl-Imhof-Ring 28, 5645 Böckstein, Tel. 0650/8302940. Sehr authentisches Lokal mir ausgezeichneter Küche.

Schauhöhle Entrische Kirche, Klammstein 30, 5632 Dorfgastein, Tel. 06433/7695 und 0664/9800570; Besichtigung Mai–Sept. nur mit Führung (ab 3 Personen), besser vorher informieren, ob sich andere Interessenten angemeldet haben.
www.gastein.com
www.dorfgastein.net
Burg Klammstein, Klammstein 26, 5632 Dorfgastein, Tel. 06433/7603 oder 0660/6597615; Do–So 10.30–16.30 Uhr. www.burg-klammstein.at
Haus der Kristalle, Griesgasse 33, 5630 Bad Hofgastein, Tel. 0676/4457077; Di, Fr u. Sa 14–17 Uhr. Mineralienmuseum.
www.haus-der-kristalle.at
Knappenwelt Angertal, 5630 Bad Hofgastein, Tel. 0664/2029793; tägl. 13–16 Uhr nach Voranmeldung. www.via-aurea.com
Gasteiner Museum, Kaiser-Franz-Joseph-Str. 14, 5640 Bad Gastein, Tel. 06434/3488; neue Öffnungszeiten 2021 siehe Webseite. Geschichte des Heilbades Gastein.
www.gasteinermuseum.com
Ullmannhof (auch Ullmannlehen genannt, mit Mineralienmuseum), Böcksteiner Bundesstr., 5640 Bad Gastein, Tel. 0676/3037127; geöffnet nach Voranmeldung.
Montanmuseum Alt-Böckstein, Karl-Imhof-Ring 24, 5645 Böckstein, Tel. 06434/5414 und 0664-3857283; Mitte Juni–Mitte Juli nur Mi 15–18 Uhr, Mitte Juli–Ende Sept. Do–So 15–18 Uhr. Themen: Goldbergbau im Gasteinertal, Erzaufbereitung, historische Bergbaugeräte; zum Museum gehört ein **Schaukraftwerk** in Sportgastein (Anlage von 1912); Mitte Mai–Ende Sept Mi und Fr 14-16 Uhr. Die Möglichkeit zum Goldwaschen ist von diesen Zeiten unabhängig, doch muss man sich beim Tourismusverband anmelden.
Schaubrennerei und Jausenstation Hausebengut, Hinterschneeberg 20/1, 5640 Bad Gastein, Tel. 0664/73033237; Mi–Mo 10–20 Uhr. Edelbrand- und Bierverkostungen.
www.hausebengut.com

Alpentherme, Senator-Wilhelm-Wilfling-Platz 1, 5630 Bad Hofgastein, Tel. 06432/8293-0. Bade- und Saunavergnügen auf 32 000 m². Familienbereich mit Strömungskanal, Multimedia Erlebnis-Dom, Wasserrutschen und Kleinkinderbereich, Saunabereich mit 12 Saunakammern, Thermalwasser-Badeseen mit 1300 und 370 m² Fläche.
www.alpentherme.com
Felsentherme, Bahnhofpl. 5, 5640 Bad Gastein, Tel. 06434/2223-0. 6 Thermenbereiche, dazu Erlebnisrutsche, Geysire u.v.m., Panorama-Wellness-Bereich mit verschiedenen Saunen, Dampfkammern, FKK-Terrasse und zwei Außensaunen auf 1100 Meter Seehöhe.
www.felsentherme.com

Karte: **Kompass Wanderkarte 80 St. Johann i.P.-Gasteinertal-Großarltal-Kleinarltal**, Maßstab 1:50 000.

Es gibt in den österreichischen Alpen kein dem Lungau vergleichbares Gebiet: trotz bester Verkehrsanbindung ist das Gebiet ruhig, verträumt, abgeschieden, voll poetischer Stille - fast nirgendwo hat sich auch so viel Brauchtum erhalten wie hier.

Die Wallfahrtskirche St. Leonhard bei Tamsweg

DER LUNGAU

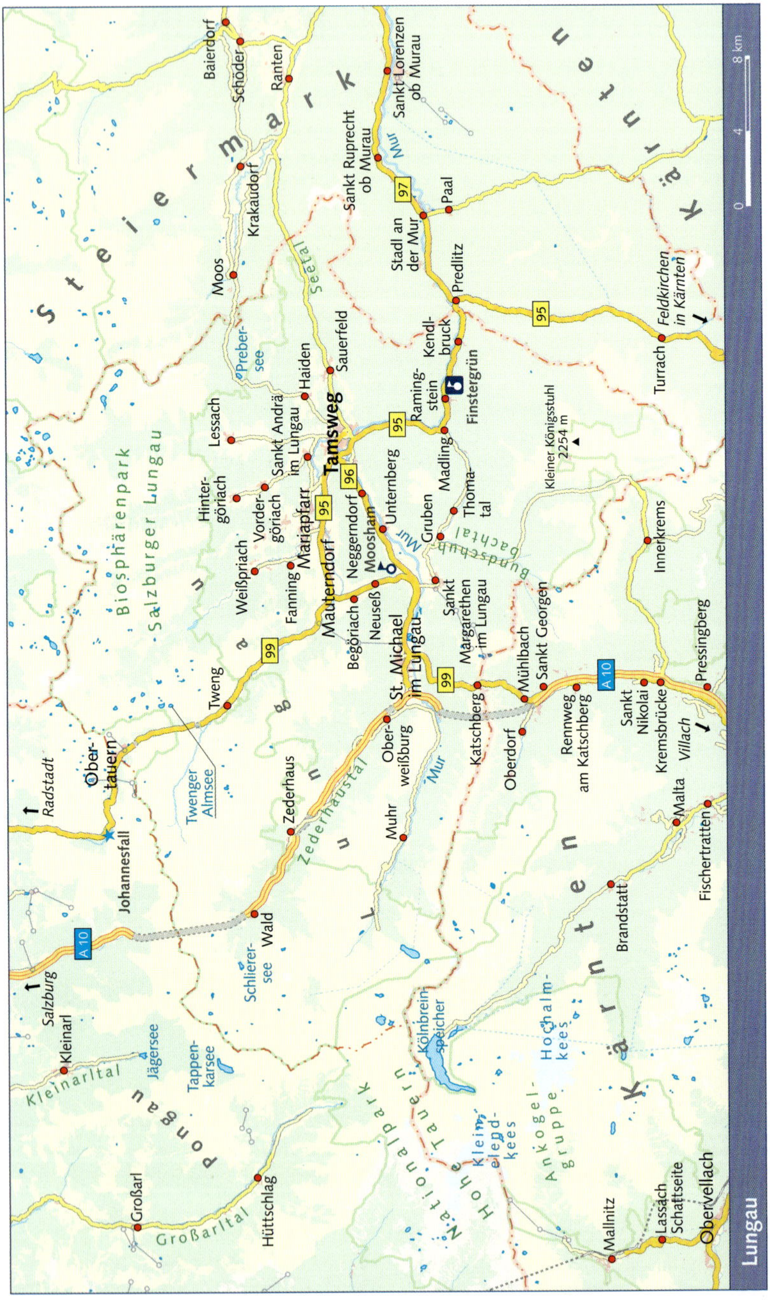

Lungau
Steiermark
Kärnten
Lungau
Pongau
Salzburg
Radstadt
Villach
Feldkirchen in Kärnten
Kleinarl
Kleinarltal
Jägersee
Tappenkarsee
Großarl
Großarltal
Hüttschlag
Johannesfall
Obertauern
Twenger Almsee
Tweng
Schlierersee
Wald
Zederhaus
Zederhaustal
Muhr
Oberweißburg
St. Michael im Lungau
Mur
Kölnbreinspeicher
Nationalpark Hohe Tauern
Kleinelendkees
Hochalmkees
Ankogelgruppe
Mallnitz
Lassach Schattseite
Obervellach
Brandstatt
Fischertratten
Malta
Kremsbrücke
Sankt Nikolai
Rennweg am Katschberg
Katschberg
Oberdorf
Mühlbach
Sankt Georgen
Pressingberg
Innerkrems
Sankt Margarethen im Lungau
Neuseß
Begöriach
Mauterndorf
Weißpriach
Fanning
Mariapfarr
Vordergöriach
Hintergöriach
Sankt Andrä im Lungau
Lessach
Biosphärenpark Salzburger Lungau
Haiden
Prebersee
Moos
Krakaudorf
Schöder
Baierdorf
Ranten
Seetal
Sauerfeld
Tamsweg
Neggerndorf
Mooshan
Unternberg
Gruben
Thomatal
Madling
Bundschuhbachtal
Kleiner Königsstuhl 2254 m
Ramingstein
Finstergrün
Kendlbruck
Predlitz
Turrach
Stadl an der Mur
Paal
Sankt Ruprecht ob Murau
Sankt Lorenzen ob Murau
A 10
99
95
96
97
0 4 8 km

Wer von Radstadt her die Radstädter Tauern überquert, kommt in ein weites, etwa 1000 Quadratkilometer großes Talbecken, das an allen Seiten Gebirgszüge begrenzen und das nur über Passstraßen zu erreichen ist. Und obwohl mit der Tauernautobahn und der Tauern- und Katschbergstraße wichtige und stark befahrene Durchgangsstraßen den Lungau durchziehen, bleib er doch bis heute von allem neuzeitlichen Verkehrsgetöse weitgehend unberührt. Doch es waren diese beiden modernen Verkehrsverbindungen, die seit den 1960er Jahren die Erschließung des Lungaus für den modernen Tourismus ermöglichten.

Bis ins 10. Jahrhundert war der Lungau geschlossenes slawisches Siedlungsgebiet. Dann begann auch hier, etwa 300 Jahre später als an der Salzach sowie um Salzburg und Hallein, die bajuwarische Landnahme. Die geographische Abgeschlossenheit ließ im Lungau bis heute neben originaler Bauernarchitektur auch altes Brauchtum wie beispielsweise die ›Samson-Aufzuge‹ erhalten. In vielen Orten des Lungaus werden dabei an den Sonntagen nach Fronleichnam an den örtlichen Kirchweihtagen (Patronatstagen) bis zu sechs Meter hohe Figuren des alttestamentarischen Samson durch die Dörfer getragen. Samson ist eine Gestalt mit übermenschlichen – in seinen langen Haaren liegenden – Kräften. Er symbolisiert den Kampf der Juden gegen die Philister, von denen er mit einem Eselskinnbacken tausende erschlagen hat. Die meisten der Figuren tragen als Symbol der Stärke einen solchen Kieferknochen bei sich. Letztlich ist Samson ein Symbol des Kampfes der Protestanten gegen die römische Kirche der Salzburger Fürsterzbischöfe. Die Samson-Umzüge zählen zu Österreichs ›Immateriellem Kulturerbe‹ und gehen auf das 17. Jahrhundert zurück, vor allem die für die salzburgischen Protestanten so verlustreichen Jahre der Gegenreformation. Belegt sind die Samson-Umzüge seit 1635.

Als Negativum dieser geographischen ›Abgeschlossenheit‹ ist zu konstatieren, dass der Lungau nur sehr spät am allgemeinen Aufschwung des 19. und

Schloss Moosham

20. Jahrhunderts teilnahm; er galt um 1880 als ärmste salzburgische Region. Der Bau der Murtalbahn 1894 änderte dies nach und nach.
Spätestens mit den 1970er Jahren, mit Fertigstellung der Tauernautobahn, war der Lungau eine auch touristisch attraktive Region geworden, die bis heute im Sommer wie im Winter unzählige Gäste anzieht. Im Juli 2012 erhielt der Salzburger Lungau, gemeinsam mit den Kärntner Nockbergen, die Auszeichnung zum UNESCO Biosphärenpark Salzburger Lungau. Er ist somit der jüngste und größte UNESCO-Biosphärenpark in ganz Österreich.

St. Michael und der Westen des Lungau

Innerhalb des weiten Lungauer Beckens bildet die Mur das einzige geographisch gliedernde Landschaftselement. Sie durchströmt den südlichen Lungau von West nach Ost und gelangt bei Predlitz auf steirisches Territorium. Der insgesamt 453 Kilometer lange Fluss entspringt am Murtörl in der Südwestecke der Radstädter Tauern auf 2050 Meter Seehöhe, durchströmt Österreich, Slowenien, Kroatien und Ungarn und ergießt sich an der kroatisch-ungarischen Grenze in die Drau. Die Mur gilt als der wichtigste Fluss der Steiermark.

St. Michael und Umgebung

St. Michael mit seinen 3500 Einwohnern ist ein wichtiger Verkehrsknotenpunkt und im Lungau der bedeutendste Ort an der Mur. Hier kommt die Katschbergstraße vom gleichnamigen Pass und von Kärnten her, hier kommt die Tauernautobahn nach Unterquerung des Tauernkamms über einen Tunnel wieder ans Tageslicht, und hier beginnen die den Süden das Lungau, entlang der Mur Richtung Steiermark, durchquerenden Bundesstraßen B 99 und der B 96.
In St. Michael selbst gibt es einiges durchaus Interessante, doch bietet seine Umgebung mehr Sehenswertes. Für den Ort sind vor allem der **Alpenkräutergarten** im Hapimag Resort zu nennen, eine **Insel** in der Mur zum Ausspannen, für Technikfreunde ein **Flugsimulationszentrum** sowie der **Wanderweg der Sinne** mit einem kuriosen ›Flüsterfon‹.
Von St. Michael kann man mit der Sonnenbahn zur **Peterbaueralm** (1910 m) hinauffahren; von hier, am Südhang des Speierecks, gibt es schöne Panoramablicke über den Lungau. Als Geheimtipp seien die Sonnenaufgangsfahrten empfohlen: von Mitte Juli bis Anfang September fährt die Bahn jeweils mittwochs bereits um 4.30 Uhr – ein Sonnenaufgang am Speiereck ist ein bewegendes Naturschauspiel vor einer schier überirdisch wirkenden Bergkulisse (https://peterbaueralm.at).
Im östlich gelegenen St. Michaeler Ortsteil **St. Martin** steht in der Ortsmitte (St. Martiner Str. 1) das **Heihsgut**, ein aus dem 14. Jahrhundert stammendes Haus und eines der ältesten noch bewohnten Häuser der gesamten Alpen. Sehenswert ist die nahe gelegene und im Kern romanische **Filialkirche St. Martin** mit einigen Fresken an der Langhausnordwand. Unter dem Karner der Kirche wurde im 19. Jahrhundert ein römisches Mithras-Heiligtum entdeckt.

■ Am Katschberg

Nur vier Kilometer südlich von St. Michael liegt mit dem 1641 Meter hohen Katschberg, genauer gesagt mit der Straße über die **Katschberghöhe**, ein wichti-

▲ Karte S. 266

Felsabgang im Riedingtal

ger Gebirgsübergang. Seit der Römerzeit verbindet er Kärnten und Salzburg. Die Katschbergstraße war bis zum Bau der Tauernautobahn in den 1960er Jahren Teil jener legendären ›Gastarbeiterroute‹, die Mitteleuropa mit dem Balkan verband. Das Katschberggebiet ist eines der wichtigsten Salzburger Wintersportgebiete, doch bietet es auch im Sommer schöne Spaziermöglichkeiten, so zur **Gamskogelhütte** (1851 m) oder mit der Sommerbahn auf das 2210 Meter hohe **Aineck**.

Muhr und Murwinkel

Besonders besuchenswert ist im Lungau das oberste Murtal, bisweilen auch Murwinkel genannt. Wer von St. Michael aus entlang der zahlreichen Windungen talaufwärts fährt, erreicht nach etwa zehn Kilometern **Muhr**, den größten Ort des Tals. Das lungauische Murtal war im Mittelalter eine bedeutende Bergbauregion, zuerst auf Gold und später auf Arsen. Denn der Arsenkies ist das wichtigste, Gold als Nebenbestandteil führende Erz. Nähert man sich Muhr auf der Straße von Osten an, wechselt man am Ortseingang über ein kleines Brückchen auf die in Fließrichtung rechte Murseite. An dieser Stelle geht ein Fußweg nach links teils steil empor zur **Peter-Raba-Lärche**, die man in etwa 50 Minuten erreicht. Der Baum auf 1325 Meter Höhe ist etwa 500 Jahre alt, 41 Meter hoch, 9 Meter im Umfang und hat nicht weit davon einen etwa gleich großen Zwillingsbruder. Hörenswert ist der Klang der Glocke (6 Uhr, 12 Uhr und 19.30 Uhr) der **Muhrer Pfarrkirche**. Ihr wird nachgesagt, Hexen und böse Geister vertreiben und Unwetter abhalten zu können. Daher heißt sie seit alters Hexenglocke.

Rechts oberhalb von Muhr liegt mit dem **Steppenhang** (Themenwanderweg) ein botanisch interessanter Mikro-Lebensraum mit seltenen teils ariden Pflanzen. Denn das Klima im Lungauer Murtal ist mild und niederschlagsarm, abgeschirmt von den Gebirgskämmen um das Becken. Man fährt zum Hang über den Weg, der gegenüber der Kirche nach rechts abgeht und fährt bis zum letzten Gehöft hoch. Am **Wanderparkplatz Rotgülden** (1341 m), beim Arsenhaus, endet etwa fünf Kilometer oberhalb von Muhr die kostenlos benutzbare Straße. Gegen Bezahlung einer Maut kann man noch bis zum Parkplatz Mauritzen fahren. Um das Arsenhaus befand sich bis ins 17. Jahrhundert das Zentrum des Gold- und Arsenbergbaus. Von hier geht es entlang eines Lehrpfads in weniger als 1,5 Stunden hinauf zum künstlich angelegten **Rotgüldensee** (1735 m, mit bewirtschafteter Hütte, Tel. 06479/348). Anspruchsvoll ist der weitere, etwa einstündige Aufstieg zum **Oberen Rotgüldensee** (1997 m), einem in großer Einsamkeit daliegenden stillen Gewässer, über dem mit dem Großen Hafner (3076 m) des Lungaus mächtigster Gipfel aufragt.

Ein reicher Bergherr hatte einst seiner Tochter den Kontakt mit ihrem Geliebten, einem Knappen, untersagt und ihn entlassen. Die Tochter wurde daraufhin krank, der Vater kümmerte sich nicht darum und betrieb weiter die Goldsuche. Bald starb die Tochter. In ihrer Todesstunde brachten andere Knappen einen gewaltigen Goldklumpen heran. Der Bergherr, voll Verzweiflung, nahm diesen, warf ihn in den See und floh, vom Wahnsinn ergriffen, in die Bergwildnis.

Wer zur **Murquelle** wandern möchte, nimmt am besten vom Parkplatz beim Arsenhaus den Wanderbus und fährt, vorbei am Öllschützenstausee bei Hintermuhr, bis zur **Sticklerhütte** (1750 m, Einkehrmöglichkeit, Tel. 06479/218). Von dort kommt man über den Weg 711 in etwa 1,5 Stunden zum Quellgebiet, einer mit Almwiesen bedeckten Talmulde auf etwa 1950 m. Hier strömen Wässer aus den Wiesen und Felsen hervor und vereinigen sich sogleich zu einem kleinen Bach. An der Sticklerhütte beginnt übrigens mit dem 453 Kilometer langen Murradweg einer der schönsten Radwege Österreichs (www.steiermark.com/de/murradweg).

Zederhaustal

Eines der großen Täler des Lungau ist das Zederhaustal. Durch das Tal verläuft, meist auf Hochbrücken, ein Teilstück der Tauernautobahn, die am Talschluss über einen Tunnel unter die Radstädter Tauern abtaucht und erst bei Flachau wieder oberirdisch existiert. Trotz der Autobahn ist das Zederhaustal ein landschaftlich sehr reizvolles Tal. Es beginnt westlich von St. Michael in Unterweiß-

Muhr im Murtal

▲ Karte S. 266

burg (1066 m), dann geht es fast ohne Steigung über Fell (1103 m) zum eigentlichen Ort Zederhaus, dem Sitz der Katastralgemeinde.
Im Zederhaustal sind, wie auch im Murtal, Prozessionen mit den sogenannten Prang- oder Prangerstangen altes Brauchtum. Diese bis zu 8 Meter langen und 50 bis 80 Kilogramm schweren Holzstangen sind mit Blumengirlanden geschmückt und werden am 24. Juni (Johannistag, in Zederhaus) und 29. 6. (Peter und Paul, in Muhr) nach dem Gottesdienst von jungen, unbescholtenen Männern durch den Ort getragen: Diese Prozessionen gehen auf ein Gelübde aus dem 17. Jahrhundert nach einer überstandenen Seuche zurück. Die Prangstangen sind nicht mit den Zunftstangen zu verwechseln, wie sie bei Prozessionen in anderen Orten der Ostalpen getragen werden.
Das Zederhaustal ist auch ein Tal der Mühlen. Von einst 70 Wassermühlen, die ausschließlich für den Eigenbedarf der Bauernfamilien errichtet werden durften, existieren entlang des Tals noch 11. Die **Dauerausstellung Mühlenleben** am Dorfergraben (Zederhaus Nr. 19) mit originalen Gerätschaften sowie ein besonderer **Mühlenwanderweg** (www.muehlenweg-zederhaus.at) widmen sich dieser Thematik.
Lungauer Bauernarchitektur zeigt der **Denkmalhof Maurergut**, der aus dem späten 15. Jahrhundert stammt und dessen Besitzer bis heute durchgehend dokumentiert sind. Er befindet sich im Gemeindeteil Gries (1245 m) und beleuchtet das Bauernleben vergangener Epochen im Lungau.
Wo die Tauernautobahn im Tunnel verschwindet, wird die Zederhaustalstraße zur Mautstraße. Hier befindet sich auch ein Wanderparkplatz. An dieser Stelle beginnt in der Verlängerung des Zederhaustals, doch scharf nach Westen umstreichend, am Fuß des 2609 hohen Mosermandls das **Riedingtal**, das als Naturpark ausgewiesen ist. Mit dem Auto kann man gegen Gebühr bis zur **Schliereralm** (1495 m) weiterfahren, von dort wie durch das ganze Tal verkehrt bis zum Ende der Riedtingtalstraße an der **Königalm** (1667 m) ein Wanderbus.

Idyll am weltfernen Schlierersee

Sehr lohnend sind der Spaziergang um den kleinen **Schlierersee** – hier existiert ein Lehrpfad – an der Schliereralm und der unschwere Aufstieg zur 2013 ganz unkonventionell neualpin wieder erbauten **Franz-Fischer-Hütte** (2018 m, Einkehrmöglichkeit) am Zaunersee. Ab der Schliereralm über die Gruberalm bis zur Königalm gibt es einen sechs Kilometer langen Naturpark-Almenweg, alles recht bequem und familiengerecht.
Eine Top-Wanderung führt von der Königalm über das Haselloch, den Ilgsee, die Franz-Fischer-Hütte und die Jakoberalm (1839 m, Einkehrmöglichkeit) auf dem **Riedtingtaler Höhenweg** und wieder hin-ab zur Schliereralm; allerdings braucht man etwa sieben Stunden).
Die Lungauer Hütten haben im Allgemeinen von Mitte oder Ende Juni bis Ende September geöffnet, man informiere sich rechtzeitig beim Tourismusamt.

St. Michael/der Westen des Lungaus

Ferienregion Salzburger Lungau, Rotkreuzgasse 100, 5582 St. Michael, Tel. 06477/8988. www.lungau.at

Tourismusverband St. Michael im Lungau, 5582 St. Michael, Raikaplatz 242, Tel. 06477/89130. www.salzburgerlungau.at

Verein Naturpark Riedingtal und Tourismusbüro Zederhaus, 5584 Zederhaus Nr. 25, Tel. 06478/80.
www.naturpark-riedingtal.at,
www.zederhaus.at
www.salzburgerlungau.at

Eine für die Dauer des Aufenthalts beim jeweiligen Übernachtungsbetrieb kostenlos erhältliche **LungauCard** (gültig jeweils Ende Mai bis Ende Oktober) bietet kostenlose bzw. preisreduzierte Benutzung vieler Attraktionen des Lungau (unter anderem Bergbahnen, Museen, Wanderbus).

Infos zu Veranstaltungen, Samsonumzügen etc.: Unter www.lungaukultur.at

Landgasthof Stranachwirt, Stranach Nr. 128, 5582 St. Michael, Tel. 06477/8319; p. P. im DZ ab 40 Euro. Mit eigener Freizeitanlage.
www.stranachwirt.at

Gasthof Hubertusstubn, 5582 St. Martin Nr. 95, Tel. 06477/8181; p. P. im DZ 36–45 Euro. Ganz normaler, guter und bodenständiger Landgasthof.
https://hubertusstubn.at

Gasthof Kirchenwirt, 5584 Zederhaus Nr. 79, Tel. 06478/222; p. P. im DZ ab 38 Euro. Sehr hübsche rustikale Gaststube.
www.alpingasthof-kirchenwirt.at

Gasthof-Pension Jägerwirt, 5584 Zederhaus Nr. 14, Tel. 06478/535; p. P. im DZ 30 Euro. Bekannt gut und günstig.
https://jaegerwirt-zederhaus.at

Lungauer Flugsimulations-Center, Fichtengasse 597, 5582 St. Michael, Tel. 0720/270980; geöffnet nach Vereinbarung. www.lungau-simulation.at

Denkmalhof Maurergut, Rothenwand 30, 5584 Zedernhaus, Tel. 0680/1111921; Juni–Sept. Mi u. So 14–17 Uhr.
www.denkmalhof-maurergut.at

Edelbrennerei Moser (Müllnerbauer), 5584 Zederhaus Nr. 49, Tel. 06478/547; geöffnet nach Absprache.
www.edelbraende-moser.at

Von Mauterndorf nach Mariapfarr

Die B 99 wendet sich hinter St. Michael nach Norden Richtung Tauernpass und verlässt das Murtal. Alsbald ist hier Mauterndorf erreicht, von den größeren Orten des Lungau sicherlich der mit dem schönsten Ortszentrum, nicht nur wegen der oberhalb aufragenden Burg.

Mauterndorf und Umgebung

Im Mittelalter befand sich hier, an der Südgrenze des Fürsterzbistums, eine Zollstelle (›Maut‹), daher der Ortsname Mauterndorf. Diese Maut- und Grenzstelle wurde um 1250 zu einer bewehrten Burganlage ausgebaut, die den Übergang über den Tauernpass bewachte. Der erhaltene, 44 Meter hohe Wehrturm stammt aus dieser Zeit.

Vom 15. Jahrhundert bis 1803 war die **Burg** – insbesondere unter Fürsterzbischof Leonhard von Keutschach, der sie erweitern ließ – zunächst Sommerfrische, dann auch fürsterzbischöfliches Verwaltungszentrum. Der Berliner Arzt Hermann Epenstein (1850–1934) erwarb die verfallene Anlage 1894, ließ sie unter hohem finanziellen Aufwand bis 1914 rekonstruieren und ihr ein zwar mittelalterliches, jedoch nicht ganz originales Aussehen geben. Nach Epensteins Tod vererbte die Witwe die Burg seinem Patenkind Hermann Göring, der jedoch als Eigentümer nie ins Grundbuch einge-

▸ Karte S. 266

tragen wurde. Göring war bereits in den 1920er Jahren oftmals Gast bei seinem (jüdischen!) Patenonkel auf der Burg gewesen. Im Mai 1945 wollte sich Göring auf der Flucht vor den Amerikanern und Russen hierher zurückziehen, entschied sich aber für Schloss Fischhorn bei Bruck an der Großglocknerstraße, wo er von den Amerikanern festgesetzt wurde. Die Burg wurde in den 1990er Jahren touristisch umgestaltet, ist jetzt eine familienfreundliche ›Erlebnisburg‹ mit allerlei attraktiven Ausstellungen, auch birgt sie das Lungauer Landschaftsmuseum.

Mauterndorf selbst hat einen sehr sehenswerten Ortskern. Ungewöhnlich für das Salzburger Land sind die mächtigen **Bürgerhäuser** mit Staffelgiebel, die ansonsten eher im Inn-Salzach-Raum zu finden sind. Im ausgehenden Mittelalter war Mauterndorf nicht nur wegen des Bergbaus, sondern auch in seiner Eigenschaft als bedeutendster Handelsplatz des Lungaus ein reicher Ort, wovon noch einige Fassaden zeugen. Besonders einige Häuser am Markt lohnen ein Blick. Beim Haus Markt 1 mit seinem schönen Sgrafitto handelt es sich um das ehemalige Rentamt, heute sitzt hier die Metzgerei Lankmayr mit ihren weithin geschätzten Wurst- und Speckspezialitäten; Markt 2 ist der ehemalige Pfarrhof; Haus Markt 41 ist die sogenannte Brückenkeusche, eine frühere Mühle, mit einem interessanten hölzernen Aufbau auf dem steinernen Mühlenunterbau. Vor der Brücke steht das Putzhaus mit einem sehr schönen gotischen Kielbogenportal und einem römischen Meilenstein an der Ecke (Markt 42). Markt 56 ist das alte Mesnerhaus, heute Haubenlokal (www.mesnerhaus.at).

Lohnend ist eine Fahrt mit der **Taurachbahn**. Österreichs höchstgelegene Schmalspurbahn verkehrt von Juni bis September an zwei bis vier Tagen pro Woche schnaufend und pustend zwischen Mauterndorf und Tamsweg (www.taurachbahn.at). Die Taurachbahn ist ein Teilstück der Murtalbahn, die zwischen Mauterndorf über Tamsweg mit dem steirischen Unzmarkt verkehrt, hat aber einen anderen, privaten Betreiber (www.club760.at). Übrigens befindet sich Österreichs höchstgelegener Flugplatz ebenfalls in Mauterndorf, er liegt auf 1110 Meter Höhe.

Etwas nördlich von Mauterndorf, an der Straße nach Obertauern, befindet sich die Talstation der **Großeckbahn**. Ihre Bergstation liegt etwa 100 Höhenmeter unterhalb des Gipfels (2074 m). Aber auch wenn man nicht bis zu diesem hinauf klimmt, hat man einen kolossalen Blick auf den östlichen Lungau.

Wer von der Bergstation weiter auf das 2411 Meter hohe **Speiereck** möchte, macht das am besten über den Abstieg zur Trogalm (1808 m), wo sich die Talstation der Speiereckbahn befindet; natürlich geht es auch zu Fuß über das Großeck hinweg. Um Großeck und Speiereck befindet sich ein schneesicheres Skigebiet (www.grosseck-speiereck.at).

Im Zentrum von Mauterndorf

In der Burg ist heute ein Museum untergebracht

Vom Parkplatz an der Talstation der Großeckbahn führt ein Weg parallel zur Bundesstraße die Taurach aufwärts zu den etwa einen Kilometer entfernten **Gletschermühlen**. Dabei handelt es sich um Aushöhlungen im Gestein, die strudelnde, mit Kies und Sand verunreinigte Schmelzwässer der Gletscher verursachen. Sehr zu empfehlen ist die geruhsame Weiterwanderung auf gleichem Weg zur **Annakapelle** (1186 m, 20 Minuten).

Die weiteren Sehenswürdigkeiten an der Straße nach Obertauern und um Tweng werden aus reisepraktischen Gründen im Kapitel Pongau behandelt (→ S. 224).

Mariapfarr

Das wenige Kilometer östlich von Mauterndorf gelegene Mariapfarr weist mit seiner Umgebung viel Sehenswertes auf. Hauptanziehungspunkt ist die **Wallfahrtskirche Unserer Lieben Frau Himmelfahrt**. Der romanische Bau aus dem 13. Jahrhundert wurde im 15. gotisiert, nach einem Brand 1854 der Vierungsturm neu gebaut. Die Kirche ist wegen der ausdrucksvollen Fresken in ihrer Georgskapelle sowie an den Pfeilern des Chorturms bedeutend. Der neugotische Hochaltar weist vier spätgotische Tafeln mit der Heilgeschichte auf. Die Tafel mit der Anbetung der Könige zeigt einen blonden Jesusknaben mit lockigem Haar. Genau diese Darstellung soll Joseph Mohr, der in Mariapfarr von 1815 bis 1817 als Hilfspfarrer tätig war, beim Verfassen von ›Stille Nacht‹ als Vorlage für die Textzeile ›holder Knabe in lockigem Haar‹ gedient haben.

Natürlich gibt es auch in Mariapfarr ein **Stille-Nacht-Museum**, und vor der Kirche befindet sich der allegorisch sehr feinsinnig gestaltete **Stille-Nacht-Brunnen** von 2011. Ganz oben die Büste des Joseph Mohr, aus dem Stein unter ihm fließt Wasser (sein Lied) über die ganze Welt (Weltkugel) – nur ein Teil der beeindruckenden Symbolik.

Der **Pfarrhof**, heute ein Museum, entstand aus der vermutlich schon im 13. Jahrhundert aufgegebenen Burg Mariapfarr, das Mauerwerk ihres Pallas ist zu dem des Pfarrhofs geworden.

Im Haus Pfarrstr. 14 befindet sich eines der letzten und nur in Österreich existierenden kleinen ländlichen Kaufhäuser. Das **Kaufhaus Rainer** existiert seit fast 200 Jahren, von der Bettdecke über Kleidung bis zum Kochtopf und zum Bleistift gibt es hier alles – hoffentlich noch lange.

Die barocke **Laurentiuskapelle** im Süden des Ortes, im Gemeindeteil Althofen, gilt in ihrem romanischen Vorgängerbau als Urpfarre des Lungaus, also als ältestes Gotteshaus einer Region, von dem die Christianisierung weitergeführt wurde.

Schloss Niederrain, nordwestlich von Mariapfarr, ist ein Ansitz aus dem 16. Jahrhundert und heute Hauptgebäude eines Bauernhofs. Ein besonderes Kleinod ist die **Hauskapelle** (1872) der Familie

▲ Karte S. 266

Suppan beim Suppangut (Haus Nr. 10) in **Pichl**, etwa 1,5 Kilometer südlich von Mariapfarr. In ihr stehen die Seitenaltäre aus der Pfarrkirche in Maria Pfarr, die bei deren Umbau entfernt wurden. Die Kapelle weist ein ungewöhnlich prunkvoll gestaltetes Portal auf. Keine hundert Meter davon steht die **Ruine Pichl** mit ihrem im 19. Jahrhundert eingebauten Getreidekasten. Die Burg, auch Tannhauser Turm genannt, wurde 1525 im Bauernkrieg zerstört, zwar danach wieder bewohnt, verfiel aber im 17. Jahrhundert endgültig.

Weißpriach

Die aus vielen kleinen Weilern bestehende Katastralgemeinde Weißpriach liegt nordwestlich von Mariapfarr im langgezogenen Tal der **Lonka**. Dieser Flussname deutet auf eine slawische Erstbesiedlung hin. Lonka bedeutet so viel wie Moor oder Sumpf und beschreibt gut die vom Fluss in 1000 Schleifen durchzogene Talaue. Aus diesem Namen wurde ›Lungau‹ für die ganze Region. Man spricht aber nicht vom Lonkatal, sondern vom Weißpriachtal. Dieses unberührte Fleckchen ist sicher eines der schönsten ganz Österreichs und touristisch daher ein Geheimtipp.

Ungewöhnliche Kanzel in der Pfarrkirche Mariapfarr

Erinnerung an Joseph Mohr, den Dichter von ›Stille Nacht, heilige Nacht‹

Wer von Mariapfarr aus talaufwärts fährt, gelangt erst nach **Fanning** mit seinem viel besuchten **Outdoorparc** (http://www.smarty.at). Oberhalb von Fanning liegt auf 1489 Metern der **Fanningberghof**, von wo die Samson-Sesselbahn auf den 2004 Meter hohen Gamsstadl hinaufführt.

Fährt man weiter entlang der stark mäandernden Lonka taleinwärts, lässt man die Jetztzeit geradezu hinter sich; bis Hinterweißpriach gibt es übrigens einen Linienbus. Allenthalben stehen historische Getreidekästen (Speicher) am Wegrand, so beispielsweise Sankt Rupert Nr. 2 oder Sonndörfl Nr. 50; überraschend viele Glockentürme und Wetterglocken sind an den Gehöften und rund um sie herum angebracht. Die **Pfarrkirche Weißpriach** im Gemeindeteil St. Rupert zeigt im Chor ein schönes Fresko der Ägidius-Legende aus dem 14. Jahrhundert. Vorsicht mit dem Riegel der hölzernen Kirchentüre: man ist bisweilen unfreiwillig eingeschlossen (siehe Hinweisschild).

Neben der Kirche steht das **Mesnerhaus** aus der Zeit um 1300.

Drei Kilometer weiter talaufwärts, am Parkplatz **Dicktlerhütte** (1148 m, Hütte ganzjährig Mi–So), endet der für den kostenlosen öffentlichen Verkehr freigegebene Weg. Von hier geht es zu Fuß weiter, gegen Bezahlung mit dem eigenen Auto oder mit dem Wanderbus, der Tälerbus genannt wird.

Die breite Flussaue um die 1744 erbaute **Seekreuzkapelle** an dieser Stelle war noch vor 300 Jahren ein See. Überhaupt war das ganze Tal voller kleiner künstlicher Seen, da der Fluss wegen der Fischzucht in seinem Oberlauf aufgestaut war. Ein Dammbruch um 1800 soll alle Seen zerstört haben, nach und nach schuf sich die Lonka wieder ein normales Bett.

Von der Hütte geht es oberhalb der Talstraße über etwa einen Kilometer zum ›Glücksplatzl‹ ab, der an einem kleinen Wasserfall liegt. Etwa vier Kilometer talaufwärts der Dicktlerhütte liegt die **Grangerlhütte** (1320 m), an der man schon fast am Talende angekommen ist. Westlich oberhalb von ihr befinden sich auf 1699 Meter die Tonimörtlhütte und der Wirpitschsee, ein abgeschiedenes Gewässer. Er und der nahe Tiefenbachsee (1849 m) sind die vielleicht weltfernsten Orte des Lungau.

Von Mauterndorf nach Mariapfarr

Tourismusbüro Mauterndorf, Markt 52, 5570 Mauterndorf, Tel. 06472/7949. www.mauterndorf.com

Tourismusbüro Mariapfarr, Am Weiher 175, 5571 Mariapfarr, Tel. 06473/8766. www.tourismuslungau.at

Hotel-Gasthof Weitgasser, Markt 106, 5570 Mauterndorf, Tel. 06472/7366; p. P. im DZ 47–53 Euro. Eines der besten Restaurants im südlichen Salzburger Land. www.gasthof-weitgasser.at

Hotel Neuwirt, Markt 39, 5570 Mauterndorf, Tel. 06472/72680; p. P. im DZ ab 45 Euro. www.hotelneuwirt.at

Hotel Steffner-Wallner, Markt 90, 5570 Mauterndorf, Tel. 06472/7214; p. P. im DZ 65–77 Euro. www.steffner-wallner.at

Hotel-Gasthof Häuserl im Wald, Niederrain 140, 5571 Mariapfarr, Tel. 06473/2288; p. P. im DZ 55–59 Euro. www.haeuserlimwald.com

Rockcafé Fanningerwirt, 5571 Fanning Nr. 99, Tel. 06473/8419. www.fanningerwirt.com

Burg Mauterndorf, Tel. 06472/742; Mai–Okt. tägl. 10–18 Uhr, Juli/Aug. 9.30–18.30 Uhr, Januar–Mitte April siehe Webseite. www.burg-mauterndorf.at

Lungauer Landschaftsmuseum auf Burg Mauterndorf, Tel. 06472/7393; Mai, Juni, Sept. u. Okt. tägl. 10.30–16.30 Uhr, Juli u. Aug. 10–17 Uhr. www.landschaftsmuseum.at

Pfarr-, Wallfahrts- und Stille-Nacht-Museum, Josef-Mohr-Platz 1 (Eingang Pfarrstr. 19), 5571 Mariapfarr, Tel. 06473/20068; Juni–Sept. Mo u. Do 14–17 Uhr, Okt. nur Do 14–17 Uhr. www.wallfahrtsmuseum.at

Mühltaler Brauerei, Markt 86, 5570 Mauterndorf, Tel. 06473/7312. Brauerei mit Shop und Führungen, fast immer geöffnet, hausgebraute Biere. www.mühltaler.at

Kaufhaus Rainer, Pfarrstr. 14, 5571 Mariapfarr, Tel. 06473/8202; Mo–Fr 8.30–12 u. 15–18, Sa 8.30–12 Uhr.

Wollspinnerei Huber, Bruckdorf 167, 5571 Mariapfarr, Tel. 06473/8279; Mo–Fr 9–12 u. 14–18, Sa 9–12 Uhr. Wollknäuel in allen Farben und Güten. www.huber-wolle.at

Alpakawelt, Taurachweg 25, 5571 Mariapfarr, Tel. 0650/9933545; geöffnet nach Vereinbarung. www.alpakawelt-weinmesser.at

▶ Karte S. 266

Tamsweg und der Osten des Lungau

Mit Tamsweg liegt im Osten des Lungau dessen Verwaltungszentrum, ebenfalls im Mittelalter ebenfalls ein wohlhabender Ort. Murtalbahn, Murradweg und die herrlichen Wandergebiete um Tamsweg sind attraktive touristische Ziele.

Von St. Margarethen an die steirische Grenze

Der folgende Abschnitt beschreibt das Murtal zwischen St. Margarethen und der Landesgrenze. Im äußersten Süden des Lungaus bietet das Thomatal und in seiner Verlängerung das Murtal das bis zur steirischen Grenze wichtigste landschaftsbildende Elemente.

St. Margarethen

In St. Margarethen gibt es nur wenige architektonische Sehenswürdigkeiten, dafür aber am Gasthof ›Schlögelberger‹ einen besuchenswerten **Alpentierpark**. Die **Votivsäule** an der Ecke Dorfstraße/Unterbayrdorfstraße erinnert an den Ritter Tannhausen, einst Landrichter im Lungau. Er geriet Ende des 15. Jahrhundert in ein starkes Unwetter und drohte samt Pferd hinweggespült zu werden. Er bat Gott um Errettung, und bald gingen die Wassermassen zurück. Aus Dank für seine Rettung ließ er an eben dieser Stelle die Gedenksäule erbauen.

Berühmt ist der Samsonumzug in St. Margarethen, der alljährlich am 20. Juli stattfindet, dem Patronatstag der hiesigen **St.-Margarethen-Kirche**. An der Außenfassade der Kirche erinnert ein eingelassener römischer Meilenstein an den in der Römerzeit wichtigen Verbindungsweg Iuvavum–Virunum, der hier vorbeilief. Ein **Römersteig-Rundweg** führt auf der alten Trasse von St. Margarethen nach Pichlern; er ist ab dem Tourismusbüro ausgeschildert.

Südlich des Ortes gibt es entlang des Leisnitzbachs, teils auch im Leisnitzbach selbst, einen spirituellen **Wasser-Wanderweg**.

Schloss Moosham

Das am Hang über der Mur thronende, weithin sichtbare Schloss Moosham be-

Wirkt wehrhaft: Schloss Moosham

stimmt diesen Abschnitt des Tals. Schon im 12. Jahrhundert ist es als Sitz des Ministerialengeschlechts der Moosheimer erwähnt. Im 14. Jahrhundert war es Pflegersitz, im 16. Jahrhundert wurde es, ähnlich wie Burg Mauterndorf, unter Fürsterzbischof Leonhard von Keutschach erweitert. So besteht es aus zwei Teilen: dem älteren Unterschloss aus dem Mittelalter und dem Oberschloss aus dem 16. Jahrhundert. Seit 1886 ist es im Besitz der Familie Wilczek. Besonders sehenswert ist es wegen seiner reichen Kunstsammlungen, darunter sind Römerfunde, und der Kollektion historischer Folterwerkzeuge. Es dient regelmäßig als Kulisse für Märchenfilmproduktionen.

Unternberg

In Unternberg ist die ungewöhnlich gestaltete **Pfarrkirche** sehenswert. Die zu diesem Zeitpunkt baufällige Barockkirche wurde in den 1970er Jahren bis auf den aus dem Mittelalter stammenden Turm abgetragen und 1979 ein neues Langhaus erbaut.

St. Leonhard liegt etwas außerhalb von Tamsweg

▲ Karte S. 266

Am am westlichen Ortsrand des Gemeindeteils Sonnleitn, am Ende des Sonnleitnwegs (Nr. 133), steht eine **Jurte aus Zirbenholz**, die als Seminarzentrum dient. Am Murufer, am Wanderweg von Unternberg nach Neggernberg, befindet sich ein **Fels der Liebe**. Zahllose Metallösen und darin hängende Schlösser sind an ihm angebracht, vergleichbar ist er mit den vielen Brücken, in deren Geländer ›Liebesschlösser‹ angebracht sind.

Tamsweg

Tamsweg (1021 m, 5750 Einwohner) ist zwar Sitz der Bezirkshauptmannschaft des Lungau, wurde aber nie zur Stadt erhoben. Es hat einen sehenswerten Ortskern mit hübschen, ausladenden Bürgerhäusern, die größtenteils aus der Zeit nach 1742 stammen – in diesem Jahr brannte die Stadt ab. Am Patronatstag (25. Juli) findet auch in Tamsweg einer der berühmten Lungauer Samson-Umzüge statt.

Die **Pfarrkirche St. Jakobus d. Ä.** aus dem frühen 16. Jahrhundert wurde später barockisiert und weist eine reiche Innenausstattung auf.

Das Haus an der Kirchengasse 8 ist das frühere **Schloss Kuenburg**, das ursprünglich aus der Mitte des 16. Jahrhundert stammt; nach dem Brand 1742 wurde es barock neu errichtet. Heute ist es Veranstaltungsort und Sitz einiger Gemeindedienststellen. Kirchengasse 2 ist das vormalige Barbaraspital, heute **Heimatmuseum** und Aufbewahrungsort der sechs Meter hohen Samsonfigur.

Eine Sehenswürdigkeit von besonderem Rang ist die **Wallfahrtskirche St. Leonhard ob Tamsweg**. Sie erhebt sich etwa einen Kilometer südlich der Stadt an einem Hang auf 1112 Metern und dominiert die Szenerie. Man kann bis zu einem kleinen Parkplatz gleich unterhalb von ihr fahren. Der Legende nach sollen

Tamsweg besitzt ein hübsches Zentrum

sich an dieser Stelle 1421 mehrere wundersame Vorgänge zugetragen haben. Aus der Tamsweger Pfarrkirche soll eine **Leonhardistatue** verschwunden sein, die anderntags auf einem Wacholderstrauch zwischen zwei Lärchen wieder aufgefunden wurde. Sie wurde zurückgebracht und in eine Truhe gesperrt, verschwand aber erneut und wurde wiederum an jenem Strauch gefunden. Der Vorgang wiederholte sich mehrmals, bis man sich entschied, die Leonhardifigur an jener Stelle zu belassen und hier eine Kapelle zu erbauen. Bis heute steht die Figur auf dem Rest jenes Wacholderstamms, auf dem sie 1421 aufgefunden worden war. Warum die Figur an ihrer Rückseite verkohlt ist, ist übrigens bis heute nicht geklärt. St. Leonhard ist übrigens der Schutzheilige der Gefangenen, ihr ›Kettenbrecher‹, und auch des Viehs. Daher ist er immer mit einer zerbrochenen Kette als Attribut dargestellt.

Schnell wurde die Kapelle als Wallfahrtsort berühmt, daher bald vergrößert, die neue Kirche 1433 eingeweiht. Der 1466 vollendete Flügelaltar ist einer der größten im Salzburger Land. Beim Türkeneinfall 1478 erhielt die Kirche einen Wehrumgang. Sie sollte im Kriegsfall die Bevölkerung aufnehmen, allerdings bezogen hier dann Soldaten des ungarischen Königs hier ihr Feldlager und blieben bis 1489. Die Kirche ist geostet, ihr Turm steht also, was nicht der Regel entspricht, im Osten. Ihre große Bedeutung hat sie durch die **Malereien** in 17 ihrer 19 gotischen Fenster. Besonders schön ist das sogenannte **Goldene Fenster** seitlich im Chor von 1433. Es zeigt unter anderem seinen Stifter, den Fürsterzbischof Johann von Reisberg (gest. 1441) und ist damit die älteste Darstellung eines Salzburger Fürsterzbischofs. Die Fenster der Kirche wurden erst nach und nach eingebaut, einige erst während der Gegenreformation im 17. Jahrhundert. Seit 1685, als ein Gregor Lederwasch der Mesner der Kirche wurde, wird dieses Amt bis heute von seinen direkten Nachfahren bekleidet.

Besuchenswert ist auch die **Frauenhöhle**. Man erreicht sie über den Lasabergweg, fährt diese Straße hoch bis zu einer Weg-

Das Torhaus der ehemaligen Zollstation in Seetal

gabelung mit Marterl und steigt von hier links steil zur Frauenhöhle hinauf; die Gehzeit beträgt etwa 30 Minuten. Die Höhle ist jederzeit frei zugänglich, doch ist der Weg bei Nässe nicht begehbar.
Vom Langerbauern (1359 m, kleiner Parkplatz), zu erreichen über die Lasabergweg bzw. nach Gabelung Weiterfahrt über Weg 795, lohnt die Tour zum **Lasaberg** (1935 m). Vom Hausberg von Tamsweg eröffnen sich schöne Aussichten; vier Stunden benötigt man für den Hin- und Rückweg.
Vom Gasthof Passegger (1090 m) an der Straße nach St. Michael steigt man in knapp vier Stunden über das Grubergut und Frimlhof auf den **Mitterberg** (1400 m), einem markanten Höhenrücken zwischen Mur- und Taurachtal, und auf dessen Südflanke zurück zum Gasthof Passegger. Doch Vorsicht: die Tour sollte man nicht bei Nässe unternehmen und für den Rückweg ab Frimlhof braucht man etwas Orientierungsvermögen. Die Aussicht über die Täler des Lungau entschädigt dafür. Der Gasthof ist leider geschlossen.
Ein Genuss ist eine Fahrt mit der **Murtalbahn**, die Tamsweg über Murau mit Unzmarkt in der Steiermark verbindet. In den Sommermonaten verkehrt sie mit schnaubender Dampflokomotive mehrmals wöchentlich (www.steiermarkbahn.at und www.murau-murtal.com).

Seetal

Das zehn Kilometer östlich von Tamsweg, direkt an der B 96 und kurz vor der alten salzburgisch-steirischen Grenze gelegene **Seetal** lohnt einen Besuch. Bei dem kleinen **Seetaler See** westlich von Seetal handelt es sich um den Rest eines verlandeten, einst weit größeren Sees, dessen Reste sich als Moorgebiete und Moorlaken bis Schwarzenbichl hinziehen, etwa 1,5 Kilometer westlich von Seetal und ebenfalls direkt an der Straße gelegen.
Die Seetaler **Pfarrkirche**, die auf das 11. Jahrhundert zurückgeht, ist wie die Wallfahrtskirche St. Leonhard geostet. Der Kirchturm stammt aus dem 13. Jahrhundert, wurde aber barockisiert. Die eindrucksvollen spätgotischen Fresken im Innern stammen vom Meister von Schöder, darunter Christus als Weltenrichter und eine Darstellung des Petrus, der die Himmelspforte bewacht. Schöder ist ein Ort in der steirischen Krakau.
Direkt auf der Grenze zur Steiermark liegt die Zollstation Klausen, oft auch **Klause Seetal** genannt. Die B 96 zwingt sich hier durch eine enge und nur 3,70 Meter hohe Durchfahrt eines Torhauses aus dem 16. Jahrhundert; zu der alten Mautstation zählt auch die gleich daneben befindliche ›Alte Kaserne‹. Diese Sperre war früher ergänzt durch die nahe, südlich der Straße im Wald befindliche **Burg Klausegg**, heute eine Ruine und vom Torhaus über 20 Minuten Fußweg erreichbar. Von der Burg zog sich bis zum Torhaus einst eine das Tal in Gänze absperrende gut 500 Meter lange Mauer. Einheimische vermeiden es, sich nachts zu sehr der Ruine zu nähern: Der Wächter eines geheimen unterirdischen Verbindungsgangs der Burg mit dem Torhaus war von Eindringlingen ermordet worden. Ein flackerndes Lichtlein, das bisweilen um die Burg sichtbar ist, soll das Totenlicht des umgehenden Wächters sein.
Wanderern sei die nicht zu schwere Tour auf den **Gstoder** (2140 m) angeraten, denn es ist eine der schönsten im Lungau. Vom Dorf Seetal (1237 m) geht es über die Dorferalm (Mitte Juni–Anfang September bewirtschaftet) auf den Gstoder, wobei der letzte Wegabschnitt recht steil ist. Vom Gipfel blickt man weit in die Steiermark und zum Großglockner.

Auf den Almwiesen um den Gstoder wächst der Speik, eine edle Duft- und Gewürzblume. Drei Stunden sind für die einfache Strecke einzuplanen.

Denjenigen, die mit dem Auto um Seetal unterwegs sind, sei folgende schöne Runde empfohlen: von Tamsweg über die Klause hinein ins Steirische, in die Krakau, wie die nächstgelegene Region dort heißt. Die Krakau ist ähnlich wie der Lungau voller Traditionen und unberührter Landschaften. Nach knapp fünf Kilometern biegt man von der Murtalstraße, nun schon auf dem Gebiet der Katastralgemeinde Krakau, an einer Haltestelle links in die Preberstraße Richtung Unteretrach ein. In **Unteretrach** lohnt der Blick in die sogenannte **Fortnerkapelle** in der Dorfmitte. In ihr gibt es eine Figur des Bauernheiligen St. Isidor mit Lederhose und Mistgabel, die nicht ganz korrekt ›Steirischer Herrgott‹ genannt wird. Von hier geht es die Preberstraße weiter über Krakauschatten und Moos und dann leicht ansteigend wieder hinauf bis zur steirisch-salzburgischen Grenze am Preberhof. Nach etwa vier Kilometern ist der **Prebersee** (1514 m) erreicht, eine der meistbesuchten Sehenswürdigkeiten im Lungau. Von hier ist es auf guter Straße nicht mehr weit nach Tamsweg.

Am Prebersee

Der Prebersee ist ein besonderes landschaftliches Kleinod und daher zu allen Jahreszeiten viel besucht. Dieser Moorsee, auf 1514 Meter Seehöhe gelegen, ist nur 350 mal 200 Meter groß. Man kann mit dem Auto direkt dorthin fahren und ihn auf einem bequemen Lehrpfad in etwa 45 Minuten umrunden.

Berühmt ist der See auch wegen des sogenannten Preberseeschießens, das nachgewiesen erstmals am 4. November 1834 stattfand, sicher aber älter ist. Das Ungewöhnliche dieses Schießens ist, dass nicht das Ziel, eine meist 120 Meter entfernte Scheibe, anvisiert wird, sondern deren Spiegelbild im Seewasser. Es wird also im flachem Winkel mit dem Gewehr auf das Spiegelbild der Scheibe gezielt, wobei dann das Geschoss zunächst eine etwa drei Zentimeter tiefe Mulde in das Wasser drückt, dann von der Wasserfläche abprallt und gleichsam als Querschläger die Scheibe trifft. Besondere Schießkünste sind unbedingt von-

Am Prebersee

▲ Karte S. 266

nöten (www.preberschuetzen.at). Diese Tradition ist mit einer Legende verbunden. Ihr zufolge wollte einst ein Jäger hier am See einen Hirsch schießen, zielte aber fälschlicherweise auf dessen Spiegelbild und traf das edle Tier trotzdem. Im Winter werden auf dem See verschiedene andere Sportarten wie etwa Eisstockschießen betrieben. Zu allen Jahreszeiten ist der Sternenhimmel über dem See besonders klar und intensiv, die Gegend zählt zu den am wenigsten von sogenannter ›Lichtverschmutzung‹ betroffenen Regionen Mitteleuropas und ist damit eine der dunkelsten.

In der Nähe des Sees steht die **Ludlalm** (1526 m), ein hübsches Ausflugslokal (www.ludlalm.at). Daneben befindet sich ein hölzerner **Getreidekasten**, der seit 2017 die Funktion eines Standesamts innehat. Es heißt, dass eine hier geschlossene Hochzeit ewig hält.

Ludlalm und Prebersee sind gute Ausgangspunkte für viele einfache und beglückende Wanderungen. Eine schöne Runde führt von der Ludlalm zunächst westwärts, etwas hinab, zum Weiler Wagenburg (1402 m), dann vorbei an kleinen Moorgebieten, durch eindrucksvolle alte Lärchenwälder in stetem, aber nicht steilem Anstieg auf den **Preberkessel** (2006 m) und von dort über die **Preberhalterhütte** (Juni–Anf. Sept. Einkehrmöglichkeit) zurück – alles in vier Stunden zu schaffen.

Weitere Wanderungen im östlichen Lungau

Die Gegend im Norden von Tamsweg, um die Gemeinden **Göriach** und **Lessach**, ist ein viel besuchtes Wandergebiet von besonderem Reiz, gleich mehrere Täler bieten schöne Landschaftserlebnisse.

Das oberhalb von Mariapfarr gelegene **Lignitztal** zählt zu den vielleicht einsamsten Tälern der ganzen Ostalpen. Besonders schön ist es hier im Herbst, wenn die Larchenwälder gülden glänzen. Sehr empfohlen sei hier die Tour zur 2205 Meter hohen **Lignitzhöhe**. Ausgangspunkt ist der Parkplatz an der Talstraße zwischen Vorderer Pfarralm und Vorderer Zehneralm. Von hier geht es über die Hintere Lignitzalm und den Lignitzsee durch eindrucksvolle Felsenlandschaften bis zur Lignitzhöhe, der letzte Teil des Anstiegs fordert Trittsicherheit. In 3 bis 3,5 Stunden ist die einfache Strecke zu schaffen.

Die Ludlalm, ein beliebtes Ausflugslokal

Im **Göriachtal** sei die Tour zu den **Landawierseen** empfohlen, die oft auch Landwierseen genannt werden. Ausgangspunkt ist das Göriacher Almhüttendorf (1419 m). Talaufwärts geht es in stetem, doch nicht zu steilem Anstieg zur Landawierseehütte (1985 m, Einkehrmöglichkeit), von dort ist es nicht mehr weit zu den Landwierseen. Der Untere liegt höhengleich mit der Hütte, der Obere auf 2047 Metern. Es ist im Hin- und Rückweg eine Ganztagestour.

Kinderfreundlich ist die Wanderung vom Pueggergut östlich oberhalb von Göriach auf dem Erlebniswanderweg zur **Wildbachhütte** (1806 m, Einkehrmöglichkeit), von dort entweder zum Gummaberg

(2315 m) oder direkt über die **Granglitzalm** (1839 m) zurück.

Zum idyllischen **Gralatisee** (1816 m) kommt man durch das **Lessachtal**, das voller kleiner Seen ist. Von der Laßhoferalm (1270 m, Einkehrmöglichkeit), an der im Sommer ein über acht Meter großes metallenes Edelweiß steht, geht es in etwa 2,5 Stunden via Hinteralmhütte (keine Einkehrmöglichkeit) hinauf zu dem versteckten See. Wer an der Hinteralmhütte nicht zum Gralatisee abbiegt, kommt um den **Lungauer Klaffersee** (2197 m) in eine grandiose Wasserfall-Landschaft. Der Weg ist teilweise steil, anstrengend, doch lohnt sehr. Sechs Stunden sind es für den Hin- und Rückweg ab Laßhoferalm.

Ebenfalls von der Laßhoferalm steigt man zum Talkessel der drei **Laßschitzseen** auf. Für die Strecke braucht man hin und zurück knapp sechs Stunden, es ist eine zwar lange, aber nicht anstrengende Wanderung. Der Untere Laßschitzsee (1778 m), der Mittlere (1937 m) und der Obere (2060 m) liegen nahe beieinander, nur über Stufen getrennt.

Vom Weiler Wagenberg (1402 m), zu erreichen über Lessach, lohnt die Tour zum Aussichtsberg **Lachriegel** (2132 m). Sie ist besonders zur Almrauschblüte Anfang Juli ein Genuss, allerdings teils steil. Für den Hin- und Rückweg sind knapp vier Stunden zu veranschlagen.

Bei einem Besuch des Lessachtals bietet sich ein Besuch der **Pfarrkirche** von Lessach besonders an. In der Kapelle neben der Kirche ruhen die Gebeine längst Verblichener in Regalen, öffentlich sichtbar und zugänglich. Jedes Mal, wenn der Friedhof keinen Platz mehr hatte, wurden die Knochen einiger schon länger Dahingegangener exhumiert und im Beinhaus beigesetzt. So stammen die Knochen im Beinhaus von Exhumierungen aus der Zeit um 1920.

▶ Karte S. 266

Der äußerste Süden des Lungau

Das Tal des Thomatalerbachs und dessen Verlängerung, das Murtal, bilden das wichtigste landschaftsprägende Element im Süden des Lungau.

Der Thomatalerbach hat hier ein reizvolles Tal geschaffen, in dem vor 150 Jahren ein wirtschaftlich wichtiger erzverhüttender Betrieb begründet wurde, an den heute noch ein Museum erinnert.

■ Bundschuhbachtal

Von der Straße St. Margarethen–Ramingstein biegt man bei Gruben südwärts in das Tal des Bundschuhbachs ein. Es ist eine verhältnismäßig enge Schlucht. Nach etwa sechs Kilometern öffnet sich das Tal etwas, rechts liegt hier das **Hochofenmuseum Franzenshütte** (Schmelzanlage Bundschuh). Die Anlage aus dem Jahr 1862 mit damals modernster Technik in Röstöfen, Gebläsehaus und anderen Gewerken, in der Eisenerz zu Roheisen verhüttet wurde, ist eine montangeschichtliche Besonderheit. In jener Zeit befand sich hier eine der größten Bergbauregionen Salzburgs. Vom 16. Jahrhundert bis 1903 wurde Roheisen produziert, die Lungauer Eisenindustrie war eine der bedeutendsten Österreichs; im ganzen Tal erinnern alte Abraumhalden daran. Direkt an der Anlage fließen Weißbach und Feldbach zum Bundschuhbach zusammen.

Durchaus lohnend und einfach, wenngleich lang, ist die Wanderung vom Hochofenmuseum (1290 m) das **Weißbachtal** aufwärts bis zur **Gaipahöhe** (2190 m), die auch über die **Dr.-Josef-Mehrl-Hütte** (1730 m, Einkehrmöglichkeit) erreichbar ist. Zur Hütte gelangt man auch direkt mit dem Auto. Viele Wanderer bevorzugen die Tour von letzterer Hütte aus und fahren vom Hochofenmuseum mit dem Bus zurück

Das Hochofenmuseum Franzenshütte

Burg Ramingstein

zur Mehrlhütte. Knapp sechs Stunden braucht man von der Hütte über die Gaipahöhe hinab zum Hochofenmuseum. Wer vom Hochofenmuseum auf der Fahrstraße bleibt, durchfährt das Feldbachtal und kommt nach etwa zehn Kilometern, kurz vor der Grenze zu Kärnten, zur erwähnten Dr.-Josef-Mehrl-Hütte (1730 m). Von ihr ist der 2336 Meter hohe **Große Königsstuhl**, der genau auf dem Dreiländereck Salzburg-Kärnten-Steiermark liegt, leicht in knapp drei Stunden zu erreichen. Die grenzenlose Fernsicht überwältigt.

▸ Karte S. 266

■ Entlang des Thomataler Bachs

Bei **Gruben** biegt der Bundschuhbach scharf rechts ab. Er könnte nach links zur nahen Mur fließen, doch bewirkt eine flache Geländestufe bei Pichlern einen anderen Verlauf. Er heißt ab Gruben Thomataler Bach, umfließt das Massiv des Schwarzenbergs und erreicht die Mur erst bei Ramingstein. Südlich oberhalb Grubens liegt die **Ruine Edenvest**, zu der man zu Fuß aus der Ortsmitte über den Forstweg (Höllweg) gelangt. Die Burg ist bereits seit etwa 1470 Ruine, vermutlich existierte sie schon um die Mitte des 12. Jahrhunderts. Wenig weiß man über ihre Geschichte, auch gibt es keine Sagen über sie. Es ist die mysteriöseste Burg des Lungau.

Thomatal selbst (1046 m) ist nicht nur wegen seiner **Pfarrkirche St. Georg** aus dem Jahr 1470 sehenswert. In ihrem Langhaus sind ein gotischer und ein romanischer Teil nebeneinander vorhanden. Für eine Dorfkirche in einer einst armen Gegend hat sie ein reiches Interieur: ein vermögender Salzburger Bürger vererbte ihr 1845 sein Vermögen, um sie angemessen auszustatten. Die Kirche wurde bisher ganz bewusst nie ans Stromnetz angeschlossen und hat dafür zu Gottesdiensten eine wundervolle Kerzenlichtatmosphäre.

Die Turmuhr muss täglich von Hand aufgezogen werden und soll ein Vermächtnis des legendären Dorfpfarrers Valentin Pfeiffenberger (1914–2004) sein, der die Elektrifizierung der Kirche ablehnte. Pfeiffenberger begründete 1970 auch den Thomataler Georgiritt, ein geistliches Fest, das alljährlich um den 23. April, dem Georgstag, viele Besucher anzieht. Eine **Statue** vor dem Pfarrhaus zeigt den beliebten, als ›Bischof des Lungau‹ verherrlichten Gottesmann als Reiter auf dem Palmesel – noch 2004 zelebrierte er den Palmsonntagsgottesdienst.

Nach knapp fünf Kilometern, beim Dörfchen Madling, mündet der Thomatalbach in die von links heranbrausende Mur, entlang derer es jetzt noch zehn Kilometer bis zur salzburgisch-steirischen Landesgrenze sind.

Ramingstein

aRamingstein bildet den südöstlichen Eckpfeiler des Lungau wie des ganzen Salzburger Landes. Es war Grenzfestung und ein durch den Erzabbau vom 15. bis zu Beginn des 19. Jahrhunderts wohlhabender Ort, den 1841 ein übergreifender Waldbrand völlig zerstörte und der sich nie so recht vom Ende des Bergbaus erholte.

Das eher bescheidene, durch die Jahrhunderte mehrmals umgebaute **Schloss Finstergrün** an der Schlossgasse 58 befindet sich seit 1825 in Schwarzenbergschem Besitz. Es war das alte Verwaltungszentrum des Lungauer Bergbaus und wurde beim großen Brand 1841 schwer beschädigt, nur der Nordtrakt blieb original erhalten.

Markant überragt **Burg Finstergrün** den Ort. Die äußerlich märchenhafte Burg ist Jugendfreizeitheim und Jugendherberge und im Besitz der evangelischen Kirche. Sie besteht aus zwei Teilen: aus einer auf das 12. Jahrhundert zurückgehenden Alten Burg, heute Ruine, und einer Neuen Burg. Die Alte Burg war salzburgische Grenzfeste und bischöflicher Verwaltungssitz.

Sie war jedoch bereits im 17. Jahrhundert verfallen, wechselte mehrmals den Besitzer und wurde, um weiteren Verfall zu stoppen, mit allerlei Holzverschlägen gesichert. Der Brand von 1841 entzündete jene Holzkonstruktionen, wobei die Burg vollends zerstört wurde, da durch die Hitze das ohnehin marode Mauerwerk gänzlich zerbrach. 1899 erwarb ein ungarischer Adeliger die Ruine und errichtete um sie einen Neubau im Stil des 13./14. Jahrhunderts, wobei zunächst ganz bewusst auf neuzeitliche Annehm-

Beim Samsonumzug in Ramingstein

lichkeiten wie Elektrizität verzichtet wurde. 1908 war dieser Neubau in ihrem heutigen Äußeren vollendet. Viele auswärtige Prominente waren damals Gäste der Witwe des Burgherrn Graf Szápáry, der schon 1904 gestorben war. Aufgrund finanzieller Schwierigkeiten der Burgherrin kam die Anlage 1942 durch einen aufgezwungenen Vertrag an das NS-Reichsministerium für Wissenschaft, die Gräfin Margit starb im Jahr darauf. Die evangelische Kirche pachtete 1949 die Burg und übernahm sie 1972. Die Burg ist sehr oft Drehort von internationalen Märchenfilmproduktionen, unter anderem war sie Schauplatz der ›Märchenperlen‹ des ZDF. Sie kann besichtigt werden, auch ist sie Außenstelle des Tamsweger Standesamts.

Von der Burg führt ein Wanderweg, der Erzweg Dürnrain, über die imposante Siebenschläferwand in knapp einer Stunde zur um 1980 erbauten und sehenswerten hölzernen **Klementikapelle**. Sie wurde komplett ohne Türen und Fenster, ganz aus Rundholz, auf der Grundfläche eines gleichseitigen Dreiecks erbaut. Der heilige Clemens gilt im Lungau und in der Steiermark als Schutzpatron der Holzfäller.

Lohnend ist des Weiteren der Gang über die **Felsenpromenade** am Berghang über der nördlichen Murseite; der Zugang erfolgt von jenseits der Murbrücke in der Ortsmitte. Auf 1200 Metern Weglänge genießt man grandiose Blicke über Mur und Burg. Über die Karneralmstraße gelangt man südlich aus Ramingstein heraus ins Klöingbachtal und zur **Karneralm** (1893 m). Die Karneralm ist im Winter viel besucht, im Sommer fast abgeschieden zu nennen. Man erreicht sie auch mit dem Auto, sie bietet Einkehr- und Übernachtungsmöglichkeit. Von dort lässt es sich in weniger als zwei Stunden zum **Kleinen Königsstuhl** (2254 m) aufsteigen. Sehr zu empfehlen ist die Tour weiter über die **Niggeihütte** wieder ins Tal (1335 m) unterhalb der Karneralm. Von hier muss man sich allerdings mit einem Auto abholen lassen, um zurück zur Karneralm zu gelangen: die 650 Höhenmeter im Aufstieg auf der Fahrstraße zurücklegen zu müssen, ist kein Spaß.

▸ Karte S. 266

Nördlich von Ramingstein gibt es einen thematischen Bergbau-Wanderweg, das nordöstlich gelegene vormalige **Silberbergwerk Ramingstein** ist heute Schaubergwerk.

Ein ganz besonderes Besuchserlebnis bietet der **Krameterhof** des Sepp Holzer (geb. 1942) - heute geführt von seinem Sohn - im Gemeindeteil Keusching. Holzer ist der Begründer der ›Holzerschen Permakultur‹. Das ist ein von ihm entwickeltes besonderes Konzept der Nachhaltigkeit in Acker- und Gartenbau unter besonderer Berücksichtigung gezielten Wassereinsatzes mit den Grundprinzipien ökologisch, ökonomisch und sozial nachhaltiges Wirtschaften mit allen Ressourcen. Sepp Holzer berät und betreut international 200 Landwirtschafts- und Wasserkulturprojekte und bietet auf seinem Hof unter anderem Lehrgänge an.

Kendlbruck

Die bedeutendste Sehenswürdigkeit in Kendlbruck ist die barocke **Wallfahrtskirche Maria Hollenstein** von 1754, der wichtigste Wallfahrtsort im Lungau. Sie steht am südlichen Ortsende neben einer wundertätigen Quelle und ist über Ledererweg und Mühlbachstraße hinter der historischen Hochofenanlage zu erreichen. Seit Beginn des 19. Jahrhundert war das Gnadenbild, dessen Ursprung unbekannt ist, für Gebetserhörungen bekannt. Die Kirche ist der ›Liebenden Muttergottes‹ geweiht und gleichsam Kirche aller Liebenden geworden, wie die zahllosen Votivtafeln beweisen.

Tamsweg und der Osten

Tourismusverband St. Margarethen, 5581 St. Margarethen Nr. 73, Tel. 06476/812. www.stmargarethen.salzburg.at www.lungau.at

Tourismusbüro Tamsweg, Marktplatz 5, 5580 Tamsweg, Tel. 06474/2145. www.tourismuslungau.at

Tourismusverband Ramingstein-Karneralm, Tel. 06475/80217. www.ramingstein.at

Landgasthof Löckerwirt, Dorfstr. 25, 5581 St. Margarethen, Tel. 06476/212; p. P. im DZ 52–57 Euro. www.loeckerwirt.at

Gasthaus Heurigenwirt, Murgasse 19, 5580 Tamsweg, Tel. 0664/2303583

Gasthof Knappenwirt, Kirchengasse 17, 5580 Tamsweg, Tel. 06474/2369-0; p. P. im DZ ab 42 Euro. Hundertjähriges Traditionshaus in Familienbesitz. www.knappenwirt.co.at

Hotel Grössingbräu, Gartengasse 19, 5580 Tamsweg, Tel. 06474/2241; p. P. im DZ 48–53 Euro. www.groessingbraeu.at

Hotel-Pension Kandolf, Kirchengasse 1, 5580 Tamsweg, Tel. 06474/2336; p. P. im DZ 43 Euro. www.pension-kandolf.at

Gasthof Durigon (vormals Ramingsteiner Hof), Waagplatz 18, 5591 Ramingstein, Tel. 0664/2434810; p. P. im DZ 30–48 Euro. Haus aus dem 13. Jahrhundert. Junges Team, man spricht Deutsch, Englisch, Russisch, Kroatisch, Italienisch und Polnisch. Angeschlossenes Reisebüro Victoria Travel. www.durigon.at

Gästehaus Moser, Birkengasse 74, 5591 Kendlbruck, Tel. 06475/276; Zimmerpreise auf Anfrage. www.pension-moser.com

Landgasthof Weilharter (Gasthaus Hannes Ruf), 5591 Kendlbruck Nr. 109, Tel. 06475/806. Gutes Landgasthaus, nichts zu meckern.

Schloss Moosham, Moosham 13, 5585 Unternberg, Tel. 06476/305; Mai–Sept. tägl. außer Mo 10, 11, 14 u. 15 Uhr, Okt. sowie Mitte Dez.–April tägl. 11 u. 14 Uhr, stets nur mit Führung. www.schlossmosham.at

Lungauer Heimatmuseum, Kirchengasse 2, 5580 Tamsweg, Tel. 0664/6493543; Wiedereröffnung im Juli 2021, neue Öffnungszeiten siehe Webseite. Ausstellung zur Geschichte der Samsonumzüge. www.museumsportal.com

Hochofen Franzenshütte (Schmelzanlage Bundschuh), Bundschuh 15, 5592 Thomatal, Tel. 06476/20231 bzw. 0664/73494952; 3. So im Mai–Ende Sept. Mo, Mi, Fr 10–16 Uhr (Führungen 10 und 14 Uhr), So 15–18 Uhr (Führung 16 Uhr). www.hochofen-bundschuh.at

Burg Finstergrün, Burgstr. 65, 5591 Ramingstein, Tel. 0699/188770074; Mai–Okt., Burgführungen Di–So 14.30 Uhr oder nach Vereinbarung. www.burg-finstergruen.at

Silberbergwerk Ramingstein, Adresse fürs Navi: 5591 Ramingstein, Ortsteil Machein, Tel. 06474/2296; nur mit Führungen Mai–Okt. und nur mit Voranmeldung. www.silberbergwerk.net

Krameterhof, Keusching 13, 5591 Ramingstein, Tel. 06475/239. www.krameterhof at www.seppholzer.at

Alpentierpark, Schlögelbergweg 4, 5581 St. Margarethen, Tel. 06476/313; ganzjährig. Mit angeschlossenem Gasthof und Ferienhüttendorf. www.almdorf-lungau.at

Schaukäserei Bauer, Gruben Nr. 45, 5592 Thomatal, Tel. 0664/54818123, Fr und Sa 8–12 Uhr oder nach Vereinbarung.

Die Pinzgauer sind ein lustiges, liberales und offenherziges Völckchen, ohne Trug und Falsch. Das Ortswirthshaus gibt überall Zeugniß, dass es ein freudiges Völckchen ißt, das gerne tanzt und hüpft.

Lorenz Hübner, Beschreibung des Erzstiftes und Reichsfürstenthums Salzburg in Hinblick auf Topographie und Statistik. Zweyter Band. Das Salzburgische Gebirgsland. Pangau, Lungau und Pinzgau. 1796

Majestätische Bergwelt an der Großglocknerstraße

DER PINZGAU

Bayrischzell
Mühlgraben
Niedern-dorf
Retten-schöss
Walchsee
Kössen
Reit imWinkl
Oberaudorf
Ebbs
DEUTSCHLAND
ÖSTERREICH
Kiefersfelden
Vorder-thiersee
Landl
Hinterthiersee
Sparchen
Kufstein
Weissach
Kaisergebirge
Schwendt
Kohlental
Laufern
176
178
Erpfendorf
Waid-ring
Gasteig
Kirchdorf in Tirol
Unterlangkampfen
A 12
Schwoich
173
Scheffau am Wilden Kaiser
St. Johann in Tirol
Bad Häring
Kirchbichl
Söll
Going
Ellmau
Oberndorf in Tirol
164
Wörgl
171
Kundl
Reith bei Kitzbühel
Fieberbrunn
Brixen im Thale
Oberau
Niederau
Hopfgarten im Brixental
170
Westendorf
Kirchberg in Tirol
Kitzbühel
Unteraurach
Auffach
Kelchsau
Aschau
Jochberg
Tirol
161
Stuhl-felden
Utten-dorf
Bramberg am Wildkogel
165
Mittersill
Hollersbach im Pinzgau
Wald im Pinzgau
Neukirchen am Großvenediger
108
Salzach
Gerlos-pass
Gerlos
Gmünd
Krimml
Obersulzbachtal
Untersulzbachtal
Habachtal
Felbertal
Pinzgau
← Zillertal
Nationalpark Hohe Tauern
Untersulz-bachkees
Obersulz-bachkees
Schlaten-kees
ÖSTERREICH
ITALIEN
Prettau Predoi
Tirol
Gruben
Lienz
Hinterbichl
Prägraten

Der Pinzgau

Unterjettenberg
Hallein
ÖSTERREICH
Bad Reichenhall, Salzburg
Salzburg
Winkl
Unken
305
Bischofswiesen
Unterau
DEUTSCHLAND
Untersalzberg
178
Berchtesgaden
Schönau am Königssee
Mitterbach
Ramsau bei Berchtesgaden
Königssee
Lofer
Waidring
Nationalpark Berchtesgaden
Königssee
St. Martin bei Lofer
Tennengau
St. Ulrich am Pillersee
Weißbach bei Lofer
DEUTSCHLAND
DEUTSCHLAND
ÖSTERREICH
ÖSTERREICH
311
Tirol
Fieberbrunn
Hohlwegen
Pongau
Hochfilzen
Lenzing
Grießen
164
Rosental
Saalfelden am Steinernen Meer
Leogang
Hochkönig 2941 m
Maria Alm am Steinernen Meer
Hinterthal
Haid
Bischofshofen
Saalbach
Harham
164
311
Ruhgassing
Hinterglemm
Viehhofen
Mitterhofen
Dienten am Hochkönig
Maishofen
Schattberg
Prielau
Goldegg im Pongau
Zell am See
Thumersbach
Zeller See
Eschenau
St. Johann im Pongau
Taxenbach
311
Uttendorf
Steindorf
Piesendorf
Schüttdorf
Lacken
Lend
Embach
168
Bruck an der Großglocknerstraße
Salzach
Niedernsill
Salzach
Kaprun
Raurisertal
Stubachtal
Pinzgau
Dorfgastein
Fusch
Rauris
Harbach
Nationalpark Hohe Tauern
Wörth
Breitenberg
Kitzsteinhorn 3203 m
Kapruner Stauseen
Ferleiten
Bad Hofgastein
Großglockner-Hochalpenstr.
Bucheben
Bad Gastein
Karlinger-kees
Pongau
Oberster Pasterzenboden
Tirol
Kaiser-Franz-Josefs-Höhe
Kärnten
Nassfeld
Großglockner 3798 m
Kolm-Saigurn
Winkl
Sportgastein
Heiligenblut
0 150 300 m

Der Pinzgau ist mit 2641 Quadratkilometern flächenmäßig der größte der fünf historischen salzburgischen Gaue. Politisch deckt er sich mit dem Bezirk Zell am See. Ähnlich wie im Pongau sind hier die Salzach und die ihr entlang führende Verkehrswege die geographischen und wirtschaftlichen Achsen.

Dazu kommt im Norden des Pinzgau noch das Tal der Saalach, die nach Deutschland fließt, sich danach wieder nach Österreich bewegt und nahe Salzburg in die Salzach mündet. Der Pinzgau wird im Süden von der Tauernkette mit Großvenediger und Großglockner begrenzt, im Norden vom Steinernen Meer und der bayerischen Grenze am Steinpass. Im Westen reicht er bis zum Gerlospass und der Grenze zu Tirol, nach Osten, zum Pongau hin, ist er weitgehend offen.

Durch die Jahrhunderte war der Pinzgau sehr schwer zugänglich, von Süden her, bevor es die Großglocknerstraße und den Tauerntunnel gab, bestenfalls durch Säumerwege, und auch vom Westen, vom Zillertal über den Gerlospass her, war die Gebirgsüberquerung eher schwierig. So begann die Besiedlung des Pinzgaus naturgemäß von Norden, von Bayern her war es via Steinpass einfacher möglich. So blieb der Pinzgau verhältnismäßig lange, bis 1228, bei Bayern. In diesem Jahr kam er durch einen Gebietstausch an den Salzburger Erzbischof Eberhard II. von Regensberg, der seinerseits dafür das Land um Mühldorf am Inn dem Bayernherzog Ludwig I. überließ.

Die Salzach

▲ Karte S. 292/93

Mit 225 Kilometer Länge ist die Salzach der längste Nebenfluss des Inns und auch der längste Fluss des Bundeslandes Salzburg.

Zur Römerzeit trug sie den Namen Iuvarus, nicht zu verwechseln mit Iuvavum, was der Name des späteren Salzburg war. Der Fluss trägt seine deutsche Bezeichnung seit dem frühen Mittelalter von der Salzschifffahrt, die bis ins 19. Jahrhundert Bestand hatte, wurde aber bis in die diese Zeit nur ›Salza‹ genannt. Das Tal der Salzach ist für das ganze Bundesland landschaftsbestimmend. Die Salzachquelle war lange nicht genau definiert, da es mehrere kleine Bäche gibt, die die Salzach entstehen lassen. Heute definiert man die Quelle, den ›Salzachursprung‹, am 2354 Meter hohen Schwebenkopf nördlich des Gerlospasses, genau genommen am Schwebenboden unweit der Edelweißhütte. Aus der Schwebenlacke (2300 m), einem kleinen Bergsee, fließt ein Bächlein talwärts, und spätestens ab Vorderkrimml (1023 m) darf man vom Salzachtal im engeren Sinn sprechen. Etwa ab der Gemeinde Wald im Pinzgau (985 m) ist das Flusstal zu einem etwa anderthalb Kilometer breiten Trog ausgeweitet, in den insbesondere von Süden, von den Tauern her, viele Täler und Bäche einmünden, unter anderem das Obersulzach- und das Habachtal. An Mittersill und dem gleich dahinter einmündenden Stubachtal vorbei geht es bis Zell, wo sich das Tal nach Norden hin ausbuchtet und der Zeller See entstehen konnte. Vor der letzten Eiszeit bog die Salzach hier, abgelenkt durch die sogenannte Brucker Schwelle, nach Norden ab; die heutige Saalach fließt in Mittel- und Unterlauf in deren historischem Bett.

Die durch die Eiszeit bedingten Reliefveränderung, also das Abhobeln der Brucker Schwelle, bewirkt seit etwa 12 000

Jahren das Weiterfließen der Salzach in West-Ost-Richtung. Die Brucker Schwelle bestand bis 1852 und verursachte oft Überschwemmungen der Salzach. In jenem Jahr wurde sie gesprengt. Seitdem liegt der Flussspiegel tiefer und durch die Sprengung konnte unter anderem Weideland gewonnen werden. Gleich hinter Bruck kommt die Fuschler Ache aus dem Großglocknergebiet heran, nur wenige Kilometer weiter die Rauriser Ache, nach ihr endet der Pinzgau.

Die überwiegend von West nach Ost und von Südwest nach Nordost verlaufende Tallinie des oberen Salzachtals entstand durch die Alpenauffaltung und setzt sich östlich des Salzachtals und den Radstädter Tauern im oberen Ennstal in gleicher Richtung fort. Zwischen Gasteinertal und St. Johann verengt sich das Tal und die Salzach wendet sich in weitem Bogen nach Norden, um spätestens ab Bischofshofen in Nordrichtung zu fließen. Dann bricht sie zwischen Berchtesgadener Alpen und Tennengebirge hindurch, erreicht im Salzburger Becken das Alpenvorland und ist spätestens ab der Landesgrenze in weitem Flachland angekommen, wo sie genau auf der Grenze zwischen Bayern und Salzburg sowie Bayern und Oberösterreich – zwischen Burghausen und Braunau – behäbig dahin strömt, bis sie schließlich in den Inn mündet.

Zwischen Lend und Bruck

Das folgende Kapitel beschäftigt mit dem östlichsten Teil des Pinzgau. Zu diesem zählt das Salzachtal bei Lend hinter der Einmündung der Gasteiner Ache, das Rauriser Tal, das Großglocknergebiet mit der Großglockner-Hochalpenstraße und auch die Region um Bruck, wo die vom Glockner herabströmende Fuschler Ache in die Salzach mündet.

Von Lend zur Kitzlochklamm

Das folgende kleine Kapitel beschreibt zunächst einige unbekannteren Lokalitäten in diesem Teil des Pinzgaus, in dem sich aber mit der Kitzlochklamm eine der größten Sehenswürdigkeiten der Region befindet.

Lend

Am linken Salzachufer, gegenüber der Einmündung der Gasteiner Ache, liegt Lend. Das bescheiden-stille Örtchen hat eigentlich nur eine Sehenswürdigkeit: das **Verwesschloss Lend**, einst Amtssitz des Verwalters (›Verwesers‹) des hiesigen Gold- und Silberschmelzbetriebs der Fürsterzbischöfe. Es wurde um 1600 erbaut und hat seine heutige Form in der Mitte des 18. Jahrhunderts erhalten. Nach Ende des Fürsterzbistums nahm es die Forstverwaltung auf, heute ist es Gemeindeamt. Vor dem Gebäude befindet sich ein **Brunnen** aus dem Jahr 1963 mit der Figur eines Schmelzarbeiters. Ein Blick in die **Pfarrkirche St. Rupert** von 1673 lohnt wegen deren reicher Deckenbemalung.

Gleich hinter Lend führt die Straße nach Dienten nordwärts, an den Fuß des Hochkopfs.

Eschenau

Wenige Kilometer westlich von Lend, auf einem Hochplateau im Norden der Salzach, liegt sehr reizvoll **Eschenau**. Es gehört zur Gemeinde Taxenbach. Es besitzt einen markanten Kirchenberg, mehr als lohnend ist der Besuch der kleinen **Pfarrkirche St. Margaretha**. Sie wurde wahrscheinlich um 1300 erbaut. Im Chor

Ein ungewöhnlicher Christus in der Pfarrkirche St. Margaretha

befinden sich Fresken aus dem späten 14. Jahrhundert, die Darstellung Christi genau über dem Hochaltar ist kunsthistorisch wertvoll. Christus wird hier als Weltenrichter in der Mandorla mit allen vier Attributen seiner Macht dargestellt: aus seinem Mund ragen gleichzeitig Blütenzweig und Schwert, in der rechten Hand hält er eine Sichel, in der linken eine (Wurf-) Schaufel. Darstellungen mit jeweils einem einzelnen dieser Symbole gibt es oft, doch mit allen vieren zugleich ist dieses Bild weltweit einzigartig. Das Schwert steht dabei für Gerechtigkeit, der Blütenzweig – meist eine Lilie – für Gnade. Sehr selten sieht man in der Ikonographie die anderen Symbole, die Erntesymbole sind, so die Sichel oder die Schaufel als Wurfschaufel. Mit ihr wurde das Getreide gegen den Wind geworfen, um Spreu und Korn zu trennen. Gemäß einer Interpretation in dieser Richtung ist Christus als der große Erntende der Menschheit anzusehen, der Gute und Schlechte trennt, jedoch auch Barmherzigkeit und Gerechtigkeit walten lässt.

▲ Karte S. 292/93

Embach

Auf 1017 Metern gelegen, befindet sich Embach an einer landschaftlich schönen Straße hoch über dem Salzachtal. Diese Straße verbindet das Salzachtal mit dem Rauriser Tal und ist eine empfehlenswerte Alternative, wenn man in das und aus dem Rauriser Tal nicht über Taxenbach fahren will. Der hübsch gelegene Ort lädt zur Einkehr ein.

Südwestlich von Embach, ein Stück oberhalb des Weges ins Rauriser Tal, steht nahe des ›Augenbründl‹ die **Wallfahrtskapelle Maria Elend**. An dem Brunnen stand seit dem 16. Jahrhundert ein Vorgängerbau der Wallfahrtskapelle, die Ursprungskapelle. Nachdem im 18. Jahrhundert ein lange Jahre blindes Mädchen, das sich verlaufen hatte, hier plötzlich sehend aufgefunden wurde, ließ dessen Mutter 1755 die jetzige Kapelle erbauen. Bald entstanden Wallfahrten, zu denen jährlich bis 30 000 Pilger herbeikamen – bis heute wallfahrtet man hierher.

Die Kapelle war bereits 1782 baufällig geworden und wurde abgetragen; eine

Die Wallfahrtskapelle Maria Elend

neue aber erst 1842 gebaut. Als eine Art Ersatzwallfahrtsort entstand 1824 die näher an Embach gelegene Ölbergkapelle. Die neue Wallfahrtskapelle erreicht man in etwa 25 Minuten zu Fuß auch direkt von Embach aus. Eindrucksvoll ist der Blick von hier hinüber zum Hochkönig. Sehr lohnend ist die Wanderung von Embach (995 m) über die Kapelleralm (1505 m) auf den 1924 Meter hohen **Anthaupten** mit seinem schönen Aussichtsplateau und von dort über die Tischleralm zurück. Auf beiden Almen gibt es zwischen Mai und September Einkehrmöglichkeiten. Mit insgesamt gut sieben Stunden ist es eine tagfüllende Tour.

Taxenbach und die Kitzlochklamm

Taxenbach (2700 Einwohner) ist ähnlich wie Lend kein großer Touristenmagnet. Von der 1526 im Bauernkrieg beschädigten und 1872 vollends niedergebrannten **Burg Taxenbach** (Schlossberg 1) existieren nur kümmerliche Reste; man erreicht sie über die Zufahrt zur Kitzlochklamm. Auch von der mittelalterlichen **Edtburg** blieben nur Reste. Sie wurde schon zu Beginn des 14. Jahrhunderts zerstört und hatte bis dahin als strategisch wichtige Anlage Salzachtal und Rauriser Tal bewacht. Man findet die Anlage beim Edtgut, an der Straße nach Rauris, gleich hinter der Salzachbrücke.

Der **Penninghof** (Gschwandtnerberg 17) ist ein typisch salzburgischer Ansitz aus dem 15. Jahrhundert. E wurde mehrmals umgebaut heute ist Haupthaus eines Bauernhofs. An der heute nicht mehr existierenden Halbstundenbrücke über die Salzach, nahe des Trattenbachtunnels östlich von Taxenbach, bekämpften am 27. Juli 1809 die Pinzgauer Schützen unter Anton Wallner ein bayerisch-französisches Heer. Trotz fast 20-facher Überlegenheit des Feindes gelang es 400 Pinzgauern, 7000 gegnerische Soldaten sieben Stunden an der Überquerung der Brücke zu hindern. Dann war die Kraft der Pinzgauer erschöpft. Wallner und seinen Schützen gelang zwar der Rückzug. Der Zorn der Bayern war aber so groß, dass sie bei der Einnahme von Taxenbach drei unbeteiligte Bürger erschossen.

Die Rauriser Ache braust wenig östlich von Taxenbach durch die **Kitzlochklamm** der Salzach zu. Die Klamm ist etwa 1,5 Kilometer lang, auf dieser Strecke werden 100 Höhenmeter überwunden. Ein seitlicher Zufluss dringt als Wasserfall in die Klamm hinein. Sie ist seit 1833 in Teilen zugänglich gemacht, seit 1873 gibt es einen gesicherten Steig durch die ganze Klamm. 1974 gab es einen tragischen Unglücksfall, bei dem eine Brücke unter einer Schülergruppe zusammenbrach und acht Tote und viele Verletzte zu beklagen waren. Die Klamm wurde daraufhin für zwei Jahre geschlossen und dann mit erweiterten Sicherheitseinrichtungen wieder eröffnet.

Eine ganz neue **Aussichtsplattform** bietet spektakuläre Blicke in die Klamm. Bei besonderen Licht- und Fackelwanderungen werden die Besucher abends und nachts mit den Sagen und Mythen der Klamm vertraut gemacht – ein beliebtes Angebot.

i Von Lend zur Kitzlochklamm

Tourismusverband Lend-Embach, 5651 Embach Nr. 12, Tel. 06543/7215. www.embach.at

Tourismusverband Taxenbach, Marktstr. 33, 5660 Taxenbach, Tel. 06543/5252. www.taxenbach.at

Eine **Nationalpark Sommercard**, die bei den Übernachtungsbetrieben im Pinzgau im Salzachgebiet sowie in den Tauern-nahen Tälern zwischen Mai und Oktober für die Dauer des Aufenthalts kostenlos erhältlich ist, bietet kostenlose Nutzung von beispielsweise der Großglockner- oder Gerlosstraße, der Pinzgauer Lokalbahn, verschiedener Wanderbusse etc. und preisreduzierten Nutzung der lokalen Radverleiher, beim Canyoning etc. Infos: www.nationalpark-sommercard.at

Gasthof Kirchenwirt, 5660 Eschenau Nr. 6, Tel. 06416/7512; p. P. im DZ 33 Euro. Die Chefin kocht selbst. www.gasthaus-kirchenwirt.at

Gasthof Oberwirt, 5651 Embach Nr. 10, Tel. 06543/7219. Uriger Gasthof - Haus aus dem 17. Jahrhundert -, günstige Preisgestaltung (auf Anfrage). Webseite im Aufbau. oberwirt@sbg.at

Gasthof-Pension Salaterhof, 5651 Embach Nr. 1, Tel. 06543/7202; p. P. im DZ ab 40 Euro. Mit Hofladen und hauseigenem Streichelzoo. www.salaterhof.at

Gasthof Krämerwirt, 5651 Embach Nr. 2, Tel. 06543/7216; p. P. im DZ ab 38 Euro. Spezialität Wildgerichte, gern zeigt der Wirt seine eindrucksvolle Bergkristall-Sammlung. www.kraemerwirt.at

Taxenbacher Hof, Raiffeisenstr. 6, 5660 Taxenbach, Tel. 06543/5215; p. P. im DZ ab 42 Euro. www.taxenbacherhof.at

Kitzlochklamm, Kitzlochklammstr. 1, 5660 Taxenbach, Tel. 06543/5252; Ende Mai-Sept. tägl. 8–18 Uhr, Okt. täglich 9–16 Uhr. www.kitzlochklamm.at

Karte: **Kompass Wanderkarte 50 Nationalpark Hohe Tauern**, Maßstab 1:50 000.

Raurisertal

Für den Autor ist das Raurisertal eines der schönsten österreichischen Alpentäler überhaupt und einer der landschaftlichen Höhepunkte im Salzburger Land. Was die Schreibweise betrifft, so werden in Österreich Straßen- oder Talnamen, die an bestimmte Ortschaften geknüpft sind, meist zusammen geschrieben, beispielsweise Wienerstraße, Raurisertal – in Deutschland hieße das Wiener Straße und Rauriser Tal. Wir übernehmen hier die landesübliche Schreibweise.

Ein Ausflug ins Raurisertal ist ein Höhepunkt jeder Salzburg-Reise

▲ Karte S. 292/93

Das 30 Kilometer lange Tal zieht sich von seinem unteren Ende, der Kitzlochklamm, bis zum 3104 Meter hohen Sonnblick genau in Nord-Süd-Richtung. Die einzelnen Talorte, unter anderem Wörth und Bucheben, sind zur Katastralgemeinde Rauris zusammengeschlossen. Im Tal leben heute etwa 3000 Einwohner.

Zu allen Jahreszeiten ist das Raurisertal attraktiv, als Wintersportgebiet hat es weltweit einen guten Ruf. Berühmt sind auch die 1971 ins Leben gerufenen Rauriser Literaturtage, die alljährlich Ende März/Anfang April stattfinden (www.rauriser-literaturtage.at).

Das Raurisertal war schon in der Keltenzeit bewohnt. Zwar ist bisher kein Siedlungsplatz bekannt geworden, doch belegen Funde etwa von Münzen die keltische Besiedlung.

Größte Bedeutung hatte das Tal durch den Goldbergbau, der schon 1354 ur-

Das Voglmaierhaus in Rauris

kundlich belegt ist. Der Bergbau erlebte im 15. und 16. Jahrhundert seine Blütezeit, von 1377 bis 1802 hatte Rauris ein eigenes Land- und Berggericht. Vom Wohlstand dieser Zeit zeugen noch im ganzen Tal die prächtig ausgeführten Gewerkenhäuser.
Um 1500 hatte das Tal mehr als 3000 Einwohner, etwa ein Zehntel der damals weltweit abgebauten Goldmenge kam aus dem oberen Raurisertal. Transportmittel des Erzes waren die Sackzüge. Dabei wurden etwa 12 bis 16 aneinander gehängte und jeweils mit etwa 50 Kilogramm Erz gefüllte Säcke in hölzernen, in Serpentinen angelegten Rinnen talwärts gezogen, im Winter wurde diese Arbeit durch den Schnee erleichtert, die Säcke rutschten fast von selbst, so dass die Sackzüge fast nur in den Wintermonaten stattfanden. Der Goldbergbau wurde ab dem 19. Jahrhundert in immer geringerem Umfang durchgeführt und schließlich 1923 eingestellt. Heute lassen sich noch insgesamt 133 Kilometer Stollen nachweisen, wenngleich sie nicht mehr begehbar sind. Das Gold kam teilweise als Freigold (gediegen Gold) auf Quarzgängen vor, abgebaut wurde jedoch auch der goldhaltige Arsenkies. Andere vorkommende und abgebaute Erzminerale sind Pyrit, Bleiglanz, Zinkblende und Antimonit. Die Stollen befinden sich größtenteils im obersten Talbereich, oberhalb von Kom-Saigurn am Nordhang der Goldberggruppe. Viele andere Relikte des Bergbaus sind dort heute noch zu finden. Der **Tauerngold-Rundwanderweg** führt ab Kolm-Saigurn zu verfallenen Knappenhäusern, alten Goldwaschanlagen und Halden. Diese befinden sich in Höhen über 2300 Metern. Das ganze Tal von Rauris bis Kolm-Saigurn ist durch eine Buslinie erschlossen und somit auch gut ohne eigenes Auto erkundbar.

Rauris

Steil geht es vom Salzachtal bei Taxenbach (650 m) hinauf ins Hochtal des Raurisertals. Schon nach etwa zwei Kilometer Fahrt sind 950 Meter Seehöhe erreicht. Erster Talort ist Rauris selbst, Sitz der Verwaltung aller Talorte und mit über 1100 Einwohnern größte Talsiedlung.

Dass Rauris vor 500 Jahren ein wohlhabender Ort war, zeigen die zahlreichen ausladenden Bürgerhäuser. Das eindrucksvollste Gebäude in der Ortsmitte ist sicherlich das sogenannte **Voglmaierhaus** aus dem 15. Jahrhundert (Marktstr. 30), das heute das Gemeindeamt beherbergt. Charakteristisch sind die wuchtigen Erker an allen vier Ecken. Das Haus Marktstr. 56 zeigt am Portal die Jahreszahl 1566, das Kielbogenportal am Rauriser Talmuseum (Marktstr. 59) die Jahreszahl 1563.

Die **Pfarrkirche St. Martin** stammt aus dem späten 15. Jahrhundert, ihr Langhaus wurde um 1775 barockisiert. Die **Friedhofskapelle** (um 1490) zeigt im Inneren schöne spätgotische Fresken. 1875 wurden in Rauris bei Grabungen unter dem Marktplatz zusammen mit Knochen keltische Silbermünzen gefunden, die in privater Hand blieben und heute verschollen sind.

Wörth

In Wörth stehen sich in der Ortsmitte, an der scharfen Wegbiegung, die ältesten Wirtshäuser des Tals gegenüber: der

Beim Goldwaschen

▲ Karte S. 292/93

Gasthof ›Standlgut‹ existiert seit 1526, der ›Andrelwirt‹ wurde sogar schon 1350 erwähnt.

Im unweiten **Nationalparkhaus** gibt es unter anderem eine Dauerausstellung über die Greifvögel im Raurisertal. Etwas ganz besonderes bietet die **Kalchkendlalm** am Fröstlberg. Die Rauriser ›Eigenbrötlerin‹ Roswitha Huber backt hier im Holzofen Brot nach eigenem Rezept. In ihrer Schule am Berg e.V. bietet sie auch Brotbackseminare an, alle zwei Jahre veranstaltet sie das Internationale Rauriser Brotfest.

Seidlwinkltal

Bei Wörth spaltet sich das Raurisertal in das Seidlwinkltal und das Hüttwinkltal, letzteres ist das eigentliche obere Raurisertal.

Durch das unvergleichlich schöne Seidlwinkltal führt seit der Römerzeit ein Säumerpfad über die Tauern, hinauf zum Hochtor an der Großglocknerstraße und von dort über Heiligenblut südwärts. Wein, Gewürze, Früchte und Seide kamen aus dem Süden, aus dem Salzburger Land wurde vor allem Salz dorthin transportiert. Mit dem Auto kann man in das Tal etwa fünf Kilometer bis zum Parkplatz Fleckweide (1120 m) fahren und von dort in ganz sanftem Anstieg über die Gollehenalm und die Palfneralm (1333 m) bis zum Rauriser Tauernhaus (1527 m, Juni–Sept. bewirtschaftet) spazieren; in 2,5 Stunden ist die einfache Strecke zu schaffen. Seit dem 15. Jahrhundert besteht hier eine Einkehr. In der Nähe des Tauernhauses rauschen mehrere Wasserfälle von den Hängen herab.

Alljährlich am 28. Juni ist das Tal voller Pilger, die über das Hochtor zur Glocknerwallfahrt nach Heiligenblut ziehen. Berühmt ist der keltische Halsreif, der 1874 an der Maschlalm im Seidlwinkltal gefunden und bis 1945 im Salzburg Museum aufbewahrt wurde, dann ›verloren ging‹ und später aus den USA zurückgekauft wurde. 1958 und 1974 wurden am Talausgang venezianische Goldmünzen aus dem 14. Jahrhundert gefunden – der sogenannte ›Rauriser Goldschatz‹ –, doch sind sie verschollen, ihr Verbleib unbekannt.

Bucheben und das Krumltal

Weithin sichtbar ist der **Kirchenhügel** von Bucheben mit seinem hübschen Ensemble von Kirche und Pfarrhof. Auf dem Friedhof an der **Pfarrkirche St. Hieronymus und Leonhard** steht eine aus dem eher seltenen grünlichen Gestein Serpentinit gefertigte Seelenleuchte von 1499. Die Kirche selbst wurde erst 1784 erbaut. Die hohe Salzburger Geistlichkeit hatte es bis zu diesem Jahr nicht für nötig gehalten, in der zu dieser Zeit sehr abgelegenen Gegend ein Gotteshaus bauen zu lassen. Etwas nördlich der Kirche stehen die aus Natursteinen errichteten Gebäude des **Kirchenwirts** mit Mühle und Schnapsbrennerei, die in den Grundmauern etwa 500 bis 600 Jahre alt sind.

Hinter Bucheben zweigt das **Krumltal** nach Südwesten ab. Bekannt ist es durch seine Nachzucht von Bartgeiern an der Bräualm. Die etwa 60 hier lebenden Vögel haben ihre Schlafplätze an der Moosen- und Rotwand. Der Besuch dieses Tals lohnt unbedingt: schluchtartig ist sein unterer Abschnitt, um die Bräualm (Anfang Juni–Anfang Okt. bewirtschaftet) und Rohrmooseralm wirkt es wie ein Kessel. Das Krumltal führt wie das Seidlwinkltal am oberen Ende direkt in die Kernzone des Nationalparks Hohe Tauern. Vom Almgasthof Lechnerhäusl (1192 m) bis zur Rohrmooseralm und dem unweiten Wasserfall geht man etwa 2,5 Stunden.

Hier ist auch eine Infostation des Nationalparks untergebracht

Hinter Bucheben erreicht die Straße entlang der Hüttwinklache bald **Bodenhaus** (1236 m). Hier gibt es einen Wanderparkplatz, hier kann man Gold waschen, und hier beginnt der mautpflichtige Straßenabschnitt.

Kolm-Saigurn

Die Straße steigt von Bodenhaus plötzlich deutlich an und kommt nach etwa vier Kilometern zum Wanderparkplatz Lenzanger (1550 m). Hier liegt der Talschluss des Hüttwinkltals schon direkt vor dem Besucher – es ist einer der grandiosesten touristischen Punkte der Ostalpen. Die Straße endet dann in Kolm-Saigurn (1598 m). Kolm entstammt der Bergmannssprache und bedeutet so viel wie Hammerwerk, Saigurn kommt von ›saigern‹ und bezeichnet den Vorgang, bei dem das Erz vom tauben Gestein getrennt wird.

Vom Gasthof Ammererhof, der links oberhalb der wenigen Gebäude von Kolm-Saigurn liegt, steigt man auf einem Naturlehrpfad etwa 25 Minuten bis zum Rauriser Urwald und einem Moorgebiet (1700 m) hinauf – eine sehr lohnende kleine Tour, die man als Rundweg machen kann; man sollte aber eine Karte

Majestätisch: der Hohe Sonnblick

dabei haben. Der Urwald wirkt bei bestimmter nebliger Witterung mit seinen jahrhundertealten Sturzfichten und Zirben geradezu mystisch. Eine anspruchsvollere Top-Tour geht vom Gasthof Ammererhof über das Schutzhaus Neubau, wo sich das historische Maschinenhaus des Bergbaus befindet, hoch zur **Niedersachsenhütte** (2379 m, Juli–Sept. mit Übernachtungsmöglichkeit). Drei Stunden sollte man für die Strecke ansetzen.

Kolm-Saigurn wird rechts vom **Hohen Sonnblick** (3105 m) überragt. Dessen berühmte **Wetterbeobachtungsstation**, die seit 1886 existiert, ist das höchstgelegene Observatorium in Europa, Eigentümer der Sonnblickverein. Der noch heute verehrte Ignaz Rojacher (1844–1891) initiierte den Bau und finanzierte ihn großteils selbst. Der gelernte Bergmann und ab 1880 Grubenbesitzer von Kolm-Saigurn erschloss über die Errichtung des Observatoriums das Tal mit elektrischem Strom. Er starb an Tuberkulose und liegt auf dem Friedhof von Rauris begraben.

Kolm-Saigurn besteht neben dem Gasthof Ammerer aus dem **Naturfreundehaus** mit Infostation des Nationalparks, der **Zimmererhütte** mit Übermachtungsmöglichkeit (https://zimmererhuette.naturfreunde.at), einer Kapelle, einigen flachen vormaligen Bergwerksgebäuden sowie dem um 1912 vorgetriebenen **Imhofstollen**, der sich durch den Berg bis hinüber nach Sportgastein zieht. Leider ist er seit einigen Jahren nicht mehr zugänglich, lange Zeit war er ein Schaustollen.

Direkt vom alten Naturfreundehaus geht Weg 112, der Tauerngold-Rundweg, hoch zum Neubau des Naturfreundehauses (2175 m, Übernachtungsmöglichkeit), wo sich das alte Radwerk befindet. Der Weg führt weiter zu den alten Knappenhäusern und als Rundweg über den Gletschersee des Vogelmaier-Ochsenkarkees zurück zum Schutzhaus und wieder hinab. Vor 500 Jahren lagen die Stollenanlagen ebenfalls in eisfreiem Gebiet, denn Bergbau unter dem Eis war nicht möglich. Man kann somit sagen, dass zumindest dieser Gletscher sich nur wenig zurückgezogen hat.

Die **Rojacherhütte** (2718 m) ist ein luftiger Ort, eine der kleinsten Hütten im

▶ Karte S. 292/93

gesamten Alpenraum und bietet eine bescheidene Bewirtung. Man erreicht sie in 2,5 Stunden ab Neubau.
Im Winter bietet Kolm-Saigurn ein reiches Angebot: Eisklettern, Schneeschuhwanderungen, Skitouren und eine sechs Kilometer lange Rodelbahn bieten ein großartiges Vergnügen.

Weitere Wanderungen im Raurisertal

Eine nicht schwierige, wenngleich lange und Kondition erfordernde Ganztagestour ist die von Rauris (948 m) über die Retteneggalm und die Kramhütte auf den **Kramkogel** (2454 m). Sie lohnt wegen der Aussicht und der stillen Berglandschaft, ist aber kräftezehrend, auch gibt es auf der Tour keine Einkehrmöglichkeit.
Weniger anstrengend ist eine Wanderung auf der anderen Talseite. Von Rauris fährt man mit der Hochalmbahn zu deren Bergstation (1749 m), wo sich auch eine Greifvogelstation befindet, und geht über die Hochalm und den Seekarsee zur **Schwarzwand** (2193 m) und zum **Reißrachkopf** (2210 m). Bis zur Schwarzwand ist alles recht leicht, der Anstieg zum Reißrachkopf dagegen etwas schwieriger. Den Rückweg ins Tal macht man zu Fuß: von der Bergstation des Lifts via Heimalm, wo es auch einen Goldwaschplatz gibt.
Leicht ist auch die Wanderung um den Fröstelberg östlich von Wörth. Sie beginnt im Ortsteil Vorstanddörfl (981 m), geht über Hofmannalm und **Flatscheralm** (1607 m, Jausenstation), Edertrog und Lärcheggalm (1828 m) zurück; meist wandert man auf geschotterten oder befestigten Wege, zwischen Flatscher- und Lärcheggalm auf Almpfaden. Sechs Stunden reichen für die Tour.
Viel besucht wird wegen ihrer herrlichen Aussicht die **Stanzalm** (1788 m, Jausenstation) südöstlich von Bucheben (1144 m). Man erreicht sie von Bucheben aus via Frohnalm in knapp drei Stunden. Nochmals knapp eine Stunde benötigt man für den weiteren Aufstieg zur Stanzscharte (2098 m), dem historischen Übergang ins Gasteinertal.

Raurisertal

Eine **Nationalpark Sommercard**, die bei den Übernachtungsbetrieben im Salzachgebiet des Pinzgau sowie in den Tauernnahen Tälern zwischen Mai und Oktober für die Dauer des Aufenthalts kostenlos erhältlich ist, bietet kostenlose Nutzung von beispielsweise der Großglockner- oder Gerlosstraße, der Pinzgauer Lokalbahn, verschiedener Wanderbusse etc. und preisreduzierte Nutzung der lokalen Radverleiher, beim Canyoning etc.
Infos: www.nationalpark-sommercard.at
Tourismusverband Rauris, Sportstr. 2, 5661 Rauris, Tel. 06544/20022. www.raurisertal.at

Nationalparkhaus Könige der Lüfte, Dorfstr. 27, 5661 Rauris/Wörth, Tel. 06562/40849; Juli/Aug. tägl. 10–18 Uhr, Mai/Juni u. Sept./Okt. tägl. 10–14 Uhr. www.hohetauern.at

Wanderhotel Rauriser Hof, Marktstr. 6, 5661 Rauris, Tel. 06544/6213; p. P. im DZ ab 90 Euro (mit HP). Vorzügliches Vier-Sterne-Haus mit exzellentem Preis-Leistungs-Verhältnis. www.rauriserhof.at
Hotel Bräu, Marktstr. 35, 5661 Rauris, Tel. 06544/6206; p. P. im DZ ab 42 Euro. www.braeu-rauris.at
Frühstückshotel Birkenhof, Marktstr. 68, 5661 Rauris, Tel. 06544/6231; p. P. im DZ ab 47 Euro. www.hotel-raurisertal.com
Gasthof Andrelwirt, Dorfstr. 19, 5661 Rauris/Wörth, Tel. 06544/6411; p. P. im DZ 40–50 Euro. 540 Jahre alter Traditionsgasthof. www.andrelwirt.at
Kirchenwirt Bucheben, Kirchbichlstr. 40, 5661 Rauris/Bucheben, Tel. 0664/

6559191; meist tägl. 9–18 Uhr. Sehr interessanter historischer Gebäudekomplex aus Naturstein, bestehend aus Wohnhaus, Wirtschaftsgebäude, Mühle und Schnapsbrennerei.

Alpengasthof Bodenhaus, Kolmstr. 6, 5661 Rauris/Buchenhaus, Tel. 06544/8111. Wunderbar gelegen! www.bodenhaus.at

Hotel-Gasthof Ammererhof, Kolmstr. 21, 5661 Rauris/Kolm-Saigurn, Tel. 06544/8112; p.P. im DZ ab 58 Euro. Ganz am Talende in herrlichster Umgebung, einige Zimmer haben wegen ihrer breiten Glasdachfenster Sternenblicke. www.ammererhof.at

Talmuseum Rauris, Marktstr. 59, 5661 Rauris, Tel. 06544/6253; Mo–Fr 8–12, Do auch 14–16 Uhr. U.a. Goldbergbau, Brauchtum, Observatorium. www.rauris.net

Schule am Berg (Kalchkendlalm), Fröstlbergweg 44, 5661 Rauris/Wörth, Tel. 0664/4307217. www.schule-am-berg.at

Goldwaschplatz Rauris-Bodental, Tel. 0664/2310016; meist Ende Mai–Ende Sept. tägl. 10–17 Uhr. www.goldsuchen.at

Karte: **Kompass Wanderkarte 50 Nationalpark Hohe Tauern**, Maßstab 1:50000.

Von Bruck zum Großglockner

Innerhalb der vielen Süd-Nord verlaufenden, rechten Seitentäler der Salzach im Pinzgau nimmt das Tal der Fuschler Ache, die bei Bruck in die Salzach mündet, einen außerordentlichen Rang ein. Denn durch dieses Tal führt ein wichtiger Verbindungsweg zwischen Salzburg und Kärnten, zwischen Mitteleuropa und Italien über den Tauernkamm - auf einer der grandiosesten Bergpanoramastraßen der Welt, der Großglockner-Hochalpenstraße. Der Weg durch das Fuscher Tal, entlang der Ache, war schon zu keltischer Zeit als Saumpfad wichtig.

Von Bruck nach Ferleiten

Wer auf dem Weg nach und von Kärnten über den Tauernkamm die Großglocknerstraße benutzt, macht selten an den salzburgischen Orten unterhalb der Mautstelle einen Halt - dabei lohnen auch sie einen Blick.

■ Bruck an der Großglocknerstraße

▶ Karte S. 292/93

Als wichtiger Verkehrsknotenpunkt der Pinzgauer Landesstraße (B 168), der B 311 von Lofer über Zell am See nach Bischofshofen sowie der Großglocknerstraße (L 271) ist Bruck (4800 Einwohner) von großer Bedeutung.

Seine Innenstadt weist kaum Sehenswürdigkeiten auf, die das Aussteigen lohnen. Erwähnt sei aber das geheimnisumwobene **Schloss Fischhorn** (Zeller Str. 38). Es geht auf das 13. Jahrhundert zurück und war damals im Besitz der Chiemseer Bischöfe. In den Bauernaufständen 1525 zerstört, wurde es unter Fürstbischof Johann von Preysing wieder aufgebaut. Im 19. Jahrhundert lange unbewohnt, war es einige Jahre Sitz der lokalen Forstverwaltung, 1862 kam es, inzwischen reichlich zerfallen, in den Besitz der Familie Liechtenstein, die einen Wiederaufbau im neogotischen Stil veranlasst. 1920 brannte es großteils ab, eine Familie Gildemeister kaufte es und ließ es in vereinfachter Form wiedererstehen. Nach deren Enteignung 1942 übernahmen es NS-Dienststellen und die Verwaltung des Dachauer KZ-Außenlagers Fischhorn. Hermann Göring, der sich in den ersten Maitagen 1945 in Altenmarkt (Pongau) den Amerikanern gestellt hatte, wurde vom 7. bis zum 9. Mai im Schloss Fischhorn gefangen gehalten und dann nach Kitzbühel, Augsburg und Bad Mondorf (Luxemburg) überstellt, bis er im Oktober 1945 in das Nürnberger Kriegsverbrechergefängnis eingeliefert wurde. Übrigens besagt eine Theorie, dass das berühmte Bernsteinzimmer zusammen mit anderen Kunstgegenständen im Frühjahr 1945 nach Fischhorn gebracht worden sei, wo es bis heute liegen soll. Nachforschungen sind aber nicht möglich, da die Besitzerfamilie keinerlei Untersuchungen des Schlossareals erlaubt. 2007 wurde aber etwas ganz anderes gefunden: Grabungsarbeiten im Park ließen Fundamente einer römischen Siedlung aus dem ersten vorchristlichen Jahrhundert zutage kommen. Das Schloss ist in Privatbesitz und daher nicht zu besichtigen.

Östlich von Bruck, im Ortsteil Hundsdorf, liegt das **Franziskanerkloster St. Anton**, dessen Bau 1736 durch Fürsterzbischof Leopold von Firmian initiiert wurde. 1971 aufgelassen, ist es heute ein Behindertenzentrum der Caritas.

Fusch

Das sechs Kilometer südlich von Bruck, an der Straße zum Großglockner gelegene Fusch (813 m) ist ein kleines, aber nicht unbedeutendes Touristenzentrum. Im Mittelalter war es wichtiger Bergbauort, am Kühkarkopf wurde Silbererz gefördert. Die historischen Bauern- und Bürgerhäuser sind jedoch fast gänzlich verschwunden, die heute vorhandenen und historisch wirkenden Bauernhäuser nur verkleidete Hotels.

Viel besucht wird die **Mühlauer Säge**, die in ihrem Museum als ›Erlebniswelt Holz‹ die Waldwirtschaft und den Rohstoff Holz zum Thema hat. Die gemütliche Holzknechtstube lädt dabei zur Einkehr ein.

Eine Straße verläuft von Fusch südostwärts ins Tal des Weichselbachs nach **Bad Fusch** (1188 m). Dieser kleine Kurort, anfangs nur ein Bauernbad, trug im

Blick über die Großglocknerstraße zum Fuscher Törl

Auch Wölfe leben im Wild- und Erlebnispark Ferleiten

18. und 19. Jahrhundert den Namen St. Wolfgang und war als Höhen- wie auch Thermalkurort ebenso bedeutend wie der Thermalkurort Gastein. Eine besonderer Förderung erfuhr er durch Fürsterzbischof Friedrich von Schwarzenberg (1809–1885), der viele Jahre hier kurte. Von einst elf Heilquellen existieren noch drei, darunter die ergiebige Fürstenquelle. Nach 1945 verfiel der Ort wegen des Bankrotts des einzigen zu jener Zeit noch verbliebenen Hotels, als ›Geisterdorf‹ stellt er eine ungewöhnliche Sehenswürdigkeit dar. Der Tourismusverband bemüht sich seit Jahren um die Wiederbelebung.

Eine lohnende, nicht zu schwere Wandertour geht von Fusch westwärts zur **Hirzbachalm** (1715 m, Einkehrmöglichkeit) oder nach Wunsch weiter hoch zur **Gleiwitzer Hütte** (2174 m, Übernachtungsmöglichkeit). Die Hirzbachalm liegt unterhalb des Hohen Tenn in einem gewaltigen Talkessel; drei Stunden benötigt man bis dorthin, knapp fünf bis zur Gleiwitzer Hütte.

▲ Karte S. 292/93

Ferleiten und das Käfertal

In Ferleiten (1142 m) befindet sich die Mautstelle der Großglockner-Hochalpenstraße, hier erst beginnt das Fahrabenteuer.

Familien mit Kindern machen hier oft einen Halt, um den **Wild- und Erlebnispark** zu besuchen. Ein Halt lohnt auch wegen der Wanderung von hier auf einem Wasser-Erlebnisweg zum Walcherfall – zwei Kaskaden mit insgesamt 700 Metern Gefälle! – und zur **Walcher-Hochalm** (1853 m). Einen Parkplatz gibt es unmittelbar vor der Mautstelle. Knapp 2,5 Stunden sollte man für die einfache Strecke einplanen. Die Begehbarkeit des Wegs ist stark witterungsabhängig, es wird empfohlen, sich vorher beim Tourismusbüro informieren. Dennoch gilt: in den Tauern ist dies eine besonders beglückende Tour.

Vor der Mautstelle zweigt rechts der Weg ins **Käfertal** ab, an dessen Beginn der Gasthof Tauernhaus steht. Entlang der Fuschler Ache führt der Talweg als Naturerlebnisweg bis zum Talschluss an der **Trauneralm** (1522 m, Einkehr- und Übernachtungsmöglichkeit). Unterhalb von dieser zweigt man nach rechts zum **Naturschutzgebiet Rotmoos** ab, einem Feuchtgebiet auf 1291 Meter Höhe. Es ist berühmt durch die Blüte des Breitblättrigen Knabenkrauts, einer Orchideenart, im Frühsommer. Knapp zwei Stunden braucht man vom Tauernhaus am Talbeginn bis dorthin. Wer direkt zur Traueralm weiter geht, benötigt etwas über zwei Stunden und etwas über drei, wer den Abstecher vorher zum Naturschutzgebiet macht.

Vom Tauernhaus aus gibt es eine ›Traktorkutsche‹ durch das Käfertal.

Großglockner-Hochalpenstraße

Für viele Reisende ist die Großglockner-Hochalpenstraße die Traumstraße über die Alpen schlechthin. Sie quert den Tauernkamm über die Pässe am Fuscher Törl und am Hochtor (Tunnelportal auf 2506 m), wo sie Kärnter Territorium erreicht. Sie verbindet auf einer Länge von 48 Kilometern Bruck in Salzburg mit Heiligenblut in Kärnten. Damit ist sie die höchstgelegene befestigte Passstraße in Österreich überhaupt. Die meisten Touristen kommen entweder von der Kärntner oder der salzburgischen Seite, besuchen die Franz-Josephs-Höhe und kehren zurück, auch übernachtet fast niemand innerhalb des mautpflichtigen Streckenabschnitte. Denn die Benutzung nur zum Zweck bloßer Gebirgsüberquerung wäre zu teuer.

Die Großglocknerstraße ist als Passübergang zwischen dem Norden und Süden Österreichs kaum von wirtschaftlicher Bedeutung, für den Schwerlastverkehr ist sie ohnehin nicht benutzbar. Sie ist fast ausschließlich eine ›Erlebnisstraße‹, die Maut kann als eine Art Vergnügungssteuer angesehen werden (Tarife 2020/21: Tageskarte für Pkw 37,50 Euro, Motorräder 27,50 Euro, 3-Wochen-Karte 61/51 Euro). Besitzer einer gültigen Nationalpark Tauern Sommer Card oder einer Nationalpark Kärnten Card – nicht zu verwechseln mit der ›gewöhnlichen‹ Kärnten Card! – sind von der Maut befreit. Für den Käufer einer Tageskarte der Hochalpenstraße können alle Einrichtungen des Straßenbetreibers entlang der Großglocknerstraße kostenlos besucht werden, vom Museum auf der Franz-Josephs-Höhe bis zum Alpin-Museum am Fuscher Törl auf der Nordseite und vieles mehr. Es müssen Nachtsperrzeiten beachtet werden; sie liegen in der Hochsaison von Juni bis August von 20.30 bis 5.30 Uhr, die letzte Einfahrt muss spätestens 45 Minuten vor der Nachtsperre erfolgen. Geöffnet ist die Passstraße von Anfang Mai bis Ende Oktober/Anfang November, die Wintersperre kann witterungsbedingt vorgezogen werden; auch im Sommer kann die Straße aus witterungsbedingten Gründen zeitweise geschlossen werden (alle Infos: www.grossglockner.at).

Rund 270 000 Motorfahrzeuge benutzen die Straße jedes Jahr. Sie ist ein besonderes technisches Denkmal und steht auf

Dieses Modell an der Großglocknerstraße erläutert die Geologie der Hohen Tauern

der Vorschlagsliste zum UNESCO-Welterbe. Jeder Kilometer und jede einzelne der insgesamt 36 Kehren sind für geübte Automobilisten und Motorradfahrer ein Hochgenuss! Das erklärte Ziel aller Besucher ist natürlich die Kaiser-Franz-Josefs-Höhe, die schon auf Kärntner Gebiet liegt. Von hier eröffnet sich der Blick auf den höchsten Berg Österreichs, der mit seinen 3798 Metern die neun Kilometer lange Pasterze überragt, den größten Gletscher der Ostalpen.

Geschichte

Der Weg über das Hochtor ist als Säumerweg seit der Römerzeit bekannt. Neben Brenner und Radstädter Tauernpass war er bis etwa 1800 der drittwichtigste Alpenpass, wenngleich die Streckenführung damals eine andere war. Nach dem Bau des Glocknerhauses 1875 unterhalb der Franz-Josephs-Höhe entstand dorthin ein schmaler Fahrweg, der später zu jener von der Glocknerstraße zur Franz-Josephs-Höhe abzweigenden Teilstrecke ausgebaut wurde.

Nach dem Ersten Weltkrieg ging man in Österreich daran, das bis dahin für größere Touristenströme nur schwierig zugängliche Glocknergebiet für den wachsenden Tourismus zu erschließen. Der Ingenieur Franz Wallack legte dazu 1924 erste Pläne vor. Die Planung hatte daneben auch politische Bedeutung, da Südtirol nach dem Endes des Ersten Weltkrieges zu Italien gekommen war und damit die meisten der traditionellen Verbindungen von Kärnten nach Nordtirol nun auf ausländischem Territorium verliefen. Geldmangel ließ aber erst 1929 die Realisierung einer Großglocknerstraße näherrücken. Zunächst sollte sie gemeinsam mit einem Kraftwerk entstehen, dessen Bau in Kooperation mit der deutschen AEG vorgesehen war. 1930 begann dann endlich nach vielen internen Querelen der Bau der Straße im salzburgischen Ferleiten. Bereits 1932 war der gesamte Nordteil der Straße auf salzburgischem Gebiet und der Abzweig zur Franz-Josephs-Höhe vollendet. Die allgemeine Wirtschaftslage in jenen Jahren in Österreich brachte die Weiterführung des Projekts fast zum Erliegen. Überhaupt konnte ja wegen der langen Winter in dieser Höhe nur fünf Monate im Jahr gebaut werden. Gerade noch gelang es, durch die Verabschiedung einiger Sondergesetze zur Finanzierung bei gleichzeitiger Liquidierung der Baugesellschaft – die AEG war längst ausgestiegen, womit auch

Auf der Edelweißspitze

▲ Karte S. 292/93

das Kraftwerksprojekt gestorben war – den Bau überhaupt fertigzustellen. Unter der Regierung Schuschnigg wurde dann am 3. August 1935 die Großglockner-Hochalpenstraße für den Verkehr freigegeben. 3200 Arbeiter waren an dem Bau beteiligt. Ergänzend wurde 1937 die Trasse zwischen Heiligenblut und Großkirchheim zu einer breiten Autostraße ausgebaut.
Automobilhersteller übrigens nutzen die mautpflichtigen Abschnitte der Großglocknerstraße in den letzten Tagen vor der jeweiligen jährlichen allgemeinen Öffnung für ›Erlkönigfahrten‹, also Erprobungstouren von Fahrzeugtypen, die kurz vor der Serienreife stehen.

Von der Mautstelle bis zum Hochtor-Tunnel

Der offizielle Anfang der Großglockner-Hochalpenstraße mit dem Null-Kilometer liegt in **Bruck** (756 m). In Fusch sind 7,3 Kilometer zurückgelegt und 813 Meter Seehöhe erreicht. Die **Ferleitener Mautstelle** liegt auf 1145 Meter Höhe und bei Kilometer 14,5. Auf 1620 Metern liegt nach Kehre 4 bei Kilometer 19,3 der **Gasthof und Parkplatz Pifflkar**; hier gibt es einen **Naturlehrpfad** zu Flora und Fauna. Nach Kehre 6 kommt man zum **Parkplatz Hochmais** (1850 m, km 21,6), von dem man ein eindrucksvolles Panorama auf das Käfertal und die Berge dahinter hat. Bald danach kommt oberhalb von Kehre 10 die **Hexenküche** mit ihrem Felsblöcken (2058 m, km 23), wo ebenfalls hervorragende Aussicht besteht. Auf 2260 Metern (km 26), hinter Kehre 11, liegt das Obere Nassfeld mit dem **Wilfried-Haslauer-Haus**. Hier gibt es die Dauerausstellung ›Alpine Naturschau‹. Nun ist bald die erste Passhöhe erreicht. Vorher geht es hinter Kehre 14 bei Kilometer 27,3 nach links abzweigend in einer etwa zwei Kilometer

Mit Temperaturanzeige: die Einfahrt zum Hochtor-Tunnel

langen schmalen Straße auf die 2571 Meter hohe **Edelweißspitze** und damit dem höchstgelegenen Punkt der gesamten Großglocknerstraße. Die Aussicht ist überwältigend; in der Saison ist der kleine Parkplatz am Gipfel ganztägig gefüllt. Damit ist möglicherweise wegen der hohen Verkehrsdichte die Fahrt auf der Stichstraße für manchen Autofahrer schwierig. Dennoch ist es ein Muss, auf die Edelweißspitze zu fahren.
Zurück auf der Hauptstraße: nur etwa 200 Meter hinter dem Abzweig zur Edelweißspitze ist bei Kilometer 27,4 auf 2428 Meter Höhe das **Fuscher Törl** erreicht. An dieser ersten Passhöhe der Großglocknerstraße gibt es eine Gedenkstätte für die beim Bau der Straße verunglückten Arbeiter. Die Straße zieht sich in enger 180-Grad-Kurve um den 2455 Meter hohen Törlkopf herum und führt in ein breites Hochtal hinab. Nach Kehre 15 ist der **Gasthof Fuscherlacke** am gleichnamigen kleinen See erreicht (2262 m, km 29,2). Jetzt passiert man bei Kilometer 28,5 einen **Parkplatz mit Infotafeln** zu Greifvögeln, bei Kilometer 31 (2338 m), eine **Open-Air-Ausstellung** mit den wichtigsten Gesteinen der Tauern und geologischen Informationstafeln.

Spektakuläre Aussicht, Info-Tafeln inklusive: die Franz-Josephs-Höhe

Die Straße steigt jetzt bereits wieder an, führt durch den Mitteltörltunnel, dann ein längeres Stück ohne nennenswerte Kurven aufwärts und erreicht nach den Kehren 16 und 17 auf 2503 Meter Höhe bei Kilometer 33,7 den **Hochtor-Tunnel** – der untertunnelte Berg ist 2576 Meter hoch – und die Landesgrenze zu Kärnten. Hier befand sich bis ins 18. Jahrhundert der wichtigste Passübergang der Ostalpen neben Brenner und Katschberg. Hier gibt es wie am Fuscher Törl eine Einkehrmöglichkeit, des Weiteren eine **Ausstellung** zur Geschichte des Passes.

Vom Hochtor-Tunnel zur Franz-Josephs-Höhe

Nach dem Hochtor-Tunnel geht es hinab zunächst bis auf 2304 Meter, wo einsam das bewirtschaftete **Wallackhaus** (km 35,8) steht. Es trägt seinen Namen nach dem leitenden Ingenieur des Straßenbaus und war einst die Kantine der Bauarbeiter. Bei Kilometer 40 (1859 m) zweigt die Gletscherstraße zum Glocknerhaus und zur Franz-Josephs-Höhe ab, nach links geht es abwärts nach Heiligenblut. Wir fahren rechts und wieder bergauf. Vorbei geht es am **Gasthof Schöneck** (1950 m), wo ein reizvoller Rundwanderweg zur ›Wunderwelt Glocknerwiesen‹ seinen Anfang nimmt. Dann bleibt die Straße am Südhang des Wasserrad-Kopfs, bis man das Karl-Volkert-Haus passiert und gleich danach das **Glocknerhaus** auf 2136 Metern erreicht. Schon von hier blickt man überwältigt auf das Glocknermassiv, tief unten im Tal rauscht die junge Möll dem **Speichersee der Margaritze** entgegen, oberhalb liegt die Gletscherzunge der Pasterze und zieht sich die Straße durch eine beeindruckende Galerie weiter hinauf zur **Franz Josephs-Höhe**. Dort ist also nun endlich, nach 8,5 Kilometern Fahrt ab dem Abzweig auf 2370 Meter Höhe, das Innerste des mit dem Auto zugänglichen Teils Großglockners erreicht. Obwohl hier ein großes Parkhaus existiert, gibt es an der Zufahrt lange Autoschlangen, die teils bis hinab zum Glocknerhaus reichen. Vor dem Betrachter räkelt sich in ihrem Gletscherbett die schmutziggraue Zunge der Pasterze. Die **Pasterze** (slowenisch für Viehweide) ist ein typischer Talgletscher, der aber immer kleiner wird und zur Zeit nur noch neun Kilometer Länge besitzt. Ihr Nährgebiet liegt am 3453 Meter hohen Johannisberg, nördlich des Großglockners. Der Gletscher

▶ Karte S. 292/93

hat in den letzten 100 Jahren etwa 2,5 Kilometer an Länge verloren, noch um 1880 füllte er das Gebiet des heutigen Margaritzensees aus.
Überkrönt wird das Gletscherbild von der alles überragenden Doppelspitze des Großglockners mit seinen wilden, scharfkantigen Graten und steilen Abbrüchen. Am oberen Ende der Pasterze lugt der Johannisberg (3453 m) hervor, dort wo die Pasterze ihren Ursprung nimmt. Hunderttausende kommen jeden Sommer hierher, um diesen Anblick zu genießen. 1856 reiste auch der 26-jährige Kaiser Franz Joseph zusammen mit seiner Ehefrau Sisi hierher, zu Fuß hatten beide von Heiligenblut aus einen über vierstündigen Aufstieg unternommen. Zur Erinnerung daran gibt es am Weg zur nahen Wilhelm-Svarovski-Beobachtungswarte noch einen **Gedenkstein**. Im **Besucherzentrum** am Parkhaus zeigen verschiedene Ausstellungen auf mehreren Etagen alles zum Thema Großglockner (tägl. 10–17 Uhr). Auch gibt es im Besucherzentrum Österreichs höchstgelegenes **Automobilmuseum** (keine Adresse, keine Telefonnummer!).

Wanderungen im Großglocknergebiet

Schon vom Glocknerhaus aus kann man mit dem **Pasterzen-Rundweg** eine der beeindruckendsten Wanderungen der gesamten Alpen machen. Er ist ohne größere Schwierigkeiten zu bewältigen, festes Schuhwerk jedoch notwendig. Vom Glocknerhaus steigt man auf der erwähnten Gletscherwanderung zunächst etwa 130 Höhenmeter zur Margaritze hinab. Danach geht es am Ostufer des Sees südwärts und man umrundet ihn. Nun geht es steil empor zum Elisabethfelsen und über die wild brausende Möll auf einer Brücke hinweg. Dann wendet sich der Weg um den Sandersee herum zum Gletscherende und zur Talstation der Gletscherbahn, anschließend steigen wir zum Parkhaus an der Franz-Josephs-Höhe empor. Von hier geht es entweder mit dem Bus zurück (Haltestelle 400 Meter südlich, an der Asphaltstraße)

Der Margaritzensee

oder zu Fuß über einen Kehrensteig vom Parkplatz Hoher Sattel, etwas unterhalb der Bushaltestelle. Man benötigt etwa 3,5 Stunden für diese Rundwanderung.
Auf dem **Pasterzen-Gletscherweg** gelangt man direkt zum Gletscher. Ein gesicherter Steig führt von der Franz-Josephs-Höhe in 30 Minuten bergab zur Pasterze, wahlweise fährt man mit einer Standseilbahn 143 Höhenmeter hinunter. Die Talstation liegt dort, wo sich 1960 das Gletscherende befand. Am Pasterzenende gibt es einen markierten Besichtigungsbereich.
Der **Naturlehrpfad Gamsgrube** beginnt an der Franz-Josephs-Höhe. Es gibt auch von Rangern geführte kostenlose Wanderungen dorthin (Infos zu dieser und weiteren Erlebnisführungen unter 04825/6161, www.grossglockner.at). Dieser großartige Panoramaweg führt zunächst durch die ›Schatztunnel‹ mit ihren Ausstellungen zu Wasser, Gold und Mineralien und danach steil oberhalb der Pasterze entlang. Vorbei an der stillgelegten Hofmannshütte (2444 m) erreicht man bald rechts die Gamsgrube. Die Gamsgrube selbst ist ein kleineres Sonderschutzgebiet, ein Flugsandgebiet (Hochgebirgsdünen!) mit äußerst seltener, sonst nur in der Arktis und in Zentralasien vorkommender Vegetation. Der Weg endet für das Gros der Touristen nach insgesamt drei Kilometern am Wasserfallwinkel. Vielleicht kann man noch ein kleines Stück zum Wasserfallwinkel-Kees (›Kees‹ ist ein regionaler Begriff für Gletscher) gehen, doch dann ist wirklich Schluss. Nur erfahrene Bergwanderer können von hier bis zur Oberwalder Hütte auf 2968 Meter Höhe weitergehen, denn man muss den Gletscher überqueren. Die Hütte, in majestätischer Lage am Großen Burgstall gelegen, ist von Mitte Mai bis Anfang Oktober geöffnet (www.oberwalderhuette.at). Gute drei Stunden benötigt man von der Franz-Josephs-Höhe bis dorthin.
Die Franz-Josephs-Höhe ist nebenbei der Beginn des **Alpe-Adria-Trails**, eines Wanderwegs, der in 38 Tagesetappen von je etwa 17 Kilometer Länge durch Kärnten, Slowenien und Italien auf insgesamt knapp 700 Kilometern bis nach Muggia bei Triest verläuft (www.alpe-adria-trail.com). ›Wandern im Garten Eden‹ ist diese immer beliebter werdende Route überschrieben. Und in der Tat: wenige europäische Wanderwege führen durch eine solche Fülle von Landschaften. Diese Wanderung schenkt größte sinnliche Erfahrungen.

i Von Bruck zum Großglockner

Auch hier gilt, was schon an anderen Stellen hier im Buch gesagt wurde: die **Nationalpark Sommercard**, die bei den Übernachtungsbetrieben im Pinzgau im Salzachgebiet sowie in den Tauern-nahen Tälern zwischen Mai und Oktober für die Dauer des Aufenthalts kostenlos erhältlich ist, bietet kostenlose Nutzung von beispielsweise der Großglockner- oder Gerlosstraße, der Pinzgauer Lokalbahn, verschiedener Wanderbusse etc. und preisreduzierte Nutzung der lokalen Radverleiher, Canyoning etc. www.nationalpark-sommercard.at

Tourismusverband Bruck-Fusch, Raiffeisenstr. 2, 5671 Bruck, Tel. 06545/7295. www.bruck-fusch.at

Touristeninformation Fusch, Zeller Fusch 85, 5671 Fusch a.d. Glocknerstraße, Tel. 06545/7295-20. www.bruck-fusch.at

Hotel Lukashansl, Salzburger Str. 1, 5671 Bruck, Tel. 06545/7458; p.P. im DZ ab 45 Euro. Seit alters das Hotel aller Großglockner-Reisenden, zum Hotel gehört auch eine Pension (p.P. im DZ 38 Euro). www.lukashansl.at

▸ Karte S. 292/93

Hotel Wasserfall, Zeller Fusch Nr. 119, 5672 Fusch, Tel. 06546/249; p. P. im DZ 49–64 Euro. Geschätzt sind die Spezialitäten von Wild aus eigenen Jagdgründen. www.hotel-wasserfall.at

Gasthof Bärenwirt, Zeller Fusch Nr. 73, 5672 Fusch, Tel. 06546/254; p. P. im DZ 49 Euro. www.gasthof-grossglockner.com

Gasthof Tauernhaus, Ferleiten Z2, 5672 Fusch, Tel. 0664/1580100. Sehr urig und gemütlich. www.tauernhaus-ferleiten.at

Mühlauer Säge, Zeller Fusch Nr. 121, 5672 Fusch, Tel. 0664/2112823; Mai–Okt. Di–So 10–18 Uhr (Holzknechtstube). Museum nur mit Führung 10, 13 und 16 Uhr; Mitte Dezember bis April Holzknechtstube Do–So 13–18 Uhr, Museum mit Führung 13 und 16 Uhr. Außerhalb dieser Zeiten nach Vereinbarung. www.muehlauersaege.at

Wild- und Erlebnispark, 5672 Fusch (gleich neben der Mautstelle), Tel. 06546/220; Mai–Anf. Nov. tägl. 9–17 Uhr. 200 Tiere, darunter Wölfe und Bären. www.wildpark-ferleiten.at

Karte: **Kompass Wanderkarte 50 Nationalpark Hohe Tauern**, Maßstab 1:50 000.

Die Region Zell am See–Kaprun

Das Gebiet um Zell am See und Kaprun, in etwa der Mitte des Pinzgaus gelegen, ist von besonderer touristischer Attraktivität. An der Südseite des Salzachtals befinden sich mit den Stauseen des Wasserkraftwerks Kaprun und dem Kitzsteinhorn zwei der meistbesuchten touristischen Attraktionen Salzburgs. Mit Zell am See besitzt die Region aber auch einen mondänen, ganzjährig viel besuchten Ferienort. Überhaupt bietet die Region für Sommer- wie Wintersportler alle erdenklichen Möglichkeiten.

Durch seine Lage zwischen Gletscher und Dreitausendern ist Zell am See-

Alte Pracht an der Promenade in Zell

Kaprun besonders mit Wasser geradezu gesegnet. Gebirgsbäche und rauschende Wasserfälle, Speicherseen auf der Höhe und der Zeller See im Tal machen die Region zu einem Traumziel für alle, die Berge und Wasser lieben – sei es beim Schwimmen oder Segeln, beim Bootfahren, Angeln, Raften oder Canyoning. Zell und seine Umgebung liegen zusammen mit dem Zeller See im Zeller Becken, einer breiten Niederung, die Salzach- und Saalachtal miteinander verbindet.

Zell am See und Umgebung

Zell am See ist die Bezirksstadt des Pinzgau und mit knapp 10 000 Einwohnern dessen größter Ort. Als Wintersportort hat es Weltruf, als Sommerresidenz wird es seit fast 30 Jahren vor allem von vermögenden Familien aus Saudi-Arabien, den Emiraten und Kuwait viel besucht. Dazu trägt vor allem die Lage Zells am Westufer des Zeller Sees, auf einem Schwemmkegel des Schmittenbachs bei. Mit dem See und den ihn überragenden Bergen besitzt es ein einzigartiges Landschaftsbild.

Spätestens im Jahr 788 kam Zell in salzburgischen Besitz. Danach wurde hier eine Art kleiner geistlicher Außenposten begründet, eine Mönchszelle, die dem Ort seinen späteren Namen gab. Die Lage an Handelsweg über die Tauern und entlang der Salzach sowie einige Silbervorkommen der nahen Umgebung, unter anderem bei Thumersbach, brachten Zell im Mittelalter großen Wohlstand. Daher hielt man sich aus allen kriegerischen Handlungen wie dem Bauernkrieg 1525 ganz bewusst heraus. Die Vertreibung der Protestanten 1732 durch Fürsterzbischof Leopold von Firmian brachte dem Pinzgau eine große wirtschaftliche Schwächung, da es hier besonders viele Protestanten gab. Wirtschaftlichen Aufschwung kam erst durch die 1875 eingeweihte Salzburg–Tiroler-Bahn von Salzburg nach Wörgl, deren Trasse durch Zell geführt wurde. Von 1885 bis zu ihrem Tode hielt sich Kaisergattin Sisi zusammen mit ihrem Gemahl fast alljährlich in Zell auf, mit den regelmäßigen Besuchen des Kaiserpaars erfolgte der Aufstieg Zells zum Treffpunkt des Adels und anderer damals Reicher und Schöner. Und das ist es bis heute geblieben. Am Südufer des Zeller Sees liegt der Ortsteil Schüttdorf, auch Zell am See-Süd genannt. Hier leben die ›normalen‹ Bürger von Zell, hier befinden sich die wichtigsten kleinen und größeren Industriebetriebe. Das sonnenreiche Thumersbach (Zell am See-Ost), Zell gegenüber auf 756 Metern am Ostufer des Sees gelegen, ist dagegen Nobelwohnort.

Zell ist übrigens Geburtsort unter anderem des Schauspielers und Humoristen Herbert Feuerstein (1937–2020). Ferry Porsche (1909–1998), der Sohn des großen Automobilingenieurs Ferdinand Porsche und ebenfalls Ingenieur, lebte in Zell. Er ist in Schüttdorf begraben, in der Hauskapelle auf dem sogenannten Schüttgut, dem Stammsitz der Familien Porsche und Piëch. Nach ihm ist das große Veranstaltungs- und Kongresszentrum in Zell benannt, das 2007 eingeweiht wurde.

Im hübschen Zentrum

Sehenswürdigkeiten

Zells verhältnismäßig kleiner historischer Ortskern erstreckt sich zwischen dem Seeufer und der vielbefahrenen B 311. An dieser Straße liegt mitten in der Stadt das ehemalige **Schloss Rosenberg** (Brucker Bundesstr. 2). Es ist ein alter Ansitz aus dem 16. Jahrhundert, mehrmals umgebaut, ab 1842 Sitz der pinzgauischen Forstdirektion, seit 1970 Rathaus. Südlich von ihm schließt sich eine kleine Grünanlage an, **Schlossplatz** genannt. Entlang des Schlossplatzes oder nördlich davon, dem Schloss schräg gegenüber durch die Dreifaltigkeitsgasse, gelangt man zum Stadtplatz. Hier steht links der mächtige 24 Meter hohe **Vogtturm**, oft auch Kastnerturm genannt. Er ist das sicherlich älteste Profangebäude Zells, wenngleich man nichts über Bauzeit und Bauherrn weiß. Vermutlich war er der Bergfried eines nicht mehr vorhande-

Die Pfarrkirche geht im Kern auf das 12. Jahrhundert zurück

nen oder niemals ausgeführten adeligen Ansitzes. Im Turm hat das **Stadtmuseum** seinen Sitz. Ihm gegenüber befindet sich der Sitz der Bezirkshauptmannschaft, das ehemalige Pfleggericht aus dem frühen 17. Jahrhundert. Stadtplatz 5 ist das alte **Gerichtsschreiberhaus** aus dem 16. Jahrhundert.

An der Südostecke des Stadtplatzes erhebt sich die **Pfarrkirche St. Hippolyt**, sicherlich das bedeutendste historische Baudenkmal Zells und eine der ältesten Kirchen des Pinzgaus; in weiten Teilen stammt das Mauerwerk aus der Zeit um 1150. Bei der Freilegung einer bis dahin unbekannten Krypta im Jahr 1975 wurden Mauerreste einer wahrscheinlich vorchristlichen, römischen Kultstätte gefunden. Man stellt auch fest, dass diese Krypta älter als das romanische Langhaus der Kirche ist, das um die Mitte des 12. Jahrhunderts entstand. Zu was für einem Gotteshaus die Krypta einst gehörte, ist nicht geklärt. Die romanische Kirche wurde bereits im 14. Jahrhundert im Inneren im frühgotischen Stil umgebaut und erhielt eine neue Apsis sowie ein Kreuzrippengewölbe. Um 1470 entstand der 36 Meter hohe, fünfgeschossige Turm. Eindrucksvolle Freskendarstellungen im Chor und in den Seitenschiffen stammen aus dem 14. bis zum 17. Jahrhundert. Das baufällig gewordene Kreuzrippengewölbe wurde 1898 durch eine Kassettendecke ersetzt, dabei auch das barocke Interieur entfernt und zwei neugotische Altäre eingesetzt. Zumindest im Äußeren ist St. Hippolyt eine romanische Kirche geblieben. Bedeutendstes Kunstwerk im Inneren ist die Empore von 1515, die auf zwölf Marmorsäulen steht. Ihre reiche Ornamentik mit drei Kielbögen, fünf Fialen und einem höchst eleganten Maßwerk sucht im Salzburger Land ihresgleichen.

Von der Kirche geht man über die Seehofgasse zum Seeufer, entlang dessen die Eisenbahn Zell durchfährt. Es ist sicherlich weltweit für einen Kur- und Nobelort einzigartig, dass seine Seeuferpromenade durch eine stark befahrene Bahnstrecke vom unmittelbar anschließenden urbanen Bereich getrennt ist. Die **Seepromenade**, in Zell Esplanade genannt, ist einst wie jetzt ein Ort der Begegnung, der persönlichen Repräsentation und Darstellung. Entlang des Weges befinden sich viele Informationstafeln, die auf

▶ Karte S. 314

die Aufenthalte des Kaiserpaares in den 1880er Jahren Bezug nehmen. Quer zur Esplanade, auf einer kleinen Landzunge, liegt das **Grand Hotel Zell am See** mit Spielcasino, ein Bau aus den Jahren 1894 bis 1896. Das Bild des Hotels am Seeufer ist eines der berühmtesten Fotomotive des Salzburger Landes.

Wanderungen

Vom Ortsteil Thumersbach lassen sich zwei schöne Wanderungen unternehmen. Eine führt über die Jausenstation Schönblick auf die **Enzianhütte** (1300 m) und über die **Erlhofplatte** (dem ›Balkon des Pinzgau‹, 1368 m) zurück. Die reine Gehzeit beträgt etwa 4,5 Stunden.

Die zweite Tour führt über den **Maishofener Höhenweg** von Thumersbach zum Schloss Kammer in Maishofen. Von dort geht es via Unterreit und das Schloss Prielau (→ S. 318) zurück. Es gibt nur unwesentliche Anstiege, die Tour ist ein reines Vergnügen, die Gehzeit beträgt vier Stunden.

Zeller See

Der fischreiche Zeller See liegt auf 750 Meter Seehöhe, ist 3,5 Kilometer lang und etwa 1,8 Kilometer breit. Er entstand vor etwa 15 000 Jahren als Ausschürfung des Glocknergletschers. Das vom Eis ausgeschürfte und dann von den Schmelzwässern gefüllte Becken war zunächst bedeutend größer, es reichte im Norden bis Saalfelden, im Südwesten bis etwa Niedernsill. Vor 10 000 Jahren begann seine Verlandung. Die breite Talebene der Salzach zwischen Bruck und Niedernsill wie auch die Sumpflandschaften um Schüttdorf – das heutige ›Zeller Moos‹ mit seiner reichen Vogelwelt – bezeugen die ehemals größeren Ausmaße des Sees. Er entwässert in die Salzach, etwa zwei Kilometer nördlich von ihm liegt die Wasserscheide zur Saalach.

Berühmt war der See im 19. und noch zu Anfang des 20. Jahrhunderts als Lieferant von Eisblöcken für die Keller von Brauereien. Mit der Eisenbahn wurde Eis aus dem Zeller See österreich- und deutschlandweit verbracht. Heute dient der See überwiegend ganz anderen Zwecken, ist touristisches Wasserparadies zum Segeln und Wasserskifahren, zum Surfen und Standup-Paddeln. Man kann Ruder-, Tret- und Elektroboote leihen oder von Ende Mai bis Anfang November eine Panorama-Rundfahrt mit einem Ausflugsschiff machen; die Anlegestelle

Der Zeller See

befindet sich an der Esplanade nahe des Grand Hotels. Beim ›Zeller Seezauber‹, einer Licht- und Lasershow, tanzen von Juli bis Oktober an drei Abenden in der Woche bunt beleuchtete Wasserfontänen zu wechselnder Musik über den See. Sehr zu empfehlen ist die Umrundung des Sees zu Fuß. Sie umfasst 12,5 Kilometer ohne erwähnenswerte Höhenunterschiede, an der Nordspitze kann man während dieser Wanderung im aus dem 16. Jahrhundert stammenden **Schloss Prielau** – früher fürsterzbischöfliches Jagdschloss, heute Nobelherberge und -restaurant – gediegen speisen.

Schmittenhöhe

Zells Hausberg ist die 1965 Meter hohe, ganzjährig gut besuchte Schmittenhöhe. Vom Zentrum in Zell fährt man über die Schmittenstraße – deren Haus Nr. 15 ist eine architektonisch interessante Villa aus dem Jahr 1929 – hinauf bis zur Talstation der Schmittenbahn (937 m); hier gibt es auch ein Info-Zentrum. Mit der **Schmittenhöhebahn**, einer Gondelbahn, geht es bis direkt auf den Gipfel und mit dem **trassXpress**, ebenfalls einer Gondelbahn, bis zu einer Bergstation etwa 150 Meter südlich des Gipfels; der restliche Weg dorthin ist einfach. Je nach Saison und Ansturm ist mal die eine, mal die andere Bahn in Betrieb, manchmal verkehren auch beide.

Für den Wintersport gibt es noch die Areitbahn, den CityXpress und die Ebenbergbahn – all diese Bahnen enden im Süden der Schmittenhöhe, haben aber andere Talstationen (www.schmitten.at). Die 360-Grad-Rundumsicht von der Schmittenhöhe ist überwältigend. Im Süden reicht der Blick zum Großglockner und zum Kitzsteinhorn, sogar bis zum Großvenediger, im Westen über die Kitzbüheler Alpen, im Norden zum Hochkönig und zum weißlich glänzenden Tennengebirge, im Osten ragt der Dachstein auf.

Auf der Schmittenhöhe selbst gibt es ein Bergrestaurant, an Kaiserin Sisi gedenkt die **Elisabethkapelle** von 1908; offiziell geweiht ist sie allerdings der heiligen Elisabeth von Thüringen. Sisi hat mehrmals die Schmittenhöhe bestiegen. Wanderern sei der Abstieg von der Schmittenhöhe zur Talstation der Bahn

Unten Nebel, oben die Schmittenhöhe, im Hintergrund der Kamm der Hohen Tauern

▲ Karte S. 292/93

via Salersbachköpfl, Sonnkogel, Schmiedhofalm und Sonnalmempfohlen; man benötigt dafür etwa drei Stunden. Der Wanderweg zwischen Schmittenhöhe und Sonnkogel wird Höhenpromenade genannt, hier gibt es die Freiluftgalerie ›Kunst am Berg‹.

Kaprun und das Kapruner Tal

Die Kapruner Ache bildet wie unter anderem Gasteiner und Raurisertal eines der zahlreichen in Süd-Nord-Richtung verlaufenden, vom Tauernkamm herabführenden rechten Seitentäler der Salzach aus. Und wie diese Täler ist es ein Hängtal. Das bedeutet, dass es sich nicht allmählich zur Flussmündung hinab senkt. Kurz vor der Mündung befindet ich noch eine deutliche Geländestufe, die der Fluss durch eine tief eingeschnittene Klamm überwindet, die Sigmund-Thun-Klamm. Gemeinsam mit Zell am See bildet Kaprun die Tourismusregion Zell-Kaprun. Manchem wird noch die österreichische Fernsehserie ›Wolken über Kaprun‹ aus den 1960er Jahren bekannt sein, die die turbulenten privaten und beruflichen Erlebnisse eines Kraftwerksingenieurs zum Inhalt hat.

Kaprun ist Ausgangspunkt für Gondelfahrten auf das Kitzsteinhorn, das mit seiner unvergleichlichen Fernsicht und dem Ganzjahresskibetrieb unzählige Touristen anzieht und eines der Top-Ziele des ganzen Salzburger Landes ist.

Kitzsteinhorn

Zum Höhepunkt eines jeden Pinzgau-Besuchs gehört die Fahrt auf das Kitzsteinhorn, mit 3203 Metern Seehöhe höchster Gipfel im Bundesland Salzburg. Zunächst geht es von der Talstation in Kaprun (768 m) mit der Maiskogelbahn auf 1570 Meter. Dort wird in die 3-K-Bahn umgestiegen (Konnektion Kaprun-Kitzsteinhorn) und hoch zur Häuslalm

Spektakuläre Sicht vom Kitzsteinhorn

(1980 m) gefahren. Mit erneutem Umsteigen fährt man jetzt auf 2440 Meter zum Alpincenter und steigt dann in die Gipfelbahn um, der einen bis auf 3029 Meter bringt. Je nach Saison findet die Fahrt ab Häuslalm auch über die Bahnen Gletscherjet 2, 3 oder 4 statt – das Kitzsteinhorn als Ganzjahresskigebiet ist voller Gondel- und Sesselbahnen.

Ein tragisches Ereignis ist möglicherweise einer der Gründe, warum so viele Bahnen am Kitzsteinhorn zu finden sind: der Brand der Gletscherbahn Kaprun 2 am 11. November 2000. Diese Standseilbahn führte von der Talstation in der Kesselfallstraße bei einer Gesamtlänge von 3900 Metern auf einer Strecke von 3300 Metern durch einen Tunnel bergan. Im Tunnel kam es zu einem Brand im Führerstand, dem letztlich 155 Menschen durch Rauchgasvergiftung zum Opfer fielen, darunter auch der Zugführer. Die Bahn und die Talstation wurden danach demontiert und mehrere neue Bahnen gebaut.

Die Sicht von der Gipfelstation, etwa 170 Meter unterhalb des Kitzsteinhorngipfels gelegen, ist überwältigend. Im Norden erblickt man den Zeller See, links davon liegt die Schmittenhöhe, von Südosten

Burg Kaprun

grüßt der Großglockner herüber. Durch einen 362 Meter langen Tunnel gelangt man zu einer zweiten Aussichtsplattform an der Südwestecke des Berges, von dem sich ein weiteres grandioses Tauernpanorama öffnet.

Kaprun

Der Ortsname Kaprun rührt aus dem Keltischen her und bedeutet als ›chataprunnin‹ soviel wie ›wildes Wasser‹. Unter diesem Namen wurde der Ort 931 erstmalig erwähnt. Im Ort selber gibt es außer der **Burg Kaprun**, die auf das 12. Jahrhundert zurückgeht und lokaler Veranstaltungsort ist, sowie dem privaten **Oldtimermuseum** und dem **Heimatmuseum** nur wenige Sehenswürdigkeiten. Südlich, unterhalb des künstlichen Klammsees, einem Speichersee des Kraftwerks, liegt die **Sigmund-Thun-Klamm**. Sie ist mit nur etwa 350 Meter Länge und 32 Meter Tiefe vergleichsweise klein, aber sehr sehenswert. Im Juli und August gibt es nachts geführte Fackelwanderungen, Ende Mai bis Anfang September erleuchten jeweils am Freitagabend Klammlichter die Schlucht. Die Zufahrt erfolgt über Krafthausstraße/ Kesselfallstraße (Parkplatz).

▶ Karte S. 292/93

Tauernkraftwerke

Im Jahr 1928 initiierte der damalige Landeshauptmann Dr. Franz Rehrl ein gigantisches Energieprojekt, bei dem jährlich aus 3,3 Milliarden Kubikmetern Wasser aus den Tauern fast sieben Milliarden Kilowattstunden produziert werden sollten. Doch der Baubeginn zog sich aus technischen Gründen lange hin. Erst nach dem ›Anschluss‹ Österreichs wurde begonnen: Hermann Göring persönlich setzte am 16. Mai 1938 den ersten Spatenstich. Mit Beginn des Zweiten Weltkrieges stockten die Arbeiten, der Bau war als nicht kriegswichtig eingestuft, zahlreiche Ingenieure und Spezialisten waren zum Militärdienst einberufen und anderswo im Einsatz, es kam im Verlauf der Kriegsjahre immer wieder zu Materialengpässen. Zwar waren insgesamt 6300 Zwangsarbeiter eingesetzt, aber die erwähnten Schwierigkeiten und die Härte der Arbeit im kalten Hochgebirge brachte nur einen unwesentlichen Fortschritt. Das Kraftwerk war gegen Kriegsende in einer provisorischen Form mit nur geringer Energieproduktion fertiggestellt, bei der täglich nur für zwei Stunden Strom erzeugt wurde. 1947 wurde der Ausbau zum Großkraftwerk in den ursprünglichen Ausmaßen wieder aufgenommen, die Mittel dazu kamen großteils aus dem Marshallplan.

Die beiden Kraftwerke Oberstufe und Hauptstufe (an der Talstation der Maiskogelbahn) erbringen zusammen eine Leistung von 350 Megawatt. Seitdem 2011 das unterirdische Pumpspeicherkraftwerk Limberg II ans Netz gegangen ist, beträgt die erzeugte Gesamtleistung 833 Megawatt. In Planung ist ein weiteres unterirdisches Kraftwerk dieser Art. Von 1947 bis 1999 war die Tauernkraftwerke AG der Betreiber, seit 1999 ist es der VERBUND. Zum Komplex Tauernkraftwerke gehören auch Anlagen in Kärnten, unter anderem die Malta-Kölnbreinsperre. Sehr lohnend ist der Besuch des **Kraftwerk-Infozentrums** in Kaprun (Kesselfallstr. 1).

Kapruner Stauseen

Die Straße durch das Kapruner Tal ist nur bis zum **Kesselfall-Alpenhaus** (1045 m, Kesselfallstr. 98) für den privaten Verkehr freigegeben. Von dort fahren Busse weiter hinauf zu den Stauseen. Die Benutzung ist kostenpflichtig, hin und zurück einschließlich des Eintritts in die ›Erlebniswelt Strom & Eis‹ sowie mit Führung auf der Staumauer kostet es pro Erwachsenem 25 Euro (2021), für Besitzer einer gültigen Zell am See-Kaprun Sommerkarte ist der Besuch gratis. Der Bus fährt hinauf auf 1209 Meter, wo man in den **Lärchwand-Schrägaufzug** umsteigt. Dieser, 1941 konstruiert, war ursprünglich nur für den Kraftwerkbau im Einsatz. Es hat eine Spurweite von 8,20 Meter, ist damit das breiteste personenbefördernde Schienenfahrzeug der Welt und bewältigt auf 812 Meter Streckenlänge 431 Höhenmeter. Man gleitet mit ihm also bis zur Bergstation auf 1640 Meter hinauf – der Bus ist währenddessen auf der Straße dorthin hochgefahren – und fährt dann wieder mit dem Bus weiter. Es geht durch einen Tunnel, und dann ist auf 1660 Meter der **Stausee Wasserfallboden** erreicht. Nahe seines Südendes kann man an der **Fürthermoaralm** (1805 m) aussteigen oder noch über 200 Höhenmeter weiter aufwärts bis zum **Stausee Mooserboden** (2040 m) fahren. An der Fürthermoaralm gibt es das **Almkulinarium** und einen **Kräuterlehrpfad**, der in knapp einer Stunde Gehzeit bewältigt werden kann (237 Höhenmeter).
www.fuerthermoar.at

An der Bushaltestelle befinden sich das Restaurant ›Mooserboden‹ und ein 14 Meter hohes **Denkmal** aus Beton für alle, die zwischen 1947 und 1955 beim Bau des Kraftwerks ums Leben gekommen sind. Es wird ›Heidnische Kirche‹ genannt und wurde 1960 errichtet. Das Denkmal stellt den schützenden Mantel der heiligen Barbara dar, der über die Kraftwerksanlagen und das Kapruner Tal gespannt ist. Es ist über einer Felsspalte errichtet worden, von dem die Sage ging, dass jeder Mensch, der durch die enge Spalte kriecht, all seine Sünden und sein Elend ablegen kann.
Etwa 600 Meter von dem Denkmal entfernt liegt das Museum **Erlebniswelt**

Die Kapruner Stauseen

Nervenkitzel: der Lärchwand-Schrägaufzug

Strom und Eis (Tel. 0662/8832110, Mitte Juni–Mitte Okt., Eintritt frei).

Von hier führt um die Ostseite des Stausees auf der Trasse des Wanderwegs 716 ein technisch-naturkundlicher **Lehrpfad** herum; es ist eine leichte Tour ohne nennenswerte Höhenunterschiede - das Seilgeländer am Anfang hinter einer Felsenecke sollte nicht verwirren -, die bis zur Südspitze des Sees am **Mooserboden** führt; drei Stunden für den Hin- und Rückweg sollte man einplanen. Entlang des Wegs finden auch Kräuterwanderungen statt; Informationen dazu gibt der Tourismusverband.

Wer zumindest mittlere Kondition hat, steigt vom Restaurant über den Panoramaweg Sedlgrat auf unschwerem Weg zum **Kleinen Grießkogel** (2669 m) auf; der unvergleichliche Blick auf unzählige Dreitausender lohnt. In vier Stunden sind Hin- und Rückweg zu schaffen.

Die Region Zell-Kaprun

Tourismusverband Zell am See-Kaprun, Brucker Bundesstr. 1 a, 5700 Zell am See, Tel. 06542/770. www.zellamsee-kaprun.com

VERBUND Tourismus, Kesselfallstr. 98 (Alpenhaus), 5710 Kaprun, Tel. 050/51323201. www.verbund.com

Kraftwerk-Infozentrum, Kesselfallstr. 1, 5710 Kaprun, Tel. 050/31323301. www.verbund.com

Eine **Zell am See-Kaprun Sommerkarte** erhält man zwischen Mitte/Ende Mai und Mitte Oktober im Nächtigungsbetrieb, gültig für die Dauer des Aufenthalts. Mit ihr kann man u.a. kostenlos den Bus zu den Stauseen benutzen, Museen besuchen, Lifte und die Pinzgauer Lokalbahn benutzen. Viele Attraktionen liegen dabei auch außerhalb der Region Zell-Kaprun, fast kann man sagen, dass es eine Pinzgau-Karte ist, da sie diesen fast vollständig abdeckt.

Zusätzlich gibt es eine **Mobilitätskarte Pinzgau**, die zu gleichen Bedingungen erhältlich ist und alle öffentlichen Verkehrsmittel des Pinzgaus kostenlos benutzen lässt.

Hotel zum Hirschen, Dreifaltigkeitsstr. 1, 5700 Zell am See, Tel. 06542/774; p. P. im DZ 75–95 Euro. Gemütlich und dennoch elegant. www.zum-hirschen.at

▸Karte S. 292/93

Cella Central. Historisches Boutiqenhotel, Schlosspl. 5, 5700 Zell, Tel. 06542/72549; p. P. im DZ ab 80 Euro. Im 500 Jahre alten ›Weinmesserhaus‹. www.cella-central.com

Gasthof Limberghof, Bruckberg 1, 5700 Zell am See, Tel. 06542/57407; p. P. im DZ ab 45 Euro. Rustikal und behaglich, Empfehlung des Autors. www.limberghof.at

Gasthof Wieshof, Thumersbacher Str. 57, 5700 Zell am See, Tel. 06542/72457; p. P. im DZ 40–60 Euro. Direkt am Nordufer des Sees gelegen. www.wieshof.info

Hotel Gasthof Mitteregger, Schlossstr. 9, 5710 Kaprun, Tel. 06547/8207; p. P. im DZ ab 55 Euro. www.mitteregger.at

JUFA-Hotel Kaprun, Nikolaus-Gassner-Str. 51, 5710 Kaprun, Tel. 057/083640; p. P. im DZ ab 45 Euro. www.jufahotels.com

Gasthof Stangerbauer, Schaufelbergstr. 110 (am Maiskogel auf 1100 Meter gelegen), 5710 Kaprun, Tel. 06547/8804; p. P. im DZ ab 50 Euro. www.bauernhof-kaprun.at

Stadtmuseum im Vogtturm, Stadtplatz 8, 5700 Zell am See, Tel. 06542/20509 oder 0664/5862706; aktuelle Öffnungszeiten siehe Webseite. Themen u.a.: Skisport, Naturkunde. www.vogtturm.at

Sigmund-Thun-Klamm, Kesselfallstr., 5710 Kaprun, Tel. 0681/84924737; Ende Mai–Okt. tägl. 8.30–17 Uhr. www.klammkaprun.at

Vötters Oldtimer-Museum, Schlossstr. 32 (in Vötters Sporthotel), 5710 Kaprun, Tel. 06547/7134-0; Juli–Sept. tägl. 10–17 Uhr, Okt.–Juni Mo–Fr 10–17 Uhr. www.oldtimer-museum.at

Kaprun Museum, Kirchplatz 4, 5710 Kaprun, Tel. 0664/9316228; Juni–Anf. Okt. Mi, Fr, So 13–17 u. Di,Do 10–14 Uhr. Themen: Archäologie, Tourismus, Kraftwerksbau.

Karte: Kompass **Wanderkarte 50 Nationalpark Hohe Tauern**, Maßstab 1:50 000

An der Fürthermoaralm

Vom Zeller Becken zum Gerlospass

Im Allgemeinen spricht man bei den ersten 90 Flusskilometern der Salzach, von der Quelle bis Schwarzach im Pongau, von deren Oberlauf. Das folgende Kapitel beschreibt hierbei, wenn man so will, den oberen Abschnitt des Oberlaufs – vom Zeller Becken bis zum Gerlospass, wo sich nahe davon die Salzachquelle befindet – und damit den Westen des Pinzgaus.

Von Piesendorf bis ins Felbertal

Die Gegend zwischen dem Zeller Becken und Mittersill und damit auch das Felbertal ist für die meisten Reisenden bloßes Durchgangsgebiet entlang der Salzachtal-Bundesstraße B 168. Einiges durchaus Interessante, darunter viel unberührte Natur, ist aber auch hier zu finden.

Pinzgauer Lokalbahn

Bei der Pinzgauer Lokalbahn, oft auch Krimmler Bahn genannt, handelt es sich um eine Schmalspurbahn (760 mm). Sie fährt auf knapp 53 Kilometern zwischen Zell und Krimml, ist von touristischer Bedeutung, aber gleichzeitig ein traditionelles Verkehrsmittel. Nach nur gut zwei Jahren Bauzeit wurde sie 1898 eröffnet. Ursprünglich war eine Verbindung über den Gerlospass zur Zillertalbahn geplant, die sich aber letztlich nicht realisieren ließ. Mehrfach wurde die Strecke westlich von Mittersill durch Hochwasser der Salzach schwer beschädigt, so 1987, im Juli 2005 und im Juli 2014. Ab 2005 musste die Strecke gar für fünf Jahre gesperrt werden.

Ein Zug der Pinzgauer Lokalbahn im Bahnhof Krimml

▲ Karte S. 292/93

Die Züge fahren im typischen rubinrot-weißen Design des Betreibers, der Salzburg AG (www.pinzgauerlokalbahn.at).

Piesendorf

Die Piesendorfer Kirche **St. Laurentius**, eine im Kern romanische Doppelkirche, weist mit ihren Schablonenmalereien aus dem 15. Jahrhundert eine Seltenheit auf. Bei dieser Maltechnik werden Fassaden oder Decken mit übereinander gelegten Schablonen mehrfarbig gestaltet. Diese Technik ist besonders der in Böhmen verbreiteten Sgraffito-Malerei verwandt. Im Ortsteil Aufhausen, ganz im Osten, an der Stadtgrenze von Zell gelegen, gibt es mit dem **Mußbachgut** (Nr. 38) ein originales Bauernhaus aus dem 16. Jahrhundert. Westlich des Gemeindeteils Walchen erfolgte am Naglköpfl jahrhundertelang Kupfererzabbau. Der Bergbau hatte seine Blütezeit im 16. Jahrhundert, zu Beginn des 20. Jahrhunderts erfolgte für kurze Zeit eine Reaktivierung, die jedoch bald wieder beendet wurde.

Empfohlen sei der Aufstieg von Piesendorf (782 m) zur **Pinzgauer Hütte** (Einkehr- und Übernachtungsmöglichkeit) auf 1695 Meter. Die herrlichen Panoramablicke lohnen den knapp dreistündigen Aufstieg.

Zwischen Piesendorf und Niedernsill erhebt sich das markante Nagelköpfl (1090 m) über das Tal, wo Gleitschirmfliger ihren

Blick über Niedernsill

Sport betreiben. Von Walchen sei die Tour über das Nagelköpfl hinauf zum **Sonnbergtörl** (1970 m) und über die Hochsonnbergalm als große Tagesrunde zu empfehlen. Den ersten Abschnitt bis zum Naglköpfl geht man auf dem Kulturlandschaftsweg Piesendorf–Niedernsill, der Wanderer an vielen Stationen mit Natur und Historie der Gegend vertraut macht.

Niedernsill und Mühlbachtal

Einziger echter Anziehungspunkt in Niedernsill ist das **Noriker-Pferdemuseum**, das sich dem Thema Pferd und Mensch in den Tauern widmet. Für den Mangel an Sehenswürdigkeiten im Ort selbst entschädigen zwei Touren in seiner Umgebung.

Mit dem Auto fährt man nördlich, auf der Trasse des Wanderwegs 748 A, aus dem Ort heraus bis zum Wanderparkplatz oberhalb von Gaisbichl. Er liegt an der Westflanke des Steinbachgrabens auf 1100 Meter Höhe. Von hier steigt man zur **Sonnbergalm** (1842 m) auf und geht über die **Hochrainalm** (1738 m) wieder zurück; in 4,5 Stunden ist diese Tour zu schaffen. Leider gibt es keine Einkehrmöglichkeit.

Das Mühlbachtal auf der gegenüberliegenden Seite des Salzachtals ist sicher das unbekannteste der rechten Salzachtal-Täler und nicht zu verwechseln mit dem auf der Nordseite der Salzach gelegenen Mühlbachtal bei Bramberg. Es ist aber nicht weniger reizvoll. Vom Parkplatz im Niedernsiller Ortsteil Mühlbach (880 m) steigt man zunächst auf einem Sträßchen, dann über einen Almsteig über die **Schaunbergalm** (1529 m, Einkehrmöglichkeit) in 4,5 Stunden bis zur **Hackl-Hochalm** (1983 m) auf. Es gibt ein Nationalpark-Taxi von Niedernsill zur Schaunbergalm (Info beim Nationalparkzentrum in Mittersill, Tel. 06562/408490).

Uttendorf

Die Gegend um Uttendorf war schon um 2200 v. Chr., in der frühen Bronzezeit, besiedelt, wie ein Gräberfeld am Steinbühel (Steinbichl) zeigt. Nachweislich bestand hier eine Siedlung durchgehend bis ins 5. nachchristliche Jahrhundert, sie war vermutlich wegen der

Der Grünsee bei Nebel

nahen Kupfererzvorkommen entstanden. Oberhalb des Gräberfelds ist die Rekonstruktion eines **Keltendorfs** im Entstehen. Es kann besucht werden, ist aber noch nicht vollendet.

Stubachtal

Auf einer Länge von etwa 16 Kilometern zieht sich südlich von Uttendorf das Stubachtal in die Hohen Tauern hinauf. Im Tal befinden sich mehrere energieproduzierende Anlagen der Kraftwerksgruppe Stubachtal.

Bis zum Alpengasthof Enzingerboden (1468 m) kann man das Tal auf einer mautpflichtigen, teils engen Panoramastraße befahren. Dann führt die Weißsee-Gletschwelt-Bahn weiter: zur Mittelstation am **Grünsee** (1742 m) und bis zur Bergstation am **Berghotel Rudolfshütte** (2311 m) am **Weißsee** (2300 m). Beliebt und auch für Kinder geeignet ist der Abstieg von der Mittelstation zum Enzingerboden auf breiten Fahrwegen. Um den Weißsee besteht im Winter ein beliebtes Skigebiet, die Weißsee Gletscherwelt (www.gletscherwelt-weissee.at). Das 3-Sterne-Berghotel ist eines der wenigen seiner Art im hochalpinen Bereich. Der Weißsee lässt sich auf einem Panoramaweg, der auch zum unweiten **Sonnblicksees** führt, an seiner Südhälfte umwandern. Die Wasser dieses stark zurückgehenden Gletschers (zur Zeit zehn Meter pro Jahr!) speisen den Weißsee.

Der etwa Aufstieg vom Berghotel über den Kalser Tauern (2515 m) zum **Medelzkopf** (2761 m) ist vielleicht nicht schwierig, lohnt aber nur bei guter Sicht. Man benötigt etwa 2,5 Stunden. Trittsicherheit und Kondition sind erforderlich, letzteres gilt auch für den Abstieg vom Berghotel zum Grünsee via Schafbichl und Tauernmoossee (Stausee, 2023 m). Für diese Top-Tour im Pinzgau sollte man rund 3,5 Stunden veranschlagen. Nicht zu vergessen sei schließlich der nordwestlich des Enzingerbodens, im sogenannten Wiegenwald liegende winzige **Spiegelsee** (1725 m). Zusammen mit den Mooren um die südlich befindliche Schwarze Lacke ist er ein besonderes landschaftliches Kleinod. Etwa 1,5 Stunden braucht man vom Enzingerboden bis zum Spiegelsee.

▶ Karte S. 292/93

Stuhlfelden

Letzter Ort vor Mittersill ist Stuhlfelden, das einige sehenswerte Bauwerke besitzt. **Schloss Lichtenau** (Nr. 23) aus dem 15. Jahrhundert besitzt hübsche Ecktürmchen und beherbergt heute eine Sonderschule. Beim **Geigerhof** gleich daneben handelt es sich um ein 500 Jahre altes Bauernhaus, genauso wie beim **Schwaigergut** (Nr. 14). Die romanische, aber gotisierte **Pfarrkirche Maria Himmelfahrt** besitzt eine reiche Innenausstattung. Am westlichen Ortsende, unmittelbar neben der Bundesstraße, steht das **Kaiser-Franz-Denkmal**. Kaiser Franz I. ließ 1830 im westlichen Pinzgau die Salzach regulieren und senkte damit die Zahl der Überschwemmungen.

Felbertal

Bei Mittersill mündet der Felberbach in die Salzach. Durch dessen Tal sowie durch das weiter oberhalb gelegene Amerbachtal verläuft die wichtige, 1967 für den Kraftverkehr eröffnete private

Das Kaiser-Franz-Denkmal

Romantisch: die Schößwendklamm

Felbertauernstraße. Sie führt über den Tauernkamm nach Osttirol (www.felbertauernstrasse.at). Sie Straße überwindet den Kamm aber nicht, sondern durchsticht ihn mit einem Tunnel am Hochgasser. Über den Tauernkamm verlief – auf Salzburger Seite nur entlang des Felberbachs – seit alters ein Säumerweg, der das Gebirge etwas westlich des Tunnels, am **Felber Tauern**, auf 2465 Meter Höhe überquerte. Dieser Pass wurde mit gewisser Sicherheit schon zur Bronzezeit benutzt, nach dem Ende der Römerzeit in den Alpen geriet er in Vergessenheit. Vom Mittelalter bis ins 19. Jahrhundert wurde er wieder begangen. Er liegt östlich des Tauernkogels nahe der St. Pöltener Hütte und ist für Wanderer nicht ganz einfach erreichbar.

Etwa sechs Kilometer südlich von Mittersill, bei Oberfelben, passiert die B 108 eine große Werksanlage. Hier wird Wolframerz verarbeitet, das als Scheelit nicht weit davon abgebaut wird. Die Mittersiller Wolframlagerstätte ist eine der bedeutendsten der Welt (www.wolfram.at). Wolfram, das

Element mit dem höchsten Schmelzpunkt überhaupt (3422 Grad), wird zur Metallhärtung, für Speziallegierungen, Glühfäden und in der Militärtechnik verwendet. 2016 wurden 515 000 Tonnen Erz gefördert, aus denen über 4100 Tonnen Wolfram gewonnen wurde.

Gleich danach, unmittelbar nach einem Tunnel, verlässt die Bundesstraße das Tal des Felber Bachs und verläuft über eine Serpentine nach links hinauf. Eine kleine Straße führt nach rechts, entlang des Bachs, auf der Trasse des alten Säumerwegs zum Hintersee. Etwa 300 Meter nach dem Abzweig liegt an ihr rechts der Zugang zum kleinen, aber sehenswerten **Pembachfall** und links der Zugang zur sehr idyllischen **Schößwendklamm**. Dann passiert man auf 1170 Meter Höhe das **Tauernhaus Spital**, das derzeit die Wolframwerke nutzen. Nach der **Meilingeralm** – mit gemütlicher Einkehrmöglichkeit – ist bald ist der **Hintersee** (1313 m) erreicht. Der kleine See entstand 1495 durch einen Bergsturz. An seiner Südostecke, auf 1324 Metern, liegt die **Gamsblickhütte** (Einkehrmöglichkeit), die ein grandioses Bergpanorama bietet. Von ihr kann man in vier Stunden zur St. Pöltner Hütte (2481 m) aufsteigen; sie bietet Einkehr- und Übernachtungsmöglichkeit.

Wer die Felbertauernstraße weiter aufwärts fährt, erreicht etwa sieben Kilometer nach dem Abzweig den Tunnel. Die Mautstelle befindet sich nach dem Abzweig zur Schößwendklamm und zum Hintersee, auf Osttiroler Seite.

Von Piesendorf ins Felbertal

Die **Nationalpark Sommercard** ist bei den Übernachtungsbetrieben im Pinzgau zwischen Mai und Oktober für die Dauer des Aufenthalts kostenlos erhältlich. Sie bietet unentgeltliche Nutzung beispielsweise der Großglockner- und Gerlosstraße, der Pinzgauer Lokalbahn, verschiedener Wanderbusse und Preisermäßigung bei Radverleihern, beim Canyoning etc.
www.nationalpark-sommercard.at

Tourismusverband Piesendorf, Dorfstr. 263, 5721 Piesendorf, Tel. 06549/7239.
www.piesendorf.at

Tourismusverband Niedernsill, Jesdorfer Str. 1, 5722 Niedernsill, Tel. 06548/8232.
www.niedernsill.at

Tourismusverband Uttendorf-Weißsee, Schulstr. 2, 5723 Uttendorf, Tel. 06563/8279.
www.uttendorf.com

Gästehaus Klawunn, Fürth Nr. 121, 5721 Piesendorf, Tel. 06549/7349; p. P. im DZ 47–59 Euro. Mit Wellnessbereich und hauseigenem Naturbadeteich im Garten.
www.ferienhotel-kaprun.com

Hotel-Gasthof Flatscher, Dorf 1, 5724 Stuhlfelden, Tel. 06562/4244, p. P. im DZ ab 52 Euro. Im Restaurant ist das ›Flatscherpfandl‹ eine hauseigene Spezialität: Schweinefiletmedaillons an hausgemachten Butterspätzle mit Champignons-Speck-Zwiebel-Sauce und Parmesan.
www.hotelflatscher.com

Metzgerei Rumpold, Mittersiller Bundesstr. 44, 5724 Stuhlfelden, Tel. 06562/40633. Preiswerte Mittagsmenüs in angenehmer Atmosphäre, vorzüglicher Imbiss.
www.fleischhauerei-rumpold.at

Noriker Pferdemuseum, Kirchgasse 1, 5722 Niedernsill, Tel. 0664/2355129; Juli-Aug. Di u. So 10–17, Fr 13–17 Uhr; Sept.-Juni Di u. Sa 13–17 Uhr.
www.samerstall.at

Keltendorf Uttendorf, Quettensberg, 5723 Uttendorf, Tel. 0660/6229957 (Herr Cenger); Mitte Mai–Okt. Do 13–18 Uhr und nach Vereinbarung.

Karte: **Kompass Wanderkarte 50 Nationalpark Hohe Tauern**, Maßstab 1:50 000.

Karte S. 292/93

Von Mittersill zum Gerlospass

Der folgende Abschnitt behandelt den westlichsten Teil des Pinzgaus. Kurz vor der Grenze zu Tirol befindet sich mit den atemberaubenden Krimmler Wasserfällen eine der meistbesuchten Sehenswürdigkeiten nicht nur Salzburgs, sondern ganz Österreich.

■ Mittersill

Im Hauptort des Oberpinzgaus, in Mittersill (5500 Einwohner), kreuzen sich zwei wichtige Straßen: die Salzachtalstraße und die Felbertauernstraße, deren Verlängerung nach Norden die über den Pass Thurn verlaufende Verbindung nach Kitzbühel ist.

Am östlichen Ortsrand, wo die Felbertauernstraße abzweigt, befinden sich inmitten eines Kreisverkehrs die vielbestaunten **Skulpturen** eines Mannes und (vermutlich) einer Frau mit gesenktem Kopf, von den Einheimischen ›Stehbrunzer‹ genannt; der Mann lässt gerade sein Wasser, wobei die Frau ihm zusieht.

Rechts oberhalb davon erhebt sich an der Straße zum Pass Thurn **Schloss Mittersill**. Hier stand seit 1150 eine Burg, die 1526 im Bauernaufstand niedergebrannt wurde und nach 1560 neu erstand. Später war sie später in fürsterzbischöflichem Besitz. In den 1930er Jahren gehörte das Schloss einem noblen Club – viele berühmte Persönlichkeiten aus Politik, Wirtschaft und Kunst waren damals hier zu Gast. Nach 1938 zog das ›Reichsinsitut für Innerasienforschungen‹ ein, nach 1945 kam es wieder in Besitz des Clubs und erneut waren bedeutende Persönlichkeiten hier zu Gast. Seit 2009 ist es im Besitz zweier Mittersiller Familien und als gehobenes Hotel nun erstmalig öffentlich zugängig.

Mittersill besitzt einen hübschen kleinen Ortskern mit schönen historischen Häusern wie beispielsweise dem **Meilingerhaus** (Marktplatz 10), einem altes Gast- und Handelshaus. Die **Pfarrkirche St. Leonhard** wurde 1746 an anderer Stelle neu erbaut, ihr Vorgängerbau, der oft Opfer von Salzachüberschwemmungen wurde, befand sich dort, wo heute die evangelische Annakirche steht, zwischen Hintergasse und Stadtplatz.

Das Grab von Anton von Webern

Gleich hinter der Apsis der Pfarrkirche liegt auf dem **Friedhof** das Grab des Komponisten Anton von Webern (geb. 1883 in Wien). Er wurde am 15. September 1945, als er sich vor seinem Haus eine Zigarette anzünden wollte, von einem amerikanischen Besatzungssoldaten versehentlich erschossen, während im Haus eine Razzia wegen mutmaßlichem Schwarzhandel stattfand. Die genauen Umstände blieben ungeklärt. Webern war mit Alban Berg und Arnold Schönberg als Begründer der sogenannten ›Neuen Wiener Schule‹ ein wichtiger Vertreter der Zwölftontechnik. Seine Werke sind daher alles andere als eingängig oder melodiös – bis auf das orchestrale Frühwerk ›Im Sommerwind‹ von 1904 – und bei aller musikgeschichtlichen Bedeutung im Konzertsaal nie richtig heimisch geworden.

Touristenmagnet: das Nationalparkzentrum Hohe Tauern

Sehr sehenswert ist im Ortsteil **Felben** der **Felberturm**, auch Felberkasten genannt (Museumsstr. 2). Dieser Rest einer landesfürstlichen Burg stammt aus dem 12. Jahrhundert und gilt damit als ältestes Bauwerk des Oberpinzgaus. Er beherbergt zusammen mit einem alten Bauernhaus daneben das Regionalmuseum (**Felberturmmuseum**). Der Ortsteil Felben ist wegen der zahlreichen alten Häuser sehr reizvoll, auch die spätgotische **Filialkirche St. Nikolaus** lohnt wegen ihrer Innenausstattung den Besuch. Hauptattraktion in Mittersill ist aber das Nationalparkzentrum Hohe Tauern am westlichen Stadtrand, die **Nationalparkwelten**. Die fantasievoll und besonders für Familien mit Kindern anziehend gestaltete Museumswelt ist völlig zu Recht ein Touristenmagnet. Ein 3-D-Kino, Adlerflug-Panorama, interaktive Darstellungen zur Tierwelt sowie zu Bächen und vieles andere mehr faszinieren Groß und Klein. Das Museumsrestaurant Almaa kann auch ohne Museumseintritt besucht werden.

Über den etwa sechs Kilometer nordwestlich von Mittersill gelegenen, 1274 Meter hohen **Pass Thurn** verläuft die Bundesstraße 176 nach Kitzbühel. Von der Passhöhe hat man kolossale Blicke auf das Salzachtal und das Hollersbachtal. Die Passstraße verbindet Tirol mit dem Pinzgau und hat große wirtschaftliche Bedeutung.

Die Ausdehnung des Nationalparks Hohe Tauern

Das Klausengut in Hollersbach

Nationalpark Hohe Tauern

Der Nationalpark Hohe Tauern ist der größte Nationalpark nicht nur Österreichs, sondern des ganzen Alpengebiets. Er wurde 1981 als erster österreichischer Nationalpark gegründet und erstreckt sich über drei Bundesländer, allerdings umfasst er keine geschlossene Fläche, sondern besteht aus größeren und kleineren Teilzonen mit unterschiedlichem Schutzwert.

Charakteristisch für den Nationalpark sind Gletscherfelder – insgesamt rund 130 Quadratkilometer –, eiszeitlich geprägte Tallandschaften mit wuchtigen Talschlüssen, Schwemm- und Murenkegel, alpine Gras- und Strauchweiden und ausgedehnte Waldgebiete mit Lärchen, Fichten und Zirben. Er hat eine Gesamtfläche von 1856 Quadratkilometern, davon befindet sich mit 805 Quadratkilometern etwas weniger als die Hälfte auf salzburgischem Gebiet. In Osttirol liegen 611 Quadratkilometer, auf Kärntner Territorium sind es 440 Quadratkilometer. 538 Quadratkilometer des salzburgischen Anteils gehören zur am stärksten geschützten hochalpinen und ohnehin meist kaum zugänglichen Kernzone, in der keinerlei Einwirken des Menschen, auch das bloße Betreten, möglich ist. In der Außenzone findet zumindest Almwirtschaft statt.

Hollersbach und das Hollersbachtal

Fünf Kilometer westlich von Mittersill liegt Hollersbach, das seinen Namen vermutlich nach den vielen Holundersträuchern trägt, die einst hier standen. Sehenswert im Ort ist das **Bauernhaus Klausengut** (Nr. 13), ein nur wenig veränderter Bau aus dem 16. Jahrhundert. Von Hollersbach gibt es eine Panoramabahn über die Sunnseitalm auf den 1894 Meter hohen **Resterkogel**, der oft auch Resterhöhe genannt wird (www.panoramabahn.at). Um ihn erstreckt sich eines der schönsten Skigebiete der Kitzbüheler Alpen. Im Sommer bietet es viele Wandermöglichkeiten, vor allem großartige Blicke auf den Tauernkamm. Zu empfehlen ist die Tour vorbei am ›Panoramasee‹ auf den **Zweitausender** (2005 m) und den **Roßgruber** (2156 m), etwa 2,5 Stunden dauert sie. Es ist nicht anstrengend, man braucht im Gipfelbereich nur etwas Trittsicherheit.

Das etwa zwölf Kilometer lange Hollersbachtal südlich davon mag zu den weniger bekannten Tälern des Pinzgaus gehören. Entlang des Hollersbachs gibt es einen etwa vier Kilometer langen **Lehrpfad** zu Geologie und Lebewelt. Man parkt bei einem kleinen Stausee mit dem Speicherkraftwerk Hollersbach am unteren Talende beim Gasthof Seestube (880 m) und spaziert entlang des Pfads, etwas oberhalb der eigentlichen Talstraße, bequem hinauf bis zur Wirtsalm (1086 m, ohne Einkehrmöglichkeit). Für den Rückweg bietet sich die Talstraße an. Das Tal endet an einer Talstation des Materialaufzugs der **Neuen Fürther Hütte**, für die man von der Wirtsalm über die Senningerbräualm (Ende Mai–Ende Sept. Übernachtungsmöglichkeit) noch etwa 4,5 Stunden benötigt, und dem etwas höher gelegenen **Kratzenbergsee**. Dieser ist der größte Bergsee innerhalb des Nationalparks. Für Fahrten durch das Tal bis zur Materialseilbahn lässt sich, ähnlich wie beim Mühlbachtal, über das Nationalparkzentrum in Mittersill ein Wandertaxi bestellen.

Im Hollersbachtal wurde um 1590 der Abbau von Kupfererz aufgenommen, der allerdings nach etwa 60 Jahren einging und erst 1905 wieder aufgefahren wurde. Dabei fanden sich auch größere Vorkommen von Flussspat, doch war auch mit diesem Abbau 1944 Schluss. Reste alter Bergbautätigkeit sind im ganzen Tal anzutreffen.

Bramberg am Wildkogel

Viele Besucher zieht **Museum** in Bramberg am Wildkogel an, das sich mit dem Nationalpark und den Smaragden des Habachtals befasst. Besuchenswürdig ist ebenso die **Pfarrkirche St. Laurentius**. Sie birgt im Innern die ›Bramberger Pietà‹, eine Plastik aus Steinguss aus dem Jahr 1390. Sie gilt als älteste Plastik des Oberpinzgaus.

In der Mitte des Bramberger Ortsteils Mühlbach, nahe der B 165, steht das **Hans-Panzl-Denkmal**. Hans Panzl (1786–1862) war ein charismatischer jugendlicher Anführer von Bauerneinheiten und Schützenkompanien im Kampf gegen Franzosen und Bayern in den Auseinandersetzungen der Jahre 1805 und 1809 und wurde dafür in späteren Jahren viel geehrt und ausgezeichnet, unter anderem durch Zar Nikolaus I.

Westlich von Bramberg, etwas oberhalb der Straße, aber unübersehbar und genau der Mündung des Habachtals gegen-

Der Große Rettenstein

Karte S. 292/93

über, steht die **Ruine Weyer**, ehemals ein Wohn- und Wachturm aus dem frühen 13. Jahrhundert. Der Turm der Ruine soll einst sieben Stockwerke besessen haben. Der Hausberg der Gemeinde ist der 2224 Meter hohe **Wildkogel**. Auch hier gibt es ein bedeutendes Skigebiet. Seit 2010 führt bis kurz unterhalb des Gipfels die **Smaragdbahn**, eine Kabinenbahn, die den Berg ganzjährig erschließt. An der Bergstation (2083 m) beginnt die Wildkogelrodelbahn, die mit 14 Kilometern längste beleuchtete Rodelbahn der Alpen (www.wildkogel-arena.at), unterhalb, auf 2005 Meter Höhe, steht das bewirtschaftete Wildkogelhaus. Vom gesamten Areal hat man überwältigende Blicke auf die Venedigergruppe. Der Gipfel des Wildkogels ist ohne Schwierigkeiten von der Bergstation in knapp einer Stunde zu erreichen.

Das **Mühlbachtal** nördlich von Bramberg, nicht zu verwechseln mit dem Mühlbachtal bei Niedernsill, geht vom Gemeindeteil Mühlbach bis zur Baumgartenalm (1402 m), es ist ebenfalls mit Wandertaxis erschlossen. Nördlich der Baumgartenalm liegt der markante **Große Rettenstein** (2366 m). Man braucht ihn nicht zu besteigen: am schönsten wirkt er aus der Ferne, von der südlich gelegenen nahen Wimmalm.

Habachtal

Zu den bemerkenswertesten Seitentälern der Salzach gehört das Habachtal. Das etwa 14 Kilometer lange Tal, das sich aus der Venedigergruppe unterhalb des 2996 Meter hohen Schwarzkopfs nordwärts zur Salzach zieht, ist weniger landschaftlich denn als Fundort von Smaragden weltberühmt. Das Habachtal ist neben einer allerdings weniger bedeutenden Lokalität in Norwegen Europas einzige Fundstätte dieses Edelsteins. Nachweislich werden hier seit dem 17. Jahr-

Stilisierter Smaragdkristall am Eingang zum Habachtal

hunderte Smaragde gefunden, in den 1870er Jahren war es der Wiener Juwelier Samuel Goldschmidt, der ihre Ausbeutung hier betrieb. Ein berühmter 42-Karat-Smaragd der britischen Kronjuwelen stammt aus dem Habachtal und wurde von Goldschmidt zugeschliffen. Seit 1939 fand kein größer angelegter Smaragdabbau mehr statt. Heute ist die Familie Steiner aus Bramberg im Besitz einer offiziellen Lizenz, Smaragde unter anderem in alten Stollen im Gesteinsverband zu suchen, herauszulösen und touristisch zu vertreiben; ohne Lizenz ist es Sammlern erlaubt, zumindest in den Schottern des Leckbaches (→ S. 334) oder im Habach selbst nach kleinen Kristallen zu suchen.

Smaragd ist eine durch Spurengehalte von Chrom und Vanadium intensiv grün gefärbte Varietät des an sich nur blassgrünen Minerals Beryll und besitzt einen charakteristischen hexagonalen Kristallquerschnitt. Eine andere, hellblau-hellgrüne Varietät des Beryll ist der Aquamarin. Beryll bildet sich nur bei Anwesenheit von bestimmten

Die Hieburg

Gehalten von Beryllium, was im Allgemeinen nur bei granitischen Schmelzen der Fall ist. Eine solche Schmelze führt neben ihren überwiegend silikatischen Bestandteilen auch gasförmige und flüssige Phasen, die am Ende des Kristallisationsvorgangs, wenn der größte Teil der Schmelze erstarrt ist, angereichert sind. Hat nun die Ausgangsschmelze genug Berylliumgehalte besessen, kann dieses Element plötzlich anteilig in so hohem Maß vorhanden sein, dass es mit den Silikaten der Restschmelze eine eigene Mineralphase bildet, eben den Beryll. Und wenn dann noch, was selten genug passiert, auch Chrom und Vanadium dabei sind - diese kommen in granitischen Schmelzen nämlich nicht vor -, entsteht die Varietät Smaragd. Die Smaragdbildung wird unter Geologen auch heute noch vieldiskutiert.

All das Gesagte bedeutet auch, dass die geologische Situation des Habachtals sich von der in anderen Tauern- und Alpentälern unterscheidet. Die Kompliziertheit der Verhältnisse hie wie da kann im Rahmen dieses Reiseführers nicht beschrieben werden.

▲ Karte S. 292/93

Am Eingang des Habachtals begrüßt ein großer gläserner, der Form nach einem echten Smaragd formgetreu nachgebildeter Kristall den Besucher. Etwas oberhalb (850 m) liegt ein Parkplatz, das Tal kann wie auch Mühlbachtal und Hollersbachtal nicht mit eigenem Auto befahren werden. Ein **Smaragdpfad** (Lehrpfad) führt, großteils auf der Talstraße, talaufwärts, wechselt die Bachseite und gelangt schließlich zur Enzianhütte (1313 m, Juni–Sept. bewirtschaftet). Auf 1384 Metern ist der **Gasthof Alpenrose** (Mitte Mai–Mitte Okt. bewirtschaftet) erreicht. Hier kommt von links der Leckbach heran, an ihm entlang führt ein schmaler und steiler Pfad hinauf zur Südseite des Nasenkopfes, auf über 2100 Meter, zum verfallenen historischen **Smaragdbergwerk**. Es gibt auch geführte Touren dorthin, Infos beim Tourismusverband. Wer auf der Talstraße weitergeht, erreicht bald die **Moar-Alm** (1410 m, Juni–Mitte Sept.). Hier endet die Talstraße. Nur auf schmalen, steinigen Pfaden geht es weiter hinauf, bis zur **Neuen Thüringer Hütte** (2212 m, Übernachtungsmöglichkeit, www.nth-huette.at). Hier, vor der grandiosen Kulisse des Habachkees, enden alle Wege. Drei Stunden braucht man von der Alpenrose bis zur Neuen Thüringer Hütte. Bis zum Gasthof Alpenrose ist auch das Habachtal durch ein Bustaxi erschlossen, Infos bei der Ferienregion Nationalpark.

Neukirchen am Großvenediger

Trotz seines Namens liegt Neukirchen am Großvenediger nicht mittelbar am **Großvenediger**, er ist von ihm etwa 18 Kilometer Luftlinie entfernt. Doch lugt der 3657 Meter hohe Berg markant mit seiner starken Vergletscherung über dem Sulzbachtal herüber. Es ist der höchste Salzburgs, über ihn führt die Grenze zu Tirol. Das Skigebiet um den schon erwähnten Wildkogel ist auch von Neukirchen aus sehr gut mit Liften erschlossen, Neukirchen ist damit der andere bedeutende Wintersportort des Oberpinzgaus. **Schloss Hochneukirchen** (Schlossgasse 2) stammt aus dem 13. Jahrhundert, wurde aber im 16. Jahrhundert erweitert. Im 18. Jahrhundert begann es zu zerfallen, bis es die Gemeinde 1877 übernahm, die es renovieren ließ und ein Altersheim einrichtete, das bis heute besteht.

Im Gemeindeteil Rosental liegt die **Hieburg**, die schon seit dem 17. Jahrhundert Ruine ist. Sie ist recht malerisch, kann aber wegen Einsturzgefahr nicht betreten werden. Südlich oberhalb von Unterscheffau befindet sich die **Ruine Friedburg** auf einer bewaldeten Steilklippe. Die Burg wurde 1551 niedergebrannt, die wenigen Mauerreste lohnen den steilen Aufstieg eher nicht.

Mit der **Wildkogelbahn** fährt man bis zur Bergstation auf 2080 Metern und kann auch von hier Richtung Wildkogel auf bequeme Art wandern. Bei schönem Wetter loht die etwas Kondition fordernde Ganztagestour von hier über die Wolkensteinhütte zum **Frühmesser** (2233 m) und weiter zur **Geige** (2077 m), dann zurück ins Tal zu Fuß via Steinkogel und **Steineralm** (1595 m, Einkehrmöglichkeit). Es ist, so der Autor Sepp Brandl, ein »Gang auf dem Aussichtsbalkon über der Salzachfurche« und nicht allzu schwierig.

Untersulzbachtal

Vom Tauernkamm ziehen sich die beiden Sulzbachtäler zur Salzach herab. Das östliche, kleinere **Untersulzbachtal** ist etwa zwölf Kilometer lang. Der Untersulzbach überwindet am Talausgang mit einem Wasserfall eine markanten Geländestufe. Entlang der Talstraße existiert ein geologischer **Lehrpfad**, und auf 1056 Meter Höhe liegt das **Schaubergwerk Hochfeld**, das den historischen Kupfererzabbau dokumentiert. Von etwa 1530 bis um die Mitte des 19. Jahrhunderts wurde hier abgebaut. Etwa 1,5 Kilometer der insgesamt 4 Kilometer Stollenlänge sind für Besucher zugänglich. Vom Parkplatz am Gasthof Schütthof in Sulzau geht man etwas mehr als eine Stunde zum Bergwerk hinauf oder man nimmt ein Taxi

Blick von Untersulzbachtal zum Großvenediger

aus Neukirchen. Links oberhalb des Bergwerks, an der Knappenwand, liegt eine bei Mineralogen weltberühmte Fundstelle des Minerals Epidot, das hier bis zu zehn Zentimeter lange, dunkelgrüne prismatische Kristalle und Nadeln bildet. Privates Sammeln ist nicht erlaubt, die Fundstelle ist an zwei Sammlerfamilien offiziell verpachtet, diese haben das alleinige Sammelrecht. Der Aufschluss ist ohnehin nur schwer zu finden. In den Ladengewölben der Familie sind die Minerale käuflich zu erwerben.

Vom Schaubergwerk kann man weiter bis zur **Finkalm** (1385 m, Juni–Sept. bewirtschaftet) gehen und über einen kleinen Rundweg via Stockeralm wieder zur Talstraße zurückkehren; fünf Stunden sind für den Hin- und Rückweg ab Gasthof Schütthof einzuplanen. Unentwegte mit alpiner Erfahrung und Pfadfinderausbildung dringen von der Stockeralm über die unbewohnte Aschamalm noch bis zum **Gletschertor des Untersulzbachkeeses** auf 2130 Meter hinauf. Der Großvenediger selbst bleibt jedoch zumindest von hier unerreichbar.

Obersulzbachtal

Das knapp 14 Kilometer lange Obersulzbachtal liegt nur etwa 3 Kilometer westlich des Untersulzbachtals. Hier begann 1828 der Erstversuch einer Besteigung des Großvenediger durch Erzherzog Johann; leider mussten die wackeren Bergbezwinger wegen einer Lawine umkehren.

Mit dem eigenen Auto kann man bis etwas oberhalb des Blausees fahren, zum **Hopffeldboden** (1080 m). Auch dieser Ort ist bei Mineraliensammlern bekannt: als Fundpunkt verschiedener Karbonate und des sehr seltenen Yttrium-Niob-Tantal-Oxids Euxenit. Hüttentaxis durchfahren das Tal bis hinauf zur **Postalm** (1699 m, Übernachtungsmöglichkeit).

▶ Karte S. 292/93

Das Tal bietet auch einige Wandermöglichkeiten. Vom Hopffeldboden geht man talaufwärts zur Kampriesenalm und von hier an den Seebachfällen vorbei steil zur Seebachalm (1995 m) und zum **Seebachsee** (2083 m), von dort direkt zur Talstraße an der Postalm; sechs Stunden ist man hin und zurück unterwegs, einkehren kann man an der Berndlalm unterhalb der Postalm.

Lohnend, aber genauso Kondition erfordernd, ist auch die Wanderung von der Postalm zum **Foiskarsee** (zwei Stunden). Wer aber keine anstrengende Tour machen will, läuft einfach vom Hopffeldboden die Talstraße bis zur Berndlalm (Mai–Mitte Okt.) oder zur Postalm aufwärts. Entlang des wilden brodelnden Obersulzbachs ist das ein bequemer Hochgenuss; drei Stunden braucht man für die einfachen Weg zur Postalm. Oberhalb der Berndlalm ändert sich im übrigen der Talcharakter: es wird zu einem breiten Trogtal. Von der Postalm führt ein Gletscherlehrpfad in 2,5 Stunden bis zum Gletschersee (2230 m) unterhalb der **Kürsinger Hütt**e (2558 m, Übernachtungsmöglichkeit). Der Anstieg zur Hütte, der von weiter unterhalb, von der Talstation der Materialbahn, gemacht wird, erfordert Schwindelfreiheit und Trittsicherheit und sollte nur mit Bergerfahrung und als Mehrtagestour mit reservierter Übernachtung in einer oder mehreren der erwähnten Hütten gemacht werden.

Wer ausreichend alpin gerüstet ist, dringt von hier über das Obersulzbachtörl zum Großvenediger hinauf – dazu aber ist das Können sehr erfahrener und trainierter Bergsteiger erforderlich.

Krimml

Wer über den Gerlospass hinüber ins Zillertal fährt, tut dies meist über die ab Krimml mautpflichtige Gerlos-Alpenstra-

Im Winter in Hochkrimml

ße (L 113). Alternativ dazu gibt es ab Wald im Pinzgau die Alte Gerlosstraße. Dieser Abschnitt der B 165 verläuft auf der Trasse eines historischen Saumpfads. Sie ist steil, eng und recht kurvenreich und im Winter sehr oft gesperrt, was der wichtigste Grund für den Neubau 1962 war. Sie kommt kurz vor dem Gerlospass wieder mit der Alpenstraße zusammen.
Hinter Wald (885 m) steigt die L 113 plötzlich deutlich an und erreicht alsbald **Vorderkrimml** (911 m), Endstation der Pinzgauer Lokalbahn. Mit dem Bau der neuen Gerlosstraße 1962 lag Krimml mit seinen Ortsteilen plötzlich an einer wichtigen Verbindungsstraße und nicht wie zuvor im Abseits.

Dahinter passiert man das kleine **Unterkrimml**, dann folgt auf 1067 Meter Höhe **Oberkrimml**, der größte Ortsteil. Hier befinden sich am westlichen Ortsende die viel besuchten Attraktionen der **WasserWelten Krimml** und die weltberühmten **Krimmler Wasserfälle**. In den WasserWelten im Wasserfall-Infozentrum am Parkplatz darf man, so die Eigenwerbung, »Wasser in seinen aufregendsten Formen« erleben. In der tat spektakulär ist das österreichweit einzigartige Aquaszenarium, eine interaktive Projektionsshow, innerhalb derer man sich virtuell mitten im Wasserfall wiederfinden oder als Besucher scheinbar mikroskopisch verkleinert der besonderen Flora und Fauna der Tiefsee begegnen kann.

Danach geht es in Serpentinen hinauf. Recht bald erreicht man einen Aussichtspunkt über die Wasserfälle, dann folgt **Hochkrimml** (1630 m). Es liegt auf der Hochebene der Gerlosplatte, noch vor der Mautstation, die sich kurz vor der Passhöhe befindet.

Aus Krimml stammt der Schriftsteller Franz Innerhofer (1944–2002). Er erlangte vor allem durch den Roman ›Schöne Tage‹ (1974) Bekanntheit, der auch verfilmt wurde. Auch der Freiheitskämpfer Anton Wallner (um 1765–1810) kommt aus Krimml. Er war 1809 Anführer des Pinzgauer Aufstands gegen Bayern und Franzosen. Wallner gelang es zu entkommen, doch starb er bereits ein Jahr darauf in Wien an Typhus.

An den berühmten Krimmler Wasserfällen

Krimmler Wasserfälle

Es gibt kaum ein Naturwunder dieser Art in Österreich, das so bekannt ist, so sehr besucht und bestaunt wie die Krimmler Wasserfälle. Jährlich werden sie von 400 000 Personen besucht. Mit einer Fallhöhe von insgesamt 385 Metern sind sie die höchsten Österreichs. In drei etwa gleich hohen Stufen stürzen die Wassermassen hinab, zu Spitzenzeiten gut 380 000 Liter Wasser pro Sekunde. Die Wasserfälle liegen am Ausgang des Tals der Krimmler Ache, durch das seit dem Mittelalter ein Säumerpfad von und nach Italien führte. Die Krimmler Ache war bis in die jüngste Zeit als Quellfluss der Salzach angesehen, was sie aber nicht ist. Seit etwa 1890 gab es Überlegungen, den Fluss zur Energiegewinnung durch den Bau eines Wasserkraftwerks zu nutzen. Wegen der stetig wechselnden Wasserführung – die Ache ist ein Gletscherfluss – und des aufkommenden Tourismus wurden diese Überlegungen nach und nach verworfen.

Manche sprechen der Luft an den Wasserfällen Heilkraft zu, da die Wassermoleküle durch den Aufprall am Gestein negativ aufgeladen würden und beim Einatmen gut in die Atemwege dringen und diese reinigen können. Diese These ist medizinisch umstritten.

Wandertouren im Tal der Krimmler Ache

Vom Parkplatz 4 – Obacht: es gibt in Krimml mehrere Besucherparkplätze! – gleich hinter den WasserWelten kommt man in etwa zehn Minuten zum unteren Wasserfall; die beiden höher gelegenen Fälle sind nach etwa 30 bzw. 60 Minuten über den schon 1902 angelegten Wasserfallweg erreichbar. Am Gasthof ›Schönangerl‹, das sich zwischen dem mittleren und dem oberen Wasserfall befindet, haben die meisten Besucher jedoch ihre Aufstiegskapazität ausgeschöpft. Vom oberen Wasserfall (1482 m) kann man an der Ostseite der Krimmler Ache auf dem **Alten Tauernweg**, dem Säumerpfad aus der Römerzeit, über die Schönangerlalm hinab nach Oberkrimml gehen.

Im breiten Tal der Krimmler Ache lässt es sich bequem und mit nur mäßigem Anstieg zum **Krimmler Tauernhaus** (1622 m) spazieren. Mit seiner holzgetäfelten Stube aus dem 16. Jahrhundert ist es eine urige Einkehr- und Übernachtungsmöglichkeit (www.krimmler-tauernhaus.at, Tel. 0664/2612174). Vier Stunden braucht man vom Parkplatz aus über die Wasserfälle dorthin. Das Tauernhaus existiert als Gasthof seit 1389 und ist somit das älteste durchgehend bestehende Wirtshaus des Pinzgaus. Das Krimmler Tauernhaus ist auch mit dem Wandertaxi der Nationalparkverwaltung erreichbar, die Abfahrt erfolgt bei der Pizzeria ›Cascata‹ am Parkplatz 3 (Voranmeldung unter 0664/2612174).

Vom Krimmler Tauernhaus kann man weiter zum **Rainbachsee** (2404 m) aufsteigen oder zur Richterhütte (2374 m) gehen, was wegen der grandiosen Bergkulisse um die Hütte besonders lohnend ist; für beide Touren benötigt man ab

▶ Karte S. 292/93

Tauernhaus etwa drei Stunden. Eine besondere Tour geht vom Tauernhaus hoch zum Talschluss an der Innerkeesalm, auf den Kamm zur Birnlücke (2667 m) und dann zur **Birnlückenhütte** (2441 m, Übernachtungsmöglichkeit), die sich schon auf Südtirol Gebiet befindet, hoch über dem Tauferer Ahrntal. Fünf Stunden braucht man dorthin – es ist eine einzigartige Ganztageswanderung.
Krimml hat somit das einzige Gemeindegebiet des Salzburger Landes, das direkt an Italien grenzt.

Königsleiten schmiegt sich in die Berge

Um den Gerlospass

Bei Hochkrimml ist die Gerlosplatte mit dem Skigebiet um den 2039 Meter hohen Plattenkogel und die Königsleitenspitze erreicht. Die neue Straße über den Gerlospass, die seit 1962 besteht, steigt ab Wald i.P. bis zur Passhöhe bei zehn Kilometer Streckenlänge um 743 Höhenmeter auf. Kurz vor der Passhöhe (1531 m) kommt von rechts die Alte Gerlosstraße (B 165) aus Wald heran, gleich danach biegt man rechts ins **Almdorf Königsleiten** mit seinen Ferienwohnungen, Chalets und Apartements ab. Innerhalb des Almdorfs gibt es ungewöhnlicherweise eine **Sternwarte** mit dem höchstgelegenen Planetarium Europas, ein **Planetenwanderweg** erläutert das Sonnensystem. Wer in die Alte Gerlosstraße einbiegt, kommt alsbald zur Salzachbrücke. Gleiche dahinter geht nach links ein Weg ab, der flussaufwärts bis zur Salzachjochhütte und weiter zur unbewirtschafteten Salzachalm verläuft. Hier, am Osthang des Salzachgeiers, liegt um die Schwebenlacke die **Salzachquelle**, zu der allerdings kein irgendwie erkennbarer Weg führt, bestenfalls der schmale Pfad vom Salzachjoch. Das ist ein 1963 Meter hoher Sattel auf dem Kamm der Kitzbüheler Alpen, etwa 2,5 Kilometer Luftlinie südöstlich der Schwebenlacke gelegen. Die Salzach hat keine genau definierte Quelle, sondern bildet sich aus mehreren Rinnsalen.
Links erstreckt sich auf 1400 Metern der **Speicher Durlaßboden** der Kraftwerksgruppe Gerlos. An seiner Nordostecke liegen Parkplätze, doch kann man mit dem Auto bis zum Gasthof Finkau an der Südspitze des Stausees fahren, wo das Wildgerlostal beginnt. Durch dieses reizvolle Tal kann man in knapp vier Stunden zum unteren Gerlossee und bis zur **Zittauer Hütte** (2329 m, Mitte Juni–Ende Sept.) aufsteigen. Es ist ein leichte Tour. Wer größere Ansprüche hat, geht von der Zittauer Hütte in zwei Stunden über den oberen Gerlossee zum **Roßkopf** (2845 m), was etwas Trittsicherheit erfordert, aber auch nicht zu schwer ist.

Von Mittersill zum Gerlospass

Die **Nationalpark Sommercard** ist bei den Übernachtungsbetrieben im Pinzgau zwischen Mai und Oktober für die Dauer des Aufenthalts kostenlos erhältlich. Sie bietet unentgeltliche Nutzung beispielsweise der Großglockner- und Gerlosstraße, der Pinzgauer Lokalbahn, verschiedener Wanderbusse und Preisermäßigung bei Radverleihern, beim Canyoning etc.
www.nationalpark-sommercard.at

Tourismusverband Mittersill-Hollersbach-Stuhlfelden, Stadtplatz 4, 5730 Mittersill, Tel. 06562/4292. www.mittersill-tourismus.at
Ferienregion Nationalpark Hohe Tauern, Gerlosstr. 2, 5730 Mittersill, Tel. 06562/40939. www.nationalpark.at
Tourismusbüro Bramberg-Wildkogel-Arena, Stoitznergasse 3, 5733 Bramberg a. W., Tel. 0720/710730. www.wildkogel-arena.at
Tourismusbüro Neukirchen a. G., Marktstr. 171, 5741 Neukirchen a. G., Tel. 0720/710730 oder 06565/6256. www.wildkogel-arena.at
Tourismusbüro Krimml, Oberkrimml 37, 5743 Krimml, Tel. 06564/7239. www.krimml.at
Infos zu Wander- bzw. Hüttentaxis in den Tälern geben die lokalen Tourismusverbände sowie das Nationalparkzentrum in Mittersill.

Pension Schlossberg, Thalberg 51, 5730 Mittersill, Tel. 06562/4575; p. P. im DZ ab 40 Euro. Allseits geschätzt. www.pension-schlossberg.at
Landhotel Kaserer, Dorfstr. 20, 5733 Bramberg a. W., Tel. 06566/7248; p. P. im DZ ab 56 Euro (mit HP). Eine der besten Adressen im oberen Pinzgau. www.kaserer.at
Pension Kristall, Steinach Nr. 45, 5733 Bramberg a. W., Tel. 06566/7527; p. P. im DZ 30–40 Euro. www.pensionkristall.net
Hotel-Gasthof Unterbrunn, Marktstr. 26, 5741 Neukirchen a. G., Tel. 06565/6226; p. P. im DZ ab 55 Euro. Eine der besten Adressen im oberen Pinzgau. www.hotelurlaub-neukirchen.com
Gasthof Venedigerblick, Venedigersiedlung 96, 5741 Neukirchen a. G., Tel. 06565/6291; p. P. im DZ ab 38 Euro. https://venedigerblick.at
Landgasthof Kirchenwirt, Unterkrimml 75, 5743 Krimml, Tel. 06564/20463; p. P. im DZ ab 55 Euro. www.kirchenwirtzon.at www.landgasthof-kirchenwirt.at
Panoramahotel Burgeck, Oberkrimml 79, 5743 Krimml, Tel. 06564/7249; p. P. im DZ ab 47 Euro. Grandiose Blicke auf Krimml und die Wasserfälle. www.burgeck.com

Nationalparkwelten, Gerlosstr. 2, 5730 Mittersill, Tel. 06562/40939, ganzjährig tägl. 9–18 Uhr. ww.nationalparkzentrum.at
Felberturm-Museum, Museumsstr. 2, 5730 Mittersill, Tel. 0664/1253938; nach Umgestaltung Neueröffnung im Sommer 2021. Brauchtum-Geologie-Alpinismus. www.museumswelten-hohetauern.at
Museum Bramberg, Weichseldorf 27, 5733 Bramberg, Tel. 06566/7678; Juni und Okt. Di, Do und So 10–18 Uhr, Juli–Sept. So–Fr 10–18 Uhr. www.museumbramberg.at
Schaubergwerk Hochfeld, Untersulzbach Nr. 16, 5741 Neukirchen am Großvenediger, Tel. 0664/2313108 oder 06562/4084933; Führung/Besichtigung Mitte Juni–Mitte Sept. Mo–Fr 11 und 14 Uhr, Anmeldung spätestens am Vortag erforderlich. www.wildkogel-arena.at
WasserWelten Krimml, Oberkrimml 45, 5743 Krimml, Tel. 06564/20113; Mai–Ende Okt. tägl. 9–17 Uhr. www.wasserwelten-krimml.at
Mineralien und Schmuck Steiner, Steinach Nr. 12, 5733 Bramberg, Tel. 06566/7597; Mo-Sa 9–12 u. 14–18 Uhr. Eigene Edelsteinschleiferei. www.mineralien-steiner.at
Pinzgauer Mineralienmuseum und Laden Kurt Nowak, 5742 Wald im Pinzgau Nr. 48, Tel. 06565/8372; ganzjährig Mo–Fr 10–12 u. 13–18 Uhr (Laden) sowie Juni–Sept. 13–17 Uhr, außerhalb nach Voranmeldung (Museum). Schwerpunkt: unbearbeitete Mineralkristalle und Mineralstufen. Herr Nowak hat die Lizenz für das Sammeln und Bergen im Habachtal. www.pinzgauer-mineralien.at

Karte: **Kompass Wanderkarte 50 Nationalpark Hohe Tauern**, Maßstab 1:50 000.

▶ Karte S. 292/93

Das Saalachtal

Das Saalachtal und seine Seitentäler prägen den nördlichen Pinzgau zwischen Zell und Lofer. Dabei fällt auf, dass die Saalach weitgehend parallel zur Salzach verläuft: von der Quelle bis zum Zeller Becken in West-Ost-Richtung, dann knickt der Flusslauf in Süd-Nord-Richtung um, genau wie es die Salzach hinter St. Pongau tut. Die 106 Kilometer lange Saalach entspringt unterhalb des Gamshags in den Kitzbüheler Alpen, fließt durch das Glemmtal bis zum Nordrand des Zeller Beckens und biegt hier scharf nach Norden ab, passiert Saalfelden und Lofer und strömt unterhalb des Steinpasses nach Bayern hinein, bildet westlich von Salzburg die Grenze zu Bayern und mündet schließlich bei Freilassing in die Salzach.

Maishofen und das Glemmtal

Das 30 Kilometer lange Glemmtal ist der Oberlauf der Saalach und durch das Skigebiet Saalbach-Hinterglemm ein weltweit bekanntes Wintersportareal. Wo die Saalach, die in ihren ersten zehn Kilometern Lauf Saalbach heißt, nach Norden umbiegt, liegt am Talende Maishofen.

Maishofen

Auch Maishofen ist in erster Linie ein Wintersportort. Es liegt in den nördlichen Ausläufern des Zeller Beckens gleichsam in der Tiefebene. Sehr sehenswert ist in der **Pfarrkirche**, am Turmeinschnitt, der Passionsaltar von Anton Faistauer, einem der bedeutendsten österreichischen Maler in den Jahren vor 1930. Es ist nicht der Hauptaltar. Die Fresken in der kleinen **Stablbergkapelle** (beim Haus Stablberg 5) sind ebenfalls ein Werk Faistauers, er schuf sie 1909.

In Maishofen gibt es einige sehenswerte typische Pinzgauer Ansitze, sie stammen meist aus dem 17. Jahrhundert: **Schloss Saalhof** (Saalhofstr. 26), heute ein Hotel; **Stiegerschlössl** (Kammererstr. 4), heute ein Gasthaus; **Schloss Kammer** (Kammererstr. 22), heute ein Landgasthof.

Die Hügel im Norden von Maishofen sind Moränen des Glocknergletschers, der das Zeller und Saalfeldener Becken ausgeschürft hat.

Viehhofen

Erster größerer Ort im Glemmtal ist Viehhofen (856 m). Im Norden, um den Sausteigen, wurde seit der Bronzezeit (um 1500 v. Chr.) Kupfererz abgebaut. In Richtung dieses Berges, um Mitterhausalm und Jahnhütte, sind zahlreiche nicht so recht in die Landschaft passende Hügel zu erkennen – Abraumhalden jenes Bergbaus.

Die Wanderung zum **Sausteigen** (1912 m) und zum Haiderbergkogel (1875 m), zurück über Schabergkogel und Hecherhütte (Einkehrmöglichkeit), ist eine sehr schöne und nicht schwere Ganztagestour. Von Viehhofen geht die Gondelbahn des ›Zell am See Express‹ hinauf zum Salersbachköpfl, man ist damit auf gleicher Höhe wie die unweite Schmittenhöhe.

Saalbach

Saalbach (1062 m) ist der Hauptort des Glemmtals, dessen Ortschaften in der Katastralgemeinde Saalbach-Hinterglemm zusammengeschlossen sind. Hier liegt das Zentrum des Skigebiets, das auch als ›Skicircus Saalbach-Hinterglemm-Leogang‹ bekannt ist. Insgesamt gibt es 15 Seilbahnen, 17 Sesselbahnen und 24 Schlepplifte mit insgesamt 270 Kilometer Pisten aller Schwierigkeitsgrade. Saalbach war 1991 Austragungsort der alpinen Ski-WM.

Gleich neben der Pfarrkirche steht ein turmartiges mittelalterliches Gebäude

Saalbach-Hinterglemm, ein Wintersportparadies

(Skibar ›Zum Turm‹), das zusammen mit anderen Wehrbauten die Bergwerke des Tals schützte. Als Wanderung sei die Tour von hier auf dem Paschweg zum **Spielberghaus** (1311 m) an der Tiroler Grenze empfohlen; für die einfache Strecke benötigt man 2,5 Stunden. Das Spielberghaus liegt an einem alten Übergang nach Tirol. Auf der kleinen Ebene westlich davon hatte Fürsterzbischof Paris Lodron im Dreißigjährigen Krieg um 1640 eine hölzerne Verteidigungsschanze mit einem Unterbau aus Trockenmauerwerk anlegen lassen, den Bau leitete Dombaumeister Santino Solari. Den Abstieg macht man am besten über den Saalacher Panoramaweg via Panoramaalm (1650 m) und Berger Hofalm; etwa 4,5 Stunden benötigt man für Hin- und Rückweg.

Etwa fünf Kilometer weiter talaufwärts von Saalbach liegt **Hinterglemm**, dann kommt noch **Lengau**, wo die Talstraße endet. Um den Talschluss gibt es eine Menge moderner Vergnügungsmöglichkeiten, darunter einen **Baumwipfelweg**, einen **Flying Fox** und einen **Hochseilpark**.

Maishofen und das Glemmtal

Tourismusverband Maishofen, Saalhofstr. 2, 5751 Maishofen, Tel. 06542/68318-0. www.maishofen.com

Tourismusverband Saalbach-Hinterglemm, Glemmtaler Landesstr. 550, 5753 Saalbach, Tel. 06541/680068. www.saalbach.com

Die angegebenen Preise sind Sommerpreise.

Hotel Astrid, Kohlmaisliftweg 626, 5753 Saalbach, Tel. 06541/7988; p. P. im DZ ab 65 Euro (mit HP). Top-Adresse in Saalbach, bis Dezember 2021 wegen Umbaus geschlossen. www.astrid.at

Hotel Birkenhof, Haidweg 312, 5754 Hinterglemm; p. P. im DZ 69–75 Euro (mit HP). Schöne Aussicht in den Talschluss bei Hinterglemm. www.birkenhof.at

Hotel Sommerer, Safeweg 421, 5754 Hinterglemm, Tel. 0650/9851307; p. P. im DZ ab 50 Euro. Immer eine gute Entscheidung, dort zu nächtigen. www.hotel-sommerer.at

Glemmy Offroad Park und **Glemmy Ralley Karts**, Burgsteinweg, 5752 Viehhofen, Tel. 0664/3709685; geöffnet nach Anfrage. www.glemmy.at

Kartbahn Saalbach, Vorderglemm 85, 5753 Saalbach, Tel. 0676/5175630; Mit-

▶ Karte S. 292/93

te Juni–Sept. Mi–So 14–20 Uhr (nicht bei Regen). www.icekart.at

▸ Alle folgenden Attraktionen haben die gleiche Adresse: Talschlussweg 367, 5754 Hinterglemm.

Baumzipfelweg und **Golden Gate Brücke**, Tel. 06217/29029; tägl. 9.30–22 Uhr. Höchstgelegener Wipfelwanderweg Europas. www.baumzipfelweg.at

Flying Fox (2,5 km Länge, bis 120 m über dem Tal), Tel. 06217/29029; Juli/Aug. tägl. 12.30–17 Uhr, außerhalb dieser Zeiten siehe Webseite. www.hochseilpark.at

Hochseilpark, Tel. 06217/29029; Juli/Aug. tägl. 9.30–18 Uhr, außerhalb dieser Zeiten siehe Webseite. Mit 8 km Gesamtlänge größter Hochseilpark Europas. www.hochseilpark.at

Jump & Slide Park. Freestyle fun! Tel. 06217/29029; ab Mai. www.hochseilpark.at

Mystisches Teufelswasser, Tel. 06541/7190; Ende Mai–Mitte Okt. tägl. 9.30–17.30 Uhr. Origineller Wasserlehrpfad an der Lindlingalm. www.lindlingalm.at

Schnitza´s Holzpark, Tel. 0660/4248453; Anf. Juni–Mitte Sept. tägl. 9.30–17.30 Uhr. Minigolf, Balancierbalken, Holzfischen etc. www.schnitza.at

Saalfelden und das Tal der Leoganger Ache

Das Zeller Becken findet im Saalfeldener Becken seine nördliche Verlängerung. Hier mündet die Leoganger Ache in die Saalach ein, auch gibt es auch ein altes Bergbaugebiet, und natürlich ist es ebenfalls eine viel besuchte Wintersportregion.

Aus reisepraktischen Gründen wird der östliche Teil der Umgebung von Saalfelden, hinauf bis Dienten, in diesem Reiseführer im Kapitel Pongau behandelt (→ S. 228).

■ Saalfelden

Saalfelden am Steinernen Meer, wie es exakt heißt, hat fast 17 000 Einwohner und ist damit die größte Stadt des Pinzgaus, fast doppelt so groß wie die Bezirksstadt Zell am See und die drittgrößte des Landes Salzburg.

Das Saalfeldener wie das Zeller Becken sind die ältesten Siedlungsorte des Pinzgaus. Am Biberg südwestlich von Saalfelden wurde eine Keltensiedlung aus der Latène-Zeit (drittes bis erstes vorchristliches Jahrhundert) nachgewiesen; die Funde befinden sich im Keltenmuseum in Hallein.

Wie etwa in Maishofen gibt es auch in Saalfelden als Sehenswürdigkeiten einige alte Ansitze des 17. und 16. Jahrhunderts: **Schloss Dorfheim** (Dorfheimer Str. 25), heute ein Bauernhof; **Schloss Farmach** (Farmachstr. 12 a), heute ein Altersheim; **Schloss Lichtenberg** (Bachwinkl 11), ein ehemaliges Pfleggericht und heute in Privatbesitz; **Schloss Ritzen** (Ritzenseestr. 22), heute Sitz des Heimatmuseums.

Die ursprünglich gotische **Pfarrkirche St. Johannes** wurde 1811 beim großen Stadtbrand zerstört, zunächst nur gesichert und erst 1860 neoromanisch wieder aufgebaut, ihr gläserner Volksaltar kam 2006 aus dem Salzburger Dom hierher.

Nördlich der Stadt befindet sich am 990 Meter hohen Palfen eine **Einsiedelei**. Das Felsenhaus (Bachwinkl 12) ist seit Ende des 17. Jahrhunderts durchgehend jeweils von einem Einsiedler bewohnt. Der jeweilige Geistliche wird durch Kirche und Bürgermeister angelobt. Viele Menschen kommen zu ihm, um Rat zu erhalten und ihre Sorgen zu erzählen. So ist er auch Psychologe. Der letzte Einsiedler beendete 2019 aus gesundheitlichen Gründen seine Arbeit, ein neuer ist bestallt, wurde aber wegen der Corona-Pandemie bisher nicht in sein Amt eingeführt. Die Tätigkeit ist schwer: es gibt kein fließendes Wasser keinen Strom und somit kein Fernsehen, keinen Computer und keine Zentralheizung. Der Besucherparkplatz zur Einsiedelei liegt an der Lichtenbergstraße.

Leogang und Schwarzleotal

Einige Kilometer westlich von Saalfelden, im Tal der Leoganger Ache, liegt Leogang. Es wird von dem wuchtig aufragenden Massiv der Leoganger Steinberge überragt.

So wie das Tauerngold die Salzburger Fürsterzbischöfe vermögend machte, trugen die Leoganger Vorkommen von Kupfer-, Blei- und Silbererzen, insbesondere im Schwarzleotal, sehr zum Reichtum Salzburgs bei. Vom Ende des 16. bis zum Beginn des 20. Jahrhunderts fand hier Bergbau statt, wichtig wurde ab etwa 1850 der Abbau von Kobalt- und Nickelerzen.

Eine Preziose des Gotikmuseums

▶ Karte S. 292/93

Unbedingt besuchenswert ist das **Bergbau- und Gotikmuseum** im Ortsteil Hütten. Hier wurde das alte Gewerkenhaus, das alte Museum, mit dem sogenannten Thurnhaus unterirdisch verbunden, so dass ein großartiger neuer Museumskomplex entstand. Für den, der sich mit der Geschichte Salzburgs und Österreichs interessiert, ist es ein Muss, denn die bergmännische Schatz- und Wunderkammer überwältigt mit ihren Kleinoden. Das Museum zeigt in der Kollektion des verstorbenen Sammlers Rudolf Leopold einige der großartigsten gotischen Kunstwerke Österreichs.

Neben dem Museum steht die kleine **St. Anna-Kapelle**, die 1769 für die Bergleute erbaut wurde. Ihr ungewöhnliches Altarbild zeigt Szenen des Bergbaus und die Welt der Bergbauheiligen, ähnlich wie der Annenaltar im erzgebirgischen Annaberg. Im Gastgarten des Hüttwirts gleich daneben steht die 1898 gepflanzte **Kaiser-Franz-Joseph-Jubiläumslinde**.

Sehenswert ist auch die private Mineraliensammlung **Kristallkeller** im Gemeindeteil **Sonnberg**. Im südwestlich gelegenen **Schwarzleotal** befindet sich das **Schaubergwerk Leogang**, das in seinen mittelalterlichen Stollen den seit 3200 Jahren existierenden ältesten Bergbau des Salzburger Lands dokumentiert. Übrigens wurde oberhalb des Tals, an der Inschlagalpe, noch bis 1970 Magnesit abgebaut, ein Feuerfeststoff.

Der Name Leogang ist für Mineraliensammler wegen der vielen im hiesigen alten Bergbaugebiet vorkommenden seltenen Erzminerale ein Begriff. Überall im Tal trifft man auf alte Stollenmundlöcher, Bergbauhalden und verfallene Betriebsbaracken.

Das Schwarzleotal ist aber dennoch ein sehr reizvolles Tal, es bietet sich an, vom Schaubergwerk zu den nahen Almen wie der **Lindlalm** zu spazieren. In die Berge südlich des Ortes führen die Asitzbahn und die Steinbergbahn auf den Kamm der Kitzbüheler Alpen, oberhalb des Glemmtals. Die B 164 erreicht nur wenige Kilometer weiter westlich Tiroler Gebiet. Es ist die einzige Straßenverbindung zwischen Tirol und Salzburg, die ohne Passüberquerung auskommt.

Leoganger Steinberge

Das mächtige Massiv der Leoganger Steinberge zwischen Saalfelden, Leogang und Weißbach erreicht mit dem 2634 Meter hohen Birnhorn seine höchste Erhebung. Es ist bis auf wenige Wanderwege im Süden nur wenig erschlossen. Seinen Westen nimmt der Truppenübungsplatz Hochfilzen ein, der sich weit nach Norden erstreckt, bis in die Loferer Steinberge. Es ist ein Karstgebirge, ähnlich dem Tennengebirge, und dadurch voll Höhlen. Eine davon, die Lamprechtshöhle (→ S. 346), ist zugänglich.

Als Wanderung bietet sich die Tour zum **Birnbachloch** an, einer sehr schönen Karstquelle. Von Leogang fährt man dafür durch das Ullachtal bis zum Wanderparkplatz Ullachtal (878 m) und geht dann über die Jenningerhornhütte (keine Einkehrmöglichkeit) in 1,5 Stunden bis zur Karstquelle auf 1255 Meter. Das hier herausquellende Wasser hat zwischen 4 und 6 Grad und wird als Ablauf eines bisher unentdeckten Sees im Berginneren angesehen.

Vom Parkplatz in Mitterbrand (977 m) kann man in 3,5 Stunden auf den 1970 Meter hohen Plattenberg aufsteigen; es ist nicht schwierig, nur fordert es Trittsicherheit.

Für gut Konditionierte bietet sich die Tour vom Parkplatz Ullachtal auf das **Birnhorn** selbst an. Dabei empfiehlt sich die Übernachtung auf der Passauer Hütte (2033 m), denn der Hin- und Rückweg ist selbst für eine Ganztagestour zu anstrengend. Man sollte diese Wanderung mit ihren überwältigenden Felskulissen als eine der schönsten im nördlichen Pinzgau genießen und mit etwas Ruhe angehen.

Saalfelden-Leogang

Tourismusinformation Saalfelden, Mittergasse 21 a, 5760 Saalfelden, Tel. 06582/70660.
www.saalfelden-leogang.com

Eine **Saalfelden Leogang Card** erhält man, gültig für die Dauer des Aufenthalts, bei dem jeweiligen Nächtigungsbetrieb. Mit ihr hat man kostenlose Fahrt bei den Bergbahnen der Region, kann den öffentlichen Verkehr gratis nutzen und hat viele andere Vergünstigungen bei Museen, Bädern etc.
www.saalfelden-leogang.com

Die angegebenen Preise sind Sommerpreise.

Gasthof Oberbiberg, Kehlbach 2, 5760 Saalfelden, Tel. 06582/741500; p. P. im DZ 45 Euro. www.oberbiberg.at

Bergrestaurant Huggenberg, Kehlbach 21, 5760 Saalfelden, Tel. 06582/73497. Gediegenes Lokal in großartiger Lage oberhalb des Tals.
www.restaurant-saalfelden.at

Erlebnisbauernhof und Gasthof Millinghof, Sonnberg 15, 5771 Leogang, Tel. 06583/20092; Preise auf Anfrage.
www.millinghof.at

Pension Brandstatthof, Sonnberg 2, 5771 Leogang, Tel. 06583/8273; p. P. im DZ 35–50 Euro. Empfehlung des Autors.
www.brandstatthof-leogang.at

Museum Schloss Ritzen, Museumspl. 1, 5760 Saalfelden, Tel. 06582/72759; Juni–Sept. Di–So 11–17 Uhr, Okt. Do–So 11–17 Uhr. U.a. Frühgeschichte, Ortsgeschichte, Sakrales. www.museum-saalfelden.at

Bergbau- und Gotikmuseum Leogang, Hütten 10, 5771 Leogang, Tel. 06583/7105; Mai–Okt. Di–So 10–17 Uhr, Jan.–April Mi 13–17 u. Do 17–20

Uhr. Bergbaugeschichte, Kaiser Maximilian, mittelalterliche Kunstwerke, Gotiksammlung des Prof. Rudolf sowie zeitgenössische Werke von Richard Hirschbäck. www.museum-elogang.at

Schaubergwerk Leogang, Schwarzleo 3, 5771 Leogang, Tel. 06583/822330 oder 0664/3375852; geöffnet nur mit Führung Mai, Juni, Sept. und Okt. Di–So 12 u. 14 Uhr, Juli/Aug. Di–So 10–17 Uhr. https://schaubergwerk-leogang.at

Kristallkeller, Sonnberg 121, 5771 Leogang, Tel. 0664/2233432; Mo–Fr 10–18 Uhr, So nach Voranmeldung. Mineralien, Kristalle, Schnitzwerk. www.kristallkeller.at

!

Sommerrodelbahn, Kehlbach 55, 5760 Saalfelden, Tel. 06582/72173; Juni–Anf. Okt. 9–17 Uhr, bei Regen geschlossen. 1,6 km lang, 345 Höhenmeter Differenz. www.sommerrodeln-saalfelden.at

Flying Fox XXL, Hütten 39, 5771 Leogang, Tel. 06583/821957; Juni–Mitte Okt. in wechselndem Tagesrhythmus, doch jeweils von 9.30–16.30 Uhr. www.fly-xxl.at

Der Norden des Pinzgau

Den äußersten Norden des Pinzgaus nennen die Tourismusverbände Salzburger Saalachtal. Hier gibt es mit der Lamprechtshöhle und der Vorderkaserklamm einige der meistbesuchten Naturdenkmale des Landes, im Winter natürlich Skiareale und die zauberhaften Loferer Almen, die als Österreichs schönste Wanderalmen angepriesen werden.

Weißbach bei Lofer und Umgebung

Der Ort Weißbach ist zugegebenermaßen an sich nicht unbedingt sehenswert, wenngleich durchaus hübsch; viel bedeutender sind aber die Naturdenkmale in seiner näheren Umgebung. Nicht von ungefähr ist ein Teil des Gemeindegebiets als Naturpark ausgewiesen.

In der Vorderkaserklamm

▲ Karte S. 292/93

Gleich oberhalb des Ortes liegt die viel besuchte, seit 1831 dem Publikum zugängliche und 600 Meter lange **Seisenbergklamm** (www.seisenbergklamm.com), durch die sich der Weißbach hinab zur Saalach zwängt.

Nur 1,5 Kilometer nördlich von Weißbach, direkt an der Landstraße nach Lofer beim Weiler Obsthurn, befindet sich der Zugang zur **Lamprechtshöhle**. Sie wird auch Lamprechtsofenloch genannt. Mit insgesamt 56 Kilometer Gängen, die sich über 1600 Höhenmeter erstrecken, gilt die Höhle als größte des Landes Salzburg. Sie verändert durch ihre immerwährende Wasserführung nach und nach ihre Formen. 700 Meter ist die für Besucher auf 392 Stufen und 70 Höhenmetern begehbare Strecke lang, der weitaus größte Höhlenteil ist allerdings nur Wissenschaftlern zugänglich. Im Höhleninnern führt der Besucherweg gleich hinter dem Eingang durch den sogenannten ›Siphon‹, der sich bei Starkregen mit Wasser füllen und den Ausgang versperren kann.

Reizvoll ist das bei Weißbach von der Saalach nordostwärts abgehende **Hintertal**. Man kann mit dem Auto bis zum

Wanderparkplatz beim Dorf Hintertal (979 m) fahren. Lohnend ist von hier die Wanderung über das Jagdhaus Falleck (1150 m) zum **Dießbachstausee** (1415 m) oder zur **Kallbrunnalm** (1453 m). Sie ist die größte Almsiedlung im bayerisch-österreichischen Grenzgebiet und zeigt mit zahlreichen Almhütten eine besondere Vielfalt der Almwirtschaft, auch gibt es hier eine Jausenstation. Knapp 2,5 Stunden braucht man für die einfache Strecke auf gut begehbaren Wegen, teils Wirtschaftswegen. Die Alm ist auch vom Wanderparkplatz Pürzlbach, gleich oberhalb von Weißbach gelegen, in maximal 1,5 Stunden erreichbar. An der **Litzlalm** (1319 m) oberhalb des Gasthofes ›Hirschbichl‹ befindet sich die Szenerie von Onkel Ludwigs Hütte aus der ZDF-Serie ›Der Bergdoktor‹. Bis zum Gasthof fährt auch der Almerlebnisbus.

Eine attraktive Tour geht von Pürzlbach (1095 m) über die Kallbrunnalm in knapp drei Stunden zum **Seehornsee** (1779 m), von dem man in weiteren knapp zwei Stunden das **Seehorn** (2321 m) erreicht. Zumindest für diesen Abschnitt braucht man gute Kondition. Von Hintertal aus gibt es eine Fülle weiterer, doch teils recht anspruchsvoller Touren, so unter anderem zum Litzlkogel, zum Vorderberghörnl oder das Kammerlinghorn.

Nordwestlich von Weißbach liegt die **Vorderkaserklamm**. Man kann mit dem Auto bis auf 730 Meter zur Jausenstation Vorderkaserklamm fahren. Dann steigt man etwa 200 Höhenmeter recht einfach hinauf, durch die Klamm geht es nochmals 100 Meter aufwärts. Die höchst eindrucksvolle Schlucht, die über einen Rundweg begangen wird, ist 400 Meter lang und durch den hier durchbrausenden Ödenbach bis zu 80 Meter tief eingefräst. Berechnungen zeigten, dass der Bach die Kluft jährlich etwa 6 Millimeter tiefer werden lässt. Von der

Jausenstation an der Vorderkaserklamm

Jausenstation aus sei die Tour durch die Roßruckklamm auf die auf 1499 Metern gelegene **Hochkaseralm** (keine Einkehrmöglichkeit) empfohlen. Diese Wanderung dauert rund 2,5 Stunden, ist ganz leicht und führt auf eine weltferne Alm in einem überwältigenden Fels-Amphitheater.

Seisenbergklamm, Lamprechtshöhle und Vorderkaserklamm werden seitens des Tourismusverbandes zusammen als ›Saalachtaler Naturgewalten‹ deklariert (www.naturgewalten.at).

St. Martin bei Lofer

Über den 648 Meter hohen Luftenstein-Pass geht es von Weißbach nach St. Martin. Hier ist unter anderem **Schloss Grubhof** sehenswert. Es ist Geburtshaus eines der bedeutendsten österreichischen Maler seiner Zeit, Anton Faistauer (1887–1930; → S. 75). Der Ansitz aus dem 16. Jahrhundert wurde 1892 zu seiner heutigen Form umgebaut und ist heute Hotel. Oberhalb des Ortes, auf 872 Metern, liegt die **Wallfahrtskirche Maria Kirchenta**. Sie entstand 1701 nach Plänen des berühmten Baumeisters Johann Bernhard Fischer von Erlach und besitzt wegen ihrer zahllosen Votivbilder einige Berühmtheit. Das Gnadenbild ist

Schmuckes Zentrum: Lofer

eine spätgotische, gekrönte, sitzende Marienstatue, die 1691 in einem Vorgängerbau der Wallfahrtskirche eingebracht wurde. Neben der Kirche steht das eindrucksvolle **Regenshaus**. Es wurde 1694 als Unterkunft für wallfahrende Priester erbaut und später zu einer Art Altersheim für Geistliche.

Von der Kirche geht man in etwa 2,5 Stunden über den Schärdingersteig tief in die markanten Loferer Steinberge bis auf 1650 Meter zur **Prax-Eishöhle**, deren merkwürdige Eisformationen berühmt sind. Die Höhle ist nicht ganz einfach und nur kräftezehrend erreichbar. Die sehr eindrucksvolle Begehung ist nur mit Höhlenführer möglich. Für Besichtigung sowie Hin- und Rückweg sollte man einen ganzen Tag einplanen.

■ Lofer

▸ Karte S. 292/93

Lofer hat als Ausgangsort für ganzjährige Touren auf die Loferer Almen eine besondere Beliebtheit und als Kreuzungspunkt wichtiger Straßen – der von Kitzbühel über St. Johann nach Lofer und der von Bad Reichenhall über Saalfelden nach Zell am See (deutsche B 21 und österreichische B 178) – auch verkehrstechnische Bedeutung. Das Teilstück der B 178 von der A 8 bei Walserberg über Reichenhall und Schneizlreuth (deutsche B 21) bis Lofer nennt sich das ›Kleine Deutsche Eck‹. Die wuchtigen **Loferer Steinberge**, die fast 2400 Meter erreichen, überragen Lofer im Süden.

Lofer und seine Umgebung bieten für Sportbegeisterte eine Fülle an besonderen Angeboten wie Rafting, Hydrospeed, Canyoning, Klettersteige, Bogenschießen und Kajaksport. Infos entweder beim Motion Outdoor Center (www.motion.co.at) oder beim Base Camp Lofer (www.base-camp.at).

Lofer war übrigens seit den 1940er Jahren Drehort zahlreicher Filme, darunter sind: der Agententriller ›Spione sterben einsam‹ (1968) mit Richard Burton, Elizabeth Taylor und Clint Eastwood in den Hauptrollen; die Verwechslungskomödie ›Blau blüht der Enzian‹ (1973) mit Heino und Theo Lingen; die bei ihrem Erscheinen viel gesehene, doch filmkünstlerisch eher minderwertige Gebirgssex-Komödie ›Alpenglühn im Dirndlrock‹ (1974), in der Lofer Vögelbrunn heißt und in Bayern liegt. In jüngerer Zeit entstanden hier einige Folgen der ›Alpenklinik‹ (2005–2010) mit Erol Sander und vielen anderen namhaften Darstellern.

Sehenswert ist in Lofer vor allem die gotische **Pfarrkirche St. Leonhard**. Sie entstand um 1330, wurde, wie der ganze Ort, 1731 Opfer einer Feuersbrunst und wurde danach neu aufgebaut. Gotische Fresken neben dem Turmportal zeugen noch von dem ersten Bau, ansonsten gibt es barockes und neogotisches Interieur. Die meisten Häuser des kleinen historischen Zentrums stammen aus der Zeit nach dem großen Stadtbrand. Immerhin ist die **Pestsäule** aus dem Jahr 1564 erhalten. Sie ist die älteste des Salzburger Landes und befindet sich neben Haus Nr. 107. Sehenswert ist in der Ortsmitte auch das **Franzosendenkmal**, das der Ereignisse des Jahres 1809 gedenkt. Haus Nr. 1 ist das **alte Pfleggericht**, in dem Wolfgang Amadeus Mozart und sein Vater 1769 auf einer Reise Quartier machten; eine Gedenktafel erinnert daran.

Sehr sehenswert sind die Klammen östlich von Lofer. Das Holz für die Befeuerung der Reichenhaller Saline wurde überwiegend über die Saalach herangeführt. Damit auch deren aus dem Wald kommende Nebenbäche genug Wasser für die Holztrift führen konnten, wurden kleine Stauwehre angelegt. Der Schoberweißbach mit seinen seitlichen Triftpfaden lohnt besonders einen Besuch. Man erreicht ihn über den Gasthof Obermayrberg östlich des Ortsteils Au oder den Parkplatz Knappenstadl östlich von Lofer. Es gibt einen ausgewiesenen **Klammweg**.

Nur 1,5 Kilometer westlich von Lofer liegt am 675 Meter hohen **Pass Strub** die Grenze zu Tirol. Durch die Jahrhunderte bestand hier eine kleine salzburgische Grenzfestung. Sie wurde zwar 1809 von den Franzosen geschleift, einige Relikte sind jedoch erhalten.

■ Loferer Almen

Das weite, 422 Hektar große Almengebiet auf 1350 bis 1650 Meter Höhe oberhalb von Lofer schmückt sich mit dem Attribut ›Österreichs schönste Wanderalm‹. Mit den Almbahnen I und II fährt man über eine Mittelstation bis zur Bergstation auf 1350 Meter. Auf den Almen gibt es insbesondere für Familien neben den bloßen Wanderwegen ein reiches Angebot: einen Erlebnisspielplatz, einen Wasserfallweg, einen Aussichtsturm und an der Mittelstation speziell für Kinder einen Wichtel-Rundwanderweg.

Wir empfehlen insbesondere folgende Almenrundwanderung: von der Bergstation geht es zunächst zum **Grubhörndl** (1747 m), dann zum **Roten Marmorsee** und zum **Schönbühel**, weiter über das **Schönblickhaus** oberhalb der Bergstation um diese herum, dann zum **Schwarzecksattel** (1565 m) und von dort entlang des Wasserfallwegs zur **Mittelstation** (1000 m); insgesamt ist man etwa 5,5 Stunden unterwegs.

Es gibt noch weitere und auch kürzere Rundwanderwege. www.lofer.com

Die Loferer Steinberge von Unken aus gesehen

Unken

Letzte Gemeinde im Salzburger Saalachtal vor der bayerischen Grenze ist Unken. Kurz vor dem Ort liegt links oberhalb der Bundesstraße die kleine **Festung Kniepass**, die zur Zeit saniert wird. Die Zufahrt erfolgt bei dem Imbiss an der Bundesstraße. Eine historische Gedenktafel erinnert an Fürsterzbischof Markus Sittikus, der 1613 ihren Bau verfügte. Die Festung ist in Gänze erhalten.

Gleich danach kommt **Schloss Oberrain** in Sicht, ein einst erzbischöfliches Gut, heute eine Lehranstalt für Jugendliche mit Lernschwierigkeiten, dessen heutige Form aus dem Jahr 1890 stammt. Das Schloss hatte damals den gleichen Besitzer wie Schloss Grub in St. Martin, nämlich den Kunstdüngerfabrikanten Hermann Schmidtmann.

Den Besuch lohnen das **Heutal** mit seinem kleinen ›Mäander-Hochmoor‹ und das **Unkenbachtal** im Westen des Ortes. Beim Heutal fährt man hoch bis zum Gasthof ›Heutal‹ (968 m, Einkehrmöglichkeit), das Unkenbachtal ist bis zum Parkplatz Hintergföll befahrbar. Beide Täler sind stille Landschaften.

Am Steinpass (615 m) endet der Pinzgau und das Salzburger Land. Beim Rasthaus ›Steinpass‹ fährt man von der Bundesstraße nach links auf die alte Passstraße und passiert dort beim kleinen Ort Melleck die Passhöhe und die Grenze.

Das Salzburger Saalachtal

Salzburger Saalachtal Tourismus, 5090 Lofer Nr. 10, Tel. 06588/8321. www.lofer.com

Eine **Salzburger Saalachtal Card** gibt es für die Dauer des Aufenthalts beim Gastgeber. Sie bietet freien Eintritt in die Höhlen und Klamms sowie frei Fahrt mit den Almbahnen und öffentlichen Verkehrsmitteln im gesamten Pinzgau.

Ein **Almbus** verbindet die Gebiete um den Nationalpark Berchtesgaden mit dem Naturpark Weißbach (www.almerlebnisbus.com). Er fährt auch das Hintertal und den Hirschbichl an.

Gasthof Restaurant Post, 5092 St. Martin Nr. 13, Tel. 06588/85020; p.P. im DZ 44–54 Euro. Gemütlich und gut, Empfehlung des Autors. www.gasthof-post.info

Gasthof Pension Bräuschmied, Bindergasse 147, 5090 Lofer, Tel. 06588/8647; p.P. im DZ ab 42 Euro. Im Zentrum von Lofer, Zimmer mit schönen Bergblicken. www.pension-lofer.com

Restaurant Villa Egger, 5090 Lofer Nr. 16, Tel. 06588/8205; p.P. im DZ ab 43 Euro. www.villa-egger.at

Landgasthof Neuwirt, 5090 Lofer Nr. 177, Tel. 06588/8315; p.P. im DZ 50 Euro. Klein, aber fein, familiär und komfortabel. www.neuwirt-lofer.com

Naturpark Weißbach, Unterweißbach Nr. 36, 5093 Weißbach, Tel. 06582/835212. www.naturpark-weissbach.at

Seisenbergklamm, Oberweißbach Nr. 16, 5093 Weißbach; Anf. Mai–Ende Okt. tägl. 8.30–18.30 Uhr (mit Klammstüberl). www.erlebnisklamm.at

Lamprechtshöhle, Obsthurn Nr. 28, 5092 St. Martin bei Lofer, Tel. 06582/8343; Ende Mai–Anf. Nov. tägl. 8.30–19 Uhr. An der Höhle gibt es ein gutes Gasthaus. www.lamprechtshoehle.at

Vorderkaserklamm, Obsthurn Nr. 42, 5092 St. Martin bei Lofer; Mai/Juni u. Sept./Okt. tägl. 9.30–17 Uhr, Juli/Aug. tägl. 9.30–18 Uhr. www.vorderkaserklamm.at

Prax-Eishöhle, Infos bei Höhlenführer Franz Meiberger, Kreuzfeldsiedlung 328, 5090 Lofer, Tel. 06588/8510, praxeishoehle@saalachtal.net.

▲ Karte S. 292/93

Die Loferer Almen

Reisetipps von A bis Z

Anreise

Mit dem Auto: Von Deutschland aus erreicht man Salzburg über die A8 München–Salzburg und von Norden, von Passau/Schärding her, entweder auf bayerischer Seite über die B12 und die B 20 oder auf österreichischem Gebiet inn- und salzachaufwärts über die B148 und B156. Alle österreichischen Autobahnen sind mautpflichtig. Die Plakette, die man dafür benötigt, sollte man rechtzeitig vor Befahren der Autobahn erwerben – sie gibt es unter anderem an allen Tankstellen im Land, den Tourismusämtern und auch in einigen Verkaufsstellen im grenznahen deutschen Gebiet. Wer keine Plakette hat, riskiert recht hohe Geldstrafen.

Mit der Eisenbahn: Salzburg und seine Umgebung sind sehr gut mit der Eisenbahn erreichbar. Mit den Zügen der ÖBB ist die Stadt mit Budapest, Bregenz, Linz, Innsbruck, München, Wien und Zürich schnell und direkt verbunden. Der ÖBB Railjet verbindet Salzburg stündlich in nur 2:22 Std. über Linz und St. Pölten mit Wien (www.railjet.oebb.at), mit München als nächstgelegenem deutschen Großbahnhof ist es mit Zügen der Deutschen Bahn und der Bayerischen Regio Bahn (BRB, www.brb.de) in knapp zweistündiger Fahrt täglich mehr als 30mal verbunden.

Österreichische Bundesbahnen, Südtiroler Platz 1 (Hauptbahnhof), 5020 Salzburg, Tel. +43/(0)51717 (CallCenter der ÖBB). Fahrpläne: www.oebb.at

Mit dem Flugzeug: Im Bundesland Salzburg gibt es nur den Flughafen Salzburg, von dem und zu dem direkte Linienflügen zu anderen mitteleuropäischen Städten wie auch internationale außereuropäische Verbindungen existieren. Durch die guten Zugverbindungen von Salzburg nach Wien ist auch der Flughafen Wien-Schwechat eine Alternative bei der Anreise zu Luft. Weitere Informationen unter anderem zu Chartermaschinen unter www.salzburg-airport.com

Ärztliche Versorgung

In ganz Österreich gibt es ein flächendeckendes Netz von allgemeinen und fachärztlichen Praxen. Im Allgemeinen muss man als Ausländer die Kosten zunächst selbst tragen und nach der Rückkehr die Rechnung bei seiner Krankenversicherung einreichen.

Ambulanz oder Notarzt sind aus jedem Netz unter der Tel. 144 erreichbar.

Camping

Viele Campingplätze gibt es im Flachgau um die Seen, einige im Norden der Stadt Salzburg und um Hallein. Im Pongau, Lungau und Pinzgau ist ihre Dichte geringer. Aktuelle Informationen:
www.camping.info/oesterreich/salzburg

Einreiseformalitäten

Der Schengenstaat Osterreich ist von Staaten umgeben, die sämtlich ebenfalls dem Schengener Abkommen beigetreten sind. Daher bestehen keine Passkontrollen mehr, auch nicht an der Grenze zur Schweiz. Zollkontrollen sind allerdings möglich. Bei Anreisen aus Nicht-EU-Ländern informiere man sich vorab.

Essen und Trinken

Die traditionell vorzügliche Küche Österreichs ist auch in Salzburg und seinem Umland in kleinen und großen, teuren und preiswerten Gasthöfen anzutreffen. Die Empfehlungen im Textteil können daher unmöglich alle Gasthäuser und -höfe des Landes berücksichtigen und stellen nur eine begründete Auswahl dar. Wie überall, sind Trinkgelder beim Servierpersonal gern gesehen. Wer mit dem Service zufrieden war, darf durchaus zehn Prozent des Rechnungspreises dazulegen.

Feiertage

Neujahr (1.1.)
Heilige Drei Könige (6. Januar)
Karfreitag und Ostermontag

Staatsfeiertag (1. Mai)
Christi Himmelfahrt
Pfingstmontag
Fronleichnam
Maria Himmelfahrt (15. August)
Nationalfeiertag (26. Oktober)
Allerheiligen (1. November)
Maria Empfängnis (8. Dezember)
Weihnachten (25./26. Dezember).

Gesundheit

Österreich ist außerhalb der höheren Lagen der Alpen ausgewiesenes Zeckengebiet. Das Donautal in Oberösterreich und Niederösterreich ist besonders davon betroffen, das Salzburger Land dagegen nicht als Hochrisikogebiet ausgewiesen. Zeckenbisse können bis in den Herbst hinein auftreten. Eine FSME-Impfung ist daher bei allen Reisen nach Österreich anzuraten.

Golf

Dank unterschiedlicher klimatischer Bedingungen kann man in Stadt und Land Salzburg je nach Region von April bis November Golf spielen. Es gibt im Land 15 Golfclubs. Infos: www.golf.at

Haustiere

Hunde und Katzen benötigen ein tierärztliches Zeugnis und den Nachweis einer Tollwutimpfung. In Bussen und Bahnen müssen Hunde einen Maulkorb tragen sowie angeleint sein. In Parkanlagen und im Freien überhaupt müssen sie entweder angeleint sein oder einen Maulkorb tragen.

Informationen

Tourismus Salzburg GmbH, Auerspergstr. 6, 5020 Salzburg. www.salzburg.info
SalzburgerLand Tourismus, Wiener Bundesstraße 23, 5300 Hallwang bei Salzburg, Tel. 0043/(0)662/66880 und 668844 und www.salzburgerland.com. Wichtigster offizieller Ansprechpartner für alle Fragen zu Urlaub und Aufenthalt im Land.
Die **SalzburgerlandCard** bietet kostenlosen bzw. reduzierten Eintritt bei rund 190 Attraktionen im ganzen Land Salzburg, zusätzlich zu möglichen Cards einzelner Regionen, die für die Dauer der Übernachtung kostenlos erhältlich sind. In ihr ist wahlweise entweder eine 24-Stunden-Salzburg-Card oder eine Fahrt auf der Großglockner-Hochalpenstraße inkludiert. Sie gilt im Allgemeinen zwischen Mai und Oktober, ist eine Kaufkarte (d.h. unabhängig von Übernachtungen im Land) und kostet für Erwachsene 80 Euro (6 Tage) bzw. 95 Euro (12 Tage). Kinder von 4–15 Jahren zahlen 40 bzw. 47 Euro - Stand Herbst 2020.
www.salzburgerland.com
www.salzburgerlandcard.com

Internet

Die meisten der salzburgischen Hotels haben WLAN-Zugang, über das ganze Land sind zudem zahllose WLAN-Hotspots verstreut.

Öffentliche Verkehrsmittel

Es gibt ein landesweit gutes und alle Ecken abdeckendes Buslinienetz.
Infos: www.postbus.at
Im Internet lassen sich auf www.busbahnbim.at alle regionalen Fahrpläne und Verbindungen einsehen. www.salzburg-verkehr.at (Salzburger Verkehrsverbund) und www.oebb.at (Österreichische Bundesbahn) geben auch alle erforderlichen Informationen, auch zur Vorteilscard der ÖBB. Wichtigste Eisenbahnadern sind die von Salzburg nach München bzw. über Wels nach Linz und weiter nach Wien sowie die über Bischofshofen nach Wörgl in Tirol und die Tauernbahn nach Villach (Kärnten).

Öffnungszeiten

Nur in den großen Städten haben die Geschäfte durchgehend geöffnet, große Supermärkte zumeist von 9 oder 9.30 Uhr bis 19 oder 19.30 Uhr. In Österreich besteht in kleineren Orten meist eine Mittagspause von 12 bis 14.30 Uhr. Geöffnet wird meist um 8 Uhr, spätestens um 9 Uhr, geschlossen wird um 18 Uhr. Samstags ist meistens um 12 Uhr zu, sonntags generell nicht geöffnet. Ausnahme: Museums-, Kirchen- und

Klosterläden sowie Spezialitätengeschäfte, die an gastronomische Einrichtungen oder Hotels angeschlossen sind oder in touristischen Hochburgen Zell am See und St. Wolfgang liegen.

Museen haben fast immer montags geschlossen. Viele der Hotels und Gasthöfe an den Seen des Salzkammerguts bzw. des Flachgaus überhaupt machen zwischen November und März/April Pause. Das gilt auch für tiefergelegene Gebiete im Pinz- und Pongau, in denen kein Wintersport stattfindet.

Post

Briefmarken erhalt man im Allgemeinen nur auf Postämtern und in den sogenannten Tabaktrafiken, wie die besonderen Verkaufsstellen von Zigaretten und Zigarren heißen. Die Briefmarke für eine Postkarte/einen Brief von Österreich in ein anderes EU-Land kostet 0.95/1,10 Euro, ins Inland 0,60/0,80 Euro (Stand 2020).

Radfahren

Im Land Salzburg gibt es 32 Radwege, wovon die folgenden Fernradwege zu den Top-Routen gehören:

Tauernradweg: 270 Kilometer entlang von Salzach und Saalach (Krimml-Salzburg-Krimml);

Alpe-Adria-Radweg: Alpenquerung von Salzburg bis Grado an der Adria (410 km);

Enns-Radweg: 258 Kilometer von Flachau nach Enns entlang des gleichnamigen Flusses

Salzkammergut-Radweg: Auf 350 Kilometer durch das salzburgische, steirische und oberösterreichische Salzkammergut;

Murradweg: 457 Kilometer entlang des Mur vom Lungau bis nach Slowenien.

Zusätzlich gibt es kleinere Radwege in jeder Länge und allen Schwierigkeitsgraden wie den Glemmtal-Radweg (23 km), den Großarltal-Radweg (22 km), die Saalachtalrunde (21 km), den Goldberg-Radweg im Raurisertal (25 km) und viele andere.

Infos: www.salzburgerland.com/de/die-top-7-radrouten-durch-das-salzburgerland
www.salzburgrad.at
www.radlkarte.info (auch als App).

SalzburgerlandCard

Die SalzburgerlandCard bietet kostenlosen oder reduzierten Eintritt zu rund 190 Attraktionen. In ihr ist wahlweise eine 24-Stunden-Salzburg-Card oder eine Fahrt auf der Großglockner-Hochalpenstraße inkludiert. Sie gilt im Allgemeinen zwischen Mai und Oktober, ist eine Kaufkarte (also unabhängig von Übernachtungen im Land) und kostet für Erwachsene 80/95 Euro für 6/12 Tage. Kinder von 4 bis 15 Jahren zahlen 40/47 Euro (Stand Herbst 2020).

Infos: www.salzburgerland.com
www.salzburgerlandcard.com

Skifahren

Im Salzburger Land befinden sich einige der weltweit beliebtesten Skigebiete überhaupt, wobei jede Art von Wintersport (Snowboarden etc.) möglich ist. »Die Gebiete gemeinsam ergeben das größte, zusammenhängende Skigebiet der Welt. Mit einer Karte, der Salzburger Super Ski Card, kann man die ganze Saison über 2750 Kilometer Pisten unsicher machen. Dabei gilt es, 22 Gebiete zu besuchen und auch abseits der Pisten jede Menge Spaß und Herausforderungen zu finden.« So schwärmerisch klingt es seitens des Salzburger Land Tourismus. Man kann etwa am Kitzsteinhorn direkt am Gletscher skien, um die unweite Schmittenhöhe liegt ein traditionelles auch familienfreundliches Gebiet. Am Gerlospass wie im Raurisertal befinden sich weitere auch familiengerechte Pisten. Und Hinterglemm-Saalbach und Zauchensee-Altenmarkt sind zwei weitere international viel besuchte Regionen, wo auch internationale Meisterschaften ausgetragen werden.

Infos: www.salzburgerland.com/de/skifahren-im-salzburgerland

Unter dem Dachbegriff ›Ski amadé‹ bilden 25 Skiorte in den Regionen Salzburger Sportwelt, Schladming-Dachstein, Gastein, Hochkönig und Großarltal einen auch territorial zusammenhängenden Skiverbund.

Infos: www.skiamade.com

Straßen

Österreich besitzt ein sehr gut ausgebautes Straßennetz, insbesondere die Autobahnen sind in einem hervorragenden Zustand. Die Benutzung der Autobahnen ist gebührenpflichtig. Man benötigt eine Plakette (Vignette), die zum Beispiel beim ADAC, an österreichischen Tankstellen und bei den Touristenämtern erworben werden kann. Preise 2021 (Pkw): zehn Tage: 9,50 Euro, zwei Monate: 27,80 Euro, ein Jahr: 92,50 Euro. Seit 2018 gibt es die Vignette auch digital (www.asfinag.at).

Man sollte beim Fahren auf den österreichischen Autobahnen unbedingt eine solche Plakette an die Scheibe geklebt haben, denn es gibt zahlreiche Kontrollen, die bei Nichtbesitz der Plakette hohe Geldstrafen nach sich ziehen. Für größere Autobahntunnels muss eine Zusatzmaut errichtet werden.

In den Alpen sind zahlreiche Nebenstraßen, die zu touristisch interessanten Lokalitaten oder Panoramapunkten führen, ebenfalls mautpflichtig (meist 5–8 Euro). Reisende, die in den jeweiligen Regionen untergekommen sind, erhalten von ihren Vermietern oder über die Tourismusämter oft Cards, die während des ganzen Aufenthaltes verschiedene Vergünstigungen beinhalten. Mit solchen Cards ist die Benutzung der kleineren Bergstraßen oft kostenlos.

Telefonnummern/Notrufe

Vorwahl Österreich: 0043.

Medizinischer Notdienst: 141.

Feuerwehr: 122.

Polizei: 133.

Rettungsdienst: 144.

Internationaler Notdienst: 112.

Bergrettung: 140. Zusätzlich kann akustisch oder optisch das ›alpine Notsignal‹ abgegeben werden. Es erfolgt sechsmal in kurzen Abstanden bei Tag mittels Ruf oder Signalpfeife, bei Dunkelheit mit einer Taschenlampe oder ähnlichem.

Autopannendienste: OAMTC: 120, ARBO: 123.

Verkehrsvorschriften

In Österreich besteht Gurtpflicht, die Promillehöchstgrenze liegt bei 0,5. Die maximale Geschwindigkeit auf Autobahnen betragt 130 km/h (22–5 Uhr 110 km/h). Auf bestimmten Strecken kann es ein zeitweises oder permanentes Umwelt-Limit geben (erkennbar an den Buchstaben IG-L, die Immissionschutzgesetz-Luft bedeuten). Übertretungen in IG-L-Bereichen sind teurer als in ›normalen‹. 100 km/h darf man auf der Landstraße und 50 km/h innerorts fahren, wenn keine gegenteiligen Hinweise bestehen. Das Mitführen einer Warnweste für den Pannenfall ist Pflicht. Im Winter dürfen manche Strecken nur mit Schneeketten befahren werden. In Städten gibt es bei besonderer Wetterlage und Staubbelastung abweichende Geschwindigkeitsvorschriften.

Wanderungen

Salzburg bietet Wandermöglichkeiten in jedem Schwierigkeitsgrad und jeder Landschaft an – sei es in den Ebenen des Flachgau oder im hochalpinen Bereich am Tauernkamm. Die im Textteil dieses Reiseführers vorgeschlagenen Wanderungen sind subjektive Empfehlungen, im Rahmen der lokalen landschaftlichen Gegebenheiten überwiegend von leichterem Charakter und im Allgemeinen kurz gehalten. Einige bieten sich beispielsweise für Autotouristen als willkommene Reiseunterbrechung an. Die angegebenen Wanderzeiten sind grundsätzlich großzügig gerechnet, gut Konditionierte werden die einzelnen Touren in weniger als der angegebenen Zeit bewältigen. Hochalpine Bergtouren auf traditionellen Pfaden, die größere Kondition und evtl. Ausrüstung erfordern, blieben grundsätzlich unerwähnt - die nötigen Informationen zu solchen Wanderungen wie auch zu weiteren Touren im jeweiligen Gebiet entnehme man den vorzüglichen Wanderführern aus dem Bergverlag Rother (→ Literaturhinweise S. 357).

Auf folgende Fernwanderwege sei besonders hingewiesen:

Arnoweg: Dieser Weg umrundet das Bundesland Salzburg, Ausgangspunkt ist die Festung Hohensalzburg. Es sind mehrere Varianten möglich, die längste hat 1200 (!) Kilometer. Der Arnoweg wurde 1998 zur 1200-Jahr-Feier des Erzbistums geschaffen und trägt seinen Namen nach dessen erstem Erzbischof. Infos: www.arnoweg.com.
Salzburger Almenweg: Auf 350 Kilometer Länge und 31 Etappen erwandert man die schönsten Bergregionen des Salzburger Landes. Es geht von Pfarrwerfen aus am Hochkönig vorbei, über den Dientner Sattel ins Gasteinertal, dann hinüber ins Großarltal, weiter ins Kleinarltal, dann via Radstadt, Filzmoos und das Tennengebirge zurück. Infos: www.salzburger-almenweg.at.
Leonhardsweg: Dieser Weg führt vom Salzburger Dom bis zur Leonhardskirche bei Tamsweg auf 136 Kilometer Länge und ist ein traditioneller Pilgerweg, wird aber auch von Un- oder Andersgläubigen gern begangen. Infos: www.leonhardpilgerweg.at.
Pinzgauer Höhenweg: Auch Pinzgauer Spaziergang genannt, ist dieser Weg nur 25 Kilometer lang und führt oberhalb des Salzachtals in etwa 2000 Meter Höhe über die Pinzgauer Grasberge, einem Kamm, der das Salzachtal vom Glemmtal trennt. Der Start liegt an der Bergstation Schmittenhöhe, das Ende am Schattberg. Der Name lässt eine bestimmte Gemütlichkeit vermuten, die der Weg aber nicht hat. Denn die 25 Kilometer lassen sich nur in zwei bis drei Tagesetappen bewältigen.

Wettervorhersagen

Gerade für diejenigen, die eine längere Wandertour planen, ist es ratsam, die aktuelle Wettervorhersage abzurufen. Es gibt mehrere **Telefon-Tonbanddienste**:
Alpenwetter (jeweils kostenpflichtig und nur aus Österreich anwählbar): allgemein: 0900/91/1566-80; regional: 0900/91/1566-81; Ostalpen: 0900/91/1566-82.
Individuelle Auskünfte: Zentralanstalt für Meteorologie und Geodynamik (ZAMG) (www.zamg.ac.at), Tel. +43/(0)900/5301115 (für Salzburg und Oberösterreich, tägl. 8–16 Uhr).
Aktuelle Vorhersagen auch im Internet: www.wetter.at, www.wetter.orf.at.

Der Gipfelbereich des Großeck bei Mauterndorf im Lungau

Literaturhinweise

Belletristik und Sachbücher

Jacqueline und Werner Hofmann (Hg.), Salzburg. Stadt und Land. Prestel Verlag, München 1957. Die Salzburg-Begeisterung der letzten 300 Jahre als literarischer Niederschlag in Stimmen von Dichtern, Gelehrten und Weltreisenden.

Herbert Rosendorfer, Salzburg für Anfänger, dtv, München 2005. Humor- und geistvolle Plaudereien für Freunde und Feinde der Mozartstadt.

Franz Prinz zu Sayn-Wittgenstein, Salzburger Land, Prestel Verlag, München 1977. Kunst- und kulturhistorische Essays zu Land und Leuten. Auch heute noch lesenswert.

Stefan Spath, 111 Orte in Salzburg, die man gesehen haben muss. Emons Verlag, Köln 2017. Charmante, luftige Plaudereien über interessante und ungewöhnliche Orte in und um Salzburg.

Christian F. Uhlir, Im Schattenreich des Untersberges. Von Kaisern, Zwergen, Riesen und Wildfrauen, Books on Demand 2004. Sagensammlung, die auch den geistesgeschichtlichen Hintergrund der einzelnen Sagen behandelt.

Stan Wolf (d.i. Wolfgang Stadler), Steine der Macht, Novum Verlag, Berlin. 2009 begonnener, inzwischen auf zwölf Bände angewachsener Romanzyklus, der die Sagenwelt und die Zeitphänomene des Untersbergs in packender Form in einer Gegenwartshandlung thematisiert. Unbedingt lesenswert!

Stefan Zweig, Begegnungen mit Menschen, Büchern, Städten, Herbert Reichner, Wien 1937.

Stefan Zweig, Länder, Städte, Landschaften, Fischer Taschenbuch Verlag 1981. Der große Europäer Zweig beschreibt in dieser Auswahl von Essays in seiner so empathischen und kunstvollen Sprache zahlreiche europäische Städte und Regionen, darunter auch Salzburg.

Beide Titel von Stefan Zweig gibt es in Neuauflagen.

Wanderführer

Alle aus dem Bergverlag Rother, München.

Sepp Brandl, Dachstein-Tauern Ost. Radstadt-Filzmoos-Ramsau-Schladming-Sölk, 2016.

Sepp Brandl, Dachstein-Tauern West. Annaberg-Filzmoos-Radstadt-Flachau-Wagrain, 2017.

Sepp Brandl, Hohe Tauern. Nationalpark-Nord, 2017.

Sepp Brandl, Hochkönig. Steinernes Meer-Tennengebirge-Steinberge, 2018.

Sepp Brandl, Rund um Salzburg. Flachgau-Tennengau-Rupertiwinkel, 2019.

Sepp Brandl/Marc Brandl, Gasteinertal. Großarltal-Rauriser Tal-Nationalpark Hohe Tauern, 2019.

Franz Hauleitner, Salzkammergut West. Zwischen Salzburg und Bad Ischl, 2019.

Herwig Mayer, Lungau. Radstädter und Schladminger Tauern, 2020.

Rudolf Wutscher, Pinzgau. Rund um Saalbach und Zell am See, 2016.

Salzburg und das Salzburger Land im Internet

www.salzburg.info/de/magazin Online-Magazin über salzburgische Geschichte und Persönlichkeiten.

www.stadt-salzburg.at Aktuelles aus der Stadt Salzburg – Politik, Wirtschaft etc. –, herausgegeben vom Magistrat.

www.salzburg.info Alle möglichen Reiseinformationen, vor allem mit Infos zu allen Salzburg-bezogenen Apps.

www.salzburg24.at Politik, Wirtschaft, Verkehr, Klatsch und Tratsch.

www.salzburg.gv.at Informationsseite der Landesregierung,

www.sn.at Die wichtigste der Salzburger Zeitungen online.

http://www.sn.at/wiki Wikipedia-verwandtes Online-Lexikon zu Salzburg und dem Salzburger Land.

Der Autor

Gunnar Strunz, geboren 1961, ist promovierter Geologe und seit vielen Jahren als Autor tätig. Er leitet Studienreisen ins Baltikum, ins Kaliningrader Gebiet, nach Polen, Tschechien, die Slowakei und nach Österreich. Im Trescher-Verlag erschienen bisher von ihm die Reiseführer ›Königsberg-Kaliningrader Gebiet‹, ›Bratislava‹, ›Steiermark‹, ›Niederösterreich‹, ›Vorarlberg‹, ›Kärnten‹, ›Südtirol‹, ›Tirol‹ und ›Oberösterreich‹. Für den Bergverlag Rother (München) schrieb er die Wanderführer ›Masuren‹, ›Böhmerwald‹ und ›Uckermark‹. Beim Verlagshaus Würzburg erschienen von ihm (zusammen mit den renommierten Fotografen Wolfgang Korall und Ralf Freyer) Bildbände über Ostpreußen, die Burgen des Deutschen Ritterordens sowie Danzig und den Bayerischen Wald. Gunnar Strunz lebt abwechselnd in Berlin, in Feilitzsch (Oberfranken) und am Kurischen Haff.

Danksagung

An dieser Stelle möchte ich allen meinen Dank aussprechen, die mich bei den Vorbereitungen zur Buchrecherche und während des Aufenthalts in Salzburg und im Salzburger Land unterstützt haben. Hier stehen an erster Stelle die Verantwortlichen der Salzburgischen Tourismusverbände, allen voran Frau Sabrina Gangl vom SalzburgerLand Tourismus. Sie erarbeitete den umfangreichen Ablaufplan meines Aufenthalts und stellte den Kontakt zu vielen weiteren Vertretern der lokalen Tourismusverbände her, die mich sämtlich auf das Großzügigste unterstützt haben. Es sind zu nennen (in geographisch geordneter Folge): Susanne Zauner (Tourismus Salzburg), Manuela Bacher (Salzburger Seenland), Jakob Reitinger (Grödig), Hans Wieser (Wolfgangsee Tourismus), Hildegund Schirlbauer und Katharina Langmaier (Fuschlsee Region), Bernhard Schartner (Tennengau), Peter Donabauer (Filzmoos), Eva Unterrainer (Region Hochkönig), Nicole Lohfeyer (Salzburger Saalachtal), Johanna Klammer (Zell am See–Kaprun), Christine Moser und Christine Reichholf (Nationalpark Hohe Tauern), Gerhard Meister (Rauris), Harald Kohler/ Liddy van Gap (Gastein), Thomas Wirnsperger (Großarltal) und Kathrin Kocher (Salzburger Lungau).

Nicht vergessen seien der Wissenschaftler Dr. Christian F. Uhlig mit seinen umfassenden Kenntnissen der Geologie und Volkskunde des Untersbergs, der feinsinnige Stadtführer Alexander Haidenthaller (Salzburg) und der Mineraloge Gottfried Weinig (St. Johann i. P./Bad Gastein), die mein Wissen über die jeweiligen Regionen sehr erweitert haben.

Ohne all diese genannten Personen und deren Unterstützung in ideeller wie sachbezogener Weise wäre die Erstellung dieses Reiseführers nicht möglich gewesen. Dafür sei ihnen ein ganz besonderer und umfassender Dank gezollt.

Kartenregister

Bildnachweis

Alle Fotos von Gunnar Strunz, außer:
Titel: Cezary Wojtkowski/shutterstock
Vordere Klappe: canadastock/shutterstock
Hintere Klappe: canadastock/shutterstock

10o.: Salzburger Land Tourismus
8: Niki Rettenbacher/Salzburg Tourismus
10m.: ON-Photography Germany/shutterstock
10u.: Tourismusverband Fuschlseeregion
11o.: Simlinger/shutterstock
11m.: Karl Allen Lugmayer/shutterstock
11u.: Salzburger Land Tourismus
15: Salzburger Land Tourismus
16/17: Salzburger Land Tourismus
20: Salzburger Land Tourismus
24: by Paul/shutterstock
26: Christopher Broman Tak/shutterstock
27: Salzburger Land Tourismus
28: Inga Paukner Stojkov/shutterstock
30: Salzburger Land Tourismus
35: Wolfgang Sauber/wikimedia
36: Wolfgang Sauber/wikimedia
39: Salzburger Burgen und Schlösser
40: tomreplay/wikimedia
46: GFreihalter/wikimedia
65: High Contrast/wikimedia
78: Salzburger Burgen und Schlösser
79: Eweht/wikimedia
80: Francisco Peralta Terrojón/wikimedia
84/85: Salzburger Burgen und Schlösser
94: Fabio Lotti/shutterstock
96: Salzburger Burgen und Schlösser
97: Salzburger Burgen und Schlösser
98: Salzburger Land Tourismus
99: canadastock/shutterstock
103: Sergiy Palamarchuk/shutterstock
104: Salzburger Land Tourismus
106: Yuri Turkov/shutterstock
112: Salzburger Burgen und Schlösser
114: canadastock/shutterstock
121: Salzburger Land Tourismus
122: Sahara Prince/shutterstock
139: Lysippos/wikimedia
140: Uta Scholl/shutterstock
143: Yuri Turkov/shutterstock
152: Peter g at szg/wikimedia
163: EbnersWaldhofGmbH
165: Ricardolovesmonuments/wikimedia
167: Tourismusverband Fuschlseeregion
182/83: bwag/wikimedia
191: Enschiner/wikimedia
192: Sebastian Wolpers/wikimedia
193: Limnologus/wikimedia
194: Anton_Ivanov/shutterstock
197: mat_freytag/shutterstock
199: Simon Tang/shutterstock
200: Martin Erdniss/shutterstock
203: Maximilian Pawlikowsky/shutterstock
210: superpon/shutterstock
211: touch the color/shutterstock
213: Coen Weesjes/Filzmoos Tourismus
220: bikemp/shutterstock
222: Anze Furlan/shutterstock
224u.: Ondrej Bucek/shutterstock
228: Pavlo Glazkov/shutterstock
229: Patrick Daxenbichler/shutterstock
234: Matt Ledwinka/shutterstock
236: Bikemp/shutterstock
237: Sander-photography
239: Tourismusverband Großarltal
241: Tourismusverband Großarltal
244: lorian Steinberger/shutterstock
245: Th. Wirnsperger
247: bwag/wikimedia
248: aaddyy/shutterstock
250: Tupungato/shutterstock
270: Herzi Pinki/wikimedia
286: Menno van der Haven/shutterstock
287: Dorothea Witter-Rieder/wikimedia
296u.: canadastock/shutterstock
306: petrdd/shutterstock
321: Tourismusverband Zell am See-Kaprun
322: Tourismusverband Zell am See-Kaprun
323: Tourismusverband Zell am See-Kaprun
324: Björn Keith/shutterstock
325: Sasenki/shutterstock
330o.: Salzburger Land Tourismus
330/Karte: anitagraser/wikimedia
331: HGT64/wikimedia
334: wald1siedel/wikimedia
335: Christian Peters/shutterstock
337: Volker Rauch/shutterstock

Kartenlegende

- Autofähre
- Bahnhof
- Bank
- Bar
- Brunnen
- Burg/Festung
- Burgruine
- Busbahnhof
- Café/Kaffeehäuser
- Campingplatz
- Denkmal
- Dorfkirche
- Fähre
- Flughafen
- Hafen
- Höhle
- Hotel
- Internetcafé
- Kino
- Kirche
- Kloster
- Klosterruine
- Krankenhaus
- Leuchtturm
- Markt
- Moschee
- Museum
- Naturschutzgebiet
- Oper
- Parken
- Parkhaus
- Post
- Restaurant
- Ruine/Ausgrabungs stätte
- Segeln
- Sehenswürdigkeit
- Seilbahn
- Strand
- Supermarkt
- Synagoge
- Theater
- Tor
- Touristeninformation
- Turm
- Zoo
- Sehenswürdigkeit
- Burg
- Kirche
- Friedhof
- Zeltplatz
- Berggipfel
- Seilbahn
- Autobahn
- Schnellstraße
- Hauptstraße
- sonstige Straßen
- E 65 Europastraße
- A 65 Autobahn
- 243 Bundesstraße
- Eisenbahn
- Grenzübergang
- Staatsgrenze
- Hauptstadt
- Stadt/Ortschaft

Zeichenlegende

- Allgemeine Informationen
- Ausflugsschifffahrt
- Busbahnhof
- Campingplätze
- Einkaufsmöglichkeiten
- Erlebnisparks
- Hinweise für Wanderer
- Hotels, Gästehäuser
- Informationen für Autofahrer
- Kanuverleih
- Museen, Galerien, Ausstellungen
- Naturschutzgebiet
- Restaurants, Cafés
- Sonstige Attraktionen
- Sonstige Sportmöglichkeiten
- Therme, Spas
- Theater, Kino- und Konzerthäuser